GALERIE
DER DETEKTIVE

GALERIE DER DETEKTIVE

»Excellent!« I cried.
»Elementary«, said he.

Sir Arthur Conan Doyle
The Crooked Man

123
Portraits
von Sherlock Holmes
bis Nero Wolfe

mit einer Bibliographie
herausgegeben von Heiko Postma
und Rainer Wagner

Linolschnitte
von Hela Woernle

Revonnah Verlag Hannover

INHALT

Ein Vorwort
in eigener Sache

Die Situation ist fesselnd. Ganz buchstäblich. Der Detektiv und sein zeitweiliger Assistent erwachen, an Händen und Füßen gebunden, in der Sakristei einer Oxforder College-Kapelle. Bei der Verfolgung einer mutmaßlichen Zeugin waren sie, mit niederschmetternder Wirkung, in eine Falle getappt. Krachmachen oder Schreien wäre vergeblich – in diesen geistlichen Teil des Hochschul-Gebäudes verirrt sich normalerweise kein Mensch. Fatal. Denn allmählich beginnen, auf Grund ihrer verkrampften Stellung, die Gliedmaßen der beiden Kriminalisten einzuschlafen. Ihre Kopfschmerzen werden unerträglich, und rauchen können sie auch nicht. Eine ausweglose Lage. Was ist zu tun? Da macht der Assistent einen Vorschlag: »Laß uns ›unlesbare Bücher‹ spielen.« Das überzeugt den Meister sogleich: »In Ordnung. *Ulysses*.« »Ja. *Rabelais*.« »Ja. *Tristram Shandy*.« »Ja. *Die goldene Schale*.« »Ja. *Rasselas*.« »Nein. Das mag ich.« »Grundgütiger Gott. Dann eben *Clarissa*.« »Ja. *Titus* – –«. »Halt mal kurz den Mund. Ich glaube, ich höre jemanden kommen.«

Wer sagt, Krimis hätten nichts mit Literatur zu tun?

Die beiden hier beteiligten Amateur-Ermittler sind literarisch geradezu Vollprofis. Der Detektiv, Gervase Fen, ist Literaturprofessor im heiligen Oxford, sein temporärer Gehilfe Richard Cadogan ein höchst moderner Lyriker. Er ist für ein paar Tage von London nach Oxford gereist, um sich streßfrei zu entspannen. Statt dessen ist er in einen mysteriösen Kriminalfall geraten. Am Stadtrand hat er nachts in einem Spielzeugladen, dessen Tür merkwürdigerweise offen stand, eine Leiche entdeckt. Dann bekam er einen (ersten) Schlag auf den Hinterkopf. Am nächsten Morgen gibt es ein übles Erwachen. Und als er die Polizei zum Tatort führt, ein noch übleres. Denn es ist nicht nur die Leiche verschwunden, auch der Spielzeugladen ist weg. Er hat sich in ein Lebensmittelgeschäft verwandelt, dessen übliche Anwesenheit von allen Anwohnern bezeugt wird. Der kopfverletzte Lyriker fängt an, von der Polizei nicht mehr ganz ernstgenommen zu werden. Zumal der Polizeichef mit weitaus wichtigeren Dingen befaßt ist: Er muß dringend über ein Interpretationsproblem in Shakespeares *Maß für Maß* nachdenken.

Wer sagt, Krimis seien ungehobelt und eine Lektüre, die der feingeistige Leser allenfalls mit dem (freilich nicht unangenehmen) Gefühl konsumieren könne, etwas eigentlich Unstatthaftes zu tun?

Als Prof. Fen und Cadogan, der Lyriker, den Verbrechern auf die Spur gekommen sind, sehen sie sich zu einer wild motorisierten Verfolgungsjagd genötigt. In atemberaubendem Tempo (man hat einen LKW samt Fahrer requiriert) düsen die Detektive über die Landstraßen von Oxfordshire, über schmale höckrige Brücken, vorbei an

staunenden Verkehrspolizisten, immer dem rasend fliehenden Schurkenauto hinterher. Doch abgesehen davon, daß der wackere LKW-Fahrer unaufhörlich über D.H.
Lawrence philosophiert, über dessen Roman *Söhne und Liebhaber,* über die »industri-
elle Revolution als Fluch unseres Zeitalters«, über den verloren gegangenen Kontakt
zur Natur und die abhanden gekommene »hehre Urkraft« (der Mann kennt sich wirklich aus bei D.H. Lawrence!), abgesehen davon also, wissen die Verfolger plötzlich an
einer Weggabelung nicht weiter. Das Schurkenauto ist spurlos verschwunden. In
welche Richtung soll man bloß abbiegen? »Nach links«, schlägt da Cadogan vor:
»Schließlich wird dieses Buch bei Gollancz veröffentlicht.«

Wer sagt, Krimis seien trivial?

Und falls jemand umgekehrt sagt, die literarischen Spiele in diesem *Wandernden
Spielzeugladen* (dessen Titel eine Anspielung auf Alexander Pope ist) seien eine blos-
se Spielerei des verspielten Autors Edmund Crispin, dann träf's erneut vorbei – sie
haben eine unbedingt seriöse Substanz und einen kriminologischen Stellenwert:
Schließlich kommt der instinktsichere Detektiv Fen keinem Geringeren als dem
Mörder auf die Schliche, als er grad wieder, aber jetzt in einer Public Bar, mit Freund
Cadogan eines seiner Bücherspiele spielt. Diesmal geht es um »hassenswerte Personen« in der Literatur: »Beide Spieler müssen sich einig sein, und jeder Spieler hat fünf
Sekunden, um eine Person zu nennen. Falls ihm das nicht gelingt, bekommt er einen
Minuspunkt. Wer als erster drei Minuspunkte hat, verliert. Es müssen Personen sein,
die vom Autor als sympathisch gedacht waren.« Woraufhin der Literaturprofessor Fen
natürlich »diese ordinären kleinen männermordenden Miezen in *Stolz und Vorurteil*«
anbringt. Das aber ruft einen benachbarten Trinker auf den Plan, der sich mit schwerer Zunge, doch voller Emphase »alle despektierlichen Äußerungen über Miß Austen« verbittet: »Ich habe ihre sämtlichen Romane viele, viele Male gelesen. Ihre Vornehmheit, ihr Fluidum einer höherstehenden und bewunderungswürdigen Geistes-
bildung, ihr immenser psychologischer Scharfblick – –.« Weiter kommt der Mann
nicht. Doch dem Detektiv Fen kommt die unabweisbare Ahnung: Wer so fühlt, denkt,
öffentlich redet, der ist auch zu anderen Verbrechen imstande. (Sagte jemand »unrea-
listisch«? Nein? Gut.)

Und warum erzählen wir das jetzt alles? Um es kurz zu machen: Mit dem Verweis auf
Detektive wie Gervase Fen war es uns im Jahr 1993 gelungen, die seriöse Literatur-
Redaktion der kaum minder seriösen *Hannoverschen Allgemeinen Zeitung* zu über-
zeugen, daß ihre wöchentliche Bücherseite durch eine kleine *Galerie der Detektive*
nicht entweiht wäre. Und daß die (gleichfalls überwiegend seriösen) *HAZ*-Leser womöglich einigen Spaß an diesen Kurzportraits finden könnten. Auf ein halbes Jahr
war die Serie ursprünglich veranschlagt: 25 mehr oder minder klassische Kombinierer, Schnüffler, Spürnasen von Sherlock Holmes bis Paul Trimmel (so der bescheide-
ne Anfangsplan) sollten steckbriefartig charakterisiert werden. Selbstverständlich

gehörte auch Kommissar Maigret zum ersten Aufgebot, genau wie Miss Marple, Hercule Poirot oder das hartgesottene US-Trio Sam, Phil und Lew. Ein Einzelblatt war sogar dem braven Dr. Watson zugedacht, auch wenn seine detektivischen Leistungen eher peripher geblieben sind, aber als ewiger Assistent und plastischer Chronist ist er doch der Repräsentant einer kompletten Gilde geworden, was wäre der Krimi schon ohne die Archie Goodwins oder die Capt. Hastings. Und von Beginn an setzten wir eben darauf, daß es unmöglich sei, von Prof. Gervase Fen nicht gefesselt zu sein. Die geistigen Väter resp. Mütter wurden übrigens, gleichfalls planmäßig, in den Hintergrund gedrängt: Autorenlexika gibt's schließlich genug, wir wollten eine Galerie der Detektive.

Und die wurde dann ja auch freundlich angenommen. Mit Toby Peters ging es los, kurz darauf wurde das uns ursprünglich zugebilligte Repertoire von 25 auf 50 erhöht, dann noch einmal um weitere 50, und am Ende waren wir, eins-zwei-drei, bei der Nummer 123 angekommen – bei »Dangerous« Davies, dem, buchstäblich, »letzten Detektiv«. Ergänzt wurde das Ganze noch durch einen elegisch-epilogischen Blick auf die andere Seite der Barrikade – auf die großen finsteren Gegenspieler unserer Helden, auf die Herren Prof. Moriarty, Dr. Mabuse oder Dr. No. Dann war endgültig Schluß, fürs erste.

Nun sind sie also alle wieder da, die 123 + X. Schön solide zwischen zwei dauerhaften Buchdeckeln. Die Portraits, die damals, im Zeit(ungs)druck, in manchen Fällen vielleicht etwas flüchtig getuscht werden mußten, sind allesamt gründlich überarbeitet, wo nötig auch fortgeschrieben worden, denn nicht wenige der hier Dargestellten leben, schnüffeln und entwickeln sich ja durchaus weiter, und das hoffentlich noch lange. Die Buchform hat freilich eine etwas systematischere Art der Anordnung nötig gemacht. So sind Toby Peters und »Dangerous« Davies, die beiden Eckpfeiler der Zeitungs-*Galerie,* nunmehr ins Mittelfeld gerückt – ihrem alphabetischen Standort entsprechend. Denn die Auftritte der Spürnasen regeln sich hier strikt nach dem ABC (wovon lediglich – ein paar viktorianische Privilegien müssen bleiben – zwei Gentlemen aus der Baker Street befreit sind).

Den Hinweis auf dieses geniale Ordnungs-System verdanken wir Miss Kinsey Millhone (›M‹ *is for* ›Malice‹). In der Zeitung hatten wir dagegen, schon um keinen verspätet eingestiegenen Leser abzuschrecken, bei der Präsentation der Portraits das Prinzip der maximalen Streuung angewandt: Auf den Vertreter eines britisch-witzigen Kreuzwort-Krimis folgte ein ausgekochter Bursche aus Boston, auf den geplagten Profi aus der provinziellen Polizeidienststelle ein urbaner Amateur und Gentleman, auf den melancholischen »Private Eye« aus der Bronx die rigorose Kurzhaarkommissarin aus Berlin-Mitte, auf den australischen Ethno-Dandy der schweizerische Kantonswachtmeister, auf die Chicagoer Powerfrau der neu-englische Unglückswurm von Ex-Lehrer, auf den holistischen Future-Detective der mittelalterliche Mönch, auf den eleganten Zyniker eine ernsthafte Moralistin mit Anliegen, und mehrmals im Jahr, wenn die Literaturseite dem Kinder- und Jugendbuch galt, nahmen detektivische Junioren die Spurensicherung vor.

Das hatte was hübsch Chaotisches, doch zugegeben: Ordnung hat auch was. Nochmals: Danke, Kinsey.

Denn die Figuren, die wir da auf dem erkennungsdienstlichen *Galerie*-Laufsteg vorführen, gehören ja in der Tat recht unterschiedlichen Kategorien an: Da sind die unfreiwilligen Detektive, die – wie Tonia van Dijk oder Bernie Rhodenbarr – fortwährend über Leichen stolpern und bisweilen schon deshalb auf Tätersuche müssen, um sich selber vom Tatverdacht zu befreien (oder weil ihr Chef es ihnen befiehlt, wie im Fall des Pflanzenkundlers Prof. Shandy). Da sind die eifrigen Gelegenheits-Detektive, scharfäugig und scharfsinnig wie Miss Marple, oder geistlich befeuert wie Father Brown, Rabbi Small und Onkel Abner. Da sind die durchaus systematisch, doch selbstredend honorarfrei kombinierenden Amateur-Detektive aus den besseren Kreisen wie Philo Vance oder Lord Peter Wimsey. Und schließlich sind da die hart malochenden »Private Eyes«, die für Tagessatz und Spesen ihren oft frustenden Job machen, Profis wie Dan Fortune oder Spenser, mehr und mehr aber auch starke Frauen wie Sharon McCone oder V.I. Warshawski. Und auch bei den beamteten Ermittlern gibt's die unterschiedlichsten Typen. Einerseits die notorischen Einzelgänger, die ihr Office kaum von weitem kennen und (wie Inspector Alan Grant oder Chief Inspector E. Morse) vom ganzen Polizeiapparat nur ihren obligaten Sergeant oder Constable als Begleiter und Zuarbeiter benötigen. Und andererseits die kollegialen Teamworker wie Martin Beck oder die Jungs vom 87. Revier, die zwar allesamt ihre individuellen Reize besitzen, auch ihre unterschiedlichen Fähigkeiten und Bedürfnisse, die ihre Fälle aber vorwiegend in Gruppenarbeit bewältigen. Gewissermaßen zwischen dem privaten und dem öffentlichen Ermittlungssektor tummeln sich dann noch die amtlich bestellten Strafverteidiger wie Antony Maitland oder Jean Abel, um zur Entlastung ihrer Klienten die wirklichen Untäter zu stellen. Man sieht, die *Galerie der Detektive* beackert ein weites Feld.

Entsprechend großzügig sind wir mit den Aufnahmebedingungen umgegangen. Gewiß, Geheimagenten wie der Brite mit der Lizenz zum Töten, Superspione, auch wenn ihr Treiben im weiteren Sinne detektivisch, also aufdeckend, verläuft, oder andere Abenteurer, die dabei das Gebiet der Kriminalität streifen, fehlen in der *Galerie*. Sonst aber haben wir die Grenzen des Genres weit gefaßt. Mag darum sein, daß der gute deutsche Kose-Begriff »Krimi« den wahren Experten zu weiträumig vorkommt, aber er tut seinen Dienst. Klar, wir wissen auch, daß man unter anglophonen Freaks geradezu akribische Differenzierungen vorzunehmen pflegt, daß man dort zwischen »Thrillern«, »Crime-« und »Mystery-Novels« sorgsam unterscheidet, zwischen »Detective-Stories« und »Police-Procedurals«, so daß es beispielsweise, in Großbritannien *zwei* große »Krimi«-Preise gibt, den »Award« der CWA, der »Crime-Writers-Association«, und denjenigen der MWA, der »Mystery-Writers-Association«. Lustig, und irgendwie auch beruhigend, ist dabei freilich, daß etwa John Le Carrés *Spion, der aus der Kälte kam* im Jahr 1963 den »CWA-Award« erhielt und 1964 den Preis der »MWA« (wobei unserer bescheidenen Ansicht nach das Buch weder in die eine noch in die andere Kategorie gehört...).

Auch Gattungs-Gesetze haben also ihre Lücken und Tücken, mag man noch so fein sondern zwischen »Dime-« und »Pulp-Story«, zwischen »Polizei-« und »Polizisten-Roman«. Aufnahmekriterium für die *Galerie* war darum nur: Die Damen und Herren Spürnasen sollten aus Büchern stammen, die man – im weitherzigsten Sinne – als »Detektiv-Romane« (bzw. »-Geschichten«) klassifizieren könnte, aus Büchern also, die, wie Ernst Bloch es so schön formuliert hat, »mit der Leiche ins Haus« fallen, wobei das »Haus« natürlich auch ein einsamer Golfplatz sein kann – wie im zweiten Poirot-Roman Agatha Christies; oder ein schwedischer Kanal – wie im Erstling des Nordland-Duos Sjöwall/Wahlöö; oder eine Badewanne – wie beim Debut der Dorothy Sayers. Entscheidend ist: Ein Mord ist angezeigt, der Täter fehlt (unterhalb eines Mordes tun wir Leser es eigentlich nicht; ein Kapitalverbrechen dürfen wir für unser Geld schon verlangen). Nun erscheint der Detektiv am Tatort. Die Vorgeschichte des Verbrechens kennt er nicht, ebensowenig wie der Leser (es sei denn, wir wären in einer »Inverted Story« – hallo, Inspector Columbo). Doch ob Columbo oder Studer, der Detektiv muß die Tatspuren untersuchen, muß Indizien prüfen, Verdachtsmomente erwägen, Fakten kombinieren. Kurz: Er muß die Geschichte dieses Verbrechens re-konstruieren, um dessen Urheber zu ermitteln. Und während die Handlung fortschreitet, der Detektiv die Zeugen vernimmt, die Alibis prüft, erste Schlüsse zieht, Widersprüchlichkeiten überdenkt und gleichzeitig der Täter frei herumläuft und Spuren vernichtet oder womöglich neue Morde begeht, um Zeugen auszuschalten oder den Verdacht umzulenken – während all dies geschieht, läuft die Geschichte selber immer mehr auf ihren eigenen Ursprung zu: Am Ende des Buches steht der Plan des Verbrechens. Aufgedeckt und in korrekter Reihenfolge zusammengefaßt in der Schlußansprache des Detektivs. Ihr Auftritt, Hercule Poirot!

Sicher, nicht alle Detektiv-Romane folgen diesem klassischen Muster aufs Wort. In vielen US-Hardboilern ist der traditionelle Einzeltäter durch Gangs oder Gangster-Syndikate ersetzt, in den zahlreichen Polizeirevier-Krimis, die Ed McBain initiierte, ist der geniale oder kauzige Einzelermittler, wie erwähnt, von einer gutsortierten Mann- (bzw. Frauen)schaft abgelöst worden. Die Spielwelten von Gervase Fen & Co schienen wiederum den Verfassern jener Psycho-Krimis zu eng, denen es vorwiegend um reales Menscheln geht, oder den Autoren jener Sozio-Krimis, denen »Aufklärung« erst in zweiter Linie ein kriminalistisches, in erster Linie ein politisch-moralisches Anliegen bedeutet, das sie im populären Krimi halt besser vermitteln können als in normalen Romanen (und manchmal wohl auch leichter im ästhetischen Sinne...). Doch mag sich ein Mike Hammer noch so schießwütig von Sherlock Holmes abheben, Martin Beck demokratischer operieren als Jules Maigret, Sharon McCone wirklichkeitsnäher sein als Miss Marple (die so realitätsfern, wie man es ihr gern nachsagt, indessen nicht ist): Sie alle agieren in Detektiv-Romanen als Serien-Ermittler, und darum haben sie alle ihren Platz in der *Galerie*. Keine Chance, eine Figur bei uns unterzubringen, hatten nur solche Autoren, die auf einen (seriellen) Detektiv verzichten. Sorry, Miss Highsmith. Sorry, Mr. Woolrich.

Andererseits stellen die 123 *Galerie*-Gestalten natürlich nur eine begrenzte, nach streng subjektiven Kriterien handverlesene Auswahl aus dem internationalen Spürnasen-Aufgebot zwischen Meister Bao und Carlotta Carlyle dar. Ganz unrepräsentativ scheint uns die Versammlung dennoch nicht. Doch zweifellos wird mancher Leser manchen – schlagfertigen oder schlagkräftigen – Lieblingsschnüffler vergeblich suchen. Aber bitte – vor der Abgabe einer hohnvollen Vermißten-Anzeige erstmal die beiden avisierten Fortsetzungs-Listen im Anhang konsultieren, den *Boulevard* und das *Magazin der Detektive*.

Eine merkwürdige Erfahrung haben wir allerdings gemacht, als wir für die *Galerie* auf Objekt- und Motivsuche gingen. Und auf irgendwie vertrackte Art scheint diese Erfahrung mit dem oben apostrophierten »Bildungs«-Begriff zu tun zu haben. Denn die HAZ-*Galerie* erschien justament in einer Phase, in der sich auf dem Krimi-Markt eine seltsam paradoxe Entwicklung abzuzeichnen begann, ein Prozeß, der inzwischen noch weiter fortgeschritten ist: Einerseits werden weltweit, auch in Deutschland, sogar in Hannover, so viele Krimis verkauft wie nie. Und andererseits verschwinden die schönen, elementaren, kenntlichen Krimi-Reihen der alteingesessenen Fach-Verlage: Ullsteins Gelbe, Heynes Blaue, Goldmanns Rote, Penguins Grüne, Basteis silbrig Schwarze – entweder sind sie ganz weg oder auf ein Minimum ihrer einstigen Kapazität geschrumpft, genau wie die Schwarz-Weißen von Scherz. Im Moment ist selbst Diogenes dabei, Schwarz-Gelb zu verabschieden. (Fast ein Farb-Fall für Travis McGee.)

In mehreren Personalfragen hatte das für uns ziemlich einschneidende Konsequenzen. Denn die Einstellung oder auch nur die Ausdünnung dieser Reihen bewirkte, daß wir plötzlich nicht mehr (zumindest nicht mehr ohne weiteres) an die biographischen Unterlagen für vorgesehene *Galerie*-Detektive herankamen: Superintendent Otani, beispielsweise, oder der große Fletch waren auf einmal nurmehr auf dem gelben Ramschtisch zu ergattern. Antony Maitland, der vormals so gut dokumentierte rote Goldmann-Barrister, war fast vollständig verschwunden, ebenso wie Heynes blauer Kriminalrat Blankenhorn und mehrere seiner gleichkolorierten Kollegen. Ed und Ambrose Hunter verschwanden grad zu der Zeit aus dem Bastei-Katalog, als ihr Konterfei in der *Galerie* ausgestellt werden sollte. Nicht minder gravierend, daß Heyne obendrein auch noch seine »Crime Classics«-Reihe einstellte. Denn so grotesk diese Bändchen auch zur Gleichform verschnitten waren – einen Eindruck von den Altvorderen des Schnüfflergewerbes, von Lemmy Caution oder Dr. Thorndyke, vermittelten sie immerhin. So wurde das Materialsammeln für die *Galerie*-Portraits nicht selten zu einer beinah detektivischen Spüraktion in (bisweilen schon recht obskuren) Winkelantiquariaten und auf Flohmärkten.

Denn vornehme Antiquare machen sich mit Krimi-Ware gemeinhin nicht gemein. Was übrigens nicht allein für Deutschland gilt. Verblüffenderweise gilt es noch merklicher im Mutterland des Genres, in Großbritannien. In Inverness, im größten Antiquariat der schottischen Highlands, wo die Bücher in staunenswert patriotischer Ordnung auf den Regalen stehen (eingeteilt nach internationaler, englischer, irischer, schottischer und endlich »lokaler« Herkunft), fahndeten wir, auf der Spur des *Gale-*

rie-Detektivs Alan Grant, vergebens nach Romanen seiner Erzeugerin Josephine Tey. Wir fanden sie schließlich doch noch – in einem Schmuddelwinkel, gemeinsam mit anderen Krimis (worunter übrigens auch *The Moving Toyshop*). Als wir dem Händler erklärten, Josephine Tey sei nicht nur eine hinreißende Autorin, kompositorisch präziser als Dorothy Sayers, stilistisch eleganter als Agatha Christie und Ngaio Marsh zusammengenommen; sie sei überdies nicht nur eine schottische Schriftstellerin, sondern mehr noch: eine »lokale« Autorin, da sie aus Inverness stammte, weshalb sie eindeutig in die bessere Abteilung des Ladens gehöre – tja, da lächelte er uns nur freundlich an, mit jenem Gesichtsausdruck, den ein Irrenarzt aufsetzt, wenn ihm der Patient versichert, er sei gar nicht verrückt. Für Bildungsmenschen bleibt halt auch der beste Krimi »bäh«-Literatur.

Doch da ist ja noch das zweite Phänomen auf dem gegenwärtigen Krimi-Markt, daß zwar die traditionellen Reihen schwinden, aber die handelnden Detektive an Zahl eher zunehmen. Am nachlassenden oder gar erschöpften Untaten-Drang der Leser kann's also nicht liegen. Denn ob Heyne oder Goldmann – neue Krimis bringen sie Monat für Monat in erklecklicher Anzahl heraus. Seit den Erfolgen des altgemachten Bruder Cadfael wandern die Historien-Schnüffler in Kutte, Toga oder Strumpfhose zu Hauf durch die Verlagsprogramme. Seit Sergeant Cribb und Constable Thackeray das neo-viktorianische Terrain sondierten, hat auch Sherlock Holmes eine Unzahl ungeahnter Zeitgenossen bekommen. Doch die zeitgemäße Kriminal-Entwicklung läuft ebenfalls zügig weiter, nicht nur bei den detektivischen Katzen, die sich in letzter Zeit vermehren wie die Kaninchen, auch wenn sie in der *Galerie* planvoll fehlen (für die – in der *Hannoverschen Allgemeinen* im Frühjahr 1997 angelaufene – Nachfolge-Serie *Boulevard der Detektive* wollen wir uns dem Drängen der Liebhaber dieser intelligenten Raubtierchen dann aber nicht länger verschließen).

Bemerkenswert ist dabei jedoch die Tendenz der alten Fach-Verlage, die Krimis in ihre ganz normalen Belletristik-Reihen einzugliedern, so wie Fischer und dtv es, vornehm, schon immer getan hatten. Immer öfter erscheinen Spitzen-Spürnasen (wie Bella Block oder Richard Jury) auch prachtvoll in Hardcover-Editionen, bevor sie, Jahre später, unters Taschenbuchvolk gelassen werden. Heißt das, der Krimi hätte endlich die berühmte Salonfähigkeitshürde übersprungen? Adam Dalgliesh, der lyrische Detektiv, glänzt in der gleichen Rowohlt-Reihe wie Lautréamonts *Maldoror*, während sich Pepe Carvalho einstweilen noch bei Rowohlts »thrillern« durchfressen muß, aber vielleicht auf Beförderung hoffen darf: Ist das die neue Wertordnung? Deren Resultat hieße im Grunde nur, daß die Krimis im Verlagskatalog und im Buchladen immer schwerer zu finden sind, weil sie nicht mehr auf den ersten Blick als Krimis identifiziert werden können. Wahrscheinlich entspricht genau dies der schlauen Verlagsstrategie zur Überlistung bildungskonservativer Buchhändler und berührungsängstlicher Käufer. Aber Salonfähigkeit, die um den Preis der Mimikry erkauft wird, ist keine. Wir wollen Detektive, die man auch als solche erkennen kann.

Ein Lob darum für DuMont, für Elster, für Ariadne, die tapfer am alten Reihenprinzip festhalten. Auch im Hause Ullstein scheint man sich wieder auf die wahren

Werte zu besinnen: Die Gelben kommen zurück! Das Schönste wäre überhaupt in Ergänzung unserer *Galerie* eine *Bibliothek der Detektive,* in der alle auf den folgenden Seiten erwähnten Romane und Geschichten gedruckt sein müßten – kompetent lektoriert, wo nötig brillant übersetzt, ungekürzt, beständig lieferbar, regelmäßig ergänzt, todsicher zu identifizieren. Ja, wer verlegt's? (Für Leser, die auf dies Projekt nicht warten wollen, haben wir im Anhang aber einstweilen eine *Bibliographie der Detektive* angelegt).

Heiko Postma & Rainer Wagner

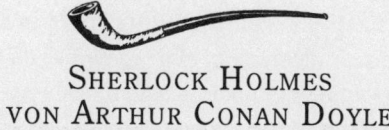

SHERLOCK HOLMES
VON ARTHUR CONAN DOYLE

Das Problem war nicht leicht zu lösen. Methode und Resultat blieben lange umstritten, denn die gesicherten, von Dr. John Watson verfaßten und von Sir Arthur Conan Doyle edierten Quellen (im Fachjargon: »Heilige Schriften«) gaben in diesem Punkt keinen unmittelbaren Aufschluß. Gleichwohl scheint nun festzustehen: Sherlock Scott Holmes, der größte Detektiv aller Zeiten, wurde am 6. Januar 1854 im Gutshof von Mycroft, nahe Sigerside, im nördlichen Bezirk von Yorkshire geboren.

Auch über den Bildungsweg des asketischen Briten mit dem adlergleichen Profil und dem eminenten Selbstbewußtsein schweigen sich die originalen Überlieferungen weitgehend aus. Die ungemein englischen Holmes-Forscher (»Sherlockians«) haben jedoch mit einer detektivischen Akribie, die ihres Meisters würdig ist, ermittelt, daß der junge Sherlock von 1872 bis 1874 am Christ Church College in Oxford studiert hat. Und zwar, wie bedauerlicherweise hinzugefügt werden muß, ohne Abschluß. An der Entfaltung seines außergewöhnlichen Deduktionsvermögens (verbunden mit einem nachgerade ästhetischen Sinn für Aufklärung) änderte der vorzeitige Abgang von der Universität indes nichts. (Womöglich im Gegenteil).

Wie dem auch sei: Von da an wird der biographische Boden sicherer, sieht man davon ab, daß Holmes' Gefährte und Chronist Dr. Watson (vergl. nächstes Kapitel) bisweilen etwas schlampig mit Jahreszahlen und Ortsangaben hantiert. Dennoch steht fest, daß Holmes' erster Fall die Affaire der »Gloria Scott« war, ein Rätsel, das der jugendliche Debütant 1874 auf Bitten seines Kommilitonen Trevor löste. Gloria Scott ist übrigens in diesem Fall nicht der Name einer Frau, sondern der eines Schiffes. Mit Frauen hielt es Holmes nicht so sehr. Abgesehen natürlich von Irene Adler. Und abgesehen auch von einer weiteren – hochgestellten – Dame, die er so stark verehrte, daß er bei seinen morgendlichen Sportübungen ihr gekröntes Monogramm in die Zimmerwand schoß: VR – Victoria Regina. Aber als Victorias Sohn und Nachfolger den verdienstvollen Detektiv zum Ritter schlagen wollte, lehnte Holmes es ab, »Sir Sherlock« zu heißen (und so mußte King Edward mit Arthur Conan Doyle vorlieb nehmen).

Doch britischer Patriot blieb Holmes auch ohne Titel. Am 2. August 1914, kurz bevor auf der Weltbühne die Lichter ausgingen, trat er noch zu »Seiner letzten Verbeugung« vor den Vorhang, um den Beifall der Majestät entgegenzunehmen: Da hatte der sechzigjährige Holmes sein Ruheständlerdasein in den South Downs von Sussex unterbrochen, um als Doppelagent die kriegsvorbereitende deutsche Spionage auszuschalten. Sein allerletzter Fall.

Sein vermeintlich finaler Fall, ein »Fall« im Wortsinn, lag da schon Jahrzehnte zurück: Am 4. Mai 1891 war Holmes, wie es aussah, im Clinch mit seinem Erzfeind Prof. Moriarty (»Napoleon des Verbrechens«) in die Reichenbachschlucht gestürzt. Tödlich. Dr. Watson trauerte tief. Die Leser weinten. Und nur Conan Doyle, der den

Detektiv haßte, freute sich: »Killed Holmes«, notierte er in seinem Tagebuch. Voreilig. Denn die Leser ließen sich diesen Fall einfach nicht gefallen, und so tauchte Holmes wieder auf. Zunächst mit einem nachgelieferten Abenteuer (seinem schönsten) – dem »Hund der Baskervilles«, dann auch in eigener, lebendiger Person.

Seitdem ist er unsterblich, denn über seinen etwaigen Tod ist nichts bekannt. So muß es sein: Er lebt in seinem Häuschen in den South Downs, züchtet Bienen, spielt Geige und raucht seine lange Churchwarden-Pfeife. Bei schlechtem Wetter geht er mit seinem doppelschirmigen Deerstalker und der karierten Pelerine bekleidet spazieren oder ordnet seine alten Fälle nach dem bekannten Schwierigkeitsgrad – an oberster Stelle das »Dreipfeifenproblem«. Dann kommt Mrs. Hudson herein, bringt Tee, und die beiden reden ein bißchen über die Zeit in der Baker Street No. 221B. Ab und zu bekommt Holmes Besuch von Dr. Watson, der den alten Freund mahnt, endlich vom Kokain zu lassen. Aber da stößt er auf taube Ohren. Elementar.   hp

John Watson, M.D.
von Arthur Conan Doyle

Man mag es kaum glauben, aber ein paarmal hat er sich tatsächlich selber als Detektiv versucht. Das war in der trüben Zeit zwischen 1891 und 1894, als er seinen bewunderten Freund Sherlock Holmes für tot halten mußte – umgekommen in den Klippen der Reichenbachfälle. Doch so sehr er sein Hirn auch strapazierte, um »die Methoden« fachgerecht anzuwenden, die er im Lauf der zehnjährigen, na ja, Zusammenarbeit mit dem Genius der Kriminalistik kennengelernt hatte, der Erfolg blieb mager.

Es läßt sich eben nicht verschweigen: Dr. med. John Watson, der wackere Praktikus und vorbildliche Normalbrite, ist und bleibt ein Vertreter des gesunden Menschenverstands und – des schönen Anstandsgefühls. Das ästhetische Vergnügen an der Dramaturgie des Verbrechens geht ihm ebenso wider die Natur wie das kühl berechnende Deduzieren à la Holmes. Ihm fehlt einfach das Elementare. Wie oft hat ihm Holmes nicht gepredigt: »Sie sehen dasselbe wie ich, aber Sie beobachten nicht!«

Darum war Dr. Watson, der 1878 an der Universität London promovierte Ex-Militärarzt der Britischen Armee in Indien, auch doppelt froh, als Holmes so unvermutet (und wie üblich undurchschaubar verkleidet) wieder aufkreuzte und ihm den Fall des »Leeren Hauses« abnahm: Die eigenständige Detektivlaufbahn war definitiv zu Ende, und er konnte auf seinen angestammten Platz zurückkehren. Es ist der Platz im Schatten des Großen, worüber sich Watson aber nie ernstlich beklagt hat. Er dient halt als »Sturmvogel des Verbrechens«, wie Holmes ihn einmal ironisch titulierte, als Durchschnittdenker, der mit seinen raschen und naheliegenden, doch stets unrettbar hakenden Ansichten den (Widerspruchs-)Geist des Partners erst so richtig befeuert.

Doch mag das alles so sein. Mag Holmes während ihrer gemeinsamen Jahre in der Baker Street 221B sogar das Scheckbuch des leichtlebigen und immer noch recht jungen Kolonialoffiziers a.D. verwaltet haben (als man die Räumlichkeiten der guten Mrs. Hudson bezog, war der 1852 geborene Watson gerade 29 Jahre alt) – in einem Punkt ist Dr. Watson denn doch der Überlegene: Er ist der weitaus bessere Erzähler. Denn so gern der Meister über die »reißerische« Schreibtechnik seines Chronisten lästerte und sich lieber eine »wissenschaftliche« Deskription seiner Taten gewünscht hätte – als Holmes, im späten »Buch der Fälle«, höchstselbst über einige seiner Ermittlungen referierte, geriet das Resultat eher dünn.

Nein, es kann nicht bestritten werden: Sherlock Holmes ist ohne Dr. Watson undenkbar. Die legendäre Erstbegegnung der beiden im Londoner St. Bartholomew's Hospital (»You have been in Afghanistan, I perceive«), die Dr. Watson im autobiographischen Einleitungskapitel der »Studie in Scharlachrot« beschreibt, sie ist für den Ruhm des angehenden »consulting detective« nicht weniger bedeutsam geworden als für das Schicksal seines künftigen Boswell/Eckermann. (Und wie gut, daß Dr. Watson kurz darauf den Medizinerkollegen und Schriftkundigen Arthur Conan Doyle kennengelernt hat).

Schön auch, daß die so ungleiche Partnerschaft zwischen Holmes und Watson, dem Genie und dem Mann des Common Sense, standgehalten hat, als Freund Watson die Wohngemeinschaft verließ, um die hübsche Mary Morstan zu heiraten (»nun, Watson, das schöne Geschlecht fällt in Ihr Fach«) und in Paddington eine Praxis zu eröffnen. Und wenn der leidgeprüfte Adlatus wirklich einmal an seiner detektivischen Begrenztheit litt, gab es da ja einen, der noch wesentlich beschränkter und begriffsstutziger war als er: Inspector Lestrade von Scotland Yard. Ein dauerhafter Trost für alle Watsons.

Aber eigentlich braucht er keinen Trost. Er hat sich als Chronist und Kontrastfigur absolut unentbehrlich gemacht. Als Vorbild aller künftigen Kriminalassistenten, von Captain Hastings bis Archie Goodwin. Sein – bescheidener – Platz in der literarischen Ewigkeit ist ihm gewiß. Ein Denkmal für Dr. Watson? Nicht nötig: »Monumentum quaeris – lege.«

hp

Jean Abel
von Fred Breinersdorfer

Daß ein Anwalt und Strafverteidiger zum förmlichen Detektiv werden kann, wenn es gilt, die Unschuld eines Mandanten nachzuweisen, wissen die Krimi-Leser spätestens seit Perry Mason. Doch auch im Bereich der deutschen Literaturgerichtsbarkeit wirkt seit längerem so ein juristisch-detektivischer Doppelspieler. Und Jean Abel, der Advokat aus Stuttgart, hat seinem kalifornischen Kollegen sogar noch etwas voraus: Eine Zeitlang ist er ein echt professioneller Privat-Schnüffler gewesen.

Das war gleich nach seinem mühsam (und erst im Wiederholungslauf) bestandenen 1. Staatsexamen, Ende der siebziger Jahre. Doch Jean Abels Ein-Mann-Detektei bot mehr Frust als Lust, und um ein Haar wäre der gebürtige Elsässer dabei noch selber als Mörder festgesetzt worden, bevor er seinerseits die schwäbische Kripo auskonterte (»Reiche Kunden killt man nicht«). Da wurde er dann doch lieber Anwalt, auch wenn das mit einer Ausbildungsphase im Staatsdienst verbunden war. Mit der Staatsmacht hat der partei-, aber nicht meinungslose Abel nämlich so seine Probleme. Seine Vorstrafe wegen Landfriedensbruch (ein Resultat aus den heißen Tübinger Studentenzeiten) ist allerdings längst aus den Akten gelöscht. Zumindest offiziell.

Jedenfalls ließen sich die cleveren Jungs vom württembergischen Landeskriminalamt dadurch nicht beirren, als sie den frischgebackenen Referendar Abel als Horchposten (»so'n Art Null-Null-Sieben«) in die linke Studentenszene einschleusten: Könnte der Mord an einem dealenden Polizeispitzel womöglich das Werk von Terroristen sein? Es war dann doch nur ein relativ bürgerlicher Mord, wie Abel herausfindet – aber im Verlauf seiner rasanten Ermittlungen schafft der Schnüffeljurist es mühelos, nicht bloß den schwäbischen Drogenhandel, sondern auch den amtlichen Fahndungsapparat in helle Konfusion zu stürzen (»Das kurze Leben des K. Rusinski«).

Und seither ist Jean Abel niedergelassener Anwalt. Auch wenn er – bärtig, bullig, biertrinkend – nicht unbedingt so aussieht. In einer früheren Papierhandlung hat er sich seine Kanzlei eingerichtet, in den hinteren Räumen wohnt er selber. Der Laden liegt in einem Arbeiterviertel: Da sind keine großen, einträglichen Fälle zu erwarten. Eher Routinekram, wie die Verteidigung eines Autoschlossers, der eine Bremse nicht richtig montiert und dadurch einen Unfall der Fahrerin verursacht haben soll. Kein allzu schweres Problem für Abel. Doch dann stirbt die Frau plötzlich, und jetzt lautet die Anklage »fahrlässige Tötung«. Das könnte eng werden für seinen mehrfach vorbestraften Mandanten. Da fallen dem Anwalt einige Merkwürdigkeiten am Krankenhaustod der Frau auf (»Noch Zweifel, Herr Verteidiger?«).

Ganz ohne Fremdhilfe könnte aber selbst ein so robuster Mann wie Jean Abel wenig beschicken – er kann sich ja nicht mal eine Schreibkraft leisten. Doch immer, wenn es ganz hart kommt, ist Ernest von Paloff da, ein Altgermanist und früherer

Kommilitone Abels. Notfalls macht er sogar den Bürovorsteher für seinen Freund. Und er ist es auch, der Abels wichtigsten Assistenten anschleppt – Paul Schmitz, der eigentlich Prinz heißt, aber auch auf den Namen »Dr. Watson« hört und schon auf dem Weg zum Abdecker war. Paul Schmitz ist ein Hund – eine gewaltige Promenadenmischung und ungemein wachsam.

Und dann ist da noch Jane Kerschbaum, Abels Freundin: Reich, schön, Lokalreporterin. Sie stellt die Kontakte zu den Herrschaftswissenden her und sorgt dafür, daß ihr Liebster wenigstens einigermaßen adrett gekleidet herumläuft. Der vierte im Helferbunde schließlich ist ein Juristenkollege: Fred Breinersdorfer (geboren 1946) – er führt seit 15 Jahren die Jean-Abel-Erfolgs-Chronik, die leider etwas ins Stocken geraten ist, seit der Juradetektiv seine Kanzlei renoviert hat und sich eine Sekretärin (Jule), einen Azubi, sogar einen gelegentlichen Urlaub im Süden leisten kann. Mal sehen, wann und wie Jean Abel aus seiner Midlife-Crisis herauskommt. Und ob.   hp

ONKEL ABNER
VON MELVILLE D. POST

Wohin er auch geht oder reitet, stets trägt er seine Bibel in der Tasche. Abner, der Grundbesitzer und Viehzüchter aus West Virginia, ist ein tiefreligiöser Mensch – ein Presbyterianer aus härtestem alttestamentarischen Holze. Daß »Barmherzigkeit«, wie sie der Apostel Paulus fordert, eine gute Sache sein kann, bestreitet Abner nicht; aber weit wichtiger ist ihm etwas anderes – Gerechtigkeit. Dafür nimmt der strenge, meist schweigsame Junggeselle jeden Streit auf. Gerechtigkeit ist sein Motiv, sich überall einzumischen, wo er Betrug, Erbschleicherei, Urkundenfälschung wittert oder gar feigen Mord und falsche Verdächtigungen.

Und weil er ein unbestechlicher Beobachter ist, dem kein Detail entgeht; weil er mit unerbittlicher Logik seine Schlüsse zieht, ist er im ganzen County berühmt als unfehlbarer Detektiv. Oder auch, je nach Standort und Interessenlage, gefürchtet als neuerstandene Inquisition. Geradezu bewundert wird er jedoch von seinem neunjährigen Neffen Martin, der Jahrzehnte später, in respektvoller Erinnerung, von den Kriminalfällen seines Onkels Abner berichtet und dabei zugleich ein plastisches Bild des Farmer- und Rancherlebens im amerikanischen Süden zur Mitte des vorigen Jahrhunderts entwirft.

Und war's nun Zufall oder Vorsehung, daß die erste der 18 »Onkel Abner«-Stories justament im Jahr 1911 erschien? Denn als der gelernte Anwalt und konvertierte Krimi-Autor Melville Davisson Post (1871-1930) seinen erzprotestantischen Detektiv und athletischen Gottesmann in die US-Welt setzte, trat in Europa, exakt zur gleichen Zeit, ein kleiner katholischer Priester ans Licht, der als scharfsinnig intuitiver Kriminalist genauso unverwechselbar wurde: Gilbert K. Chestertons Father Brown. (Der Dritte im Bunde der geistlichen Kombinier-Klassiker, Kemelmans Rabbi Small, folgte erst mit einigem Abstand).

Es bestätigt sich aber mal wieder: Detektiv-Arbeit hat mit Gottvertrauen zu tun. Und Gottvertrauen »ist der Beginn der Weisheit«, wie Onkel Abner bemerkt, der hühnenhafte Mann mit den scharfen Gesichtszügen und den ruhigen grauen Augen, dessen Herrgott eher ein Kriegsherr ist. Darum wirkt Abner auch bisweilen wie ein altbiblischer Prophet, etwa, wenn er im Gerichtssaal, mitten in einem Mordprozeß, aufsteht und – den Richter selber als Täter entlarvt.

Ein Mann der Rache ist der Gerechtigkeits-Mensch Abner dagegen nicht: Rache kommt nur Gott zu. Wenn Abner einen Verbrecher überführt hat (manchmal hat er ihn auch nur dreist bluffend ausgetrickst), überläßt er ihn meist seinem eigenen Gewissen und zwingt ihn nur zur – wenigstens finanziellen – Entschädigung der Opfer. Und wenn's der Gerechtigkeit dient, geht Abner sogar schon mal daran, ein Beweisstück buchstäblich zu verbiegen. Sein ehrenwerter, doch etwas eitel beschränkter Freund, der Friedensrichter Randolph, begreift von Abners Hirnvorgängen ohnehin kaum mehr als die Hälfte. Darum ist es für Mr. Randolph, den sprichwörtlichen »Southern Gentleman«, auch immer das Erste, nach Abner zu rufen, wenn er wieder einmal vor einem unlösbaren Problem-Fall steht. Abners zweiter Gefährte, der alte Landarzt Dr. Storm, ein Fachmann für Gifte und Schußwunden, ist da schon von anderem Kaliber.

Gleichwohl: Bei allem Ruhm, den sich Onkel Abner und sein erzählender Neffe Martin nicht bloß in den USA erworben haben, gibt es doch hin und wieder böse Experten-Zungen, die behaupten, die eigentliche Leistung der beiden Virginier bestünde darin, William Faulkner, den großen Romancier des amerikanischen Südens und, immerhin, Literaturnobelpreisträger, zum Schreiben eigener Krimis inspiriert zu haben.

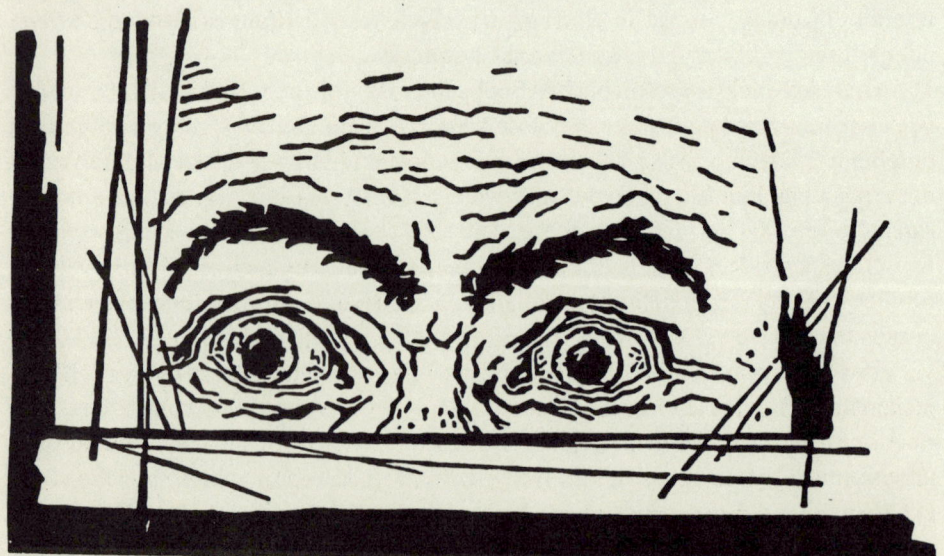

Tatsächlich sind Faulkners Stories, in denen der junge Chick Mallison über die Kriminalfälle seines Onkels Gavin Stevens, des spürnasigen District Attorney von Yoknapatawpha County, berichtet, von hohem Rang und nicht von schlechten Eltern. Und wenn Onkel Gavin einen Giftmord aufklärt, weil er dem Täter »mangelnde Chemiekenntnisse« nachweist, dann wandelt er unmittelbar auf Abners trickigen Spuren. Doch Onkel Abner war halt der erste. Das muß man einfach der Gerechtigkeit halber feststellen.   hp

RODERICK ALLEYN
VON NGAIO MARSH

Wenn man es genau nimmt, dann hätte der agile Scotland-Yard-Beamte schon seit Jahrzehnten im Ruhestand sein müssen, als er 1982 seinen letzten detektivischen Auftritt absolvierte – wieder mal in einem Theater übrigens, denn zu seiner Derniere gab es ausgerechnet in Shakespeares Mörderdrama »Macbeth« einen realen »Mord vor vollem Haus«, den Roderick (»Rory«) Alleyn jedoch in gewohnt klassischer Manier aufklärte. Altmeisterlich, sozusagen. Und auch die Aufklärung über sein Alter verdanken wir dem Meister selbst. Das hatte er nämlich einmal, leichtsinnigerweise, seiner Angebeteten, der Malerin Agatha Troy, verraten: 43 Jahre. Und dies Geständnis geschah im Jahre 1938, als der damalige Chief Inspector die Ermordung seines Freundes Lord Robert Gospell untersuchte (»Der Tod im Frack«). Alleyn, der jüngere Sohn eines Baronets, ist also ein Mann des Jahrgangs 1895.

Aber vielleicht sollte man den Jahresringen des Detektivs auch nicht zu detektivisch nachspüren. Schließlich konnte die Autorin Ngaio Marsh (1899-1982) kaum ahnen, daß ihr lang und schlank gewachsener Kriminalheld (»eine Kreuzung aus Mönch und spanischem Ritter«) so ein Dauerbrenner werden würde: Mehr als dreissig Buch-Fälle hat Alleyn mit seiner berühmten »anspruchsvollen Lässigkeit« bewältigt; beim Yard stieg er bis zum Chief Superintendent auf; und für die Connaisseure des englischen Detektivromans alter Schule gehört er zu den unverzichtbaren Grössen.

Dabei war Ngaio Marsh gar keine Engländerin. Sie stammte aus Neuseeland (ihr Vorname »Ngaio« ist das Maori-Wort für »schlau«), hatte dort als Schauspielerin gearbeitet und kam erst Ende der zwanziger Jahre zum ersten Mal nach Old Britain. Verständlich darum, daß Alleyn im Verlauf seiner 48jährigen Krimi-Karriere gleich mehrmals in Neuseeland gastiert, zuletzt noch 1980, als er – in halboffizieller Mission – auf einer kleinen exklusiven Insel den Vendetta-Mord an einer italienischen Primadonna untersucht (»Applaus zum bitteren Ende«). Mit von dieser Downunder-Partie ist auch Alleyns malerische Gattin Troy: Sein anhaltendes Werben war irgendwann doch erhört worden. Keineswegs selbstverständlich, denn für eine kurze Zeit hatte die apart schwarzlockige Künstlerin sogar als Mordverdächtige im Notizbuch ihres Verehrers gestanden (»Mord im Atelier«), und anschließend hatte sie etwas gegen ihn. Doch selbst Lady Helena Alleyn, Rorys resolute Mutter, die sich auf dem Familienstammsitz »Danes Lodge« in Bassiote/Buckinghamshire mit dem Züchten von Schäferhunden jung erhält, wünschte sich die kluge Troy zur Schwiegertochter, und auch Wassily, Alleyns altrussischer Diener (und ehemaliger Kunde) war ganz begeistert von ihr. Da mußte Troy doch einfach ein (Liebes-)Geständnis ablegen und »ja« sagen.

Vom Schauplatz her betrachtet, gehören der »Mord im Atelier« und seine Folgen allerdings eher zu den Ausnahme-Fällen Alleyns. Sein Abonnements-Tatort ist, wie angedeutet, das Theater: Kein zweiter Krimi-Kollege hat so oft im Bühnenmilieu ermittelt wie er. Und auch diese Serie war wohl kaum vorhersehbar, als Alleyn im Jahr 1935 »zum ersten Mal in seinem Leben« eine Schauspielergarderobe betrat – nur zu einem freundschaftlichen Besuch überdies und in Begleitung seines langjährigen Spezis, des Theaterkritikers Nigel Bathgate (»Ein Schuß im Theater«). Aber noch am selben Abend wird ein Akteur auf offener Szene umgebracht, und Chief Inspector Alleyn versammelt – ebenfalls zum ersten von vielen Malen – sein Mitarbeiterteam vom Yard in einem Theater: Den akribischen Inspector Fox, seinen Partner beim Nachdenken und Pfeiferauchen; den gewitzten Sergeant Bailey, seinen unschlagbaren Experten für Fingerabdrücke; den scharfsichtigen Sergeant Thompson, seinen Mann fürs Massive.

Roderick Alleyn (»schrecklich gutaussehend und abweisend«, wie ihn seine frühere Flamme Lady Carrados beurteilt) hat dem Vernehmen nach ein Standardwerk zur »Kriminologie« verfaßt. Zum Komplex »Theater und Verbrechen« hätte er eine komplette Bibliothek füllen können. Statt seiner hat es Ngaio Marsh getan.   hp

SIR JOHN APPLEBY
VON MICHAEL INNES

Daß ein Detektiv zum Ritter geschlagen wird, kommt auch in Romanen (selbst in englischen) nur selten vor. Sherlock Holmes, immerhin, hat diese Rangerhöhung sogar zurückgewiesen, John Appleby dagegen war so frei, sie zu akzeptieren. Seitdem heißt er Sir John, und auch die Dienstkarriere des ehemaligen Landwirtschaftslehrlings zeigte eine stetig aufsteigende Tendenz. Vom schlichten Detective Inspector beim Yard, der 1936 seinen ersten buchenswerten Fall löste, über das Amt des Assistent Commissioners brachte er es schließlich bis zum obersten Chef der Metropolitan Police.

Und einmal Detektiv, immer Detektiv. Sir Johns kriminalistische Laufbahn ist mit seiner Pensionierung keineswegs zu Ende gegangen. Im Gegenteil. Ob er sich

einmal eine Auslandsreise gönnt oder mit Lady Appleby ein Weekend auf dem Landsitz eines ihrer weitläufigen Verwandten zubringt – irgendetwas Mordverdächtiges
passiert allemal, und sei es nur, daß sein alter Freund Charles Honeybath, der
Portraitmaler, in der Bibliothek eine Leiche entdeckt, die fünf Minuten später spurlos
verschwunden ist (»Appleby und Honeybath«). Und dann beweist der alte Fuchs Appleby, daß »seine Methoden« (wie er es in ironischer Anspielung auf den Baker-
Street-Kollegen gern nennt) noch ganz gut funktionieren. Zumindest hat er seinen
jungen, wissenschaftlich gedrillten Polizeinachfolgern immer noch ein (entscheiden-
des) bißchen voraus: Intuition nämlich und Eindenkungsvermögen. Vom Humor gar
nicht zu reden.

Das alles zeichnete ihn bereits in seiner detektivischen Frühzeit aus. Denn Appleby war stets mehr als ein bloßer Ermittlungs-Spezialist. Wichtiger als die Laborun-
tersuchung von Fingerabdrücken oder Zigarettenkippen ist für einen Detektiv das
einläßliche Studium menschlicher Verhaltensweisen: So hat es der junge Inspector
Appleby mal in einem Vortrag vor Kollegen formuliert. Und warum sollte man im
Alter von solchen Prinzipien abrücken?

Übrigens ist Sir John immer fein mit seinem Autor mitgealtert. Und umgekehrt
hat Michael Innes (1906-1994) seinem Serienhelden über Jahrzehnte hinweg die
Treue gehalten – in mehr als dreißig eleganten, manchmal skurrilen, jederzeit geist-
reichen, um Realitätsnähe nicht übermäßig besorgten Büchern. Michael Innes war
halt einer dieser unverächtlich britischen Literaten, die den Mord noch als schöne
Kunst betrachten. Im bürgerlichen Leben hieß er Prof. John Innes Mackintosh Stewart und war, obschon Schotte, Englands herausragender Literaturhistoriker.

Kein Wunder darum, daß Applebys erster und zugleich vertracktester Fall
(»Death at the President's Lodging«) in den geheiligt abgeschiedenen Räumen eines
Oxforder College spielt: Der Präsident wurde erschossen, der Dekan und sämtliche
Professoren stehen unter Verdacht und bezichtigen einander wechselseitig der Tat.
Eine in jeder Hinsicht klassische Situation. Doch Appleby läßt sich durch die zitatge-
spickte Eloquenz der »Dons« weder einschüchtern noch von seinem Ziel wegreden.
Er ist schließlich auch ein brillanter Kopf.

Lustigerweise hält ihn Judith Raven bei ihrer ersten Begegnung prompt seinerseits für einen Professor, weil Appleby so penibel aus den Schriften Samuel Johnsons
zu zitieren weiß, obwohl die beiden grad in eisiger Winternacht, völlig durchnäßt in
einer verunglückten Kutsche flußabwärts auf ein Wehr zutreiben. Ironie am Rande:
Die Bahnstation, an der sie das gefährliche Abhol-Gefährt bestiegen hatten, hieß ausgerechnet »Appleby's End«, genau wie der 1946 erschienene Roman – nach Applebys
vertracktestem nun sein definitiv verrücktester Fall. Trotzdem: In dieser merkwürdig
unterhaltsamen Nacht kommen Judith Raven, die moderne Bildhauerin, und John
Appleby, der altmodische Detektiv, ganz unabhängig voneinander zu dem Schluß,
daß eine Heirat in den nächsten Tagen unausweichlich sei. Und wenn sie nicht gestorben sind (aber warum sollten sie es sein?), dann haben Sir John und Lady Judith
nun schon ihre goldene Hochzeit hinter sich.   hp

LEW ARCHER
VON ROSS MACDONALD

Welcher Detektiv kann so etwas schon vorweisen – die gleichen Initialen wie »seine« Stadt: L.A.! Das steht für Los Angeles, aber ebenfalls für Lew Archer. Hier, in L.A., unterhält der Privatschnüffler L.A. sein Einmannbüro, hier beginnen seine Fälle. Geboren wurde er allerdings etwas weiter entfernt, in Long Beach/Kalifornien, und zwar im Jahr 1913 – zwei Jahre vor seinem Autor Ross Macdonald (1915-1983). Der hieß eigentlich Kenneth Millar, wollte aber nicht länger als »auch« schreibendes Anhängsel seiner kriminalistisch so erfolgreichen Gattin Margaret Millar gelten. Darum legte er sich 1949, als er Lew Archer zum ersten Mal auf Ermittlungstour schickte (»Reiche sterben auch nicht anders«), den neuen Tarnnamen zu.

Von seinen Fällen berichtet Lew Archer freilich selber: Ein bißchen arg bilderreich zuweilen (was schon Raymond Chandler mißbilligte), aber ungemein genau in seinen Beobachtungen und, vor allem, mit einer hinreißenden Dialogtechnik. Er ist überhaupt ein witziger, nie in Verlegenheit zu bringender Gesprächspartner, dieser Lew Archer, und ein hartnäckiger dazu: Die meisten seiner Fälle löst er durch sein unnachgiebiges, unermüdlich nachbohrendes Fragen.

Ein Mann der Aktion, zumal der gewalttätigen, ist er dagegen weniger. Ob Faust oder Faustfeuerwaffe – beide Instrumente benutzt er ungern und obendrein mit abnehmender Tendenz. Dafür ist er ein unbedingter Moralist, der seinen früheren Job bei der Polizei aufgegeben hat, weil er sich nicht korrumpieren lassen wollte. In den fünfziger Jahren hat er sich denn auch noch ganz hübsch mit den Cops angelegt. Aber selbst das ließ nach, je weiter Lew Archer in seinen eigenen Fünfzigern voranschritt.

Doch unbestechlich ist er immer geblieben, gerade auch seinen Klienten gegenüber. Niemals treibt er seine Loyalität so weit, irgendwelche kriminellen Verstrickungen seiner Auftraggeber zu tolerieren oder gar zu verdecken. Nicht mal für Dollars. Geld bedeutet ihm ohnehin nicht allzuviel: Was er zum Leben braucht, verdient er mit seiner Detektei, und mehr ist nicht nötig. Zwar hat er seinen Tagesspesensatz im Lauf der Jahrzehnte von 50 auf 100 $ gesteigert, aber für kalifornische Verhältnisse ist das wohl immer noch recht bescheiden. Und Lew lebt auch eher mäßig – trinkt lieber Milch als harte Sachen (und diese niemals »im Dienst«).

Erstaunlich deshalb, daß seine Frau Sue sich trotzdem von ihm scheiden ließ, weil ihr sein Umgang nicht gefiel. Über diese frühe Enttäuschung ist Lew Archer im Grunde nie weggekommen, auch wenn er später die eine oder andere Liebesbeziehung hatte. Aber auch Frauen sind eben nicht das Wichtigste für ihn. Das Wichtigste ist seine Arbeit, und die macht er gründlich. Sogar im Wortsinn. Denn mehrfach führen ihn seine Fälle (die meist als äußerlich harmlose Suchaufträge nach vermißten Familienangehörigen beginnen) weit zurück in die Vergangenheit und auf die Spur eines »schlafenden« Verbrechens oder einer sorgsam zugedeckten Schuld, die durch einen Zufall wieder aufgerührt wurde – mit mörderischen Folgen für die Gegenwart.

Und in steigendem Maße muß sich Lew Archer, der kritische Skeptiker, mit Umweltproblemen an der kalifornischen »Küste der Barbaren« befassen. »Seine« Welt, Los Angeles und die Landschaft drumherum, ist längst nicht mehr, was sie war. Die zersiedelte und parzellierte Region wird beherrscht von den Villen und Pools der Superreichen, wo der Detektiv Lew Archer manches zu tun bekommt. Und in einem der späten Lew-Archer-Fälle geht es um eine Ölpest im Pazifik (»Dornröschen war ein schönes Kind«).

So ist Lew Archer immer mehr, wie sein Autor es wollte, »die Stimme Kaliforniens« geworden. Und unbestreitbar: Neben Sam Spade und Phil Marlowe gehört Lew Archer zu den Großen Drei der amerikanischen Detektiv-Literatur.   hp

Kommissär Bärlach
von Friedrich Dürrenmatt

Er ist der wahrscheinlich einzige Krimi-Detektiv, der es in der Adenauer-Zeit zum Gegenstand des gymnasialen Deutsch-Unterrichts gebracht hat. Kriminalromane waren halt »bäh« (sprich: »Schmutz & Schund«); doch die beiden Bücher um Hans Bärlach, den Kommissär der Berner Stadtpolizei, konnten zur Freude manches still progressiven Schulgermanisten eindeutig als seriöse Literatur verbucht werden. Denn was »Der Richter und sein Henker« (1950) an philosophischer Problematik bot oder »Der Verdacht« (1952) an theologischem und zeitgeschichtlichem Diskussionsstoff, das mußte alle Vorbehalte gegen die Gattung »Krimi« einfach zur Seite drängen.

Friedrich Dürrenmatt (1921-1990), der Humorist, hat's vermutlich genau andersherum gesehen (wie üblich): Ein guter Krimi, der seinen Leser fesselt, ist das optimale Transportmittel für versteckte Botschaften des Autors. Nun ist Hans Bärlach, der sperrige alte Mann an der Pensionsgrenze, allerdings mehr als ein bloßer Meinungs-Botschafter. Der Kommissär, der auf das »ä« in seinem Titel hohen patriotischen Wert legt (»im Bernischen gibt's nur Kommissäre«), fasziniert allein schon durch seine unheimliche Persönlichkeit – eine »Riesenspinne«, die mit »unerschütterbarer Ruhe« ihre Fäden zieht. Oder ist er mehr ein »großer alter schwarzer Kater, der gern Mäuse frißt«? So charakterisiert er sich selber »ganz ernsthaft« gegenüber seinem Assistenten, den er des Kollegenmordes verdächtigt.

Dabei weiß er genau, daß seine Jagdzeit bald abgelaufen ist. Bärlach hat Magenkrebs und bestenfalls noch ein Jahr zu leben (die beiden Roman-Fälle spielen 1948). Was ihn freilich nicht vom exzessiven, lebensgierigen Genuß von Wein, Schnaps oder gutem Essen abhält. Dr. Samuel Hungertobel, der Arzt und Freund des hartnäckigen Junggesellen, läßt es resigniert geschehen. Resigniert, auf andere Art, hat längst auch Dr. Lucius Lutz, der Untersuchungsrichter und Chef des Kommissärs. Dr. Lutz, ein begeisterter Verehrer jener neuartigen ermittlungstechnischen Methoden, die er in den USA studiert hat, hält den altmodischen »Spürhund« Bärlach im Grunde für ein kriminalistisches Fossil und tröstet sich mit der Aussicht auf dessen baldigen Ruhestand.

Der Alte durchschaut es amüsiert. Er hat auch beruflich seine eigenen Ansichten: Logik ist das eine, Realität das andere. Die »Kühle der Vernunft« schätzt er durchaus; aber er macht sich nicht vor, die komplexe Wirklichkeit damit in den Griff zu bekommen. Denn jederzeit kann das »Unvermutete« auftreten und einen Strich durch die detektivischen Berechnungen machen. Andererseits sieht Bärlach gerade in diesem nie auszuschaltenden Prinzip Zufall (und in der Unvorhersagbarkeit menschlicher Handlungsweisen) die Chance des Detektivs, weil auch der Verbrecher, selbst der perfekteste, den Zufall nicht regieren kann.

Er ist ein metaphysischer Skeptiker, der Berner Kommissär. Er glaubt auch nicht an politische Ideologien. Doch irgendeine Ordnung muß schon sein, das sieht auch er. Schließlich ist er Beamter. Seine Rechtfertigung als Detektiv aber bezieht er aus seinem Einsatz gegen Unmenschlichkeit: Darum verfolgt er den KZ-Arzt Dr. Emmenberger unerbittlich bis in dessen mondänen Sanatoriums-Schlupfwinkel; darum kämpft er jahrzehntelang um die Entlarvung seines Widersachers Gastmann, der einst in Konstantinopel auf offener Straße und im Beisein Bärlachs einen kalt geplanten, aber nicht nachweisbaren Mord begangen hatte.

Seine gesamte Laufbahn hindurch hat Bärlach an der Aufdeckung dieses Verbrechens gearbeitet. Als er fast am Ziel war, vereitelte die mörderische Eifersucht eines jungen Polizisten den Erfolg. Das Unvermutete! Da inszeniert Bärlach ein grandios verlogenes Spiel und läßt den Zyniker Gastmann für eine Tat sterben, die er gar nicht begangen hat. Als Detektiv freilich ist Kommissär Bärlach in diesem Fall gescheitert. Ausgerechnet der Ignorant Dr. Lutz stellt das fest, ohne zu begreifen, was er da sagt.   hp

Meister Bao
von Wolfgang Bauer (Hrsg.)

In China ist er bis heute eine legendäre Figur, sogar ein TV-Star: Meister Bao (»Bao Gong«), der Richter mit dem untrüglichen Feeling fürs Abgründige; der Detektiv, dessen Scharfsinn selbst die hinterhältigsten Verbrecher zittern läßt. Auch seine europäischen Verehrer haben das mittlerweile anerkannt und ihm einen entsprechend hochkarätigen Ehrentitel verliehen – »Sherlock Holmes des Fernen Ostens«. Etwas verblüffend ist Meister Baos Dauererfolg aber trotzdem, sogar im eigenen Lande; denn die Zeit seines kriminalistischen Wirkens liegt schon Etliches zurück: Bao Zheng Xiren, wie sein voller Name lautet, lebte von 999 bis 1062, also in der Epoche der Song-Dynastie (mit der Chinas jahrhundertelange Selbst-Isolation begann).

Immerhin – anders als Sherlock Holmes hat dieser Detektiv wirklich existiert und es in seiner irdischen Laufbahn sogar ziemlich weit gebracht: bis zum kaiserlichen Minister. Da hatte er seine Karriere als Richter und Behördenchef natürlich längst hinter sich. Doch aus dieser Zeit, die ihn kreuz und quer durchs ganze Reich führte, stammt sein unerhörter Nachruhm, auch wenn sich Baos Aufstieg zum literarischen Krimi-Helden erst viel später vollzog: Die ersten schriftlich fixierten Fall-Samlungen erschienen in der Phase der Ming-Dynastie (1380-1642), die also nicht nur Porzellanvasen hervorgebracht hat, sondern auch einen Original-Detektiv oder vielmehr – ein detektivisches Original. Selbst der in Deutschland einstweilen noch prominentere »Richter Di« (den der niederländische Diplomat Robert van Gulik aus gleichfalls chinesischen Quellen hervorholte) ist gemessen an Meister Bao ein purer Epigone. Der historische Richter Di lebte zwar ein paar hundert Jahre vor Bao; aber zur literarischen Gestalt wurde er erst, als Meister Baos Bucherfolge den Appetit auf weitere Superhirne geweckt hatten.

Und ein Superhirn ist Bao: ein vorzüglicher Kombinierer. Der erwähnte Vergleich mit Sherlock Holmes ist durchaus zutreffend; übrigens nicht nur in fachlicher Hinsicht. Mit seinem späteren Kollegen aus der Baker Street teilt Bao die immerwährende Vorliebe für Bluff-Effekte, für das Spiel mit Verkleidungen und Maskeraden. Genau wie Holmes hat er eine eminente (im merkwürdigen Kontrast zu seiner sonstigen Würde stehende) Schwäche für große dramatische Auftritte. Und an persönlicher Eitelkeit steht der alte Chinese dem viktorianischen Egomanen keinen Deut nach, wie nicht zuletzt der Fall des ermordeten Gemüsehändlers Liu belegt: Da war der erfolgsverwöhnte Meister Bao ziemlich eklatant gescheitert, und zur einigermassen unverhohlenen Freude seiner Untergebenen hatte er die Aufklärung der Tat einer sozusagen blutigen Laiin überlassen müssen. Doch nun ist sein Ehrgeiz angestachelt: Er nimmt sich den Fall erneut vor, und wenig später präsentiert er ein Resultat, welches die Chronisten mit Recht als sensationell erachten (wir verraten es hier aber nicht).

Von der Erzählweise her ist dieser Bao-Fall allerdings nicht ganz typisch. Meist ist es so, daß in diesen, anonym verfaßten, Crime-Stories aus dem alten China erst einmal das Verbrechen genüßlich geschildert wird: Der Leser weiß also über den Täter von vornherein Bescheid. Dann folgt die Festnahme eines unschuldig Verdächtigten; und wenn die Lage des Inhaftierten völlig aussichtslos scheint (fast wie bei Hitchcock) – dann taucht Meister Bao auf, findet ein Haar in der Suppe und klärt den Fall zur allseitigen Zufriedenheit. Daß er bei seinen Ermittlungen vor gelegentlichem Einsatz der Folter nicht zurückschreckt, mag heutige Leser freilich irritieren. Noch sonderbarer ist, daß dieser Detektiv nicht bloß gegen Verbrecher aus Fleisch und Blut vorgeht, sondern auch gegen Dämonen und ähnliche Un-Wesen. Einmal verhindert er durch sein zeitiges Eingreifen sogar eine Mondfinsternis. Was aber nur beweist: Meister Bao ist ein wahrer Star – der Stern unter den Sternen. hp

MARTIN BECK
VON MAJ SJÖWALL / PER WAHLÖÖ

Er ist der Repräsentant des modernen, politisch grundierten Sozio-Krimis: Martin Beck, anfangs Erster Kriminalassistent, dann Kommissar, schließlich Chef der schwedischen »Riksmordkommissionen« in Stockholm. Zehn Jahre, von 1965 bis 1975, und zehn Romane lang haben Beck und seine Kollegen in den unterschiedlichsten Milieus nach den unterschiedlichsten Gewalttätern gefahndet. Mal hatten sie es dabei mit einem psychisch gestörten Kindermörder zu tun (»Der Mann auf dem Balkon«), mal mit einem Mann, der neun Fahrgäste eines Linienbusses erschoß, um von seinem eigentlichen Verbrechen abzulenken (»Endstation für neun«), und einmal auch mit einem wahnhaften Ex-Polizisten, der aus Rache für den Tod seiner fälschlich verhafteten und im Arrest verstorbenen Frau den (un-)verantwortlichen Revierleiter niedermetzelte und hinterher auf alles schoß, was zum Polizeikorps gehörte (»Das Ekel aus Säffle«).

Auch Martin Beck hatte damals auf der Todesliste des Kollegen gestanden – und laborierte fast ein Jahr an der Schußverletzung, bevor er seinen Dienst wieder aufnehmen konnte. Einen oft frustrierenden Dienst, geprägt vom endlosen Herumstochern im Vorläufigen, von schwierigen Zeugenbefragungen, von ernüchternden Ortserkundungen, bis sich dann allmählich, aus einem vielleicht ganz unscheinbaren Hinweis, eine Art Spur ergibt. Aber dann kommen die Probleme mit der Führungsbürokratie der zunehmend zentralistischer und militärischer organisierten Staatspolizei Schwedens.

Am Beginn des Zyklus, als Beck & Co den Tod einer amerikanischen Bibliothekarin aufklärten, die während einer Kreuzfahrt ermordet worden war (»Die Tote im Götakanal«), blieben die politischen Aspekte der Polizeiarbeit noch vergleichsweise nebensächlich. Umso schärfer traten sie freilich im Schlußband zutage, in den – kurz vor Per Wahlöös Krebstod beendeten – »Terroristen«, wenn Martin Beck als Koordinator eines gewaltigen Aufgebots an Sicherheitskräften das Bombenattentat auf einen amerikanischen Staatsbesucher vereitelt, aber nicht verhindern kann, daß der schwedische Ministerpräsident von einer einzelgängerischen, verzweifelten jungen Frau erschossen wird (lange vor der Ermordung Olof Palmes übrigens).

Und eigentlich, so hat es Maj Sjöwall erklärt, sollte dieser ganze zehnbändige Beck-Zyklus auch nur ein einziger »Roman eines Verbrechens« sein – »des Verbrechens der Sozialdemokratie an der schwedischen Arbeiterklasse«: Das Publizisten-Ehepaar Sjöwall/Wahlöö arbeitete damals für die schwedische KP. Daneben haben die beiden aber auch Ed McBains Krimiserie »Polizeirevier 87« übersetzt. Und das brachte die literarisch entscheidende Anregung.

Die Leute aus der Stockholmer Mordkommission sind aber trotzdem Typen für sich: Einar Rönn, der Grundsolide aus Lappland; Benny Skacke, der Junge mit dem Riesenehrgeiz; Fredrik Melander, der Pfeifenraucher mit dem sagenhaften Gedächtnis. Noch näher am Mittelpunkt: Gunvald Larsson, der entschiedene Selbstdenker – rüde, kompromißlos, stets mit Durchblick. Und: Lennart Kollberg, der Dicke mit dem gelungenen Familienleben, der aus Protest gegen die Politik der Polizeiführung den Dienst quittiert. Er ist der engste, ja, der einzige Freund Martin Becks.

Martin Beck selber schließlich: Lang und mager, ewig erkältet, an seiner Verantwortung leidend, aber leidenschaftlicher Kriminalist. Ein ungemein ruhiger Denker und ebenso sensibler Gestalter von Verhören. Seit er sich nach einer 18 Jahre dauernden mißratenen Ehe von seiner Frau getrennt hat, sind wenigstens seine ständigen Magenschmerzen und Schlafstörungen zurückgegangen. Außerdem sorgt die patente Rhea Nielsen dafür, daß es ihm auch in Sachen Liebe wieder gutgeht. Er ist kein politischer Mensch, dafür ein nüchterner Skeptiker, der grad als Detektiv dem Emotionalen und »Intuitiven« mißtraut: Es sei besser, sagt Martin Beck, sich banal auszudrücken, als unklar. Aber banal drückt er sich eigentlich nie aus.   hp

TOMMY & TUPPENCE BERESFORD
VON AGATHA CHRISTIE

Sie sind nicht ganz so berühmt wie ihre Stallgefährten Hercule Poirot und Miss Marple, sie traten auch nicht ganz so häufig in Aktion, aber ihre Fan-Gemeinde besitzen auch sie und ihre muntere (Art-déco-glitzernde) TV-Serie ebenso. Und eines haben sie ihren bändereich klassischen Detektiv-Kollegen sogar voraus – sie durften sich altersgemäß entwickeln.

Denn während der Belgier mit den kleinen grauen Zellen und die Miss mit dem scharfen Blick erst im Seniorenalter debütierten (und dann von Agatha Christie jahrzehntelang frischgehalten werden mußten), zählten Tommy und Tuppence »zusammen kaum mehr als 45 Jahre«, als sie 1922 ihr erstes gemeinsames Abenteuer bestanden (»Ein gefährlicher Gegner«). Tuppence, die schwarzhaarige Pfarrerstochter aus Little Missendell, Suffolk, hieß damals noch Miss Prudence Cowley: Mrs. Beresford, die Gattin des rotschopfigen Ex-Captains Tommy, wurde sie erst am Ende des Romans. Den Spitznamen »Tuppence« (= »Two Pence«) trug sie allerdings schon seit ihrer (geldknappen?) Kindheit.

Und wenn die beiden im Jahr 1968, nach einer gewissen schnüfflerischen Pause, erneut vom Detektivfieber gepackt werden (ein Anfall, der sich aparterweise bei einem Besuch im Altersheim unter »Lauter reizenden alten Damen« ereignet), dann sind sie ein richtig nettes älteres Ehepaar – sie immer noch etwas quirliger, er immer noch etwas bedächtiger. Ihre zwei (penetrant fürsorglichen) Kinder sind längst erwachsen, genau wie ihre wohlgeratene Adoptivtochter. Und in ihrem Häuschen am Stadtrand von London waltet ein treusorgendes Faktotum.

Das Häuschen wechseln die Beresfords dann noch einmal, was prompt einen neuen Fall ergibt – ihren letzten (»Alter schützt vor Scharfsinn nicht«). Das Hausfaktotum aber ist kein anderer als der unverwüstliche Albert Batt, der ihnen bereits 1922, damals noch als Jungportier der »South Audley Mansions«, kluge Dienste geleistet hat und auch in allen (Not-)Fällen der Zwischenzeit stets im rechten Moment zur Stelle war.

Albert kann, auf seine kinogeprägte Art, verblüffend mitdenken, was sich für Tuppence und Tommy des öfteren lebensrettend auswirkt: 1940 etwa, während des Zweiten Weltkriegs, als die beiden in einem öden Küstendorf einen deutschen Agentenring und dessen britische Kollaborateure ausheben wollen (»Rotkäppchen und der böse Wolf«), oder vorher, 1929, als die Beresfords in London ein richtiggehendes Detektiv-Institut unterhalten, in dem Albert als gewitzter Vorzimmer-Jüngling fungiert (»Die Büchse der Pandora«).

Das Detektiv-Büro ist freilich nur ein Tarn-Unternehmen des Secret Service. Der Geheimdienstchef »Mr. Carter« war vom Elan und kriminalistischen Ideenreichtum des jungen Paares, das aus simplem Geldmangel mit dem Detektivspiel begonnen hatte, schon frühzeitig so begeistert, daß er Tommy und Tuppence gleich für eine Firma engagierte. Doch mag die Agentur »Blunt's Brillante Detektive« auch lediglich als Lockstelle für einen russischen Spion dienen, der äußere Schein muß immerhin gewahrt bleiben – folglich sind die Aufträge, die das Amateur-Paar zu bewältigen hat, unbedingt echt.

Und auf hintersinnige Art glänzend. Denn Tommy, der gern ein bißchen träge Kombinierer, und Tuppence, die Frau mit dem alarmierenden Gespür im linken Daumen, sind auf ihren Job gewissenhaft vorbereitet: durch eingehendes Studium klassischer Detektiv-Geschichten. Und solchermaßen geschult, lösen sie jeden ihrer zehn Fälle in der Manier eines anderen, spezifisch erprobten Kollegen. Einem unauffälligen Gattenmörder kommt Tommy, in stilechter Soutane, als Father Brown auf die Schliche. Ein (fast) unerschütterliches Alibi erschüttert Tuppence mit dem Methoden-Fahrplan des Alibi- und Eisenbahnspezialisten Inspector French. Mal deduzieren sich die beiden wie Sherlock Holmes und Dr. Watson an das Kriminalrätsel heran, mal arbeiten sie wissenschaftlich fotografisch wie Dr. Thorndyke, und bei einem Geldfälscher-Skandal vertrauen sie auf die bewährt fesselnden Effekte des Edgar Wallace. In ihrem Königsfall aber agieren Tommy und Tuppence – »Sie erfassen meine Gedanken, mon ami?« – als Hercule Poirot und Captain Hastings. Das war sich Agatha Christie einfach schuldig.

hp

HAUPTKOMMISSAR BIENZLE
VON FELIX HUBY

Mit dem »Atomkrieg in Weihersbronn« begann 1977 seine literarische Kriminal-
karriere. Aber als Hauptperson fungierte der Hauptkommissar Ernst Bienzle (merk-
lichstes Kennzeichen: Schwabe) in jenem KKW-Stör-Fall noch nicht unbedingt.
Zumindest mußte er sich die detektivische Ehre mit einem zugereisten Journalisten
namens Kilper teilen, der im Auftrag eines bekannten Hamburger Nachrichtenmaga-
zins in der gleichen Sache recherchierte – auf seine Art, doch nicht minder clever als
der Polizeiprofi. Kein Zufall natürlich. Denn auch der Autor dieses Umwelt-Krimis,
Felix Huby, war damals noch hauptberuflicher Journalist: Tätig für das nämliche
Hamburger Nachrichtenmagazin.

Serienheld wurde dann aber nicht der smarte Reporter, sondern der knorzige –
mittlerweile gut fünfzigjährige – Kommissar mit dem prallen Bauch und der derben
Lebensart. Der Mann aus Stuttgart: Deutschlands erster Ethno-Detektiv. Er selber
hält sich übrigens nicht für dick, nur für »na ja, stattlich, wollen wir mal sagen ...«.
Soviel Hochdeutsch am Stück redet er allerdings selten. Häufiger benutzt er, zumal
im Umgang mit Regional-Tätern, das württembergische Stammes-Idiom, vor allen einen bestimmten Satz: »O du liabs Hergöttle von Biberach, wia hent di d'Mucka ver-
schisse.« Zur Erklärung für Nicht-Schwaben: Ein »Hergöttle« ist eine Heiligenfigur,
wie man sie in Dorfkirchen findet, hier also in Biberach. Was aber in diesem Fall ein
Irrtum war, wie Bienzle in einem späteren Buch beschämt einräumen mußte: Der Ort
des redensartlichen Herrgöttles heißt nämlich in Wahrheit Biberbach. Seither flucht
der Kommissar korrekt. Oder er findet eine aparte Variante: »Ach du liab's Kojäckle.«

Aber so zärtlich macht er es selten. Meist schimpft er kraftvoll, zum Beispiel
über seinen »Scheißberuf« oder über das Treiben von »dene Sesselärsch« im Innen-
ministerium mit ihren praxisfernen Dienstanweisungen. Zur Entspannung raucht er
Pfeife oder Zigarren. Oder er nimmt ein »Viertele« zu sich (»einen Trollinger kippt
mr net, den schlotzt mr«) – selbstverständlich nur, um den »Kreislauf auf Toura« zu
bringe. Doch »Einkehren« ist schon seine Lieblingsbeschäftigung, da ist Bienzle ehrlich. Es sei denn, er vergnügt sich gerade mit Hannelore, seiner Holden, an der ihm
besonders »des Ärschle« gefällt. Hannelore Schmiedinger vernimmt solche Kompli-
mente auch nicht ungern; doch zumindest am Anfang ihrer wilden Schwaben-Ehe
war sie über Bienzles Lustvorstellungen eher irritiert, schließlich hat sie auch intellektuell einiges zu bieten. Und einmal, mitten in der alemannischen Fastnet, hätte sie
ihren Lebensgefährten fast verlassen. Trennungsgrund: Sein detektivischer Dauer-
einsatz. Sie war sogar schon auf dem Weg. Doch dann wurde sie selber vom Detektivfieber gepackt, fand auf der Flucht die Lösung des Falles – und fuhr gleich bei der
Mörderin vorbei, um deren Geständnis einzuholen. Und so lebt das Paar noch heute
zusammen – aber Bienzle hatte damals schon echt mit dem Schlimmsten gerechnet
(übrigens war er unabhängig von Hannelore auf die gleiche Täterin gekommen).

Er ist eben ein gefitzter, wenn auch völlig unkonventioneller Kriminalist. Obwohl er eigentlich zum Pädagogen bestimmt war (wie schon sein Vater). Doch er ist zur Polizei gegangen, weil er »kein Unrecht vertragen« kann. Und das verbindet ihn auch mit seinem ersten Untergebenen, dem leicht zynischen Kommissar Gächter: Sie knurren zwar beide beständig, aber im Notfall sind sie Tag und Nacht im Einsatz. Doch im Notfall läßt der Herr Hauptkommissar Bienzle auch schon mal einen Täter laufen: Er ist gegen das Unrecht; aber Recht und Gesetz sind nicht allemal dasselbe – da kann er bisweilen geradezu subversiv werden. Auch sonst ist er im Umgang mit den Dienstvorschriften habituell lax. Seine Dienstpistole etwa hat er meist unbeaufsichtigt in der Schublade des Schreibtisches liegen, statt sie wie befohlen im Halfter mit sich zu führen. In seinem ersten Fall, der KKW-Geschichte aus Weihersbronn, wäre ihm diese Lässigkeit beinah zum Verhängnis geworden: Der schnelle Journalist Kilper konnte ihm eben noch mit gezieltem Schreibmaschineneinsatz das Leben retten. Nicht auszudenken, wenn Ernst Bienzle mit seiner eigenen Waffe erschossen worden wäre: Keine weiteren Romane, keine TV-Tatorte. Und Felix Huby säße, oh Gott, Herr Pfarrer, womöglich heute noch als Eberhard Hungerbühler beim »Spiegel«.   hp

CAPTAIN BIRGE
VON WILLIAM KRASNER

Birge hielt sich nicht für einen außergewöhnlichen Mann: »Er traf nur höchst selten schnelle, geniale Schlußfolgerungen. Im Grunde war er bis zu einem gewissen Grad, an dem er seine Kollegen amüsierte, langsam, methodisch und gewissenhaft, doch genau so hatte er es bis zu seinem augenblicklichen Job geschafft.« Detective Captain Sam Birge ist Chef der Mordkommission.

Er bleibt es alle fünf Romane lang – zum Ärger seines Stellvertreters Charley Hagen. Hagen ist der Dandy der Abteilung: zynisch, abgebrüht und emotionsarm. Wenn man einmal übersieht, daß er gelegentlich Verfolgungswahnanfälle bekommt. Dann glaubt er, jemand wolle ihn fertigmachen. Tatsächlich ist er am Ende immer noch der zweite Mann. Es genügt eben nicht, Klassenbester zu sein.

Dabei scheinen die Chancen für Hagen nicht schlecht zu stehen. Schon im ersten gemeinsamen Fall, »Auf dunklen Straßen«, begann sich Birge nach seiner Pensionierung zu sehnen: »Er wußte, daß ein ausgeprägtes Verantwortungsbewußtsein ein strenger Meister ist, und daß man, auf lange Sicht gesehen, moralisch nicht sicher vor dem Dreck auf den Straßen bleiben konnte.« Aber im letzten Birge-Roman, »Opfer einer Razzia« (»Death, the Dancer« fand in den USA lange keinen Verleger!) ist der Chef noch immer der Boß, der ahnt, was Hagen denkt: »Er wird immer schlimmer mit dem Alter, sitzt einfach nur rum und spielt mit den Möglichkeiten, statt etwas zu unternehmen.«

Nein, übertriebener Aktionismus liegt Birge nicht. Er ist kein Kampfhund, sondern ein Schnüffler, ein Fährtensucher: »Man mußte lernen, jahrelang Informationen zu sammeln und im Gehirn herumtreiben zu lassen, wie Zettel in einem zugigen alten Dachboden, bis sich ein paar davon in dunklen Ecken sammelten und dort haftenblieben.«

Man hat Birge den amerikanischen Maigret genannt. Allerdings erlebt er weniger Abenteuer als sein französischer Kollege. Und Birges geistiger Vater William Krasner meinte zum Vergleich: »Vielleicht hat mich Maigret beeinflußt, aber ich war mir dessen nicht bewußt.« Zumindest war Georges Simenon für ihn kein Vorbild in Sachen Schreibtempo. Während jener seinen Maigret rund hundertmal auf Mördersuche schickte, geht Birge nur fünfmal auf buchseitenfüllende Jagd – in fast vierzig Jahren.

Krasner wollte einen »offensichtlich normalen, aber auch außergewöhnlichen Mann« als Helden. Und er gab ihm den Vornamen seines Vaters, eines russischen Einwanderers. Krasner wurde 1917 in St. Louis geboren – und dort spielen wohl auch seine Romane, selbst wenn der Schauplatz immer nur als die große Stadt am Fluß benannt wird.

Die Fälle, die Sam Birge löst, sind selten spektakulär. Er geht auch Todesfällen nach, die offenkundig kein Mord sind, denn »jeder Todesfall ist wichtig, besonders, wenn er vermeidbar gewesen wäre«. Und am Ende der »Stag Party« (deutsch: »Blackout«) ist Schuld gesühnt oder doch zumindest bekannt. »Durch unsere Arbeit finden wir wirklich Beweise und erreichen Verurteilungen, um die Verbrechensquote zu verringern. Damit ein paar Leute mehr weiterleben können.«

Im Laufe der Jahre wird Birge immer schwergewichtiger, aber nicht schwerfälliger, auch wenn es ihm schwerfällt, aus einem Sofa aufzustehen, das zu niedrig und zu weich ist. An den ersten Anblick einer Leiche wird er sich wohl nie gewöhnen, aber er muß dennoch genau hinsehen: »Von Detectives wurde erwartet, alles zu registrieren.« Aber im Zweifelsfalle ist da ja noch der Gerichtsmediziner Haskell Collender, der Birge immer um jenen Kaffee anschnorrt, den Birge von seiner Frau Edna in der Thermoskanne mit auf den Weg bekommt. Sehr viel mehr kann sie für ihn nicht tun, wenn ihn mal wieder ein ungelöster Fall umtreibt, wenn er nicht abschalten kann.

Birge ist ein Mann mit Grundsätzen. Auch wenn er sich da einmal ganz gewaltig verhaut. Das fünfte Gebot beschäftigt ihn zwar abendfüllend, aber es heißt trotzdem nicht »Du sollst Vater und Mutter ehren«. Das bleibt sein einziger Sündenfall.   rw

STEPHEN BLAKESLEY
VON THOMAS O'KIEP

Unser Mann ist ein Ire, genauer gesagt, ein Dubliner. Und das sieht man ihm an, nicht nur wegen seines nachlässig karierten Tweedjacketts und seiner speckigen Mütze.

Er hat auch rote Haare (aber das Geld für den Friseur spart er gern). In der ehemals prachtvoll georgianischen, nun langsam vor sich hinrottenden Gegend um den Mountjoy Square, nördlich der Liffey mithin (das sagt alles, in dieser Stadt), unterhält er eine Dachgeschoßwohnung, und im Souterrain des selben Hauses – er ist ein Mensch der Gegensätze, ein Ire, wie gesagt – betreibt er ein Detektivbüro. »Stephen Blakesley – Seriöse Untersuchungen aller Art« steht auf dem lackierten Blechschild am Vorgartengitter.

Meist sind es Seitensprünge und ähnliche Observationen im Dienste des katholischen Ehesakraments, die er zu bewerkstelligen hat; zumindest fangen seine Fälle immer so vergleichsweise idyllisch an. Doch dann geraten sie in irgendeine Kurve, entwickeln eine unkontrollierbare (also ebenfalls sehr irische) Eigendynamik und rasen schließlich auf einem beinah metaphysischen Zug ins Teuflische. »Last Stop Glasnevin« wäre so ein Sünden-Fall, den unser Mann zwar zum happigen Ende löst, aber allerletzten Endes nicht begreift.

Übrigens ist Stephen Blakesley selber Junggeselle – es reicht ihm, das Phänomen »Ehe« (samt Begleit-Erscheinungen) mit dem dienstlichen Fernglas zu beobachten, im Phoenix-Park oder auf den Parkbänken am »Grand Canal«. Ein Junggeselle, englisch »Bachelor«, ist er auch noch im akademischen Sinne, nämlich ein »Bachelor of Arts«. Diesen Titel hat er auf dem »Dublin University College« erworben, wo er Irische und Deutsche Literatur studierte und vor einer großen Karriere stand. Doch dann provozierte er seinen Professor, aus war's mit der Hochschullaufbahn, und so wurde er Schnüffler. Nicht mal ein Auto kann er sich leisten; aber ein Fahrrad ist bei seinen Streifzügen durch die Dubliner Stadt- und Publandschaft im Grunde auch nützlicher. Und die Gefahr, bei den regelmäßigen Begegnungen mit der Ortspolizei den Führerschein einzubüßen, ist auf diese schlaue Weise gebannt.

Alkoholgenuß wiederum gehört bei Blakesley zum Dienstfahrplan. Denn der Pub ist sein Jagdrevier. Und seine Informationsbörse. Bei einem dieser Amtsgänge zu »Doheny & Nesbitts« hat er dann auch Thomas O'Kiep kennengelernt, seinen späteren Leibbiographen. O'Kiep (Jahrgang 1946, von Haus aus Theaterkritiker) hat oft beschrieben, wie so eine Blakesley-Ermittlung losgeht: Da hockt ein unauffälliger Ire an der Bar, vor sich ein Pint Stout, und löst scheinbar ganz selbstvergessen das Kreuzworträtsel der »Irish Times«. Doch ihm entgeht nichts: Kein Gespräch, keine Andeutung – er registriert alles (notfalls auf seinen berühmten grünen Zettelchen); und dann stellt er seine Gedanken auf Freilauf und vertraut sich der eigenen Assoziationskette an. Radfahrtechnisch gesprochen. Aber die Fahrrad-Metapher ist nicht absurd: Blakesleys einziger Fall außerhalb Dublins beginnt schließlich auch damit, daß er das seltsam systematische Verschwinden von Damenrädern in der höllisch öden Gegend um Tullamore aufklären soll – wo er dann immer tiefer in ein wahnsinniges Mordkomplott gerät.

Zurück in der Metropole, hat er sich dann umgehend bei den Abgeordneten des »Dáil«, des irischen Parlaments, verhaßt gemacht, als er, der fröhliche Anarcho, einen landesweiten (ebenfalls klein begonnenen) Korruptions-Skandal aufdeckte.

»The Deal in the Dáil« (deutscher Titel: »,Ich rufe Sie zur Ordnung›«) ist ein schön satirischer, oder, um's in O'Kieps geliebter Wortspielweise zu sagen, »satt irischer« Kriminalreißer. Und der stets ironisch grinsende Stephen Blakesley ist ein »Dublin character«, von dem man gern noch etwas mehr wissen möchte. hp

GUIDO BLANKENHORN
VON UWE FRIESEL

Als er den mysteriösen Tod seines Vorgesetzten aufzuklären hatte (»Spiegel Verkehrt«), wurde er hinterher diskret gefeiert und dienstlich befördert – zu Deutschlands jüngstem Kriminaloberrat. Als er kurz darauf während einer Hausbesetzer-Affaire die »mißbräuchliche Gewaltanwendung« der Polizei kritisierte (»Sein erster freier Fall«), wurde er aus dem Dienst gefeuert. Beziehungsweise: hanseatisch diskret – »im wechselseitigen Einverständnis« – in Pension geschickt. Und damit war Guido Blankenhorn, vierzig Jahre alt (davon knapp zwanzig bei der hamburgischen Mordkommission), Deutschlands vermutlich jüngster Kriminalfrührentner.

Das liegt jetzt ein gutes Jahrzehnt zurück. Seither betätigt er sich als gelegentlicher Gerichts-Gutachter, als gefürchteter Kriminal-Publizist in deutschen Illustrierten und ausländischen Zeitungen, doch immer wieder auch als »privater« Detektiv: Mal deckt er einen florierenden Versicherungsschwindel bei einem Busreiseveranstalter auf; mal verhindert er im letzten Moment den tückisch phantasievollen Mordanschlag, mit dem die Apothekerin im Nachbarhause aus dem Weg geräumt werden sollte (»Lauenburg Connection«). Blankenhorn kann's einfach nicht lassen.

Auf die Honorare wäre er dabei nicht einmal angewiesen. Der hamburgische Senat zahlt ihm siebzig Prozent seines letzten Gehalts als Pension. Aber der Ex-Kriminalrat hat immer noch Schwierigkeiten, mit der erzwungenen Untätigkeit fertigzuwerden. Zu allem Überfluß ist ihm auch noch sein Liebesleben verrutscht, seit er von seiner langjährigen Gefährtin wegen angeblichen Macho-Gehabes kurzerhand aus ihrer gemeinsamen Eppendorfer Edelwohnung geworfen wurde. Jetzt lebt Frau Dr. Gisela Gabriel an der Seite einer Radikal-Feministin, und der doppelt geschaßte Kriminalist hat sich im schlichten Eimsbüttel ein Neubauquartier gesucht. Hin und wieder berät ihn seine Verflossene jedoch in Einrichtungs- und anderen Lebensfragen (sie ist Psychologin). Denn auch von ihr kommt er nicht recht los, obwohl sie seinen schönen Vornamen hartnäckig falsch ausspricht: »Gu-ido«. Mag übrigens sein, daß der in Liebesfragen eher unbeholfene Blankenhorn bei der ebenso rothaarigen wie cleveren Journalistin Gerda Tosbiel eine neue Bleibe finden wird. Ihre kriminelle Zusammenarbeit bei der Aufdeckung eines hansestädtischen Kampfgas-Skandals läßt sich jedenfalls ganz vielversprechend an (»Das gelbe Gift«).

Der erzwungene Umzug nach Eimsbüttel hat aber noch eine weitere Unbequemlichkeit nach sich gezogen: Sein Stammcafé, das »Lindtner« in Eppendorf, kann der arme Blankenhorn nurmehr nach umsteigereicher U-Bahn-Reise erreichen (sein klappriger »Alfa Sud« verweigert sich schlicht dem Hamburger Stadtverkehr). Das »Café Lindtner« ist aber schlechterdings unverzichtbar für ihn: Es ist der Ort für seine subversiven Treffs mit »Merse«, dem Kriminaloberrat Merseberg, seinem früheren Mitarbeiter und späteren Amtsnachfolger. (Auch zu seiner einstigen Sekretärin, Frau Loschütz, hält Blankenhorn weiterhin Kontakt – gute Tips aus dem Polizeihauptquartier sind halt unverzichtbar für einen Privatschnüffler, von der sentimentalen Komponente mal ganz abgesehen).

Doch wenn »Merse« seinen alten Chef zur üblichen »Schneemustorte mit Schoko« bittet, dann ist irgendetwas gewaltig faul in der Freien Hansestadt: Dann benötigt die Kripo wieder mal die heimliche Hilfe ihres leichtfertig entlassenen Spitzenmannes. So wie im Fall des Kampfgift-Skandals, der ohne die Aufklärungsarbeit Guido Blankenhorns verhängnisvoll ausgegangen wäre. »Aufklärung« ist im deutschen Krimi natürlich stets ein doppeltes Anliegen, dann zumal, wenn der Autor eigentlich aus der Hochliteratur kommt. Und Uwe Friesel war als Chef des Schriftstellerverbandes lange Zeit sogar der höchste Literat des Landes. Das macht den Detektiv Blankenhorn naturgemäß besonders wertvoll.

hp

BELLA BLOCK
VON DORIS GERCKE

Seit Bella Block 1988 die Szene betrat, gibt es in der Kriminalwelt wieder einen Glauben an das Gute. Nicht, daß sich seit Sam Spades Wirken das Kräfteverhältnis zwischen Gut und Böse grundlegend verschoben hätte, im Gegenteil, das Verbrechen ist tief in die Seelen eingedrungen. Gleich im ersten Fall, den die Hamburgerin in der Heide zu lösen hat, ist es die perverseste männliche Lust am Niedermachen, am Vernichten von Frauen, mit dem sie zu tun hat.

Das ist es: Auf alles Eklige, mit dem wir zu leben gelernt haben, stößt Bella mit frischem Schaudern und blanker Empörung zu. Ihre Wut über die Dummheit und Gewalttätigkeit einer von Männern und Geldgier beherrschten Welt entflammt in jedem Einzelfall neu. Bella verkörpert jenen beinahe zerstörbaren, doch kaum korrumpierbaren moralischen Widerstandsgeist, den nur Helden wie Robin Hood oder Heldinnen wie Jeanne d'Arc aufzubringen imstande waren. Bella besitzt ein erschreckend waches Wahrnehmungsvermögen für opportunistische Kompromisse, sie ist nicht bereit, um des lieben Friedens willen auch nur ein einziges Unrecht zu dulden.

Vor allem dann nicht, wenn es, wie meist, von Männern ausgeübt wird. Wenn sie an der italienischen Mittelmeerküste zwei Mafiosi vor die Knarre bekommt, die Mädchen vergewaltigen und alte Frauen berauben, dann legt sie sie um.

Bella handelt als freie Frau. Das heißt: Die Jahrtausende während patriarchalische Unterdrückung der Frauen hat einen übergeordneten Befreiungsnotstand geschaffen, der es rechtfertigt, verbrecherische Männer dort zu schlagen, wo man sie trifft – zwischen den Ohren. Und da ist Bella keineswegs zimperlich. Doch sie schießt nicht nur recht sicher. Sie verfügt auch über den entlarvenden Blick, der es ihr erlaubt, das männliche Gehabe in seiner ganzen Aufgeplustertheit zu durchschauen und lächerlich zu machen. Gemeingefährliche Heuchler, wie den Kulturmanager, der morgens eine schwangere Prostituierte fertigmacht, bevor er sich an seinen Essay über Kurt Weill setzt, würde sie nur zu gerne attackieren. Aber die sind, wenn man ihnen nichts nachweisen kann, unberührbar. Das ist der Jammer Bella Blocks: In all dieser entsetzlichen, unmenschlichen, patriarchalischen Herrschaft struktureller Gewalt kann auch sie, trotz Mut, Intelligenz und Kampfgeist, nicht die Beweger packen und die Beweggründe aufdecken, sondern, wenn überhaupt, nur die kleinen Fische erwischen. Bella Block, die ihre Beamtenlaufbahn aufgab, weil sie die Machobürokratie in der Hamburger Polizeibehörde nicht länger ertragen konnte, ermittelt als Privatdetektivin in den dreckigsten Sümpfen der Gegenwart, in den Suburbs der Hansestadt Hamburg oder den Betten der Devisenhotels in Moskau, wo Drogensucht und Prostitution die Endpunkte weiblicher Erniedrigung bilden.

Doch Bella Block ist keine zwischen Rambo und Brünhilde in düsterstem Feministen-Violett changierende Rächerin des enterbten Geschlechts. Ihre Wut macht sie nicht blind für die Schwächen und Torheiten ihrer Geschlechtsgenossinnen. Wodka

trinkend, füllig und aus dem Alter raus, in dem der Mann ihr auf der Straße nach-
pfeift, ist sie in all ihrer Spontanität, Widerspruchswut und Empörung so etwas wie
das weibliche Wunschbild einer selbständigen Frau. Sie kann und will die Verletzungen der Liebe nicht meiden. Und sie kennt die Melancholie, deren Wurzel die Ohn-
macht ist. Aber Bella gibt nicht auf. In ihren finstersten Stunden richtet sie sich an
den Gedichten ihres Großvaters Alexander Block oder an einem Gedicht von Attila
József auf, in dem versprochen wird: »Die künftigen Menschen werden Kraft und
Zartheit sein.« Bella hat selbst etwas von jenen Zukünftigen.   tg

KALLE BLOMQUIST
VON ASTRID LINDGREN

Blut – daran war von Anfang an nicht zu zweifeln; und schon der allererste Satz
des allerersten Romans machte unmißverständlich klar: Hier hatte ein detektivischer Jung-Star die Szene betreten, mit dem hinfort gerechnet werden mußte. Ein
Kriminalist, der jedes noch so unscheinbare Indiz gewissenhaft unter seine Lupe
nahm; der jedes Verdachtsmoment sorgsam in seine Kladde eintrug; und der mindestens so kombinationssicher vorging wie seine erklärten Vorbilder Hercule Poirot,
Asbjörn Kråg und Lord Peter Wimsey, immer dem Grundsatz getreu: »Methodische
Arbeit – das einzig Vernünftige.« In Ermangelung eines real existierenden Dr. Watson mußte er seine methodischen Prinzipien mit einem bloß imaginären Zuhörer de-
battieren; dennoch hat er es auf diese Art (und lange vor Kommissar Martin Beck)
zum berühmtesten Detektiv Schwedens gebracht: Kalle Blomquist aus Kleinköping,
Hauptstr. 14.
    Daß er bei der Untersuchung des einleitenden Blutstropfens die Pfeife (das zwei-
te unentbehrliche Requisit eines Detektivs, neben der Lupe) arg unwillig von einem
Mundwinkel in den andern schob, hatte freilich eine doppelt schmerzliche Ursache:
Es handelte sich mitnichten um jenes Blut, das Sir Henry vergossen hatte, als er seine Gattin ins Londoner Jenseits beförderte. Es war vielmehr aus dem Daumen des
Detektivs selber geflossen, und zwar beim Bleistiftanspitzen. Auch enthielt die Pfeife
keinen Tabak: Kalle war halt erst 13, damals; und wenn er nicht gerade im Kolonial-
warenladen seines Vaters aushelfen und deprimierende Trockenerbsen abwiegen
mußte, dann kämpfte er überwiegend als Ritter der »Weißen Rose« – gemeinsam mit
den gleichaltrigen Freunden Eva-Lotte (der heißverehrten) und Anders in der Dauer-
fehde ggen die »Rote Rose«.
    Doch selbst in der Nachkriegsidylle Kleinköping machte sich allmählich das
echte Verbrechen breit. Und weil der freundliche Ortspolizist Björk zwar ein Mu-
sterturner, aber kein Masterhirn war, bekam der Meisterdetektiv Blomquist rascher
zu tun als erwartet. Denn besaß Eva-Lottes arbeitsscheuer Onkel Einar nicht einen

Dietrich? Verdächtig. Hatte er nicht im Eisenwarenladen eine Taschenlampe erstanden? Noch verdächtiger. Und hatte er sich im dunklen Gewölbe der Schloßruine nicht ausgesprochen sonderbar verhalten? Und was war mit der Perle, die da plötzlich in dem Verlies auftauchte? In der Zeitung, die Onkel Einar so kurz wie intensiv studierte, stand etwas von einem Juwelenraub. Aha! Kalles kleine graue Zellen hatten sich nicht getäuscht. Und als er erst in einer nächtlichen Aktion die Fingerabdrücke Onkel Einars genommen hatte, konnten selbst die Profi-Kommissare der Stockholmer Kripo ihrem Jung-Kollegen die Anerkennung nicht versagen. Fortan war er auch für die örtliche Tagespresse nurmehr der »Meisterdetektiv Blomquist«.

Das schöne Detektiv-Spiel wurde ihm freilich ausgesprochen widerwärtig, als er es ein Jahr später mit einem wirklichen Mörder zu tun bekam. Und direkt gefährlich lebte Kalle Blomquist, als er eine Gruppe von Spionen und Kidnappern kaltstellte, unermüdlich behindert von einem fünfjährigen Knaben namens Rasmus, der jedes, aber auch jedes Geheimnis laut ausplaudern und an die Gangster verraten mußte. Da machte es dann doch weit mehr Spaß, gegen die »Roten Rosen« um den Großmumrich zu streiten, solange die Kindheit noch dauerte.

1946 erschien der erste Band um den »Meisterdetektiv Blomquist«. Kalle wäre heut also über sechzig Jahre alt. Ob er Eva-Lotte geheiratet hat? Ob er ein Kriminalkommissar geworden ist, der nun allmählich auf die Pensionsgrenze zusteuert? Wir wissen es nicht. Astrid Lindgren wußte dagegen, daß man mit einer Serie beizeiten aufhören muß. Und so ist Kalle immer der 13jährige Junge mit dem phantastischen Gespür geblieben. Der größte Detektiv der Kinderzeit.   hp

INSPECTOR NAPOLEON BONAPARTE
VON ARTHUR W. UPFIELD

Ein Mann, der »Napoleon Bonaparte« heißt, muß einfach zu Höherem geboren sein; und »Bony«, wie ihn seine Freunde nennen, hat es ja auch zum spektakulärsten (Literatur-)Detektiv Australiens gebracht. Aber sein Name ist nun doch ein bißchen zu kurios, um völlig echt zu sein. Er ist auch eher ein Produkt geistlichen Humors: Bony war zwei Wochen alt, als man ihn im Norden von Queensland neben seiner toten Mutter unter einem Sandelholzbaum fand und zur nächsten Missionsstation brachte. Und während die Nonnen dort noch überlegten, wie sie den Jungen taufen sollten, kaute der vergnügt an einem Buch herum – an Abbotts »Leben Napoleon Bonapartes«. Das Problem war entschieden.

Unter seinem Namen hat Bony denn auch nie gelitten; im Gegenteil, der Vergleich mit dem großen Kaiser hat ihn immer angestachelt. Was ihm viel schwerer zu schaffen macht, ist seine Abstammung: Sein Vater war ein Weißer, seine Mutter eine Aborigine. Und Bony haßt es, ein »Bastard« zu sein. Bei seinem allerersten Auftritt im

Jahr 1929 (da ist er immerhin schon graduierter Hochschul-Absolvent und Polizei-Offizier) bricht die Verachtung für seine Eltern, die ein »Naturgesetz gebrochen« hätten, geradezu aus ihm heraus: »Kein Fuchs paart sich mit einem Dingo.« Ein verblüffendes Apartheids-Denken. Und Bony ist konsequent: Auch seine Frau Marie ist ein »Mischling«, wie er.

In den langen Jahrzehnten seiner Kriminal-Karriere verlor sich die Verbiesterung ein wenig; aber überwunden hat er seine Zwiespältigkeit (den Kampf des »schwarzen und des weißen Blutes in mir«) niemals. Und sein Perfektionismus als Ermittler; sein bedingungsloser und geradezu selbstquälerischer Ehrgeiz; sein Stolz, absolut jeden Fall gelöst zu haben; seine eminente Eitelkeit in Modefragen – sie sind immer auch Kompensation seines Minderwertigkeitskomplexes. Dabei kollidiert seine sprichwörtliche Eleganz (verbunden mit seiner betont akzentfreien Sprache) manchmal ganz schön mit seinen kriminalistischen Methoden.

Da Bony auf Grund seiner ungewöhnlichen Erfolgsquote permanent zu Sondereinsätzen in die entferntesten Winkel des Kontinents delegiert wird, hat er es sich zur Gewohnheit gemacht, die Schauplätze der fraglichen Mordtaten erst einmal unerkannt zu inspizieren – getarnt als Landarbeiter oder Anstreicher. Doch die vorgetäuschte Identität hält meist nicht lange vor: Ein Tramp, der im Oxford-Idiom über psychologische Grenzphänomene doziert und anderntags über die Legeleistung schwarzer Wyandotten im Vergleich zu Orpington-Hühnern, fällt halt auf im australischen Busch.

Daß Bony gerade bei solchen Busch-Verbrechen hinzugezogen wird, bei denen Aborigines betroffen sind, hängt nun wieder mit seinen ethnisch bedingten Fähigkeiten im Spurenlesen zusammen. Und damit, daß er, der Rationalist, eben auch die geheimnisvoll telepathischen Kräfte zumindest als Möglichkeit bedenkt. Davon abgesehen ist Bony, der »schlechte Polizist, aber gute Detektiv« (wie sein Chef sagt, wenn er die dickköpfige Autonomie des Inspektors charakterisieren möchte) ein Mann der Psycho-Tricks, wenn er einem Verdächtigen auf die Spur gekommen ist. Seine Philosophie: Mörder können ihr Temperament nicht zügeln. Und darum tappen solche Verbrecher immer wieder in die Fallen, die Bony für sie auslegt.

Übrigens nicht nur im Busch. Inspektor Bonaparte ist auch in der Großstadt ein gewitzter Ermittler. Beispielsweise bei jenem Fall von »nebenan«, dessen Opfer ein gefürchteter Literaturkritiker war. Ein Mord, von dem wahrscheinlich jeder Romancier einmal träumt. Darum ist es auch lustig, daß Bony als Experten einen Schriftsteller namens Clarence B. Bagshot befragt. Clarence B. Bagshot: Allein der Rhythmus dieses Namens hat verdächtige Ähnlichkeit mit einem anderen – mit Arthur W. Upfield. Und Upfield (1888-1964) hat sich auf diese Art wohl einen weiteren Traum erfüllt: Einmal gemeinsam mit seinem Helden aufzutreten. hp

Taddeo Bottando
von Iain Pears

Seit 1990 ist eine Branche ernsthaft in die Krise geraten, die zu den stabilsten der Welt gehört, die der Kunstfälschungen. Das hat seinen Grund weder in einem nennenswerten Aufschwung der Moral noch in einer bemerkenswerten Abnahme der Reichen und Superreichen. Ursache des weltweiten Absatzeinbruchs für Fälschungen und gestohlene Meisterwerke ist das Sonderdezernat Kunstraub, das die italienische Polizei zu Beginn der neunziger Jahre gebildet hat.

Zwar hat es der italienische Staat bis heute noch nicht verstanden, alle wichtigen Denkmäler, Fresken und Ölgemälde ausreichend vor Vernichtung durch Smog und anderweitigem Verfall zu sichern. Aber dem ungehemmten Abtransport der nationalen Kulturgüter in Privatsammlungen ist ein Riegel vorgeschoben. Nur drei Detektive sind es, die sich dem hemmungslosen Treiben der vorgeblichen Sammler und ihrer skrupellosen Zuträger entgegenstemmen. Ihre geringe Zahl machen sie durch Einsatzfreude und geschickte Kombination ihrer Fähigkeiten wett. Leiter des Kunstraubdezernats ist Generale Taddeo Bottando, ein etwa sechzigjähriger Herr von hoher Intelligenz und Raffinesse und mit einer beachtlichen Körperfülle ausgestattet. Der General kann alles ertragen: Intrigen, Beleidigungen und Sechzehnstundentage, sogar die Erfolge seiner Untergebenen. Aber ohne ständige Zufuhr von allerschwärzestem Espresso würde er zusammenbrechen.

Nach Bottandos Ansicht produziert das italienische Gesellschaftssystem wunderbare Mitarbeiterinnen: Frauen, die ihrer natürlichen Bestimmung, als Mütter im Heim und am Herd zu wirken, durch Bürotätigkeit zuwiderhandeln, werden dermaßen von Schuldgefühlen geplagt, daß sie ständig Höchstleistungen zu erbringen suchen. Deshalb beschäftigt Bottando mit Vorliebe weibliche Mitarbeiter.

Am liebsten ist ihm Flavia di Stefano, eine fesche Blondine aus dem Norden Italiens. Die unverheiratete Schönheit nennt ihren Chef respektlos »das Faß«, was er angesichts ihrer hervorragenden Leistungen als Fahnderin hinzunehmen gelernt hat. Denn Bottando ist Diplomat. Seine beträchtlichen Fähigkeiten zu Lüge, Verstellung und Überredung sind ihm vor allem in der Abwehr der Intrigen irgendwelcher stupider Provinzcarabinieri von Nutzen, die nicht nur die herausragende Stellung des Kunstraubdezernats zu untergraben suchen, sondern Flavia und Bottando auch das einzige mißgönnen, was ihnen die Arbeit schmackhaft macht: ihre ausgedehnten Pasta-Orgien in Nobelrestaurants.

Flavia ist bemerkenswert intelligent und sprachbegabt, eine Befähigung, die ihr im Umgang mit dem dritten Mitglied der kleinen Heiligen Familie zugute kommt. Denn zu den beiden letztlich doch etwas farblosen, weil dienstversessenen italienischen Polizisten hat sich der junge englische Kunsthistoriker Jonathan Argyll gesellt, dessen Lust an Spekulationen über die Intrigen der Renaissancezeit meist zu verblüffenden Entdeckungen führt.

So löste er mit der Hypothese, ein bisher unbekanntes Original Raffaels verberge sich unter der Übermalung durch einen drittklassigen Maler, nicht nur seine eigene Verhaftung aus. Darüber hinaus wurde in einer Serie von Morden, Selbstmorden und Attentaten das italienische Nationalmuseum praktisch seiner gesamten Leitung beraubt. Welche Eruptionen von Aggressivität die doch eher als friedvoll geltende Beschäftigung mit Kunstwerken auszulösen vermag, eruierte das Trio im Fall des »Tizian-Komitees«. Bereits die Vermutung, eine Kollegin habe sich negativ über seine wissenschaftliche Leistungskraft geäußert, verwandelte einen sanften Tizian-Kenner in einen Meuchelmörder.

Das Entschlüsselungsgeschick der drei ist immens. So gelingt es ihnen, auch weit zurückliegende Fälle wie den der geheimnisvollen Flucht Tizians nach Padua (er hatte einen Nebenbuhler vergiftet) oder den einer Bernini-Büste zu lösen, die überhaupt nicht existierte. Vermutlich ist diese hohe Beanspruchung der kleinen grauen Zellen Ursache dafür, daß andere Teile von Seele und Körper nur sehr schwer in Schwingung geraten. Zwischen Flavia und Argyll bahnt sich jetzt schon seit drei Jahren und drei Romanen etwas an. Aber bis heute sind sie sich vorerst nur in echten Krisen in die Arme gefallen – etwa als Flavia den gefesselten und eingegipsten Argyll im fernen Kalifornien versehentlich beinahe erschossen hatte. tg

MILES BREDON
VON RONALD A. KNOX

In frömmerer Absicht ist wohl nie ein Detektiv in die literarische Mörderwelt gesetzt worden als Miles Bredon, der Rechercheur der Londoner Universalversicherung »Indescribable«. Denn der Gesamterlös aus dieser sündigen Buchproduktion war für den Ausbau der katholischen Oxforder Studenten-Kapelle bestimmt: Ronald A. Knox (1888-1957), der Hochschulkaplan, besaß einen hübsch hintergründigen Humor.

Das merkt man – Gottseidank, sozusagen – auch seinen Krimis an. Sinn für elegante Pointen und Sentenzen scheint in der Familie Knox überhaupt Tradition gehabt zu haben: Ein Bruder des Monsignore war Redakteur eim »Punch«. Weniger entsprach es dieser Familientradition, als Ronald A. Knox, immerhin der Sohn eines anglikanischen Bischofs, 1917 zum Katholizismus übertrat.

However. Nach seinem ersten kriminellen Versuch mit einer Gruppe munter dilettierender Gelegenheitsermittler (»Der Mord am Viadukt«, 1925) hatte Knox 1927 seinen definitiven Helden gefunden. Und Miles Bredon erwies sich gleich bei seinem Debut in den »Drei Gashähnen« als formvollendeter Exponent des klassischen Detektivromans aus dem »Goldenen Zeitalter« des Genres, als der Detektiv noch unbehelligt von sozialem Alltagsrealismus genial kombinieren, deduzieren und parlieren durfte (und die – fair informierten – Leser schön mitpuzzeln konnten).

Eigentlich hat Miles Bredon gar keine Lust, Detektiv zu sein. Aber als abgerüsteter Weltkriegsoffizier (beim Geheimdienst!) weiß er, daß seine beruflichen Perspektiven begrenzt sind. So hat er das finanziell nett dotierte Angebot der »Indescribable« schließlich doch angenommen, zumal es ihm viel Zeit zum Golfspielen sichert: Bredon muß nur dann diskret in Aktion treten, wenn ein Versicherungsnehmer eine »trübe Angelegenheit« verursacht, die Einschaltung der Polizei aber vorderhand »nicht ratsam« erscheint. Die »Indescribable« ist eine sehr vornehme Gesellschaft...

Und das sind so Bredons Routinefälle: getürkte Juwelendiebstähle oder vorgetäuschte Motorradunfälle – die üblichen Spielarten von Versicherungsbetrug eben. Aber manchmal wird's auch heikler. Wenn ein hochversicherter junger Mann während einer Paddeltour auf der Themse plötzlich abhanden kommt (»Fußspuren an der Schleuse«); wenn ein Geschäftsmann, der seine Lebensversicherung pikanterweise einer katholischen Diözese vermacht hat, im Dorfgasthof »Zum heulenden Elend« an einer Gasvergiftung stirbt (Unfall? Freitod? Mord?); wenn ein bekannter Politiker in einem dörflichen Getreidesilo erstickt (»Der Tote im Silo«) – dann ist Miles Bredon elanvoll zur Stelle, meist noch schneller als Inspector Leyland von Scotland Yard. In mörderischen Momenten liebt Bredon seinen Beruf durchaus.

Und wo Miles ist, ist Angela. Angela hat sich »keinerlei Illusionen« gemacht, als sie diesen Mann heiratete. Aber sie hat ein Erfolgsrezept: Sie ist »ein kleines bißchen klüger« als er, verrät es ihm aber nicht. Darum ist diese Ehe so wunderbar gelungen. Angela verrät auch nicht, daß sie die Regeln jenes monumentalen Patience-Spiels beherrscht, das ihr Gatte erdacht hat und immer dann auflegt, wenn ein Fall kurz vor dem entscheidenden Durchbruch steht. Miles braucht das, um seinen Kopf freizubekommen, und Angela sorgt heimlich dafür, daß die Patience aufgeht, damit auch das Kriminalrätsel restlos gelöst werden kann. So ist allen geholfen: Miles Bredon kann seinen glanzvollen Schlußvortrag halten, Angela ist glücklich, und auch Inspector Leyland darf wieder zum Yard zurückkehren.

Leyland, ein alter Kriegskamerad Bredons, trägt auf seine Weise stets wacker zur Klärung bei: Mehr den »handgreiflichen Seiten seines Berufes« zugetan, hält er es mit dem Grundsatz, das Herumsitzen in einem Wirtshaus sei für einen Detektiv niemals verlorene Zeit. Er versteht sich gut mit Miles Bredon, dem großen Pfeifenraucher, und beklagenswert ist nur eines: Daß derzeit keine Krimis von Monsignore Knox (dem nicht minder großen Pfeifenraucher) mehr auf dem deutschen Markt zu haben sind. Denn das ist eine schwerwiegende Unterlassungs-Sünde.   hp

FATHER BROWN
VON GILBERT K. CHESTERTON

Der Mord an der Star-Actrice Miss Aurora Rome macht dem Hohen Gericht arg zu schaffen. Mysteriös: Drei Herren waren grad zu einem Besuch gekommen, als die Schauspielerin kurz vor Beginn des »Mittsommernachtstraums« in der dämmrigen Galerie des Londoner Adelphi-Theaters erstochen wurde, und alle drei Gentlemen hatten am Ende des Ganges eine verdächtige Gestalt erblickt. So weit, so einhellig. Die Zeugenaussagen selbst wirken jedoch sonderbar widersprüchlich: Der erste Besucher, ein bekannt eitler Zeitungskritiker, hielt das Wesen für eine Frau in Männerkleidung. Der zweite Zeuge, ein Offizier und Nationalheld, wollte dagegen einen schimpansenhaften Troll mit borstigem Schweinskopf gesehen haben. Der dritte Gast wiedeum, ein kleiner katholischer Priester namens Brown, meinte, die Gestalt habe Hörner getragen. Teuflisch.

Doch der freundliche Kleriker hat nicht nur hingesehen, er hat auch nachgedacht, weshalb er dem staunenden Gericht denn auch fast beiläufig den wahren Mörder samt Tatwaffe namhaft machen kann – es war der Garderobier mit einer Bühnenlanze. Aber damit nicht genug. Hochwürden hat obendrein das Geheimnis der seltsamen Erscheinung enträtselt: Am Ende der Galerie stand ein mobiler Spiegel! Jeder Zeuge sah – unwissentlich – sich selber. Und hat sich entsprechend aufrichtig selber portraitiert. Doch nur dem uneitlen Geistlichen war das Erblickte ein Anlaß zur Selbsterkundung gewesen. Und zum Grübeln.

So ist Father Brown. Er besitzt die instinktive Fähigkeit, seine Eindrücke sofort zu analysieren. Und weil er als kluger Theologe zwar das Unmögliche glaubt, aber am Unwahrscheinlichen zweifelt; weil er als geduldiger Beichtvater überdies mit allen Varianten der Sünde vertraut ist (schließlich war er schon mal Gefängniskaplan in Chicago), hat er es zu einem staunenswerten Amateur-Detektiv gebracht. 25 Jahre lang, von 1911 bis 1936, dauerte Father Browns irdische Kriminal-Karriere, in deren Verlauf er es sogar schaffte, seinen ursprünglich protestantischen Autor Gilbert Keith Chesterton zum Katholizismus zu bekehren. Sein zeitlicher Erfolg war gewaltig und international. Und sein Nachruhm blüht (trotz einiger unangenehm antisemitischer Züge in den Stories) heute mehr denn je.

Dabei sieht der Priester nun wahrhaftig nicht wie ein Detektiv aus: Er ist klein, rund, mondgesichtig, geschwätzig und ungeschickt im praktischen Leben. Seine Pfeife ist so knollig wie er selbst, sein unvermeidlicher Regenschirm vor Altersschwäche ausgefranst. Dafür trägt sich Father Brown stets im priesterlichen Habit, wozu auch der schwarze, flache, breitkrempig nach oben gebogene Hut zählt – der ihm im Theaterspiegel ein so satanéskes Ansehen gab. Wenn Father Brown spricht, wirkt er sanft. Doch in Momenten der Gefahr kann seine Stimme geradezu schneidend wirken. Und naiv ist er nur scheinbar.

Verwunderlich gleichwohl: Er war zwar eigentlich schon überall im theologischen Einsatz – in Schottland und Yorkshire, in Hartlepool und in London, sogar in Südamerika; er war Lehrer an einer Taubstummenschule, Missionar und Gemeindepfarrer. Doch auf der Kanzel oder beim Seelsorgen ist er praktisch nie zu erleben. Wenn aber irgendwo vor Ort ein Verbrechen geschieht, ist Father Brown umgehend am Schauplatz. Und dann dauert es meist nicht lange, bis er den Täter heraushat. Er denkt sich, als Kenner der menschlichen Natur, halt in einen Verbrecher hinein (und von teuflischen Elementen ist ja nicht mal seine eigene Priesternatur frei...).

Außerdem ist sein engster Freund, der große Hercule Flambeau, zwar ein professioneller Privatdetektiv, aber vorher war er ein gesuchter Spitzen-Ganove. Father Brown hat ihn einst auf den geraden Weg gebracht. Und nun reisen die beiden gemeinsam von Tatort zu Tatort (und von dort ins nächste Wirtshaus). Auch in Deutschland, im Duodez-Fürstentum Heiligenwaldstein, sind sie einmal kriminalistisch aktiv geworden. Leider hat es der kleine Kleriker dabei versäumt, die deutschen Übersetzer, die ihn hartnäckig zum »Pater« Brown machten, auf seinen wirklichen Titel hinzuweisen. Er ist nämlich kein Ordenspriester, sondern ein ganz normaler Weltgeistlicher. Father (»Pfarrer«) Brown eben.   hp

André Brunel
von Pierre Boileau

André Brunel ist die tragische Figur unter den Detektiven. Denn er wurde, trotz schöner romantischer Anlagen und vielversprechender Vorkriegserfolge, von seinem Schöpfer einfach fallengelassen. Schlimmer noch: Er wurde verraten. Sein Autor aber war kein anderer als jener Pierre Boileau (1906-1989), der in den fünfziger Jahren als Partner von Thomas Narcejac (geboren 1908) zum Spezialisten für nervenfetzende Thriller aus dem bürgerlichen Normalleben wurde: Boileau sorgte für die teuflischen Konstruktionspläne, Narcejac für die psychologische Feinabstimmung. Nur André Brunel durfte nicht mehr mitmachen.

Dabei hatte es sich recht verheißungsvoll angelassen, damals 1934, als Brunel in der düsteren Landschaft der Bretagne die »Entscheidung in den Klippen« herbeiführte und die unfaßbare Mordserie im Schloß des Grafen Charles de Kervarech aufhellte, obwohl er, Brunel, der Jungstar der Pariser Sûreté, gerade reif für die Insel und auf dem Weg zu seinem Urlaubsdomizil war. Oder später, als Brunel nurmehr auf Privatrechnung sein Hirn anwarf, da war er es, der die beängstigende Mordserie in der Rue Greuze als erster durchschaute, obwohl sämtliche sechs Opfer in hermetisch abgeriegelten Räumen gefunden wurden und vom Mörder genau wie vom Motiv jede Spur fehlte (»Sechsmal tödlich«).

Und hat Brunel, der einsame Melancholiker, nicht alle Gefahren kühn gemeistert, alle Herausforderungen gedankenscharf bewältigt? Hat er nicht das Rätsel gelöst, wie der bretonische Mitternachtsmörder aus dem inwärts verschlossenen Badezimmer herauskommen, wie der pariserische Verbrecher in die polizeilich bewachte Dienstbotenwohnung hineinkommen konnte? Hat er nicht bei tosendem Gewitter eine Kletterpartie auf dem morschen Gesimse des Schloßturmes gewagt? Hat er nicht einmal tagelang auf jede Nahrungsaufnahme verzichtet, um sich zum puren Denken zu zwingen? Er hat. Und der Erfolg gab ihm allemal recht.

Mochte Brunel darum auch zwischenzeitlich öfter vor Wut die schlimmsten Flüche ausstoßen und des Nachts in sein Kopfkissen beißen, weil er den tückischen Langzeitplan seines mörderischen Gegenspielers einfach nicht zu dechiffrieren vermochte – am Ende hat sein detektivisches Meisterhirn doch über die verbrecherischen Konstruktionsmuster triumphiert.

Genau das aber, sein Genie, wurde dem Detektiv Brunel letztlich zum Verhängnis.

Und da liegt seine Tragik. In den Thrillern des französischen »Tandems« Boileau/ Narcejac kommen nämlich gar keine Detektive mehr vor (jedenfalls nicht in zentraler Funktion, als Identifikationsträger). Und da liegt Boileaus Verrat. In ihrem eiskalt durchgeplanten Buch zur Theorie des Detektivromans (»Le Roman policier«) befinden Boileau/Narcejac schlicht, der traditionelle Detektivroman sei überholt, sei künstlich, sei von vornherein »außerhalb des Lebens« angesiedelt; und zwar allein deshalb, weil sein Plot darauf beruhe, daß ein intelligenter Verbrecher auf den perfekten Mord aus sei, was wiederum den Detektiv dazu zwinge, »ein einziges Gehirn« zu sein. Die Folge: ein Duell der Super-Hirne. Also immer ausgefallenere Mord-Arten und darum eine immer größere Realitätsferne.

Boileau/Narcejac aber wollten in ihren Krimis zum Alltäglichen zurückkehren, ohne freilich auf das – notwendige – »perfekte Verbrechen« verzichten zu müssen. Konsequenz: Der geniale Detektiv hatte zu verschwinden. Wie aber rettet man dann das Prinzip des »Detektiv«-Romans? Die Lösung: Boileau/Narcejac erzählten ihre Psycho-Thriller aus der Perspektive des potentiellen Opfers, das die unheimlichen Vorgänge angstvoll spürt; das die Veränderungen im Verhalten der Umgebung registriert; das den bedrohlichen Plänen verzweifelt auf die Spur zu kommen sucht und mit diesem detektivischen Tun auch öfter Erfolg hat. Allerdings zu spät.

Kenner meinen, diese (in späteren Jahren seelisch noch sublimer vergrausamten) Romane des Duos seien geistige Folterkammern und überhaupt der Gipfel des kriminalistisch Abgefeimten. Das mag wohl stimmen. Nur André Brunel, der geniale Detektiv – intelligent wie sein Kollege Lecoq von Emile Gaboriau, gewitzt wie Gaston Leroux' Rouletabille, logisch wie Edgar A. Poes C. Auguste Dupin, zuzeiten depressiv wie Sherlock Holmes: Er ist ein Opfer dieses Gipfelsturms geworden. (Vielleicht hätte er nur mehr eigene Eigenarten gebraucht?)

hp

EIKE BUDDE
VON JÜRGEN BREEST

Seine zuletzt häufiger auftretenden Herzrhythmus-Störungen machen ihn schon hin und wieder nachdenklich. Sicher, der Check-Up beim Hausarzt brachte eine leichte Entwarnung, aber Eike Budde, der Inhaber der bremischen »Detektei Jensen«, weiß ganz gut, daß er nicht so lebt, wie er sollte: Er raucht und trinkt zu viel, er ist zu dick und treibt zu wenig Sport, obwohl er sonst für sein Alter (Mitte fünfzig) noch ganz fix drauf ist. Trotzdem läßt sein Allgemeinbefinden böse zu wünschen übrig. Denn Eike Budde leidet – zum einen am beruflichen und privaten Streß, zum andern an den Übeln der Gegenwart: an der Umweltzerstörung, dem neuen Rechtsradikalismus, der Herrschaft der Konzernbosse, den privaten TV-Sendern. Und besonders eklig wird es für ihn, wenn sich die beruflichen und globalen Streßfaktoren verbinden.

Da muß er im Auftrag eines Frankfurter Chemie-Giganten den Manager und wichtigsten Geheimnisträger des Unternehmens aufspüren, der ausgerechnet in Bremen abgetaucht ist, und Budde erlebt ein modernes Psychodrama geradezu antiken Ausmaßes (»Doppeltes Leben – Doppelter Tod«). Oder er soll – zeitgleich mit einem Entführungsfall aus dem Umfeld der Neonazis – den Selbstmord eines beliebten Fernsehstars untersuchen und gerät zwischen Syke, Walle und Worpswede in eine gefährliche Art von Reality-TV (»Großes Finale«). Für den Realitätsgehalt in diesem speziellen »Fall für Eike Budde« dürfte der Autor Jürgen Breest wohl besonders garantieren: Er ist Fernsehredakteur bei der ARD.

Doch die Reizbarkeit und ständige Aggressivität des Detektivs sind darüber hinaus ein Resultat seiner schweren Schlafstörungen. Für die sorgt wiederum Herr Mühlenhardt, Buddes provokant geräuschvoller Wohnungsnachbar im siebten Stock eines Beton-Hochhauses. Darum ist es dem Großstadt-Schnüffler auch ganz recht, als er einmal für ein paar Tage in das Weserdorf Uesen (nahe Achim) wechseln kann, um an der Entlastung des Bauern Alfred Bruns zu arbeiten, den man des Doppelmordes an zwei französischen Campern bezichtigt. Allerdings muß Eike Budde schnell begreifen, daß der Streß auf dem Lande keineswegs geringer ist als in der Stadt, was nicht nur am örtlichen Polizeikommissar Starke liegt (»Eine offene Rechnung«). Mit den meist arrogant auf den »Beinahe-Kollegen« herabschauenden Kriminalbeamten versteht sich Budde aber auch in Bremen eher schlecht. Er war eben selber lange Zeit bei der Kripo und weiß, wieso er dort ausgeschieden ist. Vielleicht hängt das gestörte Verhältnis aber auch mit seiner friesischen Mentalität zusammen: Budde stammt aus Emden und ist stolz darauf (in bremischen Augen womöglich zu sehr).

Mit Sicherheit aber kann man festhalten, daß Buddes langwierige »Identitätskrise«, über die er recht gern philosophiert, mit den vier Frauen zu tun hat, von denen er sich beherrscht fühlt. Da ist zum einen Dorothee Budde, die aktive Lehrerin und noch aktive Nichtraucherin, seine Ex-Gattin, die ihn verlassen hat und die er nach wie vor begehrt. Da ist zum zweiten Sigrid Voß, seine resolute Freundin, fraulich und intellektuell, eine Journalistin, die zu Buddes Schmerz auf ihrem Single-Status besteht. Da ist drittens Bettina, seine hübsche, aber generationsbedingt recht eigensinnige Tochter, die trotz des definitiv nahenden Abiturs ihrem Paps mehrfach beim Recherchieren vor Ort hilft. Und schließlich ist da noch Frau Lause, Buddes ungemein tüchtige, aber auch ungemein empfindliche Sekretärin, die das Institut schon dominiert hat, als der »alte Jensen« noch der Besitzer war. Eike Budde hat Frau Lause mitsamt den konservativen Eichenmöbeln, der bremisch seriösen Holzvertäfelung, der Klientenkartei und den guten Kontakten zur lokalen Anwaltschaft übernommen. Neu eingebracht hat er dagegen seinen Kompagnon Kindler, der für die verdeckten Ermittlungen und galanten Rollenspiele zuständig ist. Über Auftragsmangel oder Erfolglosigkeit braucht sich die Detektei bei alledem nicht zu beklagen. Eigentlich könnte Eike Budde also zufrieden sein. Wenn da nur der Streß nicht wäre.   hp

NESTOR BURMA
VON LÉO MALET

Die Detektiv-Agentur in der Rue des Petits-Champs heißt sinnigerweise »Fiat Lux« (»Es werde Licht«). Ihr Inhaber liebt solch hintergründige Scherze, obwohl er es gemeinhin nicht mit Bibelsprüchen hält. Eher schon mit dem anarchistischen Motto »Weder Herr noch Gott«: Als der jugendliche Nestor Burma 1927 von Montpellier nach Paris kam, wurde er praktizierendes Mitglied einer Anarchistengruppe. So etwas prägt fürs Leben, auch wenn Monsieur Burma inzwischen Maßanzüge trägt, als Arbeitgeber einen dreiköpfigen Angestelltenstab befehligt und als Privat-»Flic« am Erhalt der bürgerlichen Ordnung mitwirkt. Doch sein »anarchistischer Individualismus« schlägt halt immer wieder durch, vor allem, wenn Nestor auf eine heiße Spur gestoßen ist und den parallel ermittelnden Kommissar Faroux selbstsüchtig auf falsche Fährten lockt.

Erstaunlich darum, daß Nestor Burma bei dem schnauzbärtigen Kripo-Chef einen so großen Stein im Brett hat, zumal der leidgeprüfte Florimond Faroux stets die schlimmsten Verwicklungen zu fürchten hat, wenn der Privatkollege mit der exzentrischen Stierkopf-Pfeife scheinbar zufällig am Schauplatz eines vermeintlichen Routine-Verbrechens aufkreuzt. Doch der Kommissar profitiert eben nicht nur gern von den »bistrokratischen« Kenntnissen Burmas, sondern auch von dessen detektivischem Gespür. Darum schanzt er ihm sogar schon einmal einen verdeckten Polizeiauftrag zu, wenn der Fall für eine offizielle Recherche zu heikel ist.

Die Staatsknete nimmt Nestor Burma auch ganz gerne mit, denn bei flauer Kriminalkonjunktur kommt es öfter vor, daß er seinen beiden Außendienst-Agenten, dem quirligen Roger Zavatter und Réboul-dem-Einarmigen, gleich mehrere Monatsgehälter schuldet. Seine weltkluge Sekretärin Hélène Chatelain pflegt er in solchen Ebbezeiten sogar anzupumpen. Aber Goldschatz Hélène hat für vieles Verständnis. Nur wenn ihr Chef das dienstliche Beschatten attraktiver Damen allzusehr ausdehnt, reagiert Hélène spürbar unfroh. Doch ihre wache Eifersucht hat ihm bereits mehrfach das Leben gerettet.

Trotzdem: Die gefährlichsten Wege geht Nestor allein. Unterstützung braucht er allenfalls zur Vorbereitung seiner Schachzüge. Dann muß beispielsweise Marc Covet, der versoffene Klatschvetter und Reporter des »Crépuscule«, mal wieder einen gezielten Basisartikel schreiben, um die verborgenen Drahtzieher eines Verbrechens aus dem Käfig zu locken. Die abschließenden Protokolle seiner Fälle verfaßt Nestor Burma allerdings selber: Betont lässig, schnoddrig, in cooler Kurzsatz-Methode, garniert mit effektstarken Klopfern – »ihr Büstenhalter hatte alle Hände voll zu tun«.

Der Autor hinter diesem »Autor« ist Léo Malet. Genau wie sein Held im Jahre 1909 in Montpellier geboren und als Halbwüchsiger nach Paris entwichen, begann er in den vierziger Jahren mit dem Krimi-Schreiben. Den größten Ruhm erlangte er dann ein Jahrzehnt später mit dem Zyklus »Die neuen Geheimnisse von Paris«: Jeder

Fall spielt in einem anderen Arrondissement der Metropole. Im Schatten des Louvre klärt Nestor Burma einen mörderischen Kunstraub auf, im kleinbürgerlichen Marais den Mord an einem Pfandleiher (dessen Dienste er selber gerade in Anspruch nehmen wollte beziehungsweise mußte ...). Und einmal wird der liebe »Genosse Burma« auch brieflich ins 13. Arrondissement bestellt, wo er seiner eigenen anarchistischen Vergangenheit begegnet. Jenseits des Pont Tolbiac, in der Gegend der Salpétrière und des Gare d'Austerlitz trifft er aber nicht nur seine ehemaligen Gefährten wieder, er lernt auch seine große Liebe kennen, die junge Zigeunerin Bélita. Den Fall, dessentwegen er gerufen wurde, klärt er auf. Doch Bélitas Ermordung kann er nicht verhindern. So wandert Nestor Burma weiterhin allein durch das meist verregnete Paris. Manchmal fühlt er sich ganz deprimiert, wenn er ans Altwerden denkt.   hp

Bruder Cadfael
von Ellis Peters

Zehn Jahre lang hat er als Kapitän eines Küstenfrachters die Mittelmeerhäfen abgeklappert. Im Kreuzfahrerheer Gottfried von Bouillons hat er Palästina durchkämmt und Jerusalem belagert (nebenher wohl auch ein paar erotische Eroberungen gemacht). Doch dann war's genug. Der gebürtige Waliser wurde des wüst weltlichen Treibens müde und zog sich in ein Kloster zurück: Aus dem fernwehkranken, abenteuersüchtigen Seemann wurde der stille Bruder Cadfael, der Botaniker des westenglischen, direkt an der Grenze zum heimatlichen Wales gelegenen Klosters Shrewsbury.

Dies geschah im Jahre des Herrn 1120. Doch mit der angestrebten Ruhe und Beschaulichkeit wurde es nichts Rechtes. Zum einen geriet die britische Politik aus den Fugen – es begann die Zeit der Thronanwartschaftskriege zwischen King Stephen und seiner Cousine Maud, der Witwe des deutschen Kaisers; zum andern entdeckte Bruder Cadfael seine Begabung als Detektiv. Die Zahl der Vesper-Gottesdienste, die er seitdem versäumte, weil die Observation eines Tatverdächtigen Vorrang hatte – sie ist kaum mehr zu erfassen, und nur sein Beichtvater wird sie kennen (denn nicht jedesmal gab Abt Heribert seinen Dispens).

Nun sind diese mittelalterlichen Kloster-Krimis, diese Mönchs-Mysterien um Cadfael und seine Brüder, freilich nicht ganz so historienecht, wie es das Personal glauben macht. Im Gegenteil, als der Benediktiner mit den flinken Gehirnzellen zum ersten Mal gedruckt an die Öffentlichkeit trat, um – »Im Namen der Heiligen« – ein teuflisches Verbrechen zu entlarven, schrieb die Welt das Jahr 1977. Autorin und Verlag legen aber hohen Wert auf die Feststellung, daß dies eine förmliche Epoche vor dem Termin lag, an welchem Umberto Ecos gleichfalls retrograde Kutten-Detektive William von Baskerville und Adson von Melk in ihrer Abruzzen-Abtei eine

Serie schwarzer Mönchsmorde aufklärten und im Namen der Rose einen Leseboom auslösten.

Ellis Peters (1913-1995), seit den fünfziger Jahren auch hierzulande mit Krimis aus der verbrecherischen Gegenwart bekannt, darf darum die mittelalt-klösterliche Priorität beanspruchen. Allerdings ist die Eco-Welle ihrem Bruder Cadfael nachträglich ganz hübsch zugute gekommen. Und dessen Spät-Fall, bei dem er einen jungen Mann aus einer bedrohlichen Doppelschlinge zieht (die weltlichen Behörden verdächtigen ihn des Mordes, die geistlichen der Ketzerei) – der erinnert nun doch beträchtlich an Ecos Abruzzen-Morde: Auch in Shrewsbury liefert, wie der Menschenkenner Cadfael herausfindet, ein wert- und geheimnisvolles Buch den Anlaß zum Verbrechen. Und am Ende bricht im Bücherlager ein Feuer aus.

Bei der geistlichen Entlastung des fälschlich Bezichtigten hilft Cadfael ebenfalls nach Kräften mit. Hier ist er freilich keine ganz so große Stütze, denn er tendiert selber ein bißchen zu häretischen Ansichten. Er ist aber ja auch kein Theologe, nur schlichter Frater, da darf man schon mal am Dogma der Dreifaltigkeit zweifeln. Sein munterer Freund Hugh Beringar, der Sheriff des Districts, rät ihm allerdings auch noch aus anderen Gründen, zumindest die niederen Weihen zu nehmen: Damit unterstünde er bei seinen gern etwas außerhalb der Legalität unternommenen Ermittlungen bloß der klösterlichen und nicht der amtlichen Gerichtsbarkeit.

Ganz ernst gemeint ist das aber nicht. Hugh Beringar, der bei seinem ersten Auftritt noch selber unter gehörigem Mordverdacht stand (bis Cadfael ihn daraus befreite) – er schätzt den scharfsinnigen Mönch keineswegs bloß als Kriminalisten hoch ein. Schließlich verdankt er Cadfael nicht nur die Aufklärung etlicher Untaten in seinem Zuständigkeitsbereich, sondern auch sein Eheglück. Darüber freut sich auch Bruder Cadfael immer wieder. Denn im Grunde glaubt er an das Gute im Menschen, auch wenn er so oft mit dem Bösen konfrontiert wird. Dann geht er wieder in seinen Klostergarten, um Heilpflanzen zu pflücken und über die Schöpfung nachzudenken: »Alle Dinge in der Natur haben ihren Nutzen, nur Mißbrauch macht sie schlecht.«

hp

Mr. Albert Campion
von Margery Allingham

Im Verlauf seiner jahrzehntelangen Karriere als privater Detektiv – das Wort »Privatdetektiv« klänge viel zu berufsmäßig und viel zu sehr nach Geldverdienen – ist er seiner Autorin Margery Allingham (1904-1966) immer ein Stückchen vorangealtert: Albert Campion, geboren 1900, der sich auf seinen Visitenkarten so auffallend bescheiden »Mister« A. C. nennt, obwohl er doch einen der höchsten britischen Adelstitel führen könnte, wenn auch nicht unter diesem Künstlernamen, sondern als

Rudolph K—. In seiner Zeit als Spät-Twen und Spleen-Besitzer liebte er aber nun einmal solch verwirrende Maskeraden, und später hatte sich die Welt daran gewöhnt.

So blieb er denn für alle Kriminellen, Kriminaler und Krimi-Leser auf ewig der gern etwas unterschätzte Mr. Albert Campion; auch dann noch, als er seine gezielt dekadente Spielphase (»und was tat da der kleine Albert?!«) weitestgehend überwunden und sogar – im Alter von 41 Jahren – standesgemäß geheiratet hatte, nämlich Lady Amanda, die Tochter des Earls of Pontisbright. Ihr Stammhalter Rupert nahm im heißen Herbst des Jahres 1968 sein Studium in Harvard auf, was ausgerechnet Margery Allingham nicht mehr erleben konnte: für die letzten Bände der Campion-Saga übernahm der Allingham-Witwer Philip Y. Carter, der Chef des »Tatler«, die literarische Patenschaft. So blieb alles, buchstäblich, in der Familie, und Mr. A. C. konnte noch ein paar abschließende Fälle lösen, die sich, wie meistens, in seinem engeren Freundeskreis auftaten. Der war allerdings groß genug für mehr als zwanzig Bücher.

Doch mag Mr. Albert Campion auch in unveränderter Eleganz gealtert sein (sein Markenzeichen, das »irreführend ausdruckslose Gesicht«, hat er sich freilich bewahrt); mag sich sein Interesse mit den Jahren und Romanen auch mehr der psychologischen Seite eines Verbrechens zugewandt haben – der schönste Campion ist trotzdem der frühe, blasse, sanfte, leicht gebeugt gehende junge Dandy mit der großformatigen Hornbrille, die er stets abnimmt, wenn es wirklich etwas zu sehen gibt; der scheinbare Träumer, der beim festlichen Diner gedankenverloren eine weiße Maus aus der Tasche ziehen kann, um mit ihr zu spielen. Doch wehe dem Schuldigen, der diesen leicht töricht wirkenden (und redenden) jungen Mann für harmlos hielt: Campions Verstand arbeitete schon damals scharf; und absichtslos geschah nichts bei ihm – nicht einmal ein Mäusespiel, was Ali Fergusson Barber im »Gefährlichen Landleben« von 1930 bloß zu spät begriff.

Außerdem hat Campion schon frühzeitig auf eine gründliche Ausbildung im Verbrecherhandwerk Wert gelegt: Es ist immer gut, wenn man die Gegenseite korrekt einschätzen kann. Sein Lehrmeister dabei war Magersfontain Lugg, ein gewaltiger Fassadenkletterer und Safeknacker, der sich aber auf die Seite des wahren Rechts begeben hat und Mr. Campion den Haushalt führt. Das tut er zwar nur murrend und melancholisch, aber dafür ausdauernd (später wird er den Knaben Rupert erziehen): Lugg ist der Mann, der seinem Chef mitteilt, »wie der einfache Mann aus dem Volke die Sache sieht«.

Der erwähnte Haushalt liegt übrigens im Obergeschoß eines Polizeireviers, in der Bottle Street von Piccadilly. Auch Campions professioneller Freund Stanislaus Oates, der alte Sauertopf, der es zuletzt bis zum Chef von Scotland Yard bringt, geht hier ein und aus; genau wie Charlie Luke, der Kriminalinspektor, der dem reiferen Albert Campion zur Seite steht.

Die beamteten Gesetzeshüter sind wohl auch nötig, denn der scheinbar arglose private Detektiv hat allemal seine eigene Auffassung von Recht und Unrecht. Einmal läßt er sogar einen Mörder entkommen, der eine juristisch nicht beweisbare Untat gerächt und sich dann als Clown in einen französischen Zirkus geflüchtet hat. Mr. Campion reist eigens über den Kanal, um dem Mann während einer Vorstellung zuzulächeln. Der Dandy als heimlicher Romantiker.   hp

STEVE CARELLA & CO
VON ED MCBAIN

Sein vollständiger Name lautet Stephen Louis Carella. Sein Rang: »Detective 2nd/Grade«. Seine Dienstausweisnummer: 714-56-32. Er ist ein Meter 82 groß, breitschultrig, schmalhüftig und sieht ein bißchen orientalisch aus (dabei stammt er ganz klar von italienischen Einwanderern ab). Steve Carella ist verheiratet und Vater von Zwillingen. Seine Frau Theodora (»Teddy«) ist schön, außerdem klug, leidenschaftlich und sensibel. Sie ist taubstumm, ein Umstand, der ihr während der Schwangerschaft fast zum Verhängnis geworden wäre.

Das war, als die Witwe eines im Knast verstorbenen Gangsters das Polizeirevier besetzte und mit einer Flasche Nitroglyzerin in Schach hielt. Theodora, die ihren Mann bloß vom Dienst abholen wollte, war aufgrund ihrer Behinderung leicht als Mrs. Carella zu identifizieren – als willkommenes Ersatzopfer mithin. Denn die lästige Witwe verfolgte nur ein Ziel mit ihrer Aktion: Carella zu töten, der ihren Mann ins Gefängnis gebracht hatte. Doch Steve Carella war nicht da. Er löste grad anderswo einen diffizilen Mordfall. Carella ist der beste Detektiv im Revier 87.

In welcher amerikanischen Großstadt dies Revier liegt, hat der Autor Ed McBain (das Krimi-Pseudonym des Romanciers Evan Hunter) dabei stets verschwiegen. Es könnte New York sein, vielleicht auch Chicago. Es ist nicht so wichtig. Wichtig ist: Dies ist eine ganz normale Polizeidienststelle in einem ganz normalen Stadtteil. Hier arbeiten ganz normale Kriminalbeamte an ganz normalen Fällen. Das Normale ist das Besondere an dieser knapp und präzis erzählten Roman-Serie. Seit 1956 leisten Carella & Co nun schon ihre alltägliche Aufklärungsarbeit. Und seit ihr ermittelndes Team-Work auch im Fernsehen lief, sind die US-Cops vom Revier 87 zu unmittelbaren Vorbildern aller möglichen TV-»Kommissare«, »SOKOS« oder »Tatort«-Belegschaften geworden.

Doch Teamwork hin oder her – die Beamten vom Revier 87 zeigen auch als Individuen Profil. Meyer Meyer etwa, der geduldigste von allen. Freilich, wenn man einen spinnerten, orthodox jüdischen Vater hat, der Meyer heißt und seinen Sohn ausgerechnet mit dem Vornamen »Meyer« bedenkt, dann braucht man solch geduldige Gelassenheit wohl auch. Oder Bert Kling, der begabte Nachwuchsmann: Er hat als schlichter uniformierter Streifenpolizist auf eigene Rechnung einen Mordfall aufgeklärt und ist daraufhin zum »Detective 3rd/Grade« befördert worden. Sein furchtbarstes Erlebnis steht ihm da noch bevor: Kling hat gerade Bereitschaftsdienst, als in einer Buchhandlung ein blutiges Massaker verübt wird. Am Tatort findet er unter den Opfern auch seine Braut. (Aber wenn der Mörder verhaftet wird, ist Kling ebenfalls dabei).

So lernt man sie mit der Zeit alle kennen – den akribischen Chemiker Sam Grossman, den Leiter des Polizeilabors. Den Frauenfreund Cotton Hawes, dessen Detailwissen über weibliche Wäschestücke einmal zur Klärung eines längst aufgegebenen Mordfalls führt. Oder die attraktive Eileen Burke – rothaarig, grünäugig, irisch und kaltblütig. Lieutenant Byrnes ist der Chef, aber er ist mehr ein ruhiger Moderator. Und der Top-Star ist eben Steve Carella. Ein Krimi-Held, der keine Krimis mag. Sie langweilen ihn, weil sie zu sehr auf »Motive« aus sind. »Alles Quatsch«, sagt Carella. Er hat zu viele Fälle bearbeitet, in denen von »Motiv« keine Rede sein konnte. Oder bei denen das Motiv von vornherein klar war. Wie bei der Revierbesetzung durch die mörderische Witwe.

Cotton Hawes ist es damals gewesen, der dem Terror-Akt ein tollkühnes Ende bereitete und Theodora das Leben rettete. Steve Carella, das vorgesehene ahnungslose Opfer des Anschlags, kam erst wieder an den Laden, als schon alles vorbei war. Über die allgemeine Aufregung unter den Kollegen wunderte er sich nur kurz. Er mußte schließlich den Bericht über »seinen« frisch gelösten Mordfall tippen. Routine hat Vorrang im Revier 87.

hp

CARLOTTA CARLYLE
VON LINDA BARNES

Wenn es zu den Tugenden eines Privatdetektivs gehört, nicht weiter aufzufallen, dann tut Carlotta Carlyle sich schwer. Eine hochgewachsene Rothaarige läßt sich nicht einmal in Boston, wo wahrscheinlich mehr Iren wohnen als in Dublin, so leicht übersehen. Als sie mit ihren ersten Romanen noch in der hochachtbaren Thriller-Reihe von rororo auftrat, war sie einsachtzig groß, seit sie in der zum Rowohlt Verlag gehörenden »Hardcover«-Abteilung des Wunderlich Verlags verlegt wird, ist sie – ganz wunderlich – um fünf Zentimeter gewachsen. Aber das ist noch gar nichts gegen ihre (Ur-)Großmutter, die zwei Meter zehn groß gewesen sein soll.

Wer so auffällig ist, der muß sich wehren können. Oder schnell sein. Wozu Schuhgröße elf ja vielleicht hilfreich sein kann. Der (Verlags-)Steckbrief kündigt die »erste Privatdetektivin in Boston« mit zwei Vergangenheits-Etiketten an: als »Ex-Cop« und »Ex-Ehefrau«. Aber Carlotta ist eine Frau mit Zukunft: Sie ist nicht aufs Maul gefallen, aber sie kann sich nicht nur mit dem Mundwerk wehren. Und außerdem kennt sie nicht nur manche Schliche, sondern vor allem auch Umwege und Abkürzungen. Immerhin ist sie auch »Hin-und-wieder-Taxifahrerin«. Der gelegentlichen Aushilfe beim Taxi-Unternehmen Green & White verdankt Carlotta nicht nur den Auftrag, der ihr das Roman-Debüt verschafft, das hierzulande prompt »Carlotta steigt

ein« heißt (im Original: »A Trouble of Fools«). Daß sie nicht nur in den Fall, sondern auch in ein Taxi einsteigen kann, verdankt Carlotta Gloria, der allen Süßigkeiten verfallenen Teilhaberin und Telefonistin des Taxiunternehmens.

Eigentlich reagiert Carlotta rechtzeitig auf rote Warnlichter (was nicht heißt, daß sie deshalb an Ampeln auch hält). Natürlich weiß Carlotta, daß die Familie von Glorias Geschäftspartner Sam Gianelli eine »Familie« ganz eigener Art ist, aber sie weiß auch, daß der Apfel manchmal weit vom Stamm fallen kann. Und daß anderer Äpfel faul sein können: Dann schillert das Wort Familienbande. Aber »Carlotta geht ins Netz«, doch nicht in die Falle. Die Tochter eines irischen Vaters und einer jiddischen Mutter, die für alle passenden und unpassenden Sprichwörter zuständig ist, hat selbst erfahren, daß man dem Anschein nicht immer trauen darf. Aber ausgerechnet als Herzbube Sam in Italien weilt, verliebt sich Carlotta in einen stattlichen Texaner und kommt ordentlich mit ihrem Auftrag in Konflikt, denn eigentlich soll sie den »Coyoten« jagen, also einen Menschenschmuggler.

Wie so viele weiblichen Detektive der neuen Garde hat auch Carlotta einen Polizisten, der ihr bei- und zur Seite steht, aber beiseite treten muß, wenn es um Herzensangelegenheiten geht. Dennoch ist sich Lieutenant Mooney nicht zu schade, Carlotta zu engagieren, als er seinerseits in Schwierigkeiten steckt. Schon zieht sie los: »Carlotta jagt Schlangen« heißt das auf deutsch, aber unsere Heldin ist nicht unter die Zoologen gegangen, sondern auf der Pirsch nach einer Tätowierung in Schlangenform.

Allerdings gibt es auch ein lebendiges Tier – vom geerbten Wellensittich Fluffy mal ganz abgesehen – in Carlottas Leben: Mr. T. C. Carlyle: »Das T. C. steht für Thomas Cat alias Tom Cat oder Kater. Von glänzendem Schwarz, die rechte Vorderpfote so weiß, daß es aussieht, als wäre sie in Sahne getunkt.« T. C. hält Carlotta die Post vom Leib. Aber nicht immer und alle. Dann bekommt sie plötzlich einen »Schnappschuß für Carlotta«. Und noch einen und noch einen. Fotos von einem Säugling, von einem Kind. Und schon ist Carlotta auf der Spur eines Falles, der zunächst keiner zu sein scheint. Und dann doch ihr Leben aufwirbelt. Sogar ihre Zieh-Nichte Paolina ist indirekt verstrickt in diese Geschichte um Medikamentenfälschung und Menschenversuche.

Am Ende feiert Carlotta wieder einmal ein »hebräisch-jüdisch-englisch-russisches« Passahfest mit ihren Freunden, mit Sam und T. C., der seine Zwiebelleber mit niemanden teilt, obschon gehackte Leber doch der Passah-Tradition entspräche. Er ist nicht der einzige Kater, den Carlotta sich so einfängt, aber die anderen sind mit Alka-Seltzer zu vertreiben. Und gegen den inneren Kater hilft immer ein ordentliches Volleyball-Spiel. Wenn auch das nicht funktioniert, bleiben immer noch die schönen Sprüche der jiddischen Mutter: »Du kannst mit einem Hintern nicht auf zwei Pferden reiten.« Weshalb Carlotta eben doch immer wieder auch auf die Nase fällt.

Wie sie sich hochrappelt, wie sie schließlich doch gewinnt und wie sie das alles schlagfertig kommentiert, das macht ihren Witz aus. Aber auch der versagt – vorübergehend –, als ausgerechnet ihr vermeintlicher Eheman T. C. Carlyle ein Preisausschreiben gewinnt und den Preis persönlich entgegennehmen muß: »Man kann ja einen Frosch auf die Nase küssen und hat immerhin die Chance, daß ein Prinz daraus wird, aber was zum Teufel macht man mit einem Kater?«   rw

PEPE CARVALHO
VON M. VÁZQUEZ MONTALBÁN

Vor Jahren hätte man ihn noch an einem der Tische vor den Cafés sitzen sehen können, umbraust vom mörderischen Verkehr Barcelonas, untersetzt, schnauzbärtig, mit Zigarre, oder in den Restaurants, bei einem dieser endlosen, aus acht oder neun Gängen bestehenden katalanischen Festessen, die die Laune und den Cholesterinspiegel auf ungeahnte Höhen treiben. Doch das ist seit dem Untergang Barcelonas im Rausch der olympischen Geldschneiderei vorbei und vorüber. Pepe Carvalho verläßt seinen Bungalow über der smoggefüllten Stadt immer seltener.

Hier, im Viertel Vallvidrera, weht immer ein leichter Wind, hier herrscht Ruhe, hier kann er seinen Hund noch ausführen, ohne daß das arme Tier vor Stickoxydvergiftung zu röcheln beginnt. Den Bungalow hat er sich gleich nach seinem Ausscheiden aus der CIA gekauft, als Vallvidrera noch als Quartier für ausgeflippte Frischluftfanatiker galt. Da sitzt er nun vor seinem Kamin, den er im Sommer mit soziologischen, philosophischen und literarischen Schwarten aus seiner riesigen Bibliothek heizt. Ein Intellektueller, der seine Belesenheit verachtet, seine Melancholie mit ausgesuchten Weinen der Region pflegt und seinen Hintern nur noch hochkriegt, wenn der Überziehungskredit erschöpft ist. Zynischer und zugleich romantischer als Manuel Vázquez Montalbáns Pepe Carvalho ist keiner.

Pepe ist ein Romantiker des Widerspruchs. Aus seiner Jugend als Beatnik hat er nur eine Konvention bewahrt: antikonventionell zu sein. Das beginnt mit dem Namen: Selbstverständlich schreibt er sich portugiesisch mit «lh», um Spanier und Katalanen zu ärgern, die ihn »carvallo« schreiben würden.

Seine besten Freunde stellen die Toleranz der Bourgeoisie, der er Aufträge und Moneten verdankt, auf harte Proben. Biscuter zum Beispiel, Bürodiener und Küchenhilfe, ist nicht nur ein alter Knastbruder, sondern auch ein Furzer vor dem Herrn, vor allem, wenn er wieder eines dieser sagenhaften Kichererbsen- oder Zwiebelgerichte fabriziert hat, zu denen er sich die Zutaten aus der Boquería holt, der Markthalle an den Ramblas. Oder Charo, seine Geliebte, die ihm immer dann eine Sonderbehandlung der Zärtlichkeitsstufe drei angedeihen läßt, wenn er nieder- und zusammengeschlagen ist. Sie geht dem nicht gerade hochangesehenen Beruf einer Hure nach, seit den siebziger Jahren allerdings in einer Eigentumswohnung auf dem neuesten technischen Einrichtungsstand, die sich in einem der ersten Wohnhochhäuser befindet, das man als Immobilien-Vorposten der Vernichtung ins barrio chino gesetzt hat, wo Drogentod und Bandenkriege längst nicht so gewütet haben wie Abrißbirne und Räumbagger.

Pepe Carvalho ist mürbe, alles hat er erlebt, was sich denken läßt. Er war Kommunist, er war CIA-Agent, Literat und Gourmand. Desillusioniert zu sein, ist sein Erfolgsrezept. Nur auf der Basis intellektueller Unverführbarkeit konnte er den Mord am Generalsektretär der KP, der er einst selber angehört hatte, aufklären. Nur so konnte er sich ins Gefühlsleben eines Megamanagers versetzen, der Job, Frau und Geld für ein Leben in den anonymen Suburbs aufgegeben hatte. Weil Carvalho alle Illusionen hinter sich hat, ist er traurig, aber erfolgreich. Denn das Verbrechen blüht in der Welt des Scheins, der Täuschung und der Ideologien. Pepe überlebt, weil er schon als Kind wußte: »Alles, was du dir vorstellen kannst, existiert auch. Es existiert in Barcelona.«

Auch wenn sie die Straße der Morgenröte, die calle aurora, in der Carvalho geboren wurde, inzwischen dem Erdboden gleichgemacht haben, Pepe hält durch, wenn auch mit Leberschaden, ein Kind seiner Stadt, »zu alt, zu weise, zu zynisch, um noch erreichbar zu sein für die Hoffnung irgendeiner Jugend, der gegenwärtigen oder der zukünftigen«.

tg

Lemmy Caution
von Peter Cheyney

Wenn er mal wieder im Schlamassel steckt und tagelang ohne Schlaf oder (schlimmer) ohne Whiskey auskommen muß; wenn die Gangster ihn durch feige Tricks oder dank purer zahlenmäßiger Überlegenheit vorübergehend kaltgestellt oder gar gekidnappt haben; kurz gesagt, wenn ihm sein Job zum x-ten Mal ganz furchtbar auf den Senkel geht, um's auf seine Art auszudrücken – dann träumt Lemmy Caution von der Hühnerfarm, die er nach seinem Ausscheiden aus dem Polizeidienst aufbauen will.

Wo sie liegen soll, weiß er noch nicht genau. Mal ist es Connecticut, mal Minnesota. Eins aber bleibt in all seinen Träumen gleich: Ein Mädchen, mindestens eines, gehört dazu. Und zwar ein »geländegängiges« Mädchen mit entsprechender Ober-, Taillen- und Hüftweite. Darin ist Lemmy gewissenhaft. An seinem Erfolg bei solchen Frauen zweifelt er denn auch nicht im geringsten: »Ich habe das gewisse Etwas, das sie lieben.« Schließlich haben seinetwegen schon gestandene Edelganovenbräute die Fronten gewechselt und sind ins Lager des Gesetzes übergetreten. Dort geht es freilich nicht weniger rüde zu als jenseits des Rechts. Um ein Geständnis zu bekommen, wendet Lemmy ohne weiteres die Mittel an, die er so »seine Methoden« nennt; aber er vertritt eben die richtige Seite. Denn Lemmy kämpft fürs FBI.

In seinem Dienstausweis steht: Lemuel H. Caution, Special- (später: Chief-) Agent. Seine Behörde ist die berühmte »Abteilung G« – für Detektive im verdeckten Ermittlungseinsatz vor Ort. Ob dieser Ort nun ein New Yorker Nachtclub ist oder das Landhaus eines millionenschweren Devisenschmugglers: Lemmy ist als kombinationsgewandter, trinkfest schlagstarker Einzelfighter allemal auf Ballhöhe. Mit seiner Dienststelle ist er höchstens durch das Telegrafenamt verbunden. Denn wenn er sich wirklich einmal zu einer Kurzpause ins Hotelzimmer zurückziehen kann (begleitet nur von seiner besten Freundin, der Bourbonflasche), dann muß er chiffrierte Berichte durchgeben, und zwar in sachlich korrekter Sprache. Dies haßt er.

Den Lesern tritt er darum auch ganz anders entgegen: Aufgeräumt und cool, hemdsärmelig und angerauht; wenn's spannend wird, ins Präsens wechselnd und immer gern mit einem Zitat vom »alten Knaben« Konfuzius (den mag er sehr; der war auch für Recht und Gesetz). Lemmys Schreibmeister Peter Cheyney konnte es übrigens auch noch anders – »seriöser«. Für die Caution-Romane hat er halt eine eigene Kunstform entwickelt. Und weil Cheyney Brite war, mußte der US-Detektiv Lemmy denn auch mehrmals in Old England ans Werk, um dem betulichen Scotland Yard, vor allem dessen Inspector Herrick, zu zeigen, was eine Harke ist. 15 Jahre lang tat er das, von 1936 bis 1951. Dann starb Cheyney, und Lemmy Caution verschwand für eine Weile.

Doch er kam wieder. Und wie. Zunächst folgten freilich ein paar Epigonen seinem vorbildlichen Schlagschatten: James Bond, der Geheimagent mit der siebenten Doppelnull, könnte gut Lemmys britischer Sohn sein. Und der deutschstämmige »G-Man Jerry Cotton« gleicht dem »G-Man Lemmy Caution« ohnehin fast bis aufs Haar. Doch in den großen fünfziger Jahren war auf einmal auch Lemmy Caution selber wieder zurück: in Gestalt von Eddie Constantine, dem herrlichsten Haudrauf der jüngeren Kinogeschichte. Und zwangsläufig bekamen nun auch die alten Lemmy-Caution-Romane jene deutsch-poetischen Titel verpaßt, unter denen sich Eddie Constantine am liebsten durchboxte: »Hiebe auf den ersten Blick«, »Rote Lippen – Blaue Bohnen« oder »Lemmy läßt die Puppen tanzen«. Betrüblich ist nur eines: Grad als der Film-Lemmy vor kurzem seinen großen Fernseh-Triumph feiern konnte, verschwand der Buch-Lemmy unauffällig und leise (ganz gegen seine Art also) vom Krimi-Markt. Das aber darf kein Dauerzustand werden. Wir fordern die umgehende, anhaltende Wiederauferstehung Lemmy Cautions! Die Hühnerfarm in Minnesota ist nämlich nichts für ihn. Und für uns Leser auch nicht.   hp

NICK CHARLES
VON DASHIELL HAMMETT

Manchmal ist Nick Charles vollkommen skrupellos. Um einem Detektiv-Auftrag zu entgehen, verleugnet er notfalls sogar seine amerikanische Identität: Er sei nur ein argloser Grieche; sein Vater habe noch »Charalambides« geheißen, das sei dem Einwanderungs-Beamten bloß zu kompliziert vorgekommen. Nick Charles erzählt diese griechische Geschichte gern. Ob sie auch stimmt? Ungewiß. Nick erzählt so manches gern.

Sicher ist dagegen dies: Als Nick Charles 1934 die Galerie der literarischen Detektive betrat, um widerwillig, wenn auch elegant, den Mordfall »Dünner Mann« zu lösen, lag seine professionelle Kriminalisten-Karriere schon sechs Jahre hinter ihm. Die Suche nach dem verschwundenen Erfinder Clyde Wynant war ein eher zufallsbedingtes Comeback; denn der langzeitige Meister-Denker des »Transamerikanischen Detektivbüros« hatte sich gleich nach seiner Eheschließung mit Nora, der Tochter eines Millionärs (Sägewerke, Eisenbahnen), ins Privatleben zurückgezogen, seinen Wohnsitz von New York nach San Francisco verlegt und sich fortan damit amüsiert, das Vermögen seiner Frau zu hüten und aufzupassen, daß Nora nichts von dem Geld verplempert, dessentwegen er sie geheiratet hat. So zumindest drückt er es ihr gegenüber aus.

Die beiden sind ein schönes Paar. Ihre Ehe ist fröhlich, alkoholisch, hinreichend dekadent, und Nicky (41 Jahre) und Nora (26 Jahre) hätten ihr restliches Schickeria-Schicksal sorgenfrei in Nobelhotels und Nachtbars erwarten können, wären sie nicht just in ihrem verflixten 7. Jahr auf die Idee gekommen, die Weihnachtstage an Nicks alter New Yorker Wirkungsstätte zu feiern.

Denn prompt geraten sie dort in den Sog des Verbrechens, weil Nicks Ex-Klient Wynant sich offensichtlich dünne macht, nachdem er ebenso offensichtlich seine Sekretärin ermordet hat. Und da Lieutenant Gould von der Mordkommission allein nicht klarkommt, vor allem aber, weil Nora das Detektivspiel so aufregend findet, muß Nick halt wieder in den Ring zurück. Und Nora wird nicht enttäuscht: Ihr Nicky durchleuchtet alle finsteren Machenschaften und klärt den undurchsichtigen Fall gewissermaßen vom Barhocker aus. Noch faszinierender aber ist, daß Nora all die reizenden Bekannten aus Nicks Frühzeit kennenlernt – den nervösen Ballermann Shep Morelli; den (halbwegs) redlich gewordenen Ganoven Studsky, der jetzt die »Eisenfresserklause« betreibt; die üppig verlogene Mimi, Wynants Ex-Gattin; die psychopathische Kindsfrau Dorothy; oder den umtriebigen Anwalt Macaulay, den einzigen alten Kumpel, der sich über Nicks Wiederkehr nicht so recht freuen mag.

Durchaus möglich übrigens, daß Dashiell Hammett (1894-1961) diesen Gentleman-Schnüffler Nick Charles ein bißchen parodistisch verstanden hat, als ironisch lackiertes Gegenbild zum plebejisch hartgesottenen Zyniker Sam Spade. Doch Nick – »hard boiled« und trotzdem Weltmann – und Nora – brünett und »sophisticated« – haben sich auch so ganz munter behaupten können: im Buch wie auf der Leinwand. Verkörpert von Myrna Loy und William Powell, waren sie das inspirierende Traumpaar im Hollywood der dreißiger und vierziger Jahre.

Literarisch ging's dann irgendwie nicht weiter. Aber im Kino entwickelten sich die »Nick-Charles«-Fälle zu einer ausgesprochenen Champagner-Serie: Ein »Dünner Mann« folgte dem nächsten; insgesamt wurden es sechs – auch wenn die Spätfolgen zusehends titelgerechter, somit dünner gerieten. Einer hat sich daran freilich nie gestört: Asta nämlich, der schlaue Hund von Nick und Nora. Asta ist, wie Nick versichert, ein Schnauzer, der gleichwohl aussieht wie ein Terrier. Als Wachhund engagiert, erweist er sich in Augenblicken der Gefahr als kluger Feigling. Und auf diese Art hat er es in den Nick-Charles-Filmen nach und nach zum Hauptdarsteller gebracht. hp

COFFIN ED & GRAVE DIGGER
VON CHESTER HIMES

Sie stehen für die Farbe Schwarz. Schwarz ist ihre kleine verbeulte Dienstlimousine mit dem privaten Nummernschild und dem frisierten Motor. Schwarz sind ihre knittrigen Alpaca-Anzüge, ihre Hüte, ihre Hemden, sogar ihre Schlipse, falls sie denn mal einen Schlips tragen. Schwarz ist auch ihre Haut: »Coffin Ed« Johnson und »Grave Digger« Jones, die zwei New Yorker Kriminalpolizisten aus dem Roman-Zyklus des schwarzen Autors Chester Himes (1909-1984), haben ihren Bezirk im schwarzen Harlem, dem »Valley«, gleich hinter dem Central Park. Dort sorgen sie, wenn schon nicht für Gerechtigkeit, dann doch wenigstens für Ordnung.

Schwarz ist ihre Tarnfarbe. Denn meist sind sie nachts unterwegs, wenn Harlem heißläuft oder durchdreht. Tagsüber schlafen die beiden – bei ihren Familien, in ihren hübschen Eigenheimen am Stadtrand, an deren Abzahlung sie mühsam herumknapsen. Ganz gehören sie, die während der dreißiger Jahre in Harlem aufwuchsen und nach dem Krieg als GIs in Deutschland stationiert waren, also nicht mehr dazu. Halb sind sie schon Teil einer anderen Gesellschaft; Repräsentanten des weißen Systems, dessen Drecksarbeit sie vor Ort erledigen. Eine zwiespältige Situation, die ihnen zunehmend bewußter und problematischer wird. Ihre Vorgesetzten sind weiß. Aufstiegsmöglichkeiten bestehen nicht. Im Gegenteil: Ihre Ermittlungs- und Verhör-Methoden führen so oft zu negativen Schlagzeilen in der liberalen Presse, daß sich die Dienstaufsichtsbehörde mehrfach zum Einschreiten genötigt sieht und eine einstweilige Suspendierung verhängt.

Freilich: Weiße Beamte pflegen (jene Zeitungs-Kommentare im Hinterkopf!) mit schwarzen Verdächtigen oder tricksenden Zeugen ziviler umzugehen; dafür bekommen sie aus den gerissenen Onkel-Tom-Spielern aber auch selten was heraus. Im Gegensatz zu »Coffin Ed« (»Sargfüller«) und »Grave Digger« (»Grabschaufler«) mit ihrem Gespür für die Harlemer Mentalität. Ihre volkstümlichen Spitznamen bekunden zudem, daß man in Harlem höchst respektvoll zu den beiden großgewachsenen plattfüßigen Polizisten aufblickt. Und auch ihr unmittelbarer Chef, Lt. Anderson, weiß genau, was er an seinen beiden Kripo-Assen hat. Deshalb läßt er sie auch dann gewähren, wenn er ihre seltsamen Winkelzüge nicht versteht. Oder wenn er ahnt, daß die Zwei mal wieder dabei sind, eine schwarze Sondergerechtigkeit herzustellen – ziemlich weit außerhalb der Legalität und ohne Vermerk im offiziellen Polizeibericht.

Doch eines wird im Verlauf der achtbändigen Serie immer deutlicher: Die grotesk anarchischen Elemente schwinden, je explosiver die soziale Situation des realen Harlem sich gestaltet. (Chester Himes war wegen der rassistischen Praktiken in den USA längst schon emigriert und schrieb seine Bücher von Europa aus). 1959, als der schwarze Zyklus mit dem verrückten »Fenstersturz in Harlem« begann, hatten »Coffin Ed« und »Grave Digger«, die lakonischen Sprücheklopfer, durchaus noch einigen Spaß an ihrem gefährlichen Job. Zehn Jahre später, im letzten Band »Blind, mit einer

Pistole«, sind sie tief skeptisch geworden: Harlem ist ein unregierbares, von Syndika-
ten und selbsternannten politisch-religiösen Führern manipuliertes Chaos. Als die
beiden Kripo-Beamten im Verlauf ihrer Ermittlungen in die höheren Etagen des Verbrechens vordringen, wird ihnen der Fall kurzerhand abgenommen: Kein amtliches
Interesse an der Entlarvung der Drahtzieher. »Coffin Ed« und »Grave Digger« haben
ausgespielt. Das Ende bleibt offen. Ein Dokument gescheiterter Aufklärung.   hp

JERRY COTTON
VON JERRY COTTON

Er fährt einen Jaguar, trägt einen Stetson, liest die avantgardistischen Romane von
John Dos Passos und ist unverheiratet – Jerry Cotton, der »G.-man« mit der Dauer-
dienstzeit. Sein Einsatzort ist New York, sein Motiv der »Gangsterhaß«, sein Bedürfnis »Gerechtigkeit«. Ein Idealist also im Sold der amerikanischen Bundespolizei.
Alles andere als solch ein Idealismus wäre auch sinnlos. Dafür ist sein Gehalt zu
schlecht.

Außerdem ist Jerry ein Dichter. Denn wenn er nicht gerade hinter seinen Gangstern her ist, schreibt er auf, wie er gerade mal wieder hinter seinen Gangstern her
war. Woche für Woche, seit vierzig Jahren. Da bleibt tatsächlich keine Zeit für ein
vernünftiges Liebes- oder Eheleben. Runde 4.000 Fälle sind da inzwischen wohl zu-
sammengekommen: Novellistisch gestaltet in Heftchenform, romanhaft im Taschenbuch, doch allemal in handgreiflicher, gar nicht so unwitziger Prosa. Mal liquidierte
Jerry die »Erpresser-AG«, mal jagte er den »Diamanten-Hai«, mal zerschlug er das
»Syndikat der nackten Puppen«. Immer siegt am Ende das Gute, also Jerry; doch
kaum ist die Woche um, tut sich der kriminelle Dschungel erneut auf. So ging es, so
geht es noch heute.

Verblüffend im Grunde – dieser literarische Output eines doch rasant vollbe-
schäftigten Polizeibeamten. Genauso verblüffend wie die Tatsache, daß der professionelle New Yorker sein erzählerisches Œuvre einem (ursprünglich kleinen) Verlag
im deutschprovinziellen Bergisch-Gladbach anvertraute. Oder sollten hier etwa die
besten Ghostwriter sitzen? Man munkelt da ja seit langem etwas von schreibenden
Professoren, Richtern und ähnlich respektablen Tatverdächtigen. Gewiß, der Verlag
betont hartnäckig den echt autobiographischen Charakter dieser Texte. Doch der
Einsatz germanischer Schreibhandlanger für diese US-Reports würde manches er-
klären – zum Beispiel das überproportionale Vorkommen deutscher Lyrik im Verlauf
der Gangsterjagden; oder auch, wieso Jerrys Dienststelle unausrottbar »der« FBI genannt wird und nicht, wie's richtig heißen müßte, »das« FBI (nämlich das »Federal
Bureau of Investigation«). Warum Jerry allerdings im Lauf der Jahre seine anfangs so

klare Erzähl-Haltung zugunsten unmotivierter perspektivistischer Tricksereien aufgab, bleibt so oder so unfaßbar.

Nicht minder unfaßbar ist jedoch, daß immer grad Jerry Cotton herhalten mußte, wenn die Deutschlehrer mal wieder vor schadhafter Lektüre warnen wollten. Nein, Jerrys Moral ist absolut einwandfrei. Und wie er, in einem seiner jüngsten Fälle, die Situation der Ghetto-Kids in der Bronx schildert, den fatalen Sog der Drogenkriminalität, der Rassenkonflikte, der Arbeitslosigkeit – das könnte kein Sozialarbeiter verständnisvoller tun. Außerdem ist Jerry keusch. Wenn er wirklich mal einen scharfen Liebesbrief bekommt, dann handelt es sich garantiert um eine chiffrierte Botschaft von Phil Decker. Phil ist Jerrys Kollege und Freund von Anbeginn: Auch dann zur Stelle, wenn Jerrys berühmte 38er einmal versagt. Und Mr. High, der als Distriktchef des FBI ebenfalls zum Inventar der Serie gehört, könnte ohne Phil und Jerry den Laden gleich dichtmachen und die New Yorker Ortsgangster den Jungs von der »City Police« oder der Staatspolizei überlassen. Was dann passieren würde, kann sich jeder ausrechnen, der etwas von förderativen Zuständigkeitsfragen weiß. Denn Jerry und Phil, die beiden »G.-men«, folgen unbeirrt dem FBI-Prinzip, das da heißt: »Nie aufgeben.«

Was sich allerdings hinter dem sonderbaren Begriff »G.-man« exakt verbirgt, wissen nur Eingeweihte. Doch soviel haben wir gelesen: Ein »G.-man« kann, wenn's die Dringlichkeit gebietet, selbst einem Staatspolizisten kurzerhand dessen Vierzylinder-Henderson abnehmen. Ein beneidenswertes Privileg. hp

Sergeant Cribb
von Peter Lovesey

Die große Zeit des Sergeant Cribb – sie begann mit dem Anbruch der achtziger Jahre, als in den Pubs rund um Scotland Yard das Pint Stout noch lumpige zwei Pence kostete, als die Queen entschlossen ihrem Goldenen Thronjubiläum entgegenregierte und der alternde Prince of Wales bei Flottenparaden mit flotten Damen flirtete. Die Londoner reisten mit dem neuen Superschnellzug ins Seebad Brighton, wo eine mondäne Vergnügungs-Pier wartete, aber auch schon mal ein psychopathischer Lustmörder (»Der Urlaub eines Übergeschnappten«). Die irischen Terroristen ließen ihre Sprengsätze sogar in den heiligen Räumen von Scotland Yard detonieren (»Eine Bombeneinladung«), während Sergeant Cribb eifrig die Sportzeitungen studierte und seinen Assistenten, den wackeren Detective Constable Thackeray, in die einschlägigen Boxerkneipen schickte, um einigen gewaltig krummen Dingern auf die Spur zu kommen. Denn öffentliche Faustkämpfe waren kurz zuvor gesetzlich verboten worden (»Ring frei für Sergeant Cribb«).

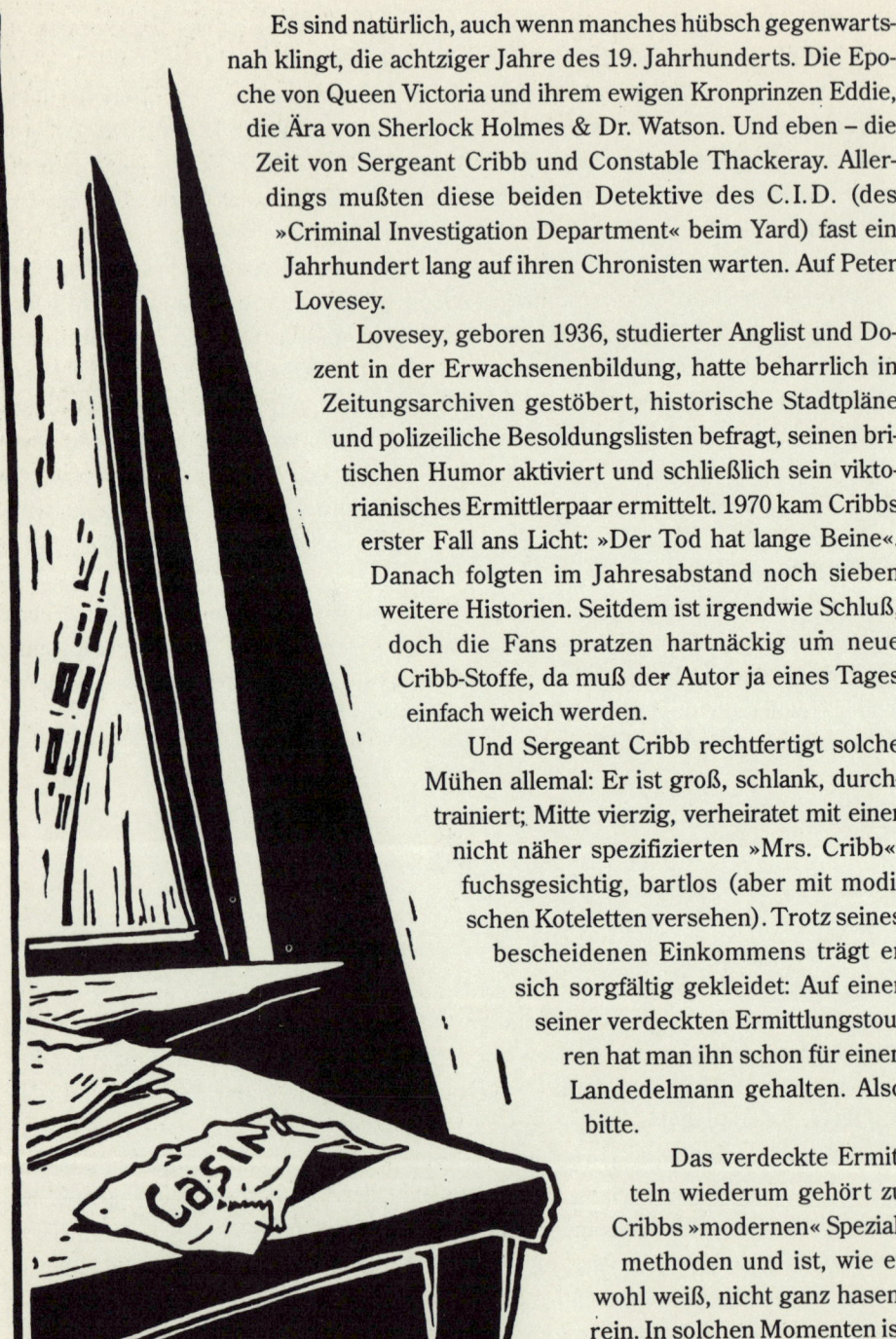

Es sind natürlich, auch wenn manches hübsch gegenwarts-nah klingt, die achtziger Jahre des 19. Jahrhunderts. Die Epoche von Queen Victoria und ihrem ewigen Kronprinzen Eddie, die Ära von Sherlock Holmes & Dr. Watson. Und eben – die Zeit von Sergeant Cribb und Constable Thackeray. Allerdings mußten diese beiden Detektive des C.I.D. (des »Criminal Investigation Department« beim Yard) fast ein Jahrhundert lang auf ihren Chronisten warten. Auf Peter Lovesey.

Lovesey, geboren 1936, studierter Anglist und Dozent in der Erwachsenenbildung, hatte beharrlich in Zeitungsarchiven gestöbert, historische Stadtpläne und polizeiliche Besoldungslisten befragt, seinen britischen Humor aktiviert und schließlich sein viktorianisches Ermittlerpaar ermittelt. 1970 kam Cribbs erster Fall ans Licht: »Der Tod hat lange Beine«. Danach folgten im Jahresabstand noch sieben weitere Historien. Seitdem ist irgendwie Schluß, doch die Fans pratzen hartnäckig um neue Cribb-Stoffe, da muß der Autor ja eines Tages einfach weich werden.

Und Sergeant Cribb rechtfertigt solche Mühen allemal: Er ist groß, schlank, durchtrainiert; Mitte vierzig, verheiratet mit einer nicht näher spezifizierten »Mrs. Cribb«; fuchsgesichtig, bartlos (aber mit modischen Koteletten versehen). Trotz seines bescheidenen Einkommens trägt er sich sorgfältig gekleidet: Auf einer seiner verdeckten Ermittlungstouren hat man ihn schon für einen Landedelmann gehalten. Also bitte.

Das verdeckte Ermitteln wiederum gehört zu Cribbs »modernen« Spezialmethoden und ist, wie er wohl weiß, nicht ganz hasenrein. In solchen Momenten ist der Sergeant dann auch ganz froh, daß sein Vorgesetzter,

Inspector Jowett, zwar zu den eitlen, aber nicht unbedingt hellen Köpfen im Yard zählt. Im Gegensatz zu Cribb.

Als dienstlicher Vorgesetzter ist freilich auch Cribb, der Schnelldenker und Dynamiker, nicht grad maßlos beliebt. Zumindest nicht beim ruheliebenden Thackeray, der als ausführendes Organ auch wirklich eine Menge durchzustehen hat. Im Zuge der Box-Untersuchung muß er, um bei illegalen Kampf-Besuchen nicht aufzufallen, seinen schönen Bart opfern; im Aquarium von Brighton wird er gar von seinem Chef ins Krokodil-Bassin genötigt, um die dort entdeckte Hand einer Frauenleiche zu bergen. An die dauernden sarkastischen Begleitsprüche Cribbs hat er sich im Lauf der Zeit immerhin gewöhnt.

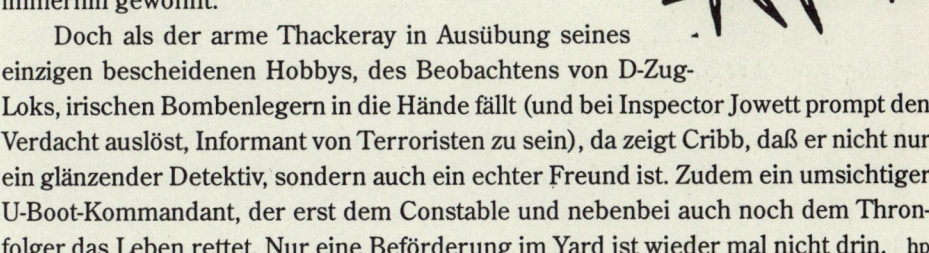

Doch als der arme Thackeray in Ausübung seines einzigen bescheidenen Hobbys, des Beobachtens von D-Zug-Loks, irischen Bombenlegern in die Hände fällt (und bei Inspector Jowett prompt den Verdacht auslöst, Informant von Terroristen zu sein), da zeigt Cribb, daß er nicht nur ein glänzender Detektiv, sondern auch ein echter Freund ist. Zudem ein umsichtiger U-Boot-Kommandant, der erst dem Constable und nebenbei auch noch dem Thronfolger das Leben rettet. Nur eine Beförderung im Yard ist wieder mal nicht drin. hp

ARTHUR CROOK
VON ANTHONY GILBERT

Auf den ersten Blick ist er eine Enttäuschung: Rothaarig, mittelgroß, untersetzt. In seinem ewig braunen Anzug und mit seiner braunen Sportmütze wirkt er, nimmt man noch seine reichlich rüpelhaften Umgangsformen hinzu, mehr wie ein kleinbürgerlicher Rennbahnzocker. Doch Vorsicht: Aufzug und Auftreten gehören zu seiner gutgepflegten Kunst der Täuschung. Dieser Mann hat es faustdick hinter den Ohren. Und erfahrene Revier-Sergeants schicken regelmäßig ein Stoßgebet zum Himmel, wenn sie nur seinen gelben Rolls-Royce-Oldtimer vor ihrem Office aufkreuzen sehen. Sie wissen: Kommt Crook, kommt Ärger. Zumal, wenn grad einer seiner Mandanten in U-Haft sitzt.

Denn Arthur Crook, der Anwalt, der sich auf seinen gedruckten Visitenkarten selbstbewußt als »Sorgenbrecher« aller Rechtsschutzsuchenden empfiehlt, hat die vorschnellen Kripo-Profis oft genug eines besseren belehrt. Er ist stolz darauf, noch nie einen Klienten verloren zu haben, »schon gar nicht an den Henker«. Doch so fest er von der Unschuld seines jeweiligen Schützlings überzeugt ist – nicht minder fest glaubt er an das britische Justizwesen. Und der Begünstigung von Straftaten will er sich keinesfalls schuldig machen. Zweifelhafte Aufträge weist er darum auch von vornherein zurück: Er verliert nicht gern einen Prozeß.

Aber vor Gericht hat man Arthur Crook in den mehr als drei Jahrzehnten seiner Krimi-Laufbahn nur selten erlebt. Der Advokat ist halt vor allem Detektiv: Trickig, klarköpfig und entschlossen, so daß es meist gar nicht mehr zur Mordverhandlung kommen muß. Zumindest nicht gegen seine Mandanten, etwa die jugendlich aparte Hatty Savage, die sich gegen das öffentliche Gerede (und den polizeilichen Verdacht) wehren muß, ihren Ex-Freund in den Selbstmord getrieben und eine strebsame Erpresserin erdolcht zu haben (»Sie soll sterben«). Doch Arthur Crook kann gerade noch rechtzeitig benachrichtigt werden. Er ist der Mann der späten, aber umso effektvolleren Buch-Auftritte.

Einer der Schlüssel zum Erfolg ist dabei seine Theorie vom »unsichtbaren Zeugen«: Kein Amateur, so Crook, ist in der Lage, einen Mord derart perfekt zu planen, daß alle potentiellen Zufalls-Zeugen einkalkuliert werden könnten. Und da die meisten Morde von Amateuren begangen werden, kommt es also darauf an, eben diese zufälligen Spaziergänger, Hundeausführer, Kneipenheimkehrer ausfindig zu machen und ihrer Erinnerung aufzuhelfen. Arthur Crook ist ein Meister darin.

Und an seinem Angestellten Bill Parsons hat er darüber hinaus einen fähigen (wenn auch infolge eines Beinschusses dauerhaft gehandikapten) Helfer. Parsons, ein Ex-Ganove mit immer noch ff Verbindungen zu den einschlägigen Kreisen, besitzt außerdem das absolute Gespür fürs jeweils Notwendige. Worte macht er dagegen nicht so gern. Ein »okay« aus seinem Munde ist schon viel. Darin unterscheidet er sich denn auch merklich von Crook, der permanent boshafte Sprüche absondert. Auf dem Höhepunkt seiner insgesamt 51-bändigen Laufbahn, kurz nach dem Zweiten Weltkrieg, war besonders das Verstaatlichungs-Programm der neuen Labour-Regierung ein Lieblings-Objekt seines Witzes. Später mehr das Programm des englischen Fernsehens.

Dabei ist Crook, dessen erster Fall (»Murder by Experts«) schon 1936 stattfand, kein wirklicher TV-Gucker. Nach der Tradition britischer Detektive bezieht er alle wesentlichen Informationen aus der »Times«. Dementsprechend ist der Fußboden seines Büros in der Londoner Bloomsbury Street auch von alten Zeitungen buchstäblich übersät – so wüst, daß »jede ordentliche Hausfrau in Tränen« ausbrechen müßte. Doch dazu hätte sie kaum Gelegenheit, denn der Junggeselle Arthur Crook möchte »für alles Gold Arabiens keine Frau in seinem Haushalt« dulden. Ein bemerkenswerter Satz. Nicht zuletzt deshalb, weil Crooks Chronist Anthony Gilbert, dem maskulinen Pseudonym zum Trotz, eine Frau war: Lucy B. Malleson (1899-1973). Diesem

Umstand wiederum verdankt es Crook, daß er, nach Jahren des (unverdienten) Vergilbens, als detektivischer Klassiker neu erstanden ist. Und zwar in Ariadnes strikt feministischer Krimi-Reihe! Das hätte sogar ihm die Sprache verschlagen.   hp

ADAM DALGLIESH
VON P.D. JAMES

Sein Aufstieg hat zwar nicht seine Fans, aber möglicherweise seine Übersetzer ins Schleudern gebracht. Als Adam Dalgliesh im Jahr 1962 seinen ersten Fall löste, war er Kommissar und schrieb sich (Laune des Setzers?) Dalgleish. Ein Jahr später suchte und fand er als Kriminalrat »Eine Seele von Mörder«. Dann erhielt er als Inspektor »Ein unverhofftes Geständnis«, betrat wieder als Kommissar den »Schwarzen Turm« und untersuchte als Oberkriminalrat den »Tod eines Sachverständigen«. Den »Beigeschmack des Todes« kostete er dann schon als Commander und Leiter einer Sonderkommission. Und mittlerweile ist er auch noch »Sonderberater des Polizeipräsidenten und Mitglied der Spezialeinheit zur regionalen Verbrechensbekämpfung«.

Adam Dalgliesh, den seine Untergebenen unter sich nur AD nennen, ist ein ungemein fähiger Kriminologe. Nach Ansicht von Detective Inspector Kate Miskin ist »AD wahrscheinlich der intelligenteste Kriminaler in ganz England«. Vielleicht weil er mindestens so viel über sich nachgrübelt wie über die Mordfälle, die er untersucht.

Manchmal hat Dalgliesh Ahnungen, aber die sind logisch verankert. Der Logiker ist nicht nur Polizist, sondern auch noch Poet. Und ein erfolgreicher obendrein. Und Dalgliesh ist ein Gentleman vom Scheitel bis zur Sohle – dazwischen liegen immerhin 188 cm. Auf Abstand hält Dalgliesh aber auch im übertragenen Sinn. Was auch mit seiner Biographie zu tun hat: Das Einzelkind wuchs in einem Pfarrhaus auf dem Land auf (war aber nach einem Ausflug nach London als Achtjähriger für immer von der Stadt verzaubert). Er verlor als 15jähriger seine Mutter und später – durch einen medizinischen Fehler – seine Frau und sein neugeborenes Kind. So wurde er zu einem verwitweten Intellektuellen, der Kirchenarchitektur und Barockmusik liebt.

Dalgliesh schätzt einsame Spaziergänge oder die Besichtigung einer alten Kirche am Wegrand, und wenn das nicht geht, »allein in einem fremden Ort zu speisen, wo ihn kein Mensch behelligte, weil ihn niemand erkannte«. Er ist ein Schweiger nicht nur am Lenkrad seines Jaguar. Manchmal kämpft er gegen ein »Gefühl der Leere und der Niedergeschlagenheit«, aber nicht nur dann sieht er sich selbst als »Poeten, der keine Poesie mehr schreibt, als Liebhaber, der Technik an die Stelle von Bindung setzt, und als Polizisten, der von der Polizeiarbeit desillusioniert ist«.

Und doch ist er ein Mann, der anziehend wirkt. Phyllis Dorothy White, geborene James, hält ihren Helden Adam Dalgliesh für »kühl, distanziert und unbeteiligt« und zählt ihn dennoch zu jener Sorte Mann, die sie interessant findet. Immerhin hat sie ihren Detektiv nach einer Lieblingslehrerin benannt.

Und sie hat ihm einen ausgeprägten Geruchssinn mitgegeben, was den Dichter zu einem erfolgreichen Schnüffler macht. Dalgliesh kennt Zweifel und Selbstzweifel und Anfechtungen mancher Art. Und wenn die Frage nach Schuld und Sühne bisweilen fast theologisch diskutiert wird, hört man heraus, daß Dalgliesh Sohn eines Pfarrers ist. Und daß P.D. James sich der Kollegin (und dem Vorbild?) Dorothy Sayers verbunden fühlt.

Doch Dalglieshs Skrupel gewinnen nicht die Oberhand, wenn es um die Sache und die Suche geht: »Ein guter Kriminalbeamter respektiert Trauer und Leid, ja teilt sie mitunter sogar, aber er scheute sich trotzdem nie, sie auszunutzen.« Manchmal hilft ihm ja auch sein Instinkt: »Auch wenn er diesem Instinkt manchmal mißtraute, hatte er doch gelernt, ihn nicht zu ignorieren.«

Ob sein Instinkt auch richtig reagiert, wenn der Abstand zwischen ihm und seiner Assistentin mal bedroht würde? Im neuesten Abenteuer »Wer sein Haus auf Sünden baut« gesteht Kate Miskin einem Kollegen, sie würde schon mal zu Dalgliesh nach Hause mitkommen. Liebe oder Sex? »Weder noch. Sagen wir, es wäre Neugier.«

Jemand sollte Dalgliesh vor der Neugierigen warnen. Damit er sich mit mehr wappnen kann als der Erkenntnis, daß »zu den Nachteilen des Älterwerdens nicht nur die Abneigung gegen gesellschaftliche Verpflichtungen gehören, sondern auch die schwindende Kraft und Wendigkeit, ohne die man um manch rettende Ausrede verlegen war«.

rw

»DANGEROUS« DAVIES
VON LESLIE THOMAS

Seinen richtigen Vornamen weiß er vermutlich selber nicht mehr – heißt er Percival? Oder Peregrine? Fest steht dagegen, daß der Detective Constable Davies, rangniedrigstes Mitglied der Metropolitan Police London (und das seit vielen Jahren), überall nur als »Dangerous« bekannt ist. So nennen ihn seine Freunde und Zechkumpanen im »Wickelkind«-Pub; so rufen ihn die Kollegen im Polizeirevier Kensal Green; so begrüßen ihn aber auch die multikulturellen Klein-Ganoven aus seiner Klientel in jenem heruntergekommen viktorianischen Industrie-Stadtteil am Grand Union Canal im Nordwesten Londons.

Sie meinen es dabei gar nicht böse oder hinterhältig. Es hat sich einfach so ergeben. Obwohl der gefährliche Kampfname zum Constable paßt wie die Faust aufs Auge. Buchstäblich. Wohl kein britischer Polizist ist so oft im Dienst verprügelt worden wie Dangerous. Im Ortskrankenhaus hält man bereits ein eigenes Bett für ihn frei. Denn der Pechvogel Davies, auch »der letzte Detektiv« genannt, wird von seinen

Vorgesetzten immer nur dann aufgeboten, wenn absolut kein anderer zur Verfügung steht – es sei denn, daß wieder irgendeine Randale droht. Dann darf er als erster ran.

An sich nimmt Dangerous sein Loser-Schicksal dabei ganz ergeben hin. Er lebt einigermaßen klaglos in einer schäbigen Pension mit dem exotischen Namen »Bali Hi«, Wand an Wand mit Doris, seiner verflossenen (wenn auch nie geschiedenen) Gattin. Sein ebenso mürrischer Riesenhund Kitty wohnt dagegen in seinem schrottreifen Oldtimer-Auto, denn Mrs. Fulljames, die harsche Pensionswirtin, duldet keine Haustiere (wofür sich Dangerous, in trunkenem Zustand, mehrmals bitter und allemal polizeiwidrig revanchiert). Seine Urlaube verbringt er dagegen friedlich in der Bingohalle. Doch was ihn schon echt wurmt, ist, daß er niemals einen richtigen Mordfall zu lösen bekommt. So greift Dangerous zur Selbsthilfe.

Polizeiwidrig auch dies. Denn eigentlich lautet sein Auftrag, einen gefährlichen Kriminellen aufzuspüren und zu provozieren. Doch als er in dessen Strafakte den beiläufigen Hinweis auf einen Jahrzehnte zurückliegenden, aber nie geklärten Mord findet, ist sein Jagdfieber geweckt. Sein Saufbruder Modest Lewis, ein aus Prinzip arbeitsloser walisischer Philosoph, wird als Dr. Watson verpflichtet, und Davies begibt sich, notdürftig getarnt durch seinen aktuellen Dienstbefehl, zum ersten Mal auf die private Spurensuche.

Daß sein Vorgesetzer tobt, ist übrigens nachvollziehbar. Wie Dangerous herausfindet, hatte Chief Inspector Yardbird einigen Anlaß, die eigenmächtigen Schnüffeleien seines letzten Manns zu verwünschen. Aber auch andere fühlen sich auf den Schlips getreten, weshalb Dangerous nicht nur wiederholt in seinem Krankenhausbett landet, sondern einmal auch im Kanal, wo er glatt ertrunken wäre, hätte ihn nicht Pfarrer Harvey entschlossen herausgefischt (die letzte Ölung hat ihm der irisch-katholische Gottesmann bei der Gelegenheit aber vorsichtshalber schon mal verpaßt).

Doch allen Mißhelligkeiten zum Trotz: Dangerous entwickelt sich in Kensal Green zum detektivischen Serientäter – und Mod Lewis, der belesene Philosoph, kommt vor lauter Spurensuche kaum noch richtig zum Trinken. Schon bei seinem zweiten, wie gehabt, irregulär an Land gezogenen Mordfall trifft Dangerous obendrein die große Liebe seines Lebens: Jemma Duval, eine Sozialarbeiterin aus Martinique. Schön und schwarz, klug und zärtlich. Dangerous, rund fünfzig Jahre alt inzwischen, wird richtig wieder jung. Die Metropolitan Police freilich suspendiert ihn wegen seiner unerwünschten Ermittlungsaktionen erbarmungslos vom Dienst. Zwar wird der Constable zum guten Ende wieder in Gnaden aufgenommen (auch Leslie Thomas, sein Autor, braucht ihn noch!). Doch eine Beförderung ist natürlich nicht drin. Er bleibt eben – der letzte Detektiv. hp

RICHTER DI
VON ROBERT VAN GULIK

Er hat auch wirklich gelebt. Zur Zeit der Tang-Dynastie erklomm Di Jen-dsiä (630-700 n.Chr.) die chinesische Ämterpyramide bis zur Spitze: Vom Chef diverser Bezirksverwaltungen (zu dessen Dienstpflichten neben der Rechtssprechung auch die Aufklärung von Straftaten gehörte) brachte es Di bis zum kaiserlichen Minister und rettete, wie die Geschichtsbücher melden, den Staat in einer schweren Regierungskrise.

Doch zum wahren Leben erwachte er viel später – als literarischer Krimiheld. Zunächst in den chinesischen Detektiv-Geschichten aus der Ming-Zeit (1368-1644), als Di's legendäre Fälle dichterisch ausgestaltet wurden; und dann in den Romanen, die der niederländische Diplomat Robert van Gulik (1910-1967) seit den fünfziger Jahren auf der Grundlage jener altchinesischen Fallsammlungen verfaßte. So wurde der Detektiv und Richter Di auch für westliche Leser ein Begriff. Allerdings hat sich Robert van Gulik nicht gescheut, auch eine Reihe kriminalistischer Glanztaten des alten »Meister Bao« aufzugreifen und sie kurzerhand (wenn auch mit Quellenangabe) seinem eigenen Heros, dem literarischen Bao-Konkurrenten Di zuzuschreiben.

Etwa die Sache mit dem tückischen »Nagelmord«, den die Frau des Leichenbeschauers so überzeugend aufklären kann, weil sie selber, wie der kluge Detektiv herausfindet, ihren ersten Ehemann auf die nämliche Art ins Jenseits brachte. Für Di ist das freilich ein tragischer Fall – denn die mörderische Frau Kuo ist die große Liebe seines Lebens; und durch ihr Eingreifen hat sie seine – grad schwer bedrohte – berufliche Existenz gerettet, wissend, daß der unbestechliche Di ihr Todesurteil würde sprechen müssen. Davon abgesehen ist Di, der überzeugte Konfuzianer (der die Familie für die Basis eines ordentlich funktionierenden Staates hält), aber ein guter Ehemann – nach alter Sitte hat er drei Frauen. Trotzdem müssen sie manche Nacht auf ihn verzichten: Wenn's ganz schlimm wird, läßt er sein Lager im Büro aufschlagen und arbeitet, mit seinem »Rotpinsel« bewaffnet, bis zum Morgengrauen an den Kriminalakten – wachgehalten durch unzählige Tassen Tee. Von allen Detektiven der Weltliteratur hat Richter Di den fraglos höchsten Teekonsum; allerdings muß er auch, nach altchinesischer Krimi-Konvention, stets drei Mordfälle auf einmal klären.

Schon deshalb benötigt so ein Polizeichef ein paar tüchtige Assistenten. Di hat sie. In strategischen Dingen dient ihm sein alter Ratgeber, der Wachtmeister Hung Liang, der später, während der erwähnten »Nagelprobe in Pei-tscho«, auf der letzten Provinz-Station des Richters, im Dienst ermordet wird. Seine drei allgegenwärtigen praktischen Helfer aber hat Di, der große Menschenkenner, in der Kriminellen-Szene rekrutiert: Tao Gan, der hagere Melancholiker, der alle Gaunertricks und alle Ortsdialekte kennt, war ein reisender Falschspieler. Ma Jung, der Bärige, Di's Mann für die handfesten Aktionen, war ein Straßenräuber »in den grünen Wäldern«, genau wie sein Blutsbruder Tschiao Tai, der elegante Fechter und unfehlbare Bogenschütze. Diese pfiffigen Drei erledigen die Nachforschungen vor Ort; doch notfalls läßt sich auch Di höchstpersönlich mit der Dienst-Sänfte an den Schauplatz eines Verbrechens transportieren, um die Spuren zu untersuchen.

Er löst seine Fälle »mit logischem Verstand, mit außergewöhnlicher Intuition, mit einem unheimlichen Kombinationsvermögen; und im Verhör bringt er, allein durch die Wucht seiner Persönlichkeit, einen jeden Täter zum Geständnis«: Diese hochachtungsvolle Beschreibung des Richters Di stammt von Liang Fu, dem Finanz-mann aus Kanton, und sie will etwas heißen, denn Liang Fu ist einer der gemeinsten Verbrecher, mit denen Di je zu tun hatte. Den »Mord in Kanton« klärt er dabei schon in seiner Funktion als Präsident des obersten Staatsgerichtshofes, und der fröhliche Tschiao Tai überlebt diese Reise nicht. Es wird einsamer um Di, je höher er in der Hierarchie aufsteigt. Aber auch das muß ein Konfuzianer auf sich nehmen können.

hp

DICKI
VON ENID BLYTON

Auf Anhieb gewinnt der dickliche, leicht angeberisch wirkende Junge kaum Sympa-thien, und auch am Ende des ersten Bandes sind sich Gina, Flipp, Rolf und Betti noch nicht schlüssig, ob sie den Internatsschüler Dietrich Ingbert Carl Kronstein nun be-wundern sollen oder ob er ihnen auf die Nerven geht. Doch sein kleiner Scotchter-rier namens Purzel bricht das Eis zwischen den Kindern aus Peterswalde und dem Sommerferiengast, so daß sie zu einer verschworenen Gemeinschaft zusammen-wachsen können.

Dicki, wie sie ihn bald nennen, nicht nur wegen der Körperfülle, sondern weil die Anfangsbuchstaben seines Namens nun einmal das Wort Dick ergeben, wird der Anführer der sechs Spürnasen (einschließlich Purzel) und damit in der »Geheimnis«-Serie der englischen Autorin Enid Blyton ein Kinderbuchklassiker der fünfziger und sechziger Jahre. Pünktlich zu Beginn der großen Ferien kommt er Jahr für Jahr mit seinen Eltern zur Sommerfrische in das verschlafene Nest Peterswalde und mit ihm das Verbrechen. Dicki scheint die Katzendiebe, Brandstifter, Giftmischer und Betrü-ger förmlich anzuziehen.

In ihren fast dreihundert Kinderbüchern hat die 1968 verstorbene Enid Blyton mehrere solcher Kinderbanden geschaffen, die sich bisweilen auch detektivisch be-tätigt haben, wie die »Fünf Freunde« beispielsweise. Ihr Meisterdetektiv aber ist ein-deutig Dicki, der allen anderen an Kühnheit und Intelligenz weit überlegen ist. Wie alle Kinderkriminalisten neigt der Junge zu Altklugheit, was indes, wie im richtigen Leben, von den anderen Spürnasen gnadenlos gerügt wird. Durch ihre Erziehungsar-beit wird aus Dicki bald ein netter Kerl.

Und wie viele andere Privatdetektive (siehe Sherlock Holmes) kämpfen auch Dicki und seine Kumpane gegen eine ignorante staatliche Polizei, die Spuren im Sand grundsätzlich übersieht oder vertrampelt oder beides. In Peterswalde verkörpert Wachtmeister Grimm den tumben Dorfbüttel, der sich auch nach mehreren Fortbildungskursen bei der Beschattung von Strauchdieben immer noch lausig verkleidet und immer noch nicht genug Wissen angesammelt hat, um auch nur einen einzigen Fall vor seinen jungen Konkurrenten zu lösen. Alles, was er kann, ist »weg da« zu knurren, wenn man sich bei der Spurensuche ins Gehege kommt, weshalb der pausbackige Bobby auch als »Wegda« in die Kinderliteratur eingegangen ist.

Die Krimis aus einer beschaulichen Zeit und Umgebung muten heute möglicherweise leicht verstaubt an, die Straftaten und -täter stammen durchweg aus der harmlosen Abteilung: Es geht um verschwundene Siamkatzen, einen unsichtbaren Dieb, eine giftige Feder und so weiter. Die Spannung entsteht, wie bei jedem guten Krimi, dadurch, daß die Autorin Fährten legt, echte und falsche, und daß sie ihre jugendlichen Leser bis zum garantiert glücklichen Ausgang ebenso an der Nase herumführt wie die Nachwuchskriminalisten ihrerseits den unfreundlichen Wegda. Die Rollen sind noch ordentlich verteilt: Die Jungen gehen in der Regel mit Grips an die Fälle heran, die Mädchen mit Gefühl, aber der Eindruck drängt sich auf, daß es nicht selten Gina und Betti sind, die den entscheidenden Hinweis geben.   ru

Tonia van Dijk
von Martine Carton

Als die 68er-Bewegung auch in Holland in die heiße Phase ging, war Tonia noch ein Schulmädchen – wohlbehütet von Mami und schwer getriezt von ihrer großen Schwester Carla (was ein lebenslanges Trauma hinterließ: Carla ist einfach mondäner und hat schlankere Beine, auch einen zierlicheren Popo als Tonia). Tonias langjähriger Freund Rob war damals noch Student und hat ihr alle die schlimmen Wörter beigebracht wie »Eskalieren« oder »Revisionismus«. Er hat ihr auch gezeigt, wie (und warum) man Rauchbomben auf die königliche Kutsche wirft. Im Bett waren sie ebenfalls ein tolles Paar. Bis Tonia, inzwischen selber Studentin, zu den »Dollen Minas« ging (genau wie ihre 1944 geborene Autorin Martine Carton) – der holländischen Ausgabe von »Women's Lib«.

Seitdem ist sie eine stämmige Feministin. Aber Männer mag sie trotzdem. Vor allem einen: Frank, ihren Traummann, den bärenruhigen, unerschütterbaren Architekten und dauernd preisgekrönten Planer von Sozialbauten. Während einer verregneten Amsterdamer Emanzen-Demo wurde sie von ihm aufgelesen, und nach einer zweijährigen wilden Ehe hat sie ihn 1975 geheiratet. Was nicht heißen soll, daß es in ihrer nunmehr amtlich-bürgerlichen Ehe ruhig zuging. Denn Tonia van Dijk, die als Journalistin für eine ehrgeizige Frauenzeitschrift arbeitet (und ihre Fälle aus dem progressiven Neurotikeralltag hübsch selber erzählt), hat eine absonderliche

Eigenschaft entwickelt: In verblüffender Regelmäßigkeit stößt sie auf frisch ermordete Leichen.

Das begann drei Jahre nach ihrer Heirat, als eine friesische Schönheit namens Cleo vor Tonias Augen aus dem Fenster einer Hochhauswohnung segelte beziehungsweise gesegelt wurde (»Medusa und Die grünen Witwen«). Das setzte sich fort, als sie auf einer mediterranen Kreuzfahrt ihre Kabinengenossin Shirley tot vorfand (»Nofretete und Die Reisenden einer Kreuzfahrt«). Während einer Garten-Party der niederländischen Schickeria entdeckt Tonia die Leiche eines Filmschauspielers – durchbohrt von einem Barbecue-Spieß (»Apollo und Die Gaukler«). In London soll sie einen weiblichen TV-Star interviewen, doch auch hier trifft sie nurmehr die sterblichen Überreste der Dame an (»Victoria und Die Ölscheiche«). Die mörderische Serie will einfach kein Ende nehmen.

Gut nur, daß Tonia ihre alte Herzensneigung zu Rob nie ganz aufgegeben hat. Denn der Ex-»Provo« hat seine wüste Zeit entschieden beendet, ist zur Polizei gegangen und wirkt nun als königlicher Kriminalinspektor beim Amsterdamer Morddezernat. Seitdem raucht er Pfeife (wie Maigret), schreibt moderne Lyrik und ist mit Tonias nervöser Freundin Netty verheiratet. Als Detektiv ist er auf seine Art tüchtig, und widerwillig redlich versorgt er seine frühere Flamme mit den nötigen kriminellen Basis-Informationen (jedenfalls, soweit Tonias Leichen in Holland zu liegen kommen).

Der umgekehrte Informationsfluß ist allerdings beträchtlich dünner, denn Tonia kann nicht nur schärfer kombinieren als ihr Inspektor, sie hat auch eigensinnigere Vorstellungen von Gerechtigkeit. Beim Hochhaus- und beim Barbecue-Mord, beispielsweise, reimt sie sich Tathergang und Motive klug zusammen; sie bekommt auch jeweils ein Geständnis geliefert; aber die Namen der Täter behält sie schön für sich, und der arme Rob muß die Fälle un- (oder falsch) geklärt zu den Akten legen.

Gelegentlich, zumal bei ihren Auslandsauftritten in Sachen Leichenfund, ist Tonia aber ganz dankbar, wenn ein Polizist als ihr Freund und Helfer agiert (oder gar als Bettgefährte wie Achmed, der attraktiv arabische Kriminalbeamte in London). Denn die Karate-Hiebe, die Tonia im feministischen Selbsthilfekurs gelernt hat, nutzen nur bedingt, wenn ein echter Verbrecher auf sie losgeht. Und im alleräußersten Notfall muß das Telefon helfen: Ein Anruf zu Haus, und Frank kommt mit dem nächsten Jet. Er hat es sowieso geahnt. Wenn seine Tonia verreist, ist über kurz oder lang die nächste Leiche fällig. hp

CHIEF INSPECTOR DOVER
VON JOYCE PORTER

Nach Meinung seiner Autorin Joyce Porter (1924-1990) ist er der »faulste und habgierigste Polizeibeamte Großbritanniens, wenn nicht der ganzen Welt«: Wilfred Dover, Chief Inspector bei Scotland Yard und permanenter Schrecken seiner Vorgesetzten. Nach Meinung von Commander Bockhurst ist »Wilf« Dover (»der fette Trottel«) überdies der unfähigste Detektiv der ganzen Abteilung und nur deshalb dem Morddezernat »zugeschustert« worden, weil er, Bockhurst, versäumt habe, rechtzeitig mit Rücktritt zu drohen – wie alle anderen Abteilungsleiter, als ihnen Dover ins Haus stand.

Um Dover möglichst intensiv vom Yard fernzuhalten, beordert ihn der Chef denn auch am liebsten in die entferntesten Winkel des Königreiches, sobald ein lokaler Chief Constable um Amtshilfe in einer obskuren Mordsache bittet und sofern Mr. Dover nicht grad wieder eine Auszeit auf dem Krankenlager genommen hat...

Zur allgemeinen Verblüffung pflegt der Chief Inspector seine Fälle aber stets befriedigend abzuschließen, wenn auch mit Methoden, die jeder klassischen Detektiv-Arbeit spotten (dem Leser hingegen enormen Spaß machen). Denn Dover ist nicht bloß verfressen und versoffen (vor allem dann, wenn ihm Drinks und Imbiß spendiert werden), nicht bloß geizig bis zum Exzeß (selbst seine Unterhosen stammen aus abgerüsteten Armeebeständen), nicht bloß schlampig und ungepflegt (von der mit Speiseresten drapierten Weste bis zum speckigen Bowlerhut), nicht bloß flegelhaft im Benehmen – er hat auch ein perfektes System daraus gemacht, alle unnötigen Aktivitäten tatkräftig zu vermeiden.

Zu den Dingen, die Dover inbrünstig haßt, gehören etwa die Besichtigung eines Tatorts, die Fixierung von Spuren, das Studium von Protokollen, das Anlegen von Akten, kurz gesagt, die gesamte Polizeiarbeit. Derlei Unbequemlichkeiten nimmt Dover allenfalls dann auf sich, wenn er sich damit vor noch schlimmeren Zumutungen drücken kann, vor Zeugenverhören beispielsweise, bei denen er meistens einschläft. Ohnehin hegt er keine Verachtung gegen Mörder, zumindest nicht aus moralischen Gründen. Dover teilt die Verbrecher danach ein, ob sie so blöd sind, sich erwischen zu lassen oder nicht. Er steht zwar politisch rechtsaußen, doch im Grunde seines Herzens ist er ein Anarch, was ja kein Widerspruch sein muß (aber wenn's einer wäre, wär's ihm auch egal).

Außerdem hat er für alle Routine-Angelegenheiten seinen jugendlich diensteifrigen Sergeant MacGregor zur Seite. Die beiden sind ein unnachahmliches Gespann: Was »Old Wilf« zu wenig hat, hat MacGregor zu viel – und umgekehrt. Stets adrett in maßgeschneidertem Anzug, ist der Sergeant über jedes Detail informiert, gewissenhaft vorbereitet, voller Elan und voller Ehrgeiz. Unaufhörlich von seinem trägen Boss verspottet und schikaniert, gibt er doch nie die Hoffnung auf, es dem Kerl eines Tages mal zeigen zu können. MacGregors doppelte Tragik: Mit seinem pedantischen

Eifer geht er Commander Bockhurst noch mehr an die Nerven als Dover mit seiner Faulheit; und was noch schlimmer ist – trotz der wunderbar systematischen Kombinationen MacGregors ist es bei jedem Mordfall ein (meist eher zufälliger) Geistesblitz Dovers, der zur schließlichen Lösung führt. Alas, poor Mac.

Einmal jedoch ist MacGregor richtig glücklich: Da wurde Chief Inspector Dover von einer Erpresserbande gekidnappt. Commander Bockhurst versichert im Fernsehen, daß der Yard den Lösegeldforderungen der Entführer keinesfalls nachkommen werde, während die leidgeprüfte Mrs. Dover in einem anderen TV-Kanal erzählt, sie wolle ihre Londoner Vorort-Wohnung aufgeben und zu ihrer Schwester ziehen – natürlich erst nach Beerdigung ihres Gatten (»Kein Lösegeld für Dover«).

Doch alle haben zu früh aufgeatmet. Dover kommt auch ohne die verlangte Summe wieder frei. Er gibt sogar den entscheidenden Hinweis zur Identifizierung der Täter (die inzwischen lieber das Enkelkind des Premiers entführt haben). An der Verhaftung der Gangster kann er allerdings nicht teilnehmen. Da sitzt er grad an einem Ort fest, wo er, auf Grund seiner dauerhaften Magenbeschwerden, sowieso die Hälfte seiner im Yard abzuleistenden Dienststunden zubringt – auf dem Klo.   hp

DUFFY
VON DAN KAVANAGH

Irgendwas bleibt immer hängen. Beispielsweise wenn ein Detektiv einen Goldstekker im linken Ohrläppchen trägt. Daß das seinen Ruf versaut, macht Duffy nichts aus. Mehr als von der Polizei gefeuert zu werden, konnte ihm nicht passieren. Aber daß das halbe Ohrläppchen an eben jenem Stecker hängenbleibt, als ein böser Bube unsachgemäß daran zieht, das tut weh.

Und der Rausschmiß nach drei Jahren als Detective Sergeant in Soho schmerzt auch noch. Man hatte ihm eine Falle gestellt, hatte ihm einen 19jährigen als vermeintlich Erwachsenen (im Wortsinne) untergejubelt. Und so streng waren in England die Gesetze. Seinen Polizei-Job war er los – und seine Sexualbeziehung zur Kollegin Carol Lucas auch. Was beide nicht hindert, ein höchst eigenwilliges Verhältnis aufrechtzuerhalten: »Sie und Duffy hielten den Weltkeuschheitsrekord«, allerdings nicht ganz freiwillig.

Denn nach besagter Affäre verließ ihn bei ihr die Manneskraft: »Carol war die einzige Person, bei der Duffy im Bett Erfolg haben wollte – und die einzige Person, bei der er automatisch versagte, schon so oft versagt hatte, daß er es mittlerweile gar nicht mehr versuchte. Bei Carol potent zu sein, war das Luftschloß eines Idioten.« Er ist ein merkwürdiger Detektiv, dieser Duffy, dessen Vornamen Nicholas kaum einer kennt und niemand nennt – und »die einzigen, die ihn Nick nannten, waren Bekannte, die es nicht besser wußten – oder nichts Besseres durften«. Das kommt davon, wenn ein Literat (Julian Barnes) sich erst einen Kollegen (Dan Kavanagh) samt bizarrer Biographie erfindet und dann einen Helden wie Duffy. Ein bisexueller Hypochonder mit Sauberkeitstick und einer Uhrentickphobie, das war offenbar selbst für die spleenfreudigen Briten zuviel. Jedenfalls verkauften sich die vier Duffy-Romane nur in Deutschland gut.

Als Julian Barnes mit seinen Büchern von »Flauberts Papagei« bis zu »Geschichte der Welt in 10 ½ Kapiteln« Erfolg hatte, geriet Kavanagh ins Hintertreffen. Außerdem macht, so Barnes/Kavanagh, »ein Charakter, den man über mehrere Bücher beibehält, einen Schriftsteller unfrei«. Im zweiten Duffy-Roman »Schieber City« (zuerst als »Airportratten« erschienen) verliert der Held ja nicht nur seinen Ohrstecker, sondern auch die Fassung auf dem Flughafen: »Er haßte Flughäfen. Er haßte auch Flugzeuge. Beides, zweifellos, weil er das Ausland haßte. Ausländer haßte er nicht – zumindest nicht mehr als die meisten anderen Leute –, aber er haßte ihren Herkunftsort.« In den Zeiten von Aids bleibt ihm nicht nur die Suche nach Hautflecken und geschwollenen Lymphknoten, sondern auch die Erkenntnis, daß die Zeiten eines wahllosen Vernaschens vorbei sind: »Er hatte immer gesagt, für ihn sei der Unterschied zwischen einem Mädchen oder einem Kerl etwa wie der zwischen Speck mit Ei und Speck mit Tomate. Er mußte auch zugeben, daß er früher mal dem Frühstück gut zugesprochen hatte.«

So lebt und liebt er denn weiter, ein Mann in seinem Widerspruch. Chef und einziger Angestellter von »Duffy Security«, bei dem selbst schon zweimal eingebrochen wurde. Ein Mann, dessen moralische Anschauungen immer »von Pragmatismus geprägt waren«, der aber dennoch bei Mord, bestechlichen Bullen, bei Vergewaltigung und Heroin keinen Spaß versteht.

Eine Kämpfernatur, die trotz ihrer untersetzten Statur auch als Torwart bei den Hobby-Kickern von Western Sunday Reliables gute Figur macht. Und obschon jeder Übernachtungsgast in Duffys Wohnung seine Uhr abliefern muß, die dann – wie alle Lebensmittel – in einer Tupperwarebox in den Kühlschrank wandert, weiß Duffy doch, was die Stunde geschlagen hat. Und wem sie schlägt. rw

C. Auguste Dupin
von Edgar Allan Poe

Ein Herbstabend in Paris um da Jahr 1845. Die Dunkelheit ist grad hereingebrochen und draußen heult der Sturm. Drinnen aber, im behaglichen Bibliothekszimmer des Hauses No.33, Rue Dunôt, Faubourg St. Germain, sitzen zwei junge Männer, der Wohnungsinhaber und sein Freund, rauchen ihre Meerschaumpfeifen, schweigen und scheinen zu meditieren. Der Besucher, zugleich der Chronist dieser Szene, denkt freilich über zwei ganz bestimmte Dinge nach: Über die grausige Untat in der Rue

Morgue, bei der zwei Frauen in einem von innen verriegelten Raum bestialisch umgebracht wurden, und über das geheimnisvolle Verschwinden eines Mädchens namens Marie Rogêt.

Zu beiden Fällen hatte der junge Mann, der uns leider seinen Namen vorenthält, ausgiebige Studien verfaßt: Der bekannte amerikanische Redakteur Edgar Allan Poe publizierte diese Berichte 1841 und 1843 in zwei von ihm edierten Magazinen, und zwar mit ungemeinem Erfolg. Die Pariser Kriminalpolizei hatte vor beiden Verbrechen kapitulieren müssen; doch der Freund unseres Chronisten, ein Amateur-Detektiv von genialem Zuschnitt, fand mittels seiner eigenwilligen »Methoden« die jeweilige Lösung des Rätsels. Sein Name: C. Auguste Dupin. Da wird die Tür aufgestoßen, und es erscheint kein geringerer als Monsieur G., der ebenso selbstgewisse wie borniert Chef der Pariser Polizei. Er steht wieder einmal vor einem kriminalistischen Rätsel und benötigt, auch wenn er dessen Einfälle meist »komisch« findet, die Hilfe des so unverschämt begabten »Dilettanten«. Die Affaire um den »stibitzten Brief« hat begonnen, Dupins dritter und letzter Fall.

C. Auguste Dupin. Er ist der erste aller literarischen Detektive der Neuzeit. Ein Vorbild in jedem Belang – zumal für einen gewissen britischen Kollegen, der in der Londoner Baker Street sehr vergleichbare Meerschaum-Meditationen abzuhalten pflegte; nur daß dessen Gefährte und Leibbiograph wesentlich fleißiger und mitteilsamer war als sein französischer Kollege (in ihrer ergebenen Bewunderung für den Meister nehmen sich beide Chronisten allerdings nichts).

Jedenfalls besitzt dieser C. Auguste Dupin bereits alle Marotten und Absonderlichkeiten, die einen wahren Buch-Detektiv auszeichnen müssen. Er stammt aus einer erstklassigen, wenngleich verarmten Familie. Der einzige Luxus, den er sich leistet, sind seine Bücher; und wenn ihm danach ist, chreibt er auch selber: Gedichte. Um sein Gehirn anzuregen, verwendet er (außer der Pfeife) indische Räucherkerzen. Den Kontakt zu seinen Mitmenschen beschränkt er auf das äußerste Minimum. Ausnahme natürlich: sein devoter Eckermann, der seinem Monsieur Dupin übrigens nicht allein überragende analytische Fähigkeiten zuschreibt, sondern halt auch die Lust an der »pomphaften Zurschaustellung« derselben – kein Großer ohne Schwächen.

Zu Dupins neuartig verblüffenden »Methoden« gehört dabei nicht bloß das scharfsinnige Deduzieren; er kann auch virtuos mit dem neuen Massenmedium, der Zeitung, umgehen: Den vermeintlichen Doppelmord in der Rue Morgue klärt er mit Hilfe einer intelligent plazierten Kleinanzeige; den Fall Marie Rogêt löst er vom Schreibtisch aus, allein durch Analyse der Zeitungsberichte. In der heiklen Briefaffaire wiederum setzt Dupin seine psychologischen Kenntnisse ein (die eben noch eine Spur elementarer sind als das psychologische Raffinement des Täters): Er findet den versteckten Brief just dort, wo ihn niemand vermutete, weil jeder problemlos dort herangekommen wäre. Den beamteten Polizisten des Monsieur G. war es freilich, trotz wiederholter Hausdurchsuchungen, nicht geglückt, Licht in die Sache zu bekommen. Apropos Licht. Das gehört ebenfalls zu den Eigenheiten Dupins: Wenn es um eine Sache geht, die Nachdenken erfordert, führt er die Untersuchung lieber im Dunkeln. Selbstverständlich findet Monsieur G. (Ahnherr aller begrenzten Polizei-Profis der Krimi-Literatur) auch dies ausgesprochen »komisch«. hp

KATE FANSLER
VON AMANDA CROSS

»Wenn ich jemals ein Buch schreibe«, sagte Kate immer, »soll, wie bei Arthur Koestler, im Klappentext stehen, ich hätte jede Art von Arbeit gemacht und in den Straßen von Haifa Limonade verkauft«. Schön gesagt, nur: ›Kate war nie nach Haifa gekommen, weder mit noch ohne Limonade, aber dieser Satz war für sie stets der Inbegriff eines abenteuerlichen Lebens.‹

Kein Zweifel, die Frau hat Phantasie. Und sie kennt sich aus in der Literatur. Was sie nicht daran hindert, nicht nur über Zitate, sondern auch über Leichen zu stolpern. So ist das eben, wenn eine Literaturprofessorin eine (un-)heimliche Affinität zu Toten aller Art hat. Nicht immer sind es auch Mordopfer, aber meist gibt es kriminelle Verstrickungen – und immer hilft ihr das Wissen darum, daß die Weltliteratur Hinweise bereit hält.

Kate Fansler gilt als intellektuell, was sie akzeptiert. Und als snobistisch, was sie verneint. Sie hatte nur »seit ihrem 14. Lebensjahr ... die große, schlanke Figur eines Mannequins, einen guten Geschmack und das nötige Geld, um sich bewundernswert schlicht zu kleiden«. So macht sie sich denn auf, um erst die Welt der Bücher zu erobern und dann die Welt an sich zu durchschauen.

Die Literaturprofessorin Carolyn Heilbrun hat gleich eine doppelte Portion Herzblut zur Transfusion freigegeben, als sie erst ihr Pseudonym Amanda Cross erfand und dann – als Alter Ego – ihre Heldin Kate Fansler.

Belesenheit und Beobachtungsgabe helfen Kate Fansler. Oder sie nutzt ihre Einsicht in poetische Parallelen. Wenn sie – »In besten Kreisen« – den amerikanischen Nachlaß von James Joyce ordnen soll, liefert ihr das Objekt ihrer wissenschaftlichen Begierde nicht nur die nächste Leiche, sondern auch Denkanstöße. Und wenn sie an einer »Schule für höhere Töchter« über Antigone lehrt, dann stellt sich prompt auch in Manhattan die altgriechische Frage: Wohin mit der Leiche? Carolyn Heilbrun alias Amanda Cross alias Kate Fansler kennt sich aus im universitären Bereich, aber auch unter den Menschen jenseits der Campus-Grenzen. Dafür sorgt notfalls schon die weitverzweigte und leidlich verschrobene Verwandtschaft. Das macht »Tante Kate« dann fit für das Nachdenken über die Folgen einer legitimen oder illegitimen Abstammung in Dichterkreisen. Was unsereinen kaum mehr aufregt, kann dennoch zum »Tödlichen Erbe« werden.

Am Anfang ihrer Karriere ist Kate Fansler noch erklärte Junggesellin, die für gesellschaftliche Anlässe gerne auf ihren Vorzeigefreund Reed Amhearst zurückgreift. Später heiratet sie ihn, genießt seinen fachmännischen Rat (er ist Bezirksstaatsanwalt) und seine fachgerecht gemixten Martinis: Wenn es mehr als drei davon werden, ist die Lage ernst.

Sie nennt sich im Berufsleben nach wie vor Miss Fansler, was ihre Umwelt irritiert, und hält sich nicht an ihr Eheversprechen, sich nicht mehr mit Leichen zu befassen. Aber notfalls steht ihr Reed nicht nur mit Rat, sondern auch mit Tat zur Seite. Wenn sie erst einmal auf der Fährte ist, können auch Schwierigkeiten sie nicht bremsen. Sie gibt sich nicht mit einfachen Lösungen zufrieden. Denn »die mangelnde Bereitschaft der Menschen, die Konsequenzen für ihr Handeln zu tragen ... ist für mich grauenvoll«.

Wer noch den Beweis benötigt, daß zwischen zwei Buchdeckeln das ganze Leben Platz haben kann, bekommt ihn von Kate Fansler, der es egal ist, ob es um Literatur oder Literaten geht. Manchmal ist die Jagd nach verschollener Dichtung so spannend wie das Forschen nach einem vergessenen Dichter. Wenn es gar um ein bislang unbekanntes Joyce-Manuskript geht, dann scheut Kate Fansler auch die sprichwörtlich genommene Suche nach der Nadel im Heuhaufen nicht. »Nein, seien wir akkurat, wie Joyce es gutgeheißen hätte: [in] dreitausendzweihundertunddreizehn Ballen Heu.«

rw

DR. GIDEON FELL
VON JOHN DICKSON CARR

Selbst im fahlen Licht einer Straßenlaterne, selbst im wabernden Herbstnebel Londons ist diese Gestalt vollkommen unverwechselbar. Der mächtige Umhang, der gewaltige Schlapphut, der schwere Krückstock (notwendig, um die Körpermassen aufrecht zu halten) – all diese Requisiten signalisieren: Dr. Gideon Fell, der Privatgelehrte und Kriminalist, ist mal wieder unterwegs zum Tatort eines rätselhaften Verbrechens.

Wenn er dann die Spuren gesichert und den beschwerlichen Ausflug beendet hat, kann man ihn in seiner chaotisch eindrucksvollen Bibliothek (Adelphi Terrace No. 1) erleben, wie er pfeiferauchend bei einem Glas Porto im Kaminsessel lagert und mit seinem Freund Hadley, dem Scotland-Yard-Inspector, die ersten Zwischenresultate der Untersuchung erörtert. Alles an diesem Gideon Fell ist voluminös: Das Vielfach-Kinn, die volle Mähne, der Bauch und auch das Auflachen, mit dem er die Theorien seines Gegenübers kommentiert. Und wie er so dasitzt, mit dem Kneifer am schwarzen Band, dem knittrigen Hemd und der prallen Weste – da könnte er glatt der Zwillingsbruder eines sehr realen Kriminalmenschen sein: Der Autor John D. Carr hat sein detektivisches Monster mit der Figur und der Physiognomie von Gilbert K. Chesterton ausgestattet, dem »Father Brown«-Erfinder. (Es sollte ein Kompliment sein.)

Und genau wie Chesterton ist auch Dr. Fell, der 1933 sein Debut als Literaturdetektiv gab, ein streitbarer Schriftsteller und Vortragsredner. Sein Buch »Das Übernatürliche in der englischen Literatur« ist auch in der englischen Realität von Nutzen (jedenfalls der fiktiven), schließlich scheint es gerade in Dr. Fells Fällen oft genug übersinnlich zuzugehen, denn der gedanklich sehr gelenke Koloß ist Spezialist für klassische »locked-room-mysteries« – für Verbrechen, die in hermetisch abgeschlossenen Räumlichkeiten begangen wurden. Geradezu teuflisch: Entweder hätte der Mörder nicht hinein- oder nicht wieder herausgekonnt; trotzdem ist er verschwunden, die Leiche vorhanden, das Zimmer verriegelt, das Fenster verschlossen, der Schnee vor der Tür präsentiert sich in makel- und spurenlosem Weiß. Das ist Dr. Fells Element.

Und er benötigt nicht einmal einen Innenraum, um zur Hochform aufzulaufen. Es genügt ihm auch ein umzäunter, vom Dauerregen aufgeweichter Tennisplatz – mitten im Aufschlagfeld ein Toter und drumherum nicht der geringste Fußabdruck. Doch Dr. Fell findet jedesmal die illusionistische (oder artistische) Verschleierungsmethode des Täters heraus. Und dann kann er wieder einen seiner elementaren Vorträge halten, was er einmal, in dem Roman »The Hollow Man«, dazu benutzt, einen ziselierten Abriß der gesamten Krimi-Literatur zum Thema »locked-room« zu geben, versehen mit dem Hinweis, daß er, Dr. Fell, ja auch bloß eine Figur in einem Krimi sei. (Da mochte der deutsche Verlag nicht zurückstehen und nannte das Buch »Der verschlossene Raum«.)

Freilich hat Dr. Fell mit dieser Rede, überhaupt mit seinem schachspielhaften Problemlösungsverhalten, eine ganze Reihe von Kritikern gegen sich aufgebracht. Und gegen seinen Autor. Doch John D. Carr (1906-1977) hielt unbekümmert an seinem schwergewichtigen Helden fest, genau wie am Prinzip des leichtgewichtig eleganten, ironisch gewürzten Kreuzwort-Krimis britischer Provenienz. Carr war zwar Amerikaner, lebte aber aus Überzeugung in England (jedenfalls solange dort keine Labour-Regierung amtierte). Er mochte die gruselig nieseligen, nach Mord förmlich ächzenden Schauplätze des alten Britannien. Und Dr. Gideon Fell war nie inspirierter als damals, 1941, in den öd düsteren Highlands um den Loch Shira, wo er den Schlüssel zur »Schottischen Selbstmord-Serie« suchte und dem geheimnisumwitterten »Fluch der Campbells« auf die Spur kam.

Merkwürdig jedoch – in England steht »Dr. Fell« redensartlich für einen irgendwie unangenehmen Menschen: »I do not love thee, Dr. Fell,/ The reason why I cannot tell«. Ob J.D. Carr den alten Reim gekannt hat? Wohl nicht. Und es kann natürlich sein, daß ein paar überführte Übeltäter den Spruch auf Dr. Gideon Fell münzen, aber niemals wir Fans. Wir lieben ihn und wissen genau, warum.   hp

PROF. GERVASE FEN
VON EDMUND CRISPIN

Sein hübschester Mordfall spielte im Opernhaus. Das war gleich nach dem Zweiten Weltkrieg, beim Gastspiel der Londoner Oper in Oxford, als Richard Wagners vermeintlich braunbelastete »Meistersinger« erstmals wieder in England gezeigt werden durften und der Darsteller des Hans Sachs (ein großer Sänger und noch größerer Widerling) kurz vor der Premiere seinen »Schwanengesang« anstimmen mußte. Ein Symbol der neuen Friedenszeit sozusagen – Mord war wieder Privatsache geworden. Und Gervase Fen, Professor für englische Literatur am St. Christoph College in Oxford, konnte zu seiner bevorzugten Nebenbeschäftigung zurückkehren, dem trickreichen Auflösen trickreich inszenierter Schandtaten.

Gervase Fen ist, wie es sich für das Meisterhirn eines britischen Puzzle-Krimis gehört, ein Unikum. Das Besondere an ihm ist sein Kopf, genauer, sein Haar: Es ist ungebärdig; und der Einsatz von Tonicum bewirkt nur, daß sich die Strähnen drahtartig vom Haupt wegstacheln. Doch auch das übrige Erscheinungsbild des Professors wirkt vorzugsweise unkonventionell. Bei seinen Studenten ist Fen aber beliebt. Was zum einen mit seinen literarischen Ansichten zusammenhängt: Prof. Fen hält just die anerkanntesten Britendichter für überschätzt – den sanften Namen »Jane Austen« kann er geradewegs wie ein Schimpfwort aussprechen. Zum andern fallen seine Seminare und Vorlesungen erfreulich oft der Mörderjagd zum Opfer, wobei der Gelehrte nicht einmal davor zurückschreckt, ein paar dramatisch begabte Studiosi als Fen-Doppelgänger auszustaffieren, um die Polizei auf eine falsche Spur zu locken. Überhaupt ist er jederzeit imstande, entsetzlich zu lügen, wenn's denn der Wahrheitsfindung dient.

Sein Freund Sir Richard Freeman, der Polizeichef von Oxford, hat angesichts dieser professoralen Methoden längst resigniert; und mit dem Respekt des ruheliebenden Normalmenschen läßt er den verrückten Amateur-Aufklärer machen. Am Ende – soviel hat der Profi inzwischen vom Prof. gelernt – lohnt es sich für alle Beteiligten (von den überführten Tätern einmal abgesehen).

Überraschenderweise ist Gervase Fen verheiratet. Von seiner Frau erfährt man jedoch wenig; im Grunde nur, daß sich Fen in dringenden Fällen ihr Fahrrad ausleiht, wenn sein Auto partout nicht anspringen will. Sein Auto heißt »Lily Christine III« und ist ein kleiner roter Sportwagen, der schon frühzeitig bei der Einkreisung des »Wandernden Spielzeugladens« eigenwillig mitwirkte und später nicht friedfertiger geworden ist. Prof. Fens Fahrweise entspricht allerdings auch exakt seiner sonstigen Denk- und Lebensart. Er paßt gut zu seinem Auto.

Acht Romane und viele Erzählungen lang hat sich dieser originelle Spätling durch die britische Krimi-Landschaft der vierziger und frühen fünfziger Jahre kombiniert, wobei Mordtaten im Theatermilieu eine besondere Anziehungskraft ausübten. Auf der – wesensverwandten – politischen Bühne hat Fen gleichfalls seine Aufklärungsarbeit geleistet und wäre dabei fast noch ins britische Unterhaus gewählt worden.

Dann hatte sein Biograph Edmund Crispin (1921-1978), der ironische Mit-Vollender des feingehäkelten Denkspielkrimis made in England, offenbar genug. Der Professor kehrte in sein College, der Autor ans Klavier zurück: Auch Edmund Crispin war nur nebenberuflich kriminell und in der Hauptsache Filmkomponist.

Jahrzehnte später hat er es sich dann doch noch einmal anders überlegt und seinem Professor Fen ein Comeback erlaubt – 1977, in dem Roman »Der Mond bricht durch die Wolken«. Das hätte Crispin aber besser bleiben lassen. Denn in diesem eher öde konstruierten, am neuen Zeitgeist herumwitzelnden Komplott ist Fen (inzwischen Dekan, immer noch drahthaarig) etwas geworden, was er vorher nie war: ein detektivisches Fossil. Halten wir uns lieber an den Charme seiner frühen Jahre.

hp

José Daniel Fierro
von Paco Ignacio Taibo II

Natürlich hat José Daniel (»JD«) Fierro nicht die geringste Qualifikation zum Polizeichef. Er ist eben Kriminalschriftsteller, kein praktizierender Kriminalist. Zwar wird in seinen Romanen viel und kenntnisreich geschossen, aber er selber hat so eine 45er noch nie in der Hand gehabt: Er hat Angst vor Schußwaffen. Außerdem ist er schon 51 Jahre alt (seine Frau sagt: 52) und Großvater. Er lebt komfortabel und angenehm (seine Frau sagt: hauptsächlich von teurem Cognac und teuren Zigaretten). Er besitzt ein Haus in Mexiko-City, und seine Bücher, elf bislang, sind erfolgreich, sogar in den USA. Trotz seines Wohlstands aber fühlt sich José Daniel Fierro, der Mann mit dem fulminanten schwarzen Schnauzbart, im tiefsten Herzen als Linker. Und bei seinen gelegentlichen TV-Auftritten redet er gern von den Rechten des einfachen mexikanischen Volkes. Mit der unangenehmen Konsequenz freilich, daß ihn der rote Gemeinderat von Santa Ana, der Bergarbeiterstadt im Norden, nun zum Ortspolizeichef machen will.

Santa Ana ist die einzige rote Kommune des Landes, was weder der Zentralregierung noch den lokalen Großgeschäftemachern zusagt. Zwei rote Polizeichefs sind deshalb seit den letzten Wahlen schon ermordet worden. Ein Polizeichef namens José Daniel Fierro aber könnte, wie der Direktor des lokalen Radiosenders messerscharf beweist, allein auf Grund seiner Prominenz niemals umgelegt werden, ohne daß es landesweit Stunk gäbe. Eine trostvolle Perspektive. Josés Frau droht dennoch mit Scheidung. Aber JD akzeptiert. Es lebe die Solidarität.

Wenige Tage später zeigen sich im Schnauzbart des neuen Polizeichefs die ersten weißen Fäden. Die Lage ist deprimierend: Außer ihm besitzt die rote Ortspolizei von Santa Ana nur noch fünf Mitarbeiter: allesamt professionelle Anhänger der roten Bewegung, allesamt polizeiliche Amateure. Befugnisse besitzt die Ortspolizei dagegen so gut wie keine. Die liegen bei der Staats- und der Bundespolizei. Die Staatspolizei aber ist gegen links, zudem korrupt, und die Bundespolizei ist abwesend, zumindest wenn man sie braucht. Dann passiert der erste Mord, der eine ganze Mordserie nach sich zieht. Und alle heißen Spuren führen in die Sphäre des alten Machtkartells. Der rote Bürgermeister bekommt kalte Füße.

JD wiederum, der Romancier in der Rolle des Detektivs, erlebt die mordfreudige, politisch aufgeladene Realität wie einen abstrusen Kriminalfilm, in dem er unversehens und ungelernt die Hauptrolle spielen muß. Und da er die Welt, somit die Kriminalität, allein aus Krimis kennt, agiert er dementsprechend: Er grinst wie Humphrey Bogart, flirtet lässig wie Robert Mitchum, gibt sich cool wie Clint Eastwood – und kommt sich doch vor wie Woody Allen. Sinnlos alles. Er organisiert die Polizei-Einsätze genauso, wie er es bei Ed McBain gelesen hat; er durchleuchtet die Situationen wie Kommissar Maigret und tut nachdenklich wie Lew Archer. Umsonst. Zu allem Überfluß wird ihm allmählich klar, daß nicht nur die Verdächtigen aus dem Establishment blocken: Auch seine roten Rathausgenossen rücken nur dann mit – zögerlichen – Informationen heraus, wenn er die Sache bereits selber irgendwie erschnüffelt hat. So steigert sich sein ohnehin exzessiver Schnaps- und Zigarettenkonsum langsam ins Unermeßliche. Nur daß er inzwischen zu proletarischeren Marken übergewechselt ist – die Solidarität mit dem einfachen Volk bleibt ungebrochen.

Umgebracht wird er, anders als seine beiden Vorgänger, übrigens nicht. Er landet nur im Knast. Die reaktionäre Zentralregierung greift nämlich mit Militärgewalt ein und setzt die rote Rathausmannschaft kurzerhand ab und hinter Gitter. Zum allgemeinen Erstaunen (nicht zuletzt: zu seinem eigenen) hat JD die Mordserie aber zuvor noch aufklären können. Nun hat er Zeit, in der Zelle einen Roman darüber zu schreiben.

Paco Ignacio Taibo II hat vorher schon mal den Roman dieses Romans (und dieses Romanciers) geschrieben – eine kriminelle Realsatire aus der mexikanischen Gegenwart, betitelt »Das bizarre Leben«. Der bizarre Held des Buches, der Detektiv-Spieler José Daniel Fierro, muß wohl ein alptraumatischer Doppelgänger seines Autors sein.

hp

FLETCH
VON GREGORY MCDONALD

Wenn er einer heißen Sache auf der Spur ist, kann er zum skrupellosen Lügner werden, zumal am Telefon. Da klinkt er sich ohne Bedenken in jedes Informationsnetz ein: Um die Gesundheitswerte eines angeblich suizidgefährdeten Managers zu ergattern, blufft er dessen Hausarzt als besorgter Versicherungsbeamter, und den Zugang zum Geschäftslagebericht erschwindelt er sich im Namen eines bekannten Finanzmaklers. Die Ehefrau des Betroffenen bekommt er bei einem persönlichen Auftritt als durchreisender Möbelexperte sogar ins Bett. Im Grunde sind solche Methoden nicht zu billigen, aber wenn sie denn der Wahrheitsfindung dienen – schließlich ist Fletch Journalist.

»Für 'ne gute Story mach' ich alles«, hat er einmal zu Clara Snow gesagt, seiner Redakteurin bei der »News Tribune«. Notfalls lebt er sogar monatelang als Junkie unter Junkies an einem verlotterten Pacific-Beach, um den Hintermann einer Heroindealer-Bande zu erwischen – was selbst die Polizei nicht fertigbringen konnte (oder wollte). Die anschließende Reportage ist dies Opfer freilich wert, auch wenn's zwischendurch ganz schön kriminell wurde für Fletch.

Mit korrektem Namen heißt er übrigens Irwin Maurice Fletcher. Er wurde in Seattle geboren, besitzt die akademischen Grade eines Bachelor und eines Master of Arts (seine Doktorpromotion ist dann irgendwie versandet), macht jeden Morgen hundert Liegestütze, um seine maskuline Form zu wahren, und war, wie er es – gewohnt lässig – ausdrückt, »ein oder zweimal« verheiratet. Tatsächlich waren es exakt zwei Ehen, und seine beiden Ex-Frauen Barbara und Linda lieben ihn noch immer. Aber Fletch ist eben Tag und Nacht Zeitungsmann. Und wegen seiner berüchtigten Art des Recherchierens der Schrecken aller Chefredakteure.

Den Beruf hat er dabei mit seinem Autor gemeinsam. Gregory Mcdonald, geboren 1937 in Massachusetts, war Feuilletonchef des »Boston Globe«, bevor er dem Krimi verfiel (sowas passiert). 1973 trat Fletch in sein Leben. Danach hat er seinen Pressejob gekündigt, weil einfach zu viele Leute wissen wollten, wie es mit Fletch weitergeht. Der Beruf des Krimischreibers verbindet ihn wiederum mit Josie Fletcher, der Mutter seines Helden.

»Fletcher« ist nota bene das altenglische Wort für »Pfeilmacher«. Und diesem Namen erweist Fletch durchaus Ehre. Mit seinen gezielten Presspfeilen hat er eine ganze Reihe von Skandalen zum Platzen gebracht: Ein Aufdeckungsjournalist der unbequemen Sorte. »Aufdeckung« (englisch: »Detection«) muß er aber regelmäßig auch im Krimi-Sinne betreiben, denn allemal stößt er bei seinen Recherchen auf die Spur eines Verbrechens, und mehr als einmal gerät er dabei auch selber in die Klemme. Da trifft es sich schon gut, daß sein Jugendfreund Alston Chambers unterdessen als Staatsanwalt amtiert. Der vertraut ihm (fast) bedingungslos.

Ein höchst unangenehmes Ende für Fletch hätte bereits der erste Fall nehmen können, sein Auftritt am Fixer-Strand (das Buch heißt schlicht »Fletch« – wozu überflüssig Worte machen): Ein nahebei wohnender Wirtschaftsboß hatte den scheinbar Abgewrackten für einen hinterhältigen Mordplan auserkoren. Doch Fletch durchschaute das Mörder-Spiel, und zum guten Schluß hatte er nicht nur eine sensationelle Reportage, sondern obendrein noch drei Millionen (allerdings recht schwarzer) Dollars im Sack. Die sichern ihm seither die Unabhängigkeit von scheelen Chefredaktionen.

Freilich bewahren sie ihn nicht vor Anschlägen von Ganoven – wie jenen Kunsthehlern, die ihm in Boston eine nackte Mädchenleiche ins Apartement praktizierten, was Inspector Flynn gar nicht gern sah (»Gestehen Sie, Fletch!«). Aber seit Fletch finanziell souverän ist, kann er es sich sogar leisten, den Journalismus einmal auf der andern Seite der Barrikade zu erleben – als Pressereferent eines Präsidentschaftsbewerbers im amerikanischen Vorwahlkampf.

Doch dann passieren seltsame Todesfälle während der Kampagne, und wieder mal ist Fletch als Detektiv gefragt...   hp

DAN FORTUNE
VON MICHAEL COLLINS

Unabhängig sein, sagt Dan Fortune, kann man nur mit Geld – oder vom Geld. Er selbst gehört zu denen, die kein Geld haben: Sein winziges New Yorker Detektiv-Büro bringt ihm kaum das Nötigste ein. Aber seine Unabhängigkeit sichert es. Und die ist ihm das Wichtigste.

Sonst macht er nicht viel von sich her. Auch nicht als Ich-Erzähler. Er berichtet trocken, mitunter sarkastisch, meist gleichmütig. Kein Mann der Effekte. Vielmehr ein geprüfter, also skeptischer Realist. Seine Stärke ist, daß er seine Schwächen kennt: »Man lebt auch mit seinen Niederlagen weiter.«

Und Niederlagen, darunter lebensgefährliche, hat der schweigsame Dan Fortune des öfteren erlebt, seit ihn sein Autor Michael Collins (geboren 1924 in St. Louis) Ende der sechziger Jahre bekanntmachte. Niederlagen vor allem im Nahkampfbereich. Denn der Privatdetektiv, dessen Vater ein mittelmäßiger Polizeibeamter war, hat ein Handikap: Ihm fehlt der linke Arm. Als 16jähriger gehörte Fortune zu einer Jugend-Gang, die auf Diebstähle im Hafen spezialisiert war. Dabei stürzte er in den Laderaum eines Frachters. Seitdem heißt er überall »Danny, der Pirat«. Doch er ist jetzt, wenn auch ohne Illusionen, auf der Seite des Gesetzes tätig.

Immerhin hat ihn sein Unfall vor dem Koreakrieg bewahrt. Außerdem, sagt sich Fortune, habe er bei der Sache zwar einen Arm verloren, aber nicht den Verstand. Und den braucht er auch, um bei der Verbrecherjagd in seinem Großstadt-Revier zu bestehen. Ob er es mit den professionellen Killern, Dealern, Abzockern aus der New Yorker Unterwelt zu tun bekommt oder mit den Vertretern der High Society, wo sich großes Geld mit Mehrzweck-Moral paart und wo Spielschulden, illegale Geschäfte, Korruption oder Erpressung die Basis für eiskalte Morde abgeben – stets ist Dan Fortune darauf bedacht, sein Risiko gering zu halten, sein körperliches Defizit durch kluges, der Situation angepaßtes Verhalten auszugleichen. Was ihm freilich, wie erwähnt, nicht immer gelingt. Und am Ende hat er seine Fälle zwar meist lückenlos aufgeklärt, doch er selber bleibt ziemlich ramponiert zurück. Und Wörter wie »Gerechtigkeit« oder »Sühne« benutzt er lieber gar nicht erst. an Fortune ist kein Utopist.

Sein skeptisch-realistischer Umgang mit den Gegebenheiten zeigt sich auch in seiner Haltung gegenüber der Polizei. Er weiß, daß die Kripo auf ihn, den einarmigen Privatschnüffler, nicht angewiesen ist; daß er selber jedoch, umgekehrt, ohne die Informationen aus dem Headquarter aufgeschmissen wäre. Wozu also den pseudo-souveränen Superman spielen? Bedingte Zusammenarbeit muß ja nicht heißen, daß man die Cops in jedes Zwischenresultat einweiht...

92

In der ersten Zeit war der bullige Capt. Gazzo seine Anlaufstelle in der Mordkommission, Fortunes väterlicher, nun ja, nicht »Freund«, aber doch Förderer (Gazzo
war lange Jahre der Lover von Dans Mutter gewesen – nach dem Abgang des Vaters).
Dann wird Capt. Gazzo in Ausübung seines Dienstes erschossen, und der jugendlich
smarte Capt. Pearce übernimmt die Stelle, ein Präzisions-Kriminalist mit Hochschul-
bildung. Dan Fortune nimmt auch dies mit gefaßtem Gleichmut zur Kenntnis: »Eine
neue Ära«.

Er wird sich auch hier äußerlich anpassen und innerlich frei bleiben. So wie er es
immer tut. Dan Fortune, dessen polnischer Großvater noch Fortunowsky hieß (ein
zu schwieriger Name für die USA): Er ist kein Fighter, und er macht sich nichts vor.
Er lebt in einer fast unmöblierten Altbauwohnung. Wenn er Geld übrig hat, spendiert
er sich einen irischen Whiskey. Manchmal denkt er an Marty, »sein Mädchen« aus
der Frühzeit der Serie, eine Schauspielerin, die aber auch damals schon dauernd auf
Tournee, also abwesend war. Als Detektiv ist er gut, doch das trägt ihm weder Vermögen noch sozialen Status ein. Aber es ist sein Weg: »Man kann in unserer Welt nicht
wirklich ungebunden und gleichzeitig wirklich erfolgreich sein.« Also ungebunden.

hp

DIE DREI ???
VON ALFRED HITCHCOCK (HRSG.)

Die gedruckte Geschäftskarte der drei Ermittler (»Wir übernehmen jeden Fall«) gibt
präzise Auskunft über die Aufgabenverteilung innerhalb des Unternehmens: »Erster
Detektiv« ist demnach Justus Jonas, »zweiter Detektiv« Peter Shaw; zuständig für
»Recherchen und Archiv« ist Bob Andrews. Was aber bedeuten die sonderbaren drei
Fragezeichen ??? »Das Fragezeichen«, erläutert Justus, »ist allgemeines Sinnbild des
Unbekannten«. Spezialität dieser Agentur aus Rocky Beach / California sind nämlich
»Rätsel, mysteriöse Vorfälle und Geheimnisse aller Art, die man an uns heranträgt«.
Dies »Herantragen« kann freilich frühestens am Nachmittag stattfinden: Morgens
gehen die drei Detektive noch zur Schule. Und größere Mysterien müssen halt auf
die Ferien verschoben werden.

Die Fragezeichen dienen im übrigen auch noch als persönliches Erkennungssi-
gnal: Justus hat ein weißes, Peter ein blaues, Bob ein rotes. Und jeder führt stets ein
entsprechendes Kreidestückchen mit sich, um in Momenten der Gefahr oder im Fall
einer Entführung irgendwo einen Hilferufs-Krakel zu hinterlassen. Die Methode hat
sich schon vielfach bewährt – etwa bei der riskanten Verfolgung des »Grünen Geistes« (der am Ende natürlich gar kein Geist war, sondern, wie alle Spukgestalten, mit
denen es die Drei zu tun bekommen, ein sehr materieller Bluff).

Ein Geheimnis, das wohl selbst für dies clevere Trio unergründbar wäre, ist allerdings, warum zwei der Jungs in den deutschen Ausgaben umgetauft wurden. Peter

Shaw heißt nämlich im amerikanischen Original »Pete Crenshaw«, und Justus Jonas, der fulminante Chefdenker, trägt in Wirklichkeit (Ehre, wem Ehre gebührt) den Namen des römischen Chefgottes: »Jupiter« Jones. Daß Alfred Hitchcock, der Meister des Kino-Suspense, auf den hiesigen Buchtiteln als Quasi-Autor rangiert, hat dagegen wohl eher verkaufstechnische Gründe. Der echte Autor ist Robert Arthur; zumindest war er das am Beginn der Serie, in den sechziger Jahren. Die späteren Folgen folgen nurmehr seiner »Idee«. Alfred Hitchcock wiederum kommt in den Geschichten als reale Figur vor, außerdem als Kommentator des Geschehens.

Diese Nähe zur Kino-Szene ist natürlich kein Zufall. Schließlich liegt Rocky Beach in der unmittelbaren Nachbarschaft von Los Angeles, somit von Hollywood. Peter Shaws Vater ist Trick-Experte beim Film, und Justus, der wohlgenährte, blickt bereits schaudernd auf eine Laufbahn als pummeliger Kinderstar zurück. Doch jetzt ist er, Gottseidank, mit wesentlich ernsthafteren Dingen befaßt, zum Beispiel dem Geheimnis des »Sprechenden Totenkopfs«. Der Fall bedarf einer gründlichen Untersuchung. Und wie immer beginnt diese Untersuchung in der »Zentrale«.

Die Zentrale ist ein alter Camping-Anhänger auf dem Gelände (besser gesagt: dem Schrottplatz) des »Gebrauchtwaren-Centers« von Titus Jonas, dem Onkel des Oberdetektivs. Gut getarnt, mit mehreren geheimen Zu- und Ausgängen versehen, bildet der Wagen einen idealen Treffpunkt für Jungdetektive. Die Ausstattung jedenfalls ist echt professionell: Fotolabor samt Dunkelkammer, Schreibtisch, Telefon – es ist einfach alles vorhanden, sogar ein Periskop zur unauffälligen Beobachtung herumschleichender Feinde. Und: ein Aktenschrank, in dem Bob Andrews, der bebrillte Archivar, die Ermittlungsprotokolle und sonstigen Unterlagen aufwahrt.

Bob, der Journalistensohn, bringt durch sein akribisches Durchforsten ältlicher Zeitungen regelmäßig den entscheidenden Kick in die Fälle. Peter, der notorische Skeptiker, hält dagegen mehr von praktischem Tun (oder Nicht-Tun). Justus wiederum liefert die brillanten Theorien. Doch im großen Finale, Auge in Auge mit den Ganoven, freuen sich alle drei auch durchaus über das Eingreifen des örtlichen Polizeichefs Reynolds. Anschließend dann: Das obligate Nachspiel im Büro von Alfred Hitchcock.   hp

Dirk Gently
von Douglas Adams

Daß alles mit allem zusammenhängt, ist unbestreitbar. Von Chaostheoretikern wissen wir, daß der Flügelschlag eines Schmetterlings im Amazonasbecken irgendwann einen Taifun auslösen kann, der den Anschluß Hongkongs an die Volksrepublik China hinauszögern hätten können. Im praktischen Leben aber verhalten wir uns so, als gäbe es diese großen Wirkungen kleinster Ursachen nicht. Selbst wenn wir uns überhaupt nicht von der Stelle rührten, könnte das auf die Dauer den Zusammenbruch unseres Wohnhauses zur Folge haben. Zum Chaos gehört, daß Handlungsfolgen einfach unabsehbar sind.

Aber sie treten ein, und deshalb brauchen wir Detektive. Bereits ein Durchschnittschnüffler ist, was Grenzerfahrungen betrifft, im Vergleich zu uns blassen Büroexistenzen ein Minenhund. Nun aber Dirk Gently. Sein Spürgebiet ist das Unmögliche. Eigentlich heißt er gar nicht Gently, sondern Svlad Cjelli. Aber seitdem er unter Hypnose sämtliche geheimen Prüfungsfragen eines Semesters fehlerlos niedergeschrieben hat und deshalb Cambridge in der grünen Minna verlassen mußte, zieht er das freundlicher klingende Gently vor. Der Name verleiht auch seinen etwas exzentrischen Spesenrechnungen höhere Glaubwürdigkeit. Denn es kommt schon einmal vor, daß die Suche nach einer in Primrose Hill entlaufenen Katze über die Bahamas führt, weil ja schließlich alles mit allem zusammenhängt. Weil das so ist, hat Dirk sich bisher als einziger in seiner Branche auf das Ganze (griechisch: »holos«) spezialisiert und betreibt in der Londoner Peckender Street eine holistische Detektei. Wenn er einen seiner philosophischen Anfälle hat, schwafelt er über Quantensprünge, Schrödingers Katze oder sein Lieblingsthema: Das Unmögliche.

Im Unterschied zu Sherlock Holmes, der alles Unmögliche ausschloß, weil der Rest, wie unwahrscheinlich auch immer, die Wahrheit sein muß, wird Gently erst richtig munter, wenn etwas wirklich Unmögliches geschieht. Wo sind die hundert Londoner Penner geblieben, die sich im leeren Bahnhof St. Pancras in Luft auflösten? Wie ist der abgeschnittene Kopf des Songtexters Anstey auf seinen sich drehenden Plattenteller geraten, obwohl der Raum nicht nur verschlossen, sondern auch verbarrikadiert und plombiert war? Ereignisse dieser Art sind »kein Problem« für ihn: »Das Unmögliche störte ihn nicht so sehr. Wenn es nicht auf mögliche Art und Weise geschehen war, dann war es eben auf unmögliche Art und Weise geschehen. Die Frage war nur, wie?« So ist er nun einmal.

Der unerschrockene Gently, immer fesch gekleidet, ist kein Kämpfer, wird aber irgendwie mit allem fertig. Ob es sich um die Luftangriffe mythischer Adler handelt, die sehr reale Verletzungen austeilen, oder um Falten im Universum, in denen ein elektrischer Mönch hängengeblieben ist, der mit seiner programmierten Neigung, alles zu glauben, was ihm begegnet, den Fast-Untergang allen planetarischen Lebens verschuldet – Dirk Gently erweist sich als Hirnakrobat ohne Furcht und Tadel.

Seine Abenteuer offenbaren das Universum, wie es ist: Als Durcheinander von nordischen Göttern, die weder Scheckkarte noch Personalausweis mit sich führen, aber eine Schalterbeamtin per Wutausbruch in einen Cola-Automaten verwandeln, und Fehlschaltungen der britischen Telecom, die alles mit allem aufs neue verwickelt. Gentlys holistischer Spürsinn entdeckt Logik noch dort, wo der Durchschnittschnüffler längst kapituliert hat.   tg

INSPECTOR GHOTE
VON H.R.F. KEATING

Das gibt es vermutlich nicht nur in Indien: Der starke Mann eines Provinzorts soll gewaltigen Dreck am Stecken haben. Vielleicht sogar eine Leiche im Keller? Diesen Verdacht hegt ein einflußreicher Politiker aus dem gegnerischen Lager, und dessen Wort genügt, damit das C.I.D. Bombay (das »Criminal Investigation Department«) einen Beamten in Marsch setzt, obwohl der obskure Todesfall schon 15 Jahre zurückliegt und seinerzeit nach allen Regeln der Rechtsvorschriften untersucht wurde. War also auch noch Korruption im Spiel? Wie so oft, wenn's um heikle Dinge geht, trifft es den braven Inspector Ganesh Ghote, Licht ins bengalische Dunkel zu bringen (»Finger weg von heiligen Kühen«).

Und das gibt es vermutlich nur in Indien: Der hinduistische Orts-»Heilige« hat sich mit dem verdächtigen Orts-Machthaber solidarisiert, die Bevölkerung aufgehetzt und einen lebensgefährlichen Hungerstreik angetreten, um den Inspector zum Abzug zu nötigen. Auf allen Straßen rottet sich der Mob bedrohlich zusammen. Überall hängen Transparente: »Go Ghote! Go!« Und auch die Killerkommandos des Chairmans sind schon nächtens unterwegs.

Wieder einmal steckt Ganesh Ghote in einer teuflischen Zwickmühle. Gibt er auf, verdirbt er es sich mit dem einflußreichen Politiker in Bombay – und seine Karriere ist ruiniert. Macht er weiter, riskiert er den Hungertod des Gurus und läuft Gefahr, gelyncht zu werden (falls ihn die »Goondas«, die bezahlten Killer, nicht vorher erwischen). Die Ortspolizei ist ihm nur eine mäßige Hilfe: Auch deren Superintendent steht im Sold des Mächtigen.

Doch Inspector Ghote ist Polizist durch und durch. Unbestechlich, beharrlich, zäh. Anfeindungen stimmen ihn eher wütend als resignativ. Er mag nicht der schnellste Denker sein, aber er ist gründlich. Und wenn's wirklich drauf ankommt, kann er auch mal blitzschnell reagieren. Er macht bisweilen Fehler bei seinen Untersuchungen, aber er ist sofort bereit, diese Fehler zu erkennen und vor sich selber zuzugeben. So hat er gelernt, mit Niederlagen, ja, Demütigungen umzugehen und doch niemals das Ziel aus dem Auge zu lassen.

Das hilft ihm schließlich auch, das Zeitspiel gegen die »heiligen Kühe« zu gewinnen. Und noch eins hilft ihm: Ghote ist zwar nicht religiös, aber so weit kennt er sich unter seinen heimatlichen Religionen doch aus, daß er dem Guru einen eklatanten Verstoß gegen die Kasten-Ordnung nachweisen kann. Und von der Schuld des Orts-Mächtigen war er von Anfang an überzeugt. Noch vor Antritt seiner abenteuerlichen Dienstreise hatte er nämlich sein übliches Ritual absolviert und (mit erfreulichem Resultat) sein Leib-und-Magen-Buch befragt: »Die kriminalistische Ermittlung« von Hans Gross. Die vierte Auflage dieses unvergänglichen Handbuchs (das schon Glausers Wachtmeister Studer gern konsultierte) steht in Ghotes Dienstzimmer in Bombay auf dem obersten Regal. Auf einem Ehrenplatz.

Das kriminologische Standardwerk ist Ghotes dauernde Zuflucht; vor dauernden Zwickmühlen bewahrt es ihn freilich nicht. Mal muß er einen früheren Kolonial-Richter vor einem geplanten Attentat schützen, doch der alte Herr, ein Anglomane, Gerechtigkeitsfanatiker und zudem ein ergebener Moslem, weist brüsk jede polizeiliche Hilfe zurück (»Inspector Ghote unter falscher Flagge«). Und einmal wird er sogar vom Assistent Commissioner in eine Sondereinheit des C.I.D. geschleust, um einerseits Schwarzgeld-Schiebereien aufzuklären und andererseits einen Verräter in den eigenen Reihen zu entlarven. Ein Loyalitätskonflikt, an dem der aufrechte Ghote fast zerbricht – und an dem beinah auch seine Ehe und sein Familienleben zerbrochen wären, weil sich Ganesh Ghote auch zu Haus mehr und mehr wie ein »Roboter des Argwohns« vorkam (»Inspector Ghote sucht die undichte Stelle«). Sein Kündigungsschreiben hatte er zumindest schon getippt, als er doch noch auf die rechte Spur stieß. Gottseidank, sonst hätte H.R.F. Keating, der Indienkenner aus Sussex, der den Inspector seit 1965 verfolgt, ja gar nichts mehr zu erzählen gehabt.　　hp

INSPECTOR ALAN GRANT
VON JOSEPHINE TEY

Eigentlich hätte er es gar nicht nötig, weiterhin für Scotland Yard zu arbeiten. Detective Inspector Alan Grant ist finanziell erfrischend unabhängig, seit ihm eine Tante, die in Australien zu Geld gekommen war, ihr Vermögen hinterließ. Und in depressiven Augenblicken malt sich Grant tatsächlich schon mal aus, wie er seinem Chef, dem launisch rheumatischen Superintendent Bryce, ein wohlformuliertes Kündigungsschreiben mit Aplomb auf den Tisch zirkelt. Aber auch wenn Phantasie zu seinen hervorstechendsten Persönlichkeitsmerkmalen gehört – wahrgemacht hat Grant seinen Ausstiegsplan niemals. Er ist ein Kriminalist durch und durch. Von diesem Beruf, das weiß er wohl, wird er nie lassen können.

Und er weiß auch, daß er deshalb für ein normales Familienleben mit Häuslichkeit und geregeltem Tagesablauf dauerhaft verloren ist: Für eine (Ehe-)Frau wäre einfach kein Platz in seinem Leben. So bleibt es bei gelegentlichen, heiteren, kulinarisch angereicherten Treffen mit seiner klugen Freundin, der Schauspielerin Martha Hallard. Zwar versucht seine Cousine Laura mit hingebungsvoller Regelmäßigkeit, dem attraktiven Grant eine ihrer Freundinnen zuzuführen, doch der widersteht mit gleicher Ausdauer, selbst als eine leibhaftige, unbedingt zauberhafte, Viscountess die Kandidatin ist. Bei Laura selber wäre Grant womöglich seinen Prinzipien untreu geworden, aber die hat glücklich einen anderen genommen. Laura ist seine stille Liebe – seit ihrer gemeinsamen Jugendzeit in Strathspey. Alan Grant stammt aus Schottland. Er spricht jedoch ein akzentfreies Englisch.

Aus Schottland, genauer: aus Inverness, kam auch seine geistige Mutter Josephine Tey (1897-1952), die im Kreis der britischen Krimi-Ladies immer ein bißchen am Rand geblieben ist. Unverständlich. Einer jedoch scheint Josephine Teys Grant-Fälle mit Akribie studiert zu haben – Colin Dexter, Englands derzeitiger Kultkriminalist. Dessen Chief Inspector E. Morse wirkt manchmal wie ein neuerstandener Alan Grant.

Denn genau wie sein späterer Kollege ist auch Inspector Grant ein entschiedener Individualist im Staatsdienst. Distanziert gegenüber seiner Umwelt. Literarisch apart gebildet und bei alledem nicht frei von psychischen Defekten. Leidet E. Morse an Höhenangst, so hat Alan Grant schwer mit seiner Klaustrophobie zu kämpfen. Und noch eins hat der Schotte vom Yard seinem Oxforder Nachfolger vorgemacht: Selbst auf dem Krankenlager kann Grant, der Berufsbesessene, nicht von seiner Detektivarbeit lassen und löst einen offen gebliebenen historischen Kriminalfall – jene Towermorde, die in den Geschichtsbüchern stets König Richard III. in die Schuhe geschoben werden (»The Daughter of Time«). Für die praktischen Recherchen spannt er dabei (fast) schamlos seinen getreuen Sergeant Williams ein, so, wie es E. Morse in gleicher klinischer Flachlage mit Sergeant Lewis tun wird, um ein offen gebliebenes Kriminalrätsel aus viktorianischen Zeiten abzuschließen (»Mord am Oxford-Kanal«).

Im Jahr 1929 hate Alan Grant seinen ersten Auftritt (»Der Mann in der Schlange«), doch den Durchbruch zum echten Serienhelden schaffte er bei seiner Autorin erst später. In Josephine Teys brillantestem Roman »Die verfolgte Unschuld« (1948) ist Grant zwar offiziell dabei, aber nur in einer Nebenrolle und obendrein auf der falschen Seite, und noch ärger war's ihm ergangen, als der (damals noch nicht ganz so) große Alfred Hitchcock den 1936 publizierten Grant-Fall »Klippen des Todes« verfilmte: Der Streifen hieß dann »Young and Innocent«, hatte ein unverächtliches Finale (Kamerafahrt auf einen schwarz geschminkten Jazz-Drummer, der sich durch sein Augenzucken als Mörder enttarnt), war aber kein Grant-Fall mehr. Bedauerlicherweise.

Doch wenn Alan Grant das rätselhafte Verschwinden eines jungen amerikanischen Fotografen in Ostengland untersucht (»Wie ein Hauch im Wind«, 1950), oder wenn er im heimatlichen Schottland die Gründe für den rätselhaften Tod eines Piloten zu erfahren sucht (»Der singende Sand«, 1952) dann ist der Inspector ganz und gar präsent. Dann zeigt sich auch seine detektivische Spezialität – einen Mord aus der Geschichte und den Lebensumständen des Opfers heraus aufzuschlüsseln. Den Täter findet Grant auf diese Art fast nebenbei. Und anschließend gibt es den obligat gepfefferten Bericht für den säuerlichen Chef. Darauf freut sich Alan Grant immer wie ein Kind.   hp

CORDELIA GRAY
VON P.D. JAMES

Sie hat es schließlich doch nicht zur Serienheldin gebracht, und ihre Fans sind traurig darüber. Nur zwei spektakuläre Fälle in zehn Jahren, dazu eine kurze, melancholische Erwähnung in einem späteren Buch ihrer Autorin – das ist zu wenig für eine Privatdetektivin vom Format Cordelia Grays. Aber irgendwie scheinen die (deutschen) Titel ihrer beiden Fallstudien wohl charakteristisch zu sein: »Ein reizender Job für eine Frau« hieß – hübsch ironisch – der erste, 1972 entstandene Roman; der zweite erschien 1982 als »Ende einer Karriere«. Ungewollt beziehungsreich, denn eigentlich ist damit die Karriere des Mordopfers gemeint, einer Star-Schauspielerin, die auf der bizarren Kanalinsel Courcy kurz vor einer Fest-Aufführung umgebracht wird. Doch auch Cordelia Gray, die das dramatische Mörder- und Erpresserspiel mit Beharrlichkeit entschlüsselt und mit knapper Not, dank ihrer Schwimmkünste, überlebt, ist seither nicht wieder als Kriminalistin aufgetaucht.

Erstaunlich genug. Denn als Cordelia anfing, war die Zeit einfach reif für eine junge Detektivin der neuen Art. Und die Bedingungen der Serienreife erfüllte sie mustergültig. Miss Gray bringt alles mit – apartes Aussehen und jugendliche Starrköpfigkeit, nachdenkliche Intelligenz und Einfühlungsbereitschaft, dazu eine intensive Belesenheit: Ein falsches Alibi kann sie erschüttern, weil sie sich in der britischen Gegenwartsdramatik genau auskennt, und den vermeintlichen Freitod eines Cambridge-Studenten entlarvt sie als Mord, weil sie am William-Blake-Zitat im getippten Abschiedsbrief einiges auszusetzen findet. Aber ein shakespearisierender Vorname bringt natürlich auch gewisse Verpflichtungen mit sich ...

König Lears »gute« Tochter hieß Cordelia. Und auch Cordelia Gray hatte als junges Mädchen mit ihrem Vater manches durchzumachen: Er war ein atheistisch sozialistischer Reise-Prediger, der seinen emanzipatorischen Reden zum Trotz die Tochter als Köchin und Haushaltshilfe kleinhielt. Eine interessante Gegenprägung gab es allerdings, als Cordelia, auf Grund einer Namensverwechslung, sechs Jahre lang eine katholische Klosterschule besuchte. Die schönste Zeit ihres Lebens.

Und nun ist sie Inhaberin eines kleinen Detektivbüros in der Londoner Kingly Street. Das hat einmal dem geschaßten Kripobeamten Bernie Pryde gehört. Cordelia arbeitete hier nach dem Tod ihres Vaters erst als Sekretärin, dann als Assistentin, schließlich als aktive Teilhaberin. Dann schneidet sich Bernie, der ewige Loser, die Pulsadern auf, und Cordelia erbt den schäbigen Laden, der sich hauptsächlich mit Scheidungssachen und dem Wiederbeschaffen entlaufener Haustiere über Wasser hält.

Doch kaum ist Bernie tot, da kommt der ersehnte Großauftrag. Ein heikler Fall freilich, der Cordelia am Ende in innere Konflikte stürzt: Soll sie ihre Ermittlungsresultate den Behörden bekanntmachen und damit eine Frau preisgeben, die einen eiskalten Mörder gerichtet hat? Cordelia entschließt sich zum Schweigen. Damit allerdings ruft sie Scotland Yard auf den Plan, insbesondere den Commander Adam Dalgliesh, der den Fall nun auch offiziell zum Abschluß bringt – voller Bewunderung für die intelligente, wenn auch nicht ganz legale Arbeit der jungen Privatdetektivin.

So liegt der Schatten des großen Kriminalisten und Lyrikers von Beginn an über Cordelias Laufbahn. Dalgliesh war es, der den begeisterten Polizisten Bernie aus dem Yard gefeuert hat. Doch die detektivischen Prinzipien seines früheren Chefs blieben für Bernie Gesetz, und sie wurden es auch für Cordelia. Sie fürchtet den Mann, und sie liebt ihn. Das Bett in ihrer kleinen Dachgeschoßwohnung am Themse-Ufer hält sie für ihn reserviert. Ihr Schicksal ist es leider, daß sie diese Liebe mit einer anderen Frau teilen muß – mit P.D. James (geboren 1920), ihrer Autorin. Neun Dalgliesh-Romane sprechen Bände. Aber vielleicht erinnert sie sich ja eines Tages doch wieder an Cordelia Gray.

hp

Grijpstra, de Gier und der Commissaris
von Janwillem van de Wetering

Als Janwillem van de Wetering 1966 nach über 15 Jahren eines abenteuerlichen Vagantenlebens ins heimatliche Holland zurückkehrte, warteten dort schon die Militärbehörden auf ihn: Der junge Mann vom Jahrgang 1931 war gleich nach dem Abitur in die Welt aufgebrochen, hatte tags als Kaufmann, nachts als Motorradrocker in Südafrika gelebt, in London Philosophie studiert und 18 Monate in einem japanischen Zen-Kloster zugebracht; er war in Kolumbien, Peru und Australien gewesen, nur seinen niederländischen Wehrdienst hatte er darüber vergessen.

Man bot ihm an, ersatzweise am Wochenende Streifendienst als Hilfspolizist zu gehen. Das tat er neun Jahre lang, und dabei muß er sie alle kennengelernt haben – die Junkies, die Zuhälter, die kleinen und großen Ganoven der Amsterdamer Szene; und eben auch die drei von der richtigen Seite des Gesetzes, über deren Taten und Meinungen er seit 1975 berichtet. Brigadier de Gier, Adjudant Grijpstra und der Commissaris (dessen Nachname nicht genannt wird) gehören zur Mordkommission der Amsterdamer Polizei und zu den markantesten Gestalten der modernen Krimi-Literatur.

Dabei sind Grijpstra und de Gier keineswegs hochrangige Beamte. Ein »Brigadier« entspricht dem deutschen »Hauptwachtmeister«, ein »Adjudant« dem »Kriminalmeister«. Doch auf die äußerliche Stellung kommt es grad bei diesen Männern nicht an. Wohl darum hat sie der Commissaris (»Kriminalrat«) auch nie befördert: Es würde die eingespielte Ordnung stören. So kommt nur de Giers einziger Untergebener, der scharfblickend jüdische Konstabel Simon Cardozo, nach zwölfjähriger Buchkarriere eine Gehaltsgruppe höher. Auch ihr Chef hat es zwischenzeitlich abgelehnt, »Hoofdcommissaris«, also Polizeipräsident, zu werden. Statt dessen besorgt er einmal in einer ebenso souveränen wie subversiven (mithin sehr niederländischen) Aktion die Entlassung des aktuellen Amtsinhabers. Ein Fall, bei dem der Kampf der Drei nicht nur den Verbrechern, sondern vor allem dem Feind im eigenen Lager galt – der Korruption an der Kripospitze. Doch im tiefsten Grunde ist diese »Sache Ijsbreker« (deutscher Titel: »Der Feind aus alten Tagen«) gar kein Krimi, sondern ein fernöstlicher Samurai-Roman auf holländischem Terrain. Ein typisches Spätwerk.

In den vorangegangenen Büchern agieren die drei Helden jedenfalls (bei aller Zen-Symbolik) spürbar alltagsnäher. Adjudant Grijpstra, der Runde mit dem Bürstenhaar, lebt mit seiner schrillen, TV-fixierten Frau und seinen drei Kindern in einem kleinen Altstadthaus und träumt seinen Traum: Ein ruhiges Zimmer, keine Frau, kein Fernsehen, nur eine Staffelei für seine Tiermalereien. (Irgendwann hat Grijpstra dann Glück: Seine Frau verläßt ihn.) De Gier dagegen, der Hübsche, der seine Maßanzüge bei einem illegal eingewanderten Türken schneidern läßt, ist überzeugter Junggeselle. Er wohnt gemeinsam mit seiner Katze am Stadtrand, spielt seine Pikkoloflöte (am liebsten, wenn ihn Grijpstra auf dem Schlagzeug begleitet) und träumt von einem Leben im Urwald von Neu-Guinea.

Auch der kleine, zarte, von Beginn an »alte« Commissaris hat seinen Traum. Wenn ihm der Dienst an die Nerven geht, oder wenn ihn wieder mal sein Rheuma plagt und zu Daueraufenthalten in der heißen Badewanne zwingt, dann stellt er sich vor, er sei Skipper auf einer Segelyacht, deren Mannschaft allein aus Grijpstra und de Gier bestünde. Dabei ist der Commissaris seit Jahrzehnten glücklich mit seiner Katrien verheiratet, hat ein schönes Haus und eine Schildkröte namens Schulze. Der Commissaris, ein studierter Jurist, ist Beamter, aber kein Bürokrat. Das Gefängnis, in das er von Amts wegen so viele Leute stecken muß, kennt er übrigens aus eigener Anschauung. Zur Zeit der deutschen Besetzung hat er als Widerständler ein Jahr dort abgesessen. Seitdem betrachtet er die Dinge genauer. Ein Weiser im Ordnungsdienst.

hp

MARESCIALLO GUARNACCIA
VON MAGDALEN NABB

Was Salvatore Guarnaccia, der Carabinieri-Unteroffizier, und seine Chronistin Magdalen Nabb gemeinsam haben: Beide leben und arbeiten in Florenz, doch beide sind Zugereiste, Ortsfremde, die es aus extrem gegensätzlichen Sphären in die italienische Kunstmetropole verschlagen hat. Magdalen Nabb (geboren 1947) kam als Journalistin aus England, »Salva« Guarnaccia ist dagegen unverkennbar ein Sizilianer. Aus dienstlichen Gründen in den hohen, oft rätselhaften Norden versetzt, leitet er als Maresciallo (Wachtmeister) das kleine Gendarmerie-Revier an der Piazza Pitti, aber, wie er so zu sagen pflegt: »Im Grunde genommen sind wir doch alle Italiener!«

Außerdem schärft solches Fremdsein natürlich den Blick auf lokale Details und Eigenheiten, die dem Einheimischen viel zu vertraut sind, um noch wahrgenommen zu werden. Und eben dieser Blick »auf die kleinen Dinge des Alltags« ist die große

Stärke des Kriminalisten Guarnaccia. Abstraktes Denken liegt ihm nicht allzusehr, und wenn er einen Sachverhalt knapp und präzise entwickeln soll, gerät er meist in ein verlegenes Stottern (oder fällt in ein irritierendes Schweigen). Doch am Schauplatz eines Verbrechens oder beim Verhör von Zeugen entgeht ihm nichts, und ihm fallen Dinge auf, die kein anderer bemerkt hat. Auch sein Gedächtnis funktioniert ganz konkret szenisch: Er kann die Ereignisse wie einen Film vor seinem inneren Auge ablaufen lassen, anhalten, zurückspulen. So löst er scheinbar unlösbare Fälle.

Mit seinen wirklichen Augen steht es dagegen weniger gut. Guarnaccia leidet an einer üblen Allergie. Immer wenn die Sonne scheint (was in Florenz ja öfter der Fall ist), beginnen seine – ohnehin glupschig hervorquellenden – Augen zu tränen, und so läuft er die meiste Zeit mit einer dunklen Brille durch die Gegend. Oder er tapert wie ein Maulwurf: Wenn er wieder mal vergessen hat, das Ding einzustecken. Überhaupt bietet er den Florentinern ein merkwürdiges Bild von einem Carabiniere. Dick und rund, als würde er gleich aus seiner schwarzen Uniform platzen, grübelnd und lethargisch.

Aber das täuscht. Gewiß, Guarnaccia ist langsam. Doch hat er sich einmal an einem Fall festgebissen (meist geht es um Ausländer, die in seinem touristisch attraktiven Bezirk zu Tode gekommen sind), dann ist der Maresciallo unablenkbar, hartnäckig und stur bis zum Äußersten, vor allem, wenn der eifrige Staatsanwalt in eine ganz andere Richtung ermitteln möchte. Da ist es schon gut, daß in der Carabinieri-Zentrale am Borgo Ognissanti ein Mann sitzt, der dem Maresciallo den Rücken freihält: Capitano Maestrangelo, sein kluger Vorgesetzter.

Der Capitano tut auch alles, um dem Subalternen Guarnaccia, seinem bedächtigsten und besten Ermittler, eine Laufbahn als Polizei-Offizier schmackhaft zu machen. Aber da blockt der Maresciallo (der als Junge gern Kunsthandwerker geworden wäre, hätte er nur nicht so dicke ungeschickte Finger gehabt). Denn der Sprung in den höheren Dienst hieße zunächst einmal – Lehrgänge, Schulungen, Prüfungen; davor hat er noch aus seiner sizilianischen Dorfschulzeit einen Horror.

Außerdem hieße es: Versetzung, somit Trennung von der Familie. Und Salvatore Guarnaccia hat es gerade erst geschafft, seine Frau Teresa und seine zwei gutgenährten Söhne Totó und Giovanni an seinen jetzigen Dienstort Florenz nachkommen zu lassen. Bis dahin mußte er sich jahrelang (die ganzen ersten Bände seiner seit 1982 erscheinenden Chronik hindurch) als Strohwitwer in seiner Amtswohnung über der Revierwache selber versorgen. Einmal pro Woche ein krächzendes Ferngespräch mit Syrakus: Das war kein Leben auf die Dauer. Nun kann er wenigstens sonntags mit seinen Jungs in den Boboli-Gärten spazieren gehen und sich während der Dienststunden auf die fein duftenden Pasta-Gerichte Teresas freuen. Nein, nein: Salvatore Guarnaccia bleibt der Maresciallo. hp

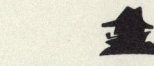

MIKE HAMMER
VON MICKEY SPILLANE

Das Finale seines ersten Falls hat Gattungsgeschichte gemacht. Es war im Jahr 1947, und Mike Hammer war schwer verliebt. Unter dem heiligen Eid angetreten, die brutale Ermordung seines besten Freundes zu rächen, hatte er sich in ein riskantes Ermittlungsabenteuer gestürzt und dabei die blonde Psychiaterin Charlotte Manning kennengelernt. Die Frau aller Frauen. Sie machte den harten Junggesellen weich: Mike spülte sogar das Geschirr seiner Liebsten. Eine baldige Ehe war fest eingeplant. Dann kam das Entsetzen. Denn Mike begriff: Charlotte hatte die Tat begangen, und nicht nur diese. Der blonde Engel war eine berechnende Massenmörderin.

Da half ihr dann kein verführerischer Striptease mehr und auch kein verzweifelter Griff zur Pistole. Mikes Schuß kam schneller, und Charlotte sank fassungslos zu Boden: »Wie konntest du n-nur?« Doch da setzte Mike Hammer zu seinem rhetorischen Endspurt an. Er erinnert sich: »Mir blieb nur ein kurzer Augenblick, bevor ich zu einer Leiche sprach, aber ich schaffte die Antwort gerade noch. ›Es war leicht‹, sagte ich.«

Die Leser waren geschockt. Dieser Zynismus. Diese Verherrlichung der Selbstjustiz. Und manche – zumal die Kritiker – haben dies Schlußwort bis heute nicht verwunden. Mike Hammer, der Privatschnüffler aus New York, ist der fraglos meistgeschmähte Mann seiner Zunft geblieben, obwohl ihm genügend noch härtere Typen folgten. Aber er war halt der erste.

»Ich, der Richter« hieß dieser Einstiegs-Roman. Und schon der Titel läßt erkennen, was Mike Hammer normalerweise von liberalen Gesetzen und Institutionen hält. Darum ist er nach dem Ende seiner Armee-Zeit auch nicht in den Polizeidienst gegangen. Dort gibt es so viele »Regeln und Bestimmungen«. Mike hingegen ist ein Einzelkämpfer. Sicher, im Dschungel der Großstadt benötigt auch einer wie er bisweilen die Hilfe der Polizei; aber dafür hat er ja Pat – Captain Patrick Chambers von der Mordkommission, seinen engsten Vertrauten. Von Pat bekommt Mike alle wichtigen Insider-Informationen und notfalls sogar ein falsches Alibi geliefert, wenn der District Attorney den schießwütigen Spürhund mal wieder auf dem Kieker hat.

Nur einmal bekam diese Männerfreundschaft einen Knacks: Da ging es um Velda, und die Funkstille zwischen Mike und Pat dauerte Jahre. Velda, schwarzhaarig und kurvenreich, ist Mikes Sekretärin. Sie besitzt aber auch eine eigene Detektiv-Lizenz (und eine kleinkalibrige, unter dem Rock zu versteckende Schußwaffe). Wenn dem Chef, wie's öfter passiert, die Zulassung entzogen ist, führt Velda das Geschäft. Sie liebt Mike, und dies seit Jahrzehnten. Aber so eifersüchtig er sie auch bewacht – geheiratet hat er sie nie. Höchstens geküßt. Velda ist nach wie vor Jungfrau.

Das ist überhaupt merkwürdig. Mike Hammer erlebt in seinen zwölf Roman-Fällen zwar regelmäßig die schärfsten Nachstellungen sexhungriger Damen, windet sich aber ebenso regelmäßig in letzter Sekunde aus allen Umschlingungen heraus, so daß die bösen Literaturkritiker schon einigermaßen schlimme Vermutungen über seine Veranlagung geäußert haben. Wie auch immer, für Schwule, Lesben, Transvestiten hat Mike nur Verachtung übrig, und seine Velda gönnt er niemandem, nicht einmal Pat Chambers.

Mit dem versöhnte er sich erst 1964 wieder. Da hatte Mike einen kommunistischen Dealer-Ring hochgehen lassen, und Veldas lebensgefährlicher Einsatz bewirkte dabei, daß »in Moskau 30 Männer starben« und »in Ost-Berlin fünf weitere verschwanden«. Bemerkenswert daran: Diese Aktion führte Mike Hammer im Auftrag des FBI durch. Dort immerhin weiß man, was Amerika in einer Zeit, da »Kompromisse, Zögern, Furcht und Unentschlossenheit gefragt« sind, an einem Kerl hat, der das Gesetz entschieden in die eigene Hand nimmt, ganz wie damals, in den Pioniertagen des Wilden Westens.

Die Geschichte mit dem FBI ist übrigens keineswegs komplett erfunden: Der Autor Mickey Spillane (»meine Art Denken ist ultrakonservativ«) hat tatsächlich einmal kurz und schmerzhaft für die amerikanische Bundespolizei gearbeitet. Außerdem hat er seinen Mike Hammer im Kino verkörpert: Als Law-and-Order-Man mit Bürstenhaarschnitt. Wie auch sonst. hp

Ed und Ambrose Hunter
von Fredric Brown

Als Ed Hunter zum ersten Mal mit dem Verbrechen in Berührung kommt, ist er 18 Jahre alt: Da wird sein Vater in einer dunklen Seitenstraße Chicagos erschlagen aufgefunden. Er war auf dem Heimweg von einem abendlichen Kneipenbummel. Der Tatort liefert keine nennenswerten Hinweise, und auch sonst findet Detective Frank Bassett von der Mordkommission nichts, wo er einhaken könnte: Die Hunters sind eine einfache Durchschnittsfamilie; nach dem Tod von Ed's Mutter hatte der Vater erneut geheiratet und einen Job in jener Druckerei angenommen, wo Ed eine Lehre als Setzer absolviert. Und nun dieser unerklärliche Mord.

Der Junge ist verzweifelt und besucht erstmal seinen Onkel Ambrose, der als Schausteller die Jahrmärkte bereist und seine Spielbude grad in einem Vorort Chicagos aufgeschlagen hat. Und Ambrose Hunter ist entschlossen, den Tod seines Bruders aufzuklären – schließlich ist er in seinem wechselvollen Wanderleben auch schon einmal Detektiv gewesen, bei »Wheeler's« in Los Angeles. Freilich sieht er nicht unbedingt wie ein Detektiv aus: Onkel Am ist Mitte vierzig, klein und rundlich; ein lustiger Junggeselle mit Schnurrbart und Nickelbrille. Aber er kann scharfsinnig kombinieren.

Und so gehen die beiden Hunters, der gelassen lebenskluge Onkel und der ungeduldig vorwärtsdrängende Neffe, auf die erste gemeinsame Verbrecherjagd.

Erfolgreich, versteht sich: Nebenbei klären sie noch einen organisierten Juwelen-raub, doch den Mörder finden sie in ihrer näheren Umgebung. Den kriminalistischen Ruhm überlassen sie dabei gern dem hilfreichen Profi Bassett, denn eine Fortset-zung ihrer Detektiv-Laufbahn ist einstweilen nicht geplant. Im Gegenteil: Ed, der präzise, wunderbar selbstironische Ich-Erzähler (der auch seine schönen, meist melancholisch endenden Liebeserlebnisse diskret in den Sachbericht einfließen läßt), träumt eher von einer Karriere als Jazz-Posaunist. Vorerst aber folgt er seinem Onkel auf den Rummelplatz.

Das war im Jahr 1947, und »Hunters erste Jagd« brachte einen ganz neuen Ton ins Krimi-Geschäft, so daß sich Fredric Brown (1906-1972) schon bald genötigt sah, die Geschichte dieses ungewöhnlichen Schnüffler-Paares weiterzuerzählen, genauer gesagt, seinen jugendlichen Helden zu veranlassen, weitere Berichte zu liefern: Insgesamt sieben Folgen sind dann bis 1963 erschienen. Und aus den anfänglichen Amateuren wurden im Laufe der Zeit echt professionelle Privatdetektive mit eigener Agentur – »Hunter & Hunter«. Der Leser kann die Entwicklung Schritt für Schritt, Band für Band verfolgen.

Am Anfang deutet allerdings wenig auf diese Perspektiven hin. Nicht einmal eine rätselhafte Todesserie auf dem Rummelplatz vermag den trägen Onkel Am zu aktivie-ren und vom geliebten Pokerspiel abzubringen. Es bedarf erst einer dringenden, das Risiko eines dauerhaften Zerwürfnisses in Kauf nehmenden Ermahnung des Neffen, bis Ambrose Hunter sich aufrafft und der im Dustern tappenden Provinz-Polizei den Täter liefert. Auch Ed hat seinen Teil dazu beigesteuert und außerdem viel gelernt. Das kann er schon bald gebrauchen, denn bereits im nächsten Fall ist er auf sich allein gestellt, weil Onkel Ambrose gekidnappt wird: Die beiden arbeiten inzwischen hauptamtlich für die »Starlock Detective Agency« in Chicago, und Ambrose Hunter ist von der Bearbeitung eines scheinbaren Routinefalls nicht zurückgekehrt. Doch Ed läßt nicht locker. Mit Überlegung, Hartnäckigkeit und ein bißchen Glück kommt er den Gangstern auf die Spur – und in letzter Minute auch noch seinem Onkel. Er-freulich sind auch die 5.000 $ Belohnung, die Ed einstreicht, weil er bei seinen Re-cherchen einen gewaltigen Lotto-Betrug aufdeckte. Der Betrag wird das Startkapital für die eigene Detektei sein. Von nun an werden Ed und Am ihre Fälle wieder gemein-sam lösen. Einen Anteil von der Belohnung aber hat auch Capt. Bassett bekommen: Ein guter Privatdetektiv vergißt nie, daß er einen Mann im Headquarter braucht. Das hat Ed Hunter von Onkel Ambrose gelernt.   hp

WILLA JANSSON
VON LIA MATERA

Ein guter Joint ist oft ihr Freund. Auf Zigaretten aber kann sie verzichten – weil »Reynold Tobacco unmoralische Investitionsolitik betreibt«. Kein Zweifel, sie ist ein linker Vogel aus einem höchst bizarren Nest: »Meine Eltern waren sich auf einem Anti-Atomtod-Treffen begegnet und hatten mich kurz darauf angesetzt; das war möglicherweise das letzte, was sie jemals in Gang gebracht haben, ohne daß eine ausführliche moralische Debatte vorausgegangen ist.«

Willa Jansson ist ein Kind der freien Liebe – und auch von Traurigkeit. Immerhin muß sie erahren, daß auch den Rächern der Enterbten nicht immer zu trauen ist. Dann bewundert sie schon mal ihre leicht schrulligen Eltern, diese »Betroffenheitsfanatiker«, die für »eingekerkerte Klienten die letzten fünfzehn Jahre Tonnen von Bananenbrot gebacken« haben. Mag der Vater auch beim Versuch scheitern, Tofu irgendeinen Geschmack anzuhängen, und die Mutter irren, wenn sie als erklärte Vegetarierin Fisch ißt (»für sie offensichtlich Gemüse mit Flossen«), ihren Überzeugungen bleiben beide treu.

Willa Jansson hat es da schwerer. Zwar gilt – »daß ich ein Jahr für ein kapitalistisches Unternehmen gearbeitet hatte, machte mich noch lange nicht zu einer Margaret Thatcher«. Doch andererseits scheint ihr Weg vorgezeichnet zu sein: »von der Linken zur Versandhauskundin«.

Selbstbewußte Juristinnen sind mittlerweile keine Seltenheit mehr, weder in Kalifornien noch in Kriminalromanen. Und doch hebt sich Willa Jansson von ihren ebenfalls emanzipierten Schwestern ab: Durch die Familiengeschichte und die liebevoll ironisch gespiegelte Zeitgeschichte, durch die sich für sie ein blutroter Faden zieht.

Schon während ihres Jurastudiums wird sie in einen Mordfall verwickelt, was den deutschen Titel ihres ersten Abenteuers reichlich doppelbödig macht: »Studentenfutter«. Mit diesem Roman sollte beginnen, wer sich von Willa Jansson in die Welt der amerikanischen Nach-Achtundsechziger entführen läßt. Nicht nur wegen der Chronologie, sondern weil die folgenden Geschichten sowieso immer wieder darauf zurückkommen. Außerdem lernt Willa Jansson hier den Polizisten Don Surgelato kennen, der in »Facelifting« nicht nur in Herzenssachen ins Schwarze trifft, sondern auch kurz entschlossen ein familiäres Problem löst. Da hatte sich Willa Janssons Mutter June mit den besten Absichten in eine juristische Verstrickung verirrt, aus der auch eine clevere Juristin keinen so todsicheren Ausweg gewußt hätte.

Nicht überall, wo der Name Lia Matera als Verfasserin draufsteht, ist Willa Jansson drin. Es gibt nämlich auch Laura di Palma. Noch eine Anwältin. Und von Matera höchst kunstvoll mit dem Leben Willa Janssons verknüpft. Di Palma verteidigt nämlich den Mörder, der Janssons Kommilitonen an der Malhousie-Jura-Fakultät gemeuchelt hat. Ansonsten ist Laura di Palma mit ganz anderen familiären Verknüpfungen gesegnet. Sie liebt nämlich mehr oder minder erfolgreich ihren spröden Cousin Hal. Und Lieutenant Don Surgelato taucht hier ebenfalls auf.

Die Welt ist eben klein, Kalifornien auch. Und die linke Szene schrumpft ebenfalls. Bisweilen durch Mord in den eigenen Reihen. Ist es da verwunderlich, daß Willa Jansson sich auch schon mal in den politischen Gegner verliebt? Sie weiß ja selbst, wie leicht ihr Herz sich irrt und »daß Ratten, wenn sie die Wahl zwischen einem Knopf für Nahrungszufuhr und einem für Drogenzufuhr haben, immer wieder den für Drogenzufuhr drücken, bis sie sterben. Wenn ich verliebt bin, geht es mir genau so – ich drücke immer wieder den falschen Knopf. Jedesmal. Verdammt.«

Gegen den Adrenalinstoß des Verliebtseins hilft wenig, gegen den Drogenknopf schon mehr. So kann Willa Jansson zum Abschluß ihrer »Altlasten« ihrem Psychiater (»der bereit war – für 85 $ die Stunde – sich meine Probleme anzuhören, ohne sie mit denen von Müttern in der Dritten Welt zu vergleichen«) den ersten Schritt berichten: »Heute morgen hab ich mein Gras von der Golden Gate Bridge geworfen.« Von wegen green, green gras of home.   rw

INSPEKTOR JURY
VON MARTHA GRIMES

Natürlich ist er längst kein einfacher »Inspektor« mehr. Selbst bei seinem ersten, 1981 literarisch dokumentierten Fall (»Inspektor Jury schläft außer Haus«), als er die irritierenden »Gasthofmorde« in Northamptonshire untersuchte und dank der kulturgeschichtlichen Marotten eines Ortsgeistlichen auch aufklärte, war er genau genommen schon »Chef-Inspektor«. Inzwischen ist er beim New Scotland Yard in den Rang eines Superintendent aufgestiegen, und auch der frühere Konstabler Wiggins, sein dauerhaft erkälteter, asthmatischer, umfassend allergischer (aber gerade darum verblüffend sensibler) Lieblings-Assistent, hat es entgegen manchen Laufbahn-Prognosen doch noch zum Sergeant gebracht. Die Dienstkarriere des eigenwilligen Gespanns war nicht aufzuhalten, mag Chief-Superintendent Racer, ihr schikanöser Vorgesetzter, die detektivischen Erfolge Jurys noch so hohnlachend kleinreden.

Doch grad weil das Thema »Beförderungen« und »Rangabstufungen« in den Jury-Romanen so anhaltend verfolgt und variiert wird, ist es schon erstaunlich, daß die deutschen Ausgaben (anders als die Originale) eisern am seriellen »Inspektor« festhalten. Aber der boshafte Mr. Racer hätte gewiß seine Freude daran.

Titelsorgen ganz anderer Art hat dagegen Melrose Plant, der in Jurys erstem Fall mit Scharfsinn und entlegenen Theaterkenntnissen zur Lösung beitrug und seither – mal zufällig, mal geplant – an allen Jury-Entscheidungen teilhat: Als eleganter Amateur-Partner und als Freund. Melrose Plant war eigentlich der 8. Earl of Caverness und der 12. Viscount of Ardry, er hat seine Titel jedoch offiziell abgelegt, weil es

108

ihm im englischen Oberhaus zu langweilig ist. Sein konservativer Butler Ruthven (sprich: Rivv'n) ließ auf diese Mitteilung hin eine Teetasse fallen; seine angeheiratete, aus den USA stammende, rundum penetrante Tante, Lady Agatha, demonstriert ihre Mißbilligung dieses Rückschritts ins Plebejische durch endloses Lamentieren. Im übrigen hält sie sich für eine Kriminalexpertin. Plant und Jury haben viel Mühe, die Dame vom jeweiligen Tatort fern- und in ihrem Haus in Long Piddleton festzuhalten.

Denn Jury kommt als Eingreif-Detektiv der Londoner »Metropolitan Police« im ganzen Land herum: Einmal muß er auf Mr. Racers hämisches Geheiß ein Weekend in »Ardry End« absagen, dem Landsitz Melrose Plants, um in einem Kaff namens Little Burntenham einen Mord aufzuklären (»Inspektor Jury sucht den Kennington-Smaragd«); ein anderes Mal wird er (obwohl im Bereitschaftsplan erst an dritter Stelle stehend) von seinem Chef an die winterliche Nordseeküste Yorkshires nahe Whitbys gehetzt (»Inspektor Jury spielt Domino«). In letzter Zeit hat er allerdings auffällig oft in britischen Literatur-Landschaften zu ermitteln, was weniger an Mr. Racers Häme, mehr am geschmäcklerischen Ehrgeiz von Mrs. Grimes zu liegen scheint, der Jury-Autorin, deren literarische Ambitionen die Krimi-Form zuletzt merklich überforderten. In Haworth jedenfalls, am Wohnort der Geschwister Brontë, gerät Jury in ein Ehe- und Familiendrama, das Charlotte, Emily und Anne Brontë ohne weiteres als Gemeinschaftsroman verfaßt haben könnten (»Inspektor Jury geht übers Moor«). Und in Stratford-upon-Avon entlarvt er einen Shakespeare-Spezialisten als wahnhaften Frauenmörder (»Inspektor Jury küßt die Muse«).

Er entwickelt sich förmlich zum Literaturkenner. Dabei ist er im Grunde ein schlichter Mann. Er wohnt in einem Häuserblock in Camden (im Souterrain lebt Mrs. Wassermann, eine angstgeplagte jüdische Emigrantin, die ihn für einen »wirklichen Gentleman« hält, was ihn stolz macht). Er ist 1 Meter 80 groß, hat kastanienbraunes Haar, ein Feeling für Kinder und ein unwiderstehliches Lächeln. Er ist um die vierzig und immer noch Junggeselle: Seine Traumfrau Vivian Rivington wird wohl immer seine Traum-Frau bleiben. Immerhin hat sie ihn im siebten Band, acht Jahre nach ihrer ersten Begegnung, zum ersten Mal beim Vornamen genannt: Richard. hp

RUTH MARIA VON KADELL
VON VIOLA SCHATTEN

Das kommt davon, wenn man sich hinter einem Pseudonym versteckt und Schlüssel(loch)romane schreibt. Viola Schatten hat das Scheinwerferlicht auf sich und ihre Geheimnisse gezogen, ihre Heldin steht da fast abseits. Und das hat Ruth Maria von Kadell dann doch nicht verdient. Immerhin ist sie als Privatdetektivin in Frankfurt so erfolgreich, daß sie zu Beginn ihres fünften Abenteuers ein neues, teures Büro beziehen kann. Beruflich ist sie also raus aus dem »miesen Loch«, privat aber verharrt sie lieber in ihrer Wohngemeinschaft zusammen mit Freundin Rosa und Freund Udo Manthey, der manchmal auch mehr ist als nur ein Freund. Neben der Nestwärme bieten ihre Mitbewohner auch noch Babysitter-Dienste, wenn Jekyll, die englische Bulldogge, wieder einmal betreut werden will. Der Killer-Hund der ersten Stunde ist im Laufe der Zeit schließlich etwas anfällig geworden.

Ruth Maria von Kadell, die ihr »von« nur in die Diskussion wirft, wenn sie unliebsame Menschen (zu denen auch BKA-Beamte gehören können) auf Abstand halten will, hat »gemeinhin mit den kleinen, privaten Schweinereien zu tun«. Und so heißt denn auch ihr erstes Abenteuer »Schweinereien passieren montags«. Am »Dienstag war die Nacht zu kurz«, aber der Lärm besonders groß. Denn in diesem Band gibt ein Frankfurter Lokalpolitiker einen Mord in Auftrag, um seine Entlarvung als Stasi-Spitzel zu verhindern (1991 war das noch ein Mordgrund). Hatten sich bislang die Frankfurter und die Krimifans gleichermaßen damit vergnügt, die bisweilen gar nicht so versteckten Anspielungen zu entschlüsseln, so drehte eine lärmende Boulevardzeitung den Schlüssel im Roman herum und enthüllte, wer angeblich gemeint sei. Der Unternehmer und Politiker Dieter Dehm wehrte sich nicht gegen Viola und den Schatten, der auf ihn gefallen war, sondern gegen die Zeitung, die Literatur und Wirklichkeit verwechselte.

Was nun wiederum die Spekulationen anheizte, wer sich denn hinter dem Pseudonym Viola Schatten verbirgt: von Eva Heller über Ulla Hahn bis zu Cora Stephan reicht die Liste der Verdächtigen. Oder ist es gar ein Mann? Ein Autorenkollektiv?

Laut Klappentext wurde sie 1953 in Bonn geboren und studierte Philosophie und Psychologie in München und Paris. Ihre Heldin ist gute sieben Jahre jünger, studierte zwar auch in Paris, ansonsten aber in Frankfurt und ist auch nicht verheiratet, sondern (sch)wankt zwischen zwei männlichen Polen, was kurze Gastspiele anderswo nicht ausschließt. Der eine ist ihr WG-Gefährte Udo, der andere der schmucke Kriminalkommissar Ferdinand Kaiser. Aber nicht nur in Liebesdingen ist die bayerische Landadelige bisweilen etwas unstet. Sie raucht zuviel (Gitanes und Gauloises natürlich) und handelt sich zu ihrer Bulldogge immer mal wieder einen Kater ein – es liegt ja auch immer, für alle Fälle, Champagner kalt.

So zieht sie denn los, um in Frankfurt und um Frankfurt herum nicht nur die kleinen Schweinereien auffliegen zu lassen. Ihr Motto, frei nach John Wayne: »Sie war einsam, aber schneller.« Es geht um Kunstschmuggel und neudeutsche Vergangenheit, um Waffenhandel, Jugendbanden und Rechtsradikalismus und um familiäre Abgründe. Wobei die süffisanten Beschreibungen und Anspielungen mindestens so kurzweilig sind wie der jeweilige Kriminalfall.

Dazu kommen zwei spannungstragende Fragen. Zum einen warten alle darauf, ob und wie Viola Schatten ihre Heldin aus der Zwangsjacke des Wochenkalenders herausbringt. Schon Harry Kemelman, der seinen Rabbi David Small von Wochentag zu Wochentag schickte, mußte anschließend im Terminkalender anbauen. »Am Mittwoch war der Spaß vorbei« – und auch die Angewohnheit, den Buchtitel als Schlußsatz zu nutzen. »Am Donnerstag war's beinah aus«, aber dann hieß es doch noch »Kluge Kinder sterben freitags«. Und dieser neueste Band wirft mit seinem Schluß die zweite spannende Frage auf: Wird der nächste Band nun heißen »Am Samstag sind die Windeln voll«? Und wenn ja: von wem?   rw

GERNOT KATENKAMP
VON DETLEF WOLFF

Daß Privatdetektive vor Beginn ihrer Schnüfflerkarriere mehr oder minder brave Polizeibeamte waren, ist im heutigen Krimi fast schon die Regel. Ob Lew Archer (dem's bei den Cops zu korrupt herging) oder Kinsey Millhone (der's einfach zu langweilig war), ob Eike Budde oder Bella Block, die deutschen Promi-Spürnasen: Sie alle gehören zum Club der entlaufenen Polizisten. Auch Gernot Katenkamp aus Hamburg macht da – zunächst – keine Ausnahme. Ungewöhnlich ist allenfalls, daß er als Sohn eines Staatsoper-Hornisten überhaupt so kriminelle Neigungen entwickeln konnte. Was ihn einmalig macht, kommt später.

Seine Polizeilaufbahn, in den späten siebziger Jahren begonnen, ist kurz und endet schmerzlich: Katenkamp muß den Dient quittieren, weil er von zwei Zuhältern einer unsittlichen Amtshandlung bezichtigt wird. Eine üble Falschaussage, aber was hilft's. Zwar erreicht er einen »mit Ach und Krach ehrenvollen« Abgang, doch die Konsequenz heißt – Kaufhausdetektiv. Ein öder Job, zwischen Damenwäsche und Lebensmitteln nach Ladendieben zu spähen. Aber ein gutes Training für die Beobachtungsgabe. Außerdem werden die Herren aus der Chefetage bald auf die Spezialtalente ihres Sicherheitsmannes aufmerksam, denn beim Verschwinden des Direktors Dr. Triebach geht es um mehr als bloßen Diebstahl (»Auch Geld hinterläßt Spuren«). Es geht vielmehr um Mord und Erpressung, und der Hausdetektiv entwirrt die Fäden so clever, daß er kurz darauf sogar in die Frankfurter Konzern-Zentrale beordert wird, um einen tödlichen Finanz-Skandal aufzudecken (»Katenkamp sammelt halbe Wahrheiten«).

Doch wie's so läuft. Wenn Katenkamp kommt, zittern die Chefs in Mainhattan; aber hinterher, nach erfolgreicher Arbeit, ist er für die vorsichtigen Vorständler plötzlich der Mann, der zuviel wußte. Erneuter Rauswurf also. Erneuter Abstieg. Diesmal verdingt sich der Junggeselle Katenkamp als Sonderermittler bei einer obskuren Klein-Detektei. Und die Reise nach Heidelberg, die er auf Grund einer scheinbar harmlosen Suchmeldung unternimmt, wäre für ihn um's Haar eine Reise in den Tod geworden (»Ein blondes Risiko«). Doch am Ende hat er einen mehrfachen Frauenmörder dingfest gemacht, was selbst dem Hauptkommissar Weber von der Hamburger Mordkommission imponiert.

Und so erfolgt das Beispiellose: Die Rückkehr eines Privatdetektivs in den Polizeidienst. Statt »Aufträgen« nachzuspüren, wird der notorische Einzelgänger Katenkamp fortan (wieder) »Fälle« bearbeiten. Zwar hat er als uniformierter Schupo im Revier Bergedorf keinerlei Mandat zur Verfolgung von Kapitalverbrechen, aber das kann einen wie ihn nicht von der Mörderjagd abhalten (»Katenkamp, dein Freund und Helfer«)! Und als der alte Fuchs Weber einmal das Krankenbett hüten muß, darf der Streifenpolizist Katenkamp fast offiziell (und ferngeleitet von seinem klugen Mentor) den Partymord in einer Heilpraktikersvilla aufklären (»Damenopfer«). Sein Gesellenstück quasi. Anschließend: Versetzung zur Mordkommission und Beförderung zum Kommissar.

Und in dieser Rolle hat Katenkamp, der seinem detektivischen Gespür, seiner »Nase«, immer noch mehr vertraut als der Labor- und Computer-Kriminalistik, auch schon wieder eine ganze Reihe von Fällen gelöst. Seine Liaison mit der Lehrerin Erika Bodenstedt (geschieden, ein Sohn) hat er zwischenzeitlich in eine bürgerliche Ehe verwandelt. Ganz frei von Spannungen ist das Familienleben freilich nicht. Ein Kommissar hat eben keinen Dienst nach Stundenplan, und wenn der Boß eines Szene-Lokals am Sonntagmorgen ermordet aufgefunden wird, dann muß Katenkamp halt hin, mag die Gattin noch so lästern (»Sterben auf eigene Rechnung«). Zu allem Überfluß peinigt ihn jetzt auch noch seine Bandscheibe. Aufklären kann er den Fall noch, aber beim Verhaftungs-Finale liegt er schon unter dem Messer des Chirurgen. Ob Katenkamp noch mal wiederkommt? Das weiß nur Detlef Wolff. Aber zu wünschen wär's.   hp

Kemal Kayankaya
von Jakob Arjouni

Er ist (vom Schwabenbienzle mal abgesehen) Deutschlands erster Ethno-Detektiv: Kemal Kayankaya, der Privatschnüffler aus Frankfurt/Main. Sein Name und auch sein Äußeres weisen ihn als Türken aus, freilich spricht der junge Mann kein Wort türkisch. Sein Vater, ein Gastarbeiter aus Ankara, ist, ebenso wie seine Mutter, früh gestorben; der kleine Kemal, geboren am 11. August 1957, wuchs bei deutschen Adoptiv-Eltern auf (hat seinen Familiennamen aber merkwürdigerweise beibehalten). Nach dem – durchschnittlichen – Abitur studierte er ein bißchen Jura, dann machte er sein Ermittlungsbüro auf.

Angeblich besitzt er sogar eine »Lizenz« als Privatdetektiv – was es eigentlich nur in den USA gibt. Kann aber sein, daß Kayankaya (oder sein Autor Jakob Arjouni?) nur zuviel amerikanische Krimis gelesen hat. Denn eines ist sicher: Allen türkischen Erbanlagen und aller deutschen Erziehung zum Trotz – seine wesentlichen Charaktermerkmale verdanken sich literarischer Vermittlung. Kayankayas wahre Väter sind Sam Spade und Phil Marlowe, die hartgesottenen Jungs aus den hartgesottenen US-Epen.

Und haargenauso wie diese beiden gibt sich auch Kayankaya als cooler, betont rotziger Ich-Erzähler (der hin und wieder ein unterkühlt poetisches Statement über die verregnete Frankfurter Vorstadtöde einschiebt). Mit gewollt lässigen, nervig provokanten Sprüchen begegnet er auch seiner Kundschaft vor Ort – egal, ob's grad seine Auftraggeber sind, verstockte Zeugen, unwillige Behördenvertreter, Ganoven oder Kriminalbeamte. »Der kleine Braune mit der großen Klappe« heißt er im Kiez-Jargon. Oder frankforterischer: »E klaa versoffene Ratt.«

Das mit dem »versoffen« trifft übrigens zu. Es gehört auch zum Image. Kayankaya bevorzugt Chivas Regal (sofern er nicht gerade Unmengen von Bier in sich hineinschüttet). Außerdem raucht er HB, und bei seinen Observationen fährt er einen Opel Kadett. Erstaunlich, denn normalerweise hat er mit deutschen Kleinbürger-Vorlieben nicht so viel am Hut (den er natürlich ebenfalls trägt: Das schuldet er einfach seiner Wirkung als türkisch-hessischer Bogart-Nachfahre). Aber Kemal Kayankaya scheint die anti-türkischen Stimmungen deutscher Biedermänner auch förmlich anzuziehen. Kein Passant, der ihm nicht »Kaffer«, »Kanacke«, »Aladin« hinterherriefe. Oder wenigstens: »türkisch Mann zu Müllabfuhr«. Kayankaya revanchiert sich, indem er nie vergißt, etwa beim Beschreiben einer sauberen Straße, das Prädikat »deutsche« Sauberkeit hinzuzufügen.

Die deutsche Polizei ist dagegen nach seinen Erfahrungen weniger sauber. Ob der Privatschnüffler den – von der Kripo ergebnislos abgehakten – Mord an einem türkischen Kleindealer aufhellen soll (»Happy Birthday Türke!«) oder das vermeintliche Öko-Attentat an einem Chemiefabrikanten (»Mehr Bier«) oder, zuletzt, die Verschleppung einer vietnamesischen Prostituierten (»Ein Mann, ein Mord«): Allemal ist der offiziell ermittelnde Kripo-Kommissar knietief in die Verbrechen verwickelt. Und wenn Kayankaya bei der Spurensuche mal wieder übel zusammengeschlagen wird, müssen es nicht unbedingt die Gangster gewesen sein: Es kann sich auch um ein Rollkommando der nervös gewordenen Ortspolizei handeln.

Doch der Schnüffler läßt sich nicht beirren, nicht mal dadurch, daß man ihn selber unter Mordverdacht verhaftet. Den einen Hauptkommissar bringt er seinerseits hinter Gitter, dem anderen verpaßt er (auch mit Hilfe seines Kumpanen und Billardpartners, des Kleinganoven Ernst Slibulsky) ein paar schlaflose Nächte. Von Gerechtigkeit hat Kayankaya ohnehin eigene Vorstellungen. Anders als die Polizei pflegt er seine Mordfälle korrekt zu lösen und die Täter zu ermitteln. Aber das war's

dann auch. Den redlichen Yilmaz Ergün, der aus Sorge um seine Familie zum Mord-
messer griff, läßt er unbehelligt aus Frankfurt entkommen. Richtung Istanbul.   hp

Hauptkommissar Kloess
von A.B.S.

Regio-Reviere liegen derzeit voll im Krimi-Trend. Mit ihren meist unveränderlichen
Kennzeichen wie Lokalkolorit, menschelndem Mannschaftsgeist des Kripo-Personals
oder heftig volksmundigen Verhören sorgen sie, versetzt mit einem herben Schuß
Sozialkritik, für Lebensnähe. Die Kommissare Bienzle (Schwaben) und Trimmel
(Hamburg) werden es gern bestätigen. Die hamburgische Mordkommission hat
dabei gleich mehrere Ermittler-Teams in der kriminologischen Regionalliga laufen,
und seit 1985 spielt auch die A.B.S.-Mannschaft mit. In jenem Jahr 17 nach Trimmel
nämlich klärten Hauptkommissar Rainer Kloess und seine Mitarbeiter die Auto-
schmuggel-Affaire »Ole, Dole, Doff«, deren Mordspur geographisch von Billstedt
über Jönköping bis nach Beirut, gesellschaftlich vom Schrottplatz über eine Studen-
ten-WG bis in die hanseatischen Schickeria-Kreise führte.

Fortan gab es A.B.S. serienmäßig – die Buchstabenkombination erwies sich als
ungebremster Erfolgsgarant. Hinter diesem Markenzeichen verbirgt sich das Auto-
ren-Duo Dr. Astrid und Bernt Schumacher – verheiratet, zwei Töchter, Wohnsitz
Hamburg. Die familiäre Rangordnung im Hause S. gestaltet sich dabei ähnlich wie
bei Hauptkommissars – den feineren Titel trägt die Gattin. Frau Dr. Kristina Kloess
arbeitet als Dozentin an der örtlichen Uni, was bei den Kollegen ihres Mannes (der
gleich nach dem Abitur in den Polizeidienst getreten war) immer mal wieder ein bißchen Getuschel ergibt. Noch mehr Getuschel gab es freilich, als die halbwüchsige
Kloess-Tocher Anna wegen öffentlichen Provozierens der »Bullen« in Polizeigewahr-
sam kam. Denn mag die Kommunikation zwischen den einzelnen Dienststellen oft
noch so stocken – dieser spezielle Fall machte sofort die Runde. Sehr zur Beschä-
mung des Einsatzleiters Rainer Kloess.

Aber natürlich erlebt man diesen Vater Kloess nicht nur im häuslichen Einsatz
(zum Beispiel beim nächtlichen Windelnwechseln für seine kleinere Tochter), sondern vor allem im Dienst, bei Tätigkeiten, die man so »polizeiliche Routine« nennt:
Wenn mühsam, in dauernden Nebeln tastend, daran gearbeitet wird, ein halbwegs
kenntliches Bild des Tathergangs, der Tatmotive und der beteiligten Personen zu
erstellen. Und so ein Bild Stück für Stück zusammenzupuzzeln, ist Knochenarbeit.
Dazu gehören Ortsbegehungen im Hamburger Nieselregen, sperrige Zeugenbefragungen, Recherchen in Telefon- und Adreßbüchern oder auch das Studium des An-
zeigenteils einschlägiger Magazine: Hamburgische Kriminalfälle führen in irgendeiner Phase notwendig ins Rotlicht- oder Strichermilieu, das ist mal so.

Ein einzelner Detektiv, das weiß man spätestens seit Ed McBain, könnte dies alles gar nicht bewältigen. Doch Hauptkommissar Kloess (Kennzeichen: graumelierter Schnauzbart, schütteres Haar, Brille und beträchtliche Reizbarkeit) hat tüchtige Leute. Und jeder von ihnen hat seine spezielle Macke. Ist beispielsweise ein Zahnarzt in den Mordfall verwickelt, fällt Oberkommissar Bundschuh über sämtliche erreichbaren Dental-Kataloge her und hat wochenlang kein anderes Gesprächsthema. Willi Mertens wiederum, der BHW-Vertrauensmann, nutzt seine Bausparkontakte zur Herstellung eines immer neu verblüffenden Informationsnetzes. Außerdem spart ihm das Arbeit, und darauf legt er Wert, er ist nämlich auch Gewerkschafter und BILD-Leser. Manuel Grabbe, der Nachwuchsmann, liest dagegen die »taz«, träumt aber trotzdem von einer steilen Karriere, während die flammend rothaarige Doris Küchler mehr von ihrem Verflossenen träumt, im Dienst jedoch scharf zupackt und sich auch kritisch äußert, wenn Boss Kloess seinen Büro-Recorder mal wieder auf Stör-Lautstärke gefahren hat. Kloess braucht das, um besser denken zu können: Je nach Stimmungslage nervt er die Kollegen mal mit Bruce Springsteen, mal mit Bob Dylan, und beim Soundtrack der »Rocky Horror Picture Show« kam ihm tatsächlich die Lösung des Mordfalls »Double Feature«. Da war dann auch Kriminaldirektor Schröder einmal richtig zufrieden. Gemeinhin ließ sich der (mittlerweile im Ruestand verstorbene) Chef nur sehen, um einen rascheren Gang der Ermittlungen anzumahnen. Doch solcherlei hektische Anmutungen pflegt Hauptkommissar Kloess prinzipiell – und somit auch weiterhin – geschickt zu überhören.   hp

Nick Knatterton
von Manfred Schmidt

Daß der Name »Nick Knatterton« ein Pseudonym war, erfuhren wir erst viel später. Da waren wir schon erwachsen. Aus Anlaß der großen Knatterton-Gedenkausgabe lüpfte Nicks zeichnerischer Sachwalter Manfred Schmidt im Jahr 1971 den letzten großen Schleier. Seitdem steht fest: Der große Detektiv heißt mit bürgerlichem, pardon, mit aristokratischem Namen Nikolaus Freiherr von Knatter. Seine zeitweilige Umbenennung war aus Familienrücksichten erfolgt. Ein nobler Zug.

Damals hätten uns solch genealogische Feinheiten allerdings kaum interessiert. Damals – in den goldenen Jahren der Republik, als Nick Knatterton Woche für Woche in der Illustrierten »Quick« seine Wahnsinns-Fälle löste. 1950 hatte er im Auftrag von Lucius X. Nylon (dem König der Kunstfaser) sein Detektiv-Debut gegeben. Sein erstes Wort hieß: »Kombiniere«. Danach war er Deutschlands populärster, sprichwörtlichster Kriminalist. Und irgendwie ist er das auch geblieben, Jahrzehnte nach seinem Rückzug aus den aktuellen Sprechblasen. Jedenfalls kombinierte er wie so oft richtig, als er von seinem Alterssitz aus kombinierte: »Kombiniere: Ich bin ein Klassiker!« Er hat das detektivische und das Comic-Weltbild einer ganzen Generation geprägt. Das kann nicht jeder Schnüffler von sich sagen.

Wir Kids der Adenauerzeit haben ihn geliebt. Wir wären auch nie darauf gekommen, daß er eventuell eine parodistische Figur sein könne. Als Nick einmal von einem sadistischen Friseur unter der Trockenhaube gefesselt und stundenlang mit Bundestagsreden jenes Doktor Adenauer traktiert wurde, hielten wir das selbstverständlich für eine brutale Foltermethode, aber doch nicht für Satire. Die Knatterton-Strips waren witzig. Das genügte.

Ganz abgesehen davon: So wie Nick Knatterton aussah, so mußte ein korrekter Detektiv einfach aussehen – kariert. Kariert von der Sportmütze bis zu den Knickerbockers (auch seine Badehose war kariert). Mit einer Shagpfeife, die so gut wie nie erlosch. Mit einem Späher-Auge, das förmlich um die Ecke schielen konnte. Und dann erst sein Profil: Ein Spitzen-Kopf, in jeder Hinsicht. Er hatte nicht nur die hakigste Hakennase des Genres, sein Spitz-Kinn war, genau wie sein Hinterkopf, im Notfall jederzeit als Stichwaffe einsetzbar. Als der Mädchenhändler Nackie Nutt einen Schußwaffenanschlag auf diesen Hinterkopf unternahm, mußte er überdies eine weitere Haupt-Überraschung erleben: Nick besaß einen metallenen Hinterkopf-Verstärker im Originalformat.

Ein Original war er auch selber, mochte der gleichfalls gern kariert verkörperte Sherlock Holmes ruhig als Knatterton-Vorbild fungiert haben. Außerdem konnte Nick Handschellen mit den Zehen öffnen. Wie er dies (und anderes) bewerkstelligte, wurde dem Leser dann in hilfreichen Querschnittsdarstellungen fachmännisch veranschaulicht. (Wir verleihen Manfred Schmidt hiermit das schraffierte »Doktor-Watson-Portrait« mit Goldrand).

Übrigens hatte Nick im Gegensatz zu Sherlock Holmes durchaus eine Ader für Frauen. Er besaß sogar eine eigene Gattin namens Linda, deren allseitige Rundungen im wohligen Kontrast zu Nicks Schärfen standen. In puncto Denkschärfe herrschte das gleiche Verteilungsverhältnis, und insofern waren die Knatterton-Stories denn doch ziemlich machohaft: Auch dies ein Signum unserer deutschen Aufbaujahre, genau wie die spreizbeinigen Cocktailsessel, auf denen die gutproportionierten weiblichen Ganoven-Opfer mit Vorliebe gefesselt wurden, bevor Nick sie befreite. Doch generell fällt auf, wie oft sich Nick mit der modernen Wirtschaftskriminalität zu beschäftigen hatte: Mit hornbrilligen Managern à la Sigmund Saldo; mit Mafia-Bossen oder Ölmagnaten. Von heute aus gesehen, sind Nick Knattertons Abenteuer der pure ökonomische Realismus.

Doch selbst gegenüber irrealen oder irrationalen Dingen behielt Nick seinen Klarkopf. Als er einmal im nebligen London nach mysteriösen Phänomenen fahndete, prägte er im Haus einer berüchtigten Gespensterfreundin den Satz, der einzige Geist, vor dem ihm grause, sei der militärische. Kombiniere: Ein Mann wie Knatterton täte uns wieder gut.

hp

Die Knickerbocker-Bande
von Thomas Brezina

Daß sich Tote in Luft auflösen, daß Mumien Rachegefühle entwickeln und ausleben, kann in der Kriminalliteratur für Kinder niemanden mehr aus dem Sessel heben. Solcherlei Abenteuer haben Jungdetektive schon in den fünfziger Jahren ohne Schrammen an Leib und Seele überstanden. Kalle Blomquist und seine Kumpane lassen aus dem Skandinavischen grüßen. Enid Blytons »Fünf Freunde« aus dem Angelsächsischen. Eine moderne Gattung konspirativer Schülergruppen zur Bekämpfung des Verbrechens vertreten in Deutschland die unverwüstlichen TKKGler.

Aus Österreich kommend, erobern seit geraumer Zeit zwei Buben und zwei Mädchen den Jugendkrimi-Markt, die sich einen Zunftnamen gewählt haben, der auf den ersten Blick von vorgestern ist: die Knickerbockerbande. Diesen Namen hat das Quartett von einem Kindermoden-Wettbewerb davongetragen, an dem es einmal teilgenommen hatte. Wie es genau dazu kam, wird jedesmal genauso erklärt wie die Stärken und Schwächen von Axel (13), Lilo (13), Paula genannt Poppi (9) und Dominik (10).

Es handelt sich, wie bei den klassischen Vorbildern, um nichts weniger als um superschlaue, tierliebe, durchtrainierte und schöne Kinder, die das Verbrechen magisch anziehen und die dazugehörigen Verbrecher ausnahmslos zur Strecke bringen. Eines der Kinder hat immer einen Onkel oder wahlweise eine Cousine mit weltweiten Verbindungen, so daß die Abenteuer nicht – wie früher – auf die Gegend um Stockholm oder auf englische Herrenhäuser beschränkt bleiben, sondern beispielsweise den indischen Dschungel und die umliegenden Ozeane umfassen.

Der Autor Thomas Brezina, ein Multitalent in Sachen Kinderkrimis, wählt diese exotischen Schauplätze aus einem einfachen Grund. Er glaubt, vermutlich nicht ganz zu Unrecht, daß in der Welt der bunten (Fernseh-)Bilder nur das Exotische, das Außergewöhnliche und das äußerst Spannende Jugendliche zum Lesen bringen kann. Seine Sprache ist darum auch wenig literarisch zu nennen, in einem guten Sinne ungekünstelt. Lesen dürfe nicht weh tun, hat er einmal bei einer Erzählrunde verlauten lassen. Viel mehr könne man heute den jungen Leuten nicht mehr zumuten.

Trotz der weltweiten Einsatzorte der Nachwuchskriminalisten ähneln sich die Geschichten natürlich alle. Man stöbert in gruseligen Verliesen, lauscht an Hotelwänden, schleicht durch den echten oder den Dschungel der Großstadt. Was sich gründlich geändert hat gegenüber früher, sind die Charaktere. Der weibliche Teil der Knickerbockerbande ist dem männlichen an Kühnheit überlegen, Lilo und Poppi lösen die Fälle nicht mit dem weiblichen Gefühl für das Böse wie ihre früheren Vorkämpferinnen, sondern mit dem kühlen Intellekt der Mädchen der neunziger Jahre.

ru

Dottore Duca Lamberti
von Giorgio Scerbanenco

Seine Wohnung liegt nach wie vor an der Piazza Leonardo da Vinci in Mailand; aber das Türschild mit der Aufschrift «Dottore Duca Lamberti» hat er abmontiert – nur die Schraubenlöcher sind noch zu sehen. Seinen medizinischen Doktortitel darf er natürlich weiterführen, daran ändern auch drei Jahre Gefängnis wegen Euthanasie nichts. Aber Duca Lamberti ist aus dem Ärzte-Register gestrichen, seit ruchbar wurde, daß er eine alte krebskranke Frau mit einer Ircodin-Spritze getötet hat. Eine Tat aus Überzeugung.

Unter Patientenmangel bräuchte der junge Ex-Mediziner, der sich einstweilen als Pharma-Vertreter durchschlägt, trotzdem nicht zu leiden. Seit seiner Haftentlassung hat man ihm förmlich die Bude eingerannt: Erst kamen sämtliche schwangeren Mädchen des Stadtviertels, dann die Drogensüchtigen, schließlich die geschlechtskranken Nutten. Lamberti hat alles abgelehnt. An einer Kriminal-Karriere ist er nicht interessiert. Er macht sie dann doch, aber auf der anderen Seite.

Denn eines Tages wird ein ebenso delikater wie sonderbarer Fall an ihn herangetragen. Er soll eine Hymenoplastik machen – die Wiederherstellung der Jungfräulichkeit bei einer etwas unkeusch gewesenen Braut. Der Doktor wittert tiefergehenden Unrat und akzeptiert. Gedeckt von seinem väterlichen Freund Cárrua, dem milanesischen Polizeichef, und unterstützt vom unauffälligen, aber omnipräsenten Allround-Polizisten Mascaranti, nimmt er die illegale Operation vor. Und siehe da: Sein Gespür hat ihn nicht getrogen. Im Köfferchen, das die Braut für den Eingriff mit sich führte, findet sich ein fein zerlegtes MG tschechischer Herkunft, und das ist erst der Anfang einer heißen Spur. Am Ende des Falles ist Duca Lamberti Mitglied der Mailänder Kriminalpolizei, auch wenn er als Arzt ein Vielfaches verdienen könnte – eine Neu-Zulassung wäre, zumal im Italien der sechziger Jahre, wohl machbar gewesen. Doch Dottore Lamberti hat sich entschieden. Livia Ussaro, seine ruhige Freundin, überlegene Schachpartnerin und unberührte Geliebte, mußte für ihn die Münze werfen – Medizin oder Polizei. Der Arzt verlor, die Polizei gewann (in jeder Hinsicht).

Duca Lamberti wird ein Polizist, wie schon sein Vater einer war: Ein leidenschaftlicher, unnachgiebiger Polizist, der immer wieder daran verzweifelt, daß er den »ekligen Sumpf« des Verbrechens nicht trockenlegen kann. Ein Polizist, der sich in die Psyche eines Täters hineinversetzen kann: »Entweder man hat Geduld, oder man schlägt tot.« Lamberti zählt selber nicht zu den Geduldigen, das weiß er. Lange Zeit verzichtet er deshalb auch im Einsatz auf eine Schußwaffe (Mascaranti hat eine). Und weil er seine Impulsivität kennt, fährt er im Dienst auch keinen Wagen (Mascaranti chauffiert ihn).

Dennoch braucht Lamberti immer Menschen, die ihn bremsen. Sein Chef Cárrua ist so einer: Ein nur schwer erschütterbarer Sarde, der dennoch alle Hebel in Bewegung bringt, wenn Lamberti mal wieder eine außergewöhnliche Idee hat, die sich nicht recht mit den gesetzlichen Vorschriften vertragen will. Cárrua setzt es auch durch, daß ein jugendlicher U-Häftling, der an der brutalen Vergewaltigung und Ermordung einer Lehrerin beteiligt war, bei Lamberti wohnen darf, weil der Dottore meint, er könne den verstockten Jungen auf diese Art zum Reden bringen und den eigentlichen Drahtzieher ermitteln. Es ist dann eine Drahtzieherin, und Lambertis gefährliches Spiel geht auf.

Es hätte noch öfter aufgehen können. Wir hätten gern noch mehr erfahren über den Weg Duca Lambertis; auch über Livia Ussaro, deren Gesicht durch 27 Schrotkugeln aus der Waffe eines Gangsters entstellt ist (was Lamberti nicht verhindern konnte); über Lorenza, seine Schwester, deren kleine Tochter stirbt, während der Dottore mit dem Schul-Mord beschäftigt ist und nicht aus dem Polizeipräsidium weg kann. Doch es ging nicht weiter: Giorgio Scerbanenco, der 1911 in Kiew geborene, 1917 mit seinen Eltern nach Italien emigrierte Autor, ist schon 1969, nach dem vierten Lamberti-Roman gestorben. hp

LT. LEAPHORN & OFF. JIM CHEE
VON TONY HILLERMAN

Polizisten tun sich oft schwer mit dem Glauben. Den an das Gute im Menschen hat schon mancher verloren, der an das Böse hält sich länger. Doch wenn jemand ins Jenseits geschickt wird, ist der liebe Gott nur selten der Adressat. Zwar gibt es gelegentlich Gottesmänner, die selbst nach dem Rechten sehen und nach der Gerechtigkeit suchen – Chestertons Father Brown etwa oder Harry Kemelmans Rabbi Small –, aber ein Bulle, der auch (guter) Hirte sein will, der ist neu. Er heißt Jim Chee und ist Officer der Navajo-Stammespolizei. Er hat die verrückte Idee, er könne beides zugleich sein: ein »Hataalii« und ein Cop der Tribal Police, also ein Sänger und Wunderheiler und zugleich Detektiv.

Sein Vorgesetzter, Lieutenant Joe Leaphorn, sieht das alles mit der Skepsis des Agnostikers. Aber auch wer meint, das Jenseitige sei nicht zu fassen, muß doch wissen, was jene umtreibt, die auf Fahndungslisten geraten. Es ist eine ferne und fremde Welt, in der Chee und Leaphorn ihre Fälle lösen: das Navajo-Reservat im Südwesten der USA.

Tony Hillerman hat mit seinem Detektiv-Duo, das aber nicht in jedem Fall auch gemeinsam die Fallen aufbaut, zwei Fährtensucher geschaffen, die den Leser in eine Welt (ent)führen, in der nicht Rache und Vergeltung das Wichtigste nach einem Verbrechen sind, sondern wo die Frage zählt, wie die Beteiligten ihren »Hozro« wiederfinden, ihren inneren Frieden. Aber Hillerman ist ja nicht nur erfolgreicher Krimi-Anthropologe, sondern auch ein Thriller-Autor von Format. Das Böse ist immer und überall, also auch im Lande der Navajo, der Hopi und der Zuni. Allerdings wird es meist von den »Biligaana«, den Weißen, eingeschleppt.

Ein Detektiv, der wie Jim Chee nicht nur Spuren im Sand, im Schnee und in der Luft lesen kann, sondern auch im Irrgarten von Glauben und Aberglauben, der findet sich zurecht zwischen dem Hochland der Mesas und den Abgründen der Canyons. Und wenn er selbst von den Tafelbergen aus den Überblick verliert, dann sorgt sein Freund und Kollege Joe Leaphorn dafür, daß sich Chee nicht völlig verrennt.

Beide müssen einiges einstecken im Laufe ihrer literarischen Karriere. Chee wird gleich mehrfach beschossen. Und ihm bricht nicht nur ein Streifschuß eine Rippe, sondern auch eine Frau fast das Herz. Auch in Liebesdingen ist Chee nämlich in die Regeln seiner Kultur verstrickt. Schon der junge Corporal Jimmie Chee kann mit der hübschen Funkerin Virgie Endecheebie nicht anbändeln, weil sie der gleichen Sippe angehört wie er. Auch mit Mary Landon gibt es kein Liebesglück auf Dauer, und erst im achten Chee-Roman »Geistertänzer« (»Sacred Clowns«) kann Janet Pete zwar seine Zweifel ausräumen (ihr Vater ist ein Navajo, doch ihre Mutter eine MacDougal – und dieser schottische Clan hat nun gar nichts mit den Clans der Indianer zu tun), aber dann können sich die beiden im »Tod am heiligen Berg« nicht über Ort und Art der geplanten Hochzeit einigen. Dennoch ist Chee nicht der »Fallen Man«, denn zum Trost gibt es ja noch Bernie Manuelito im Team der Navajo Tribal Police... (keine Angst, Jim Chee wird nicht schwul: Officer Manuelito heißt mit vollem Vornamen Bernadette). Dafür taucht im »Fallen Man« jene rührige Witwe nicht mehr auf, die dem Witwer Joe Leaphorn eine neue Perspektive zu eröffnen schien, nachdem er den Kampf um seine Frau Emma und gegen deren Krankheit am Ende doch verloren hatte. Leaphorn ist jetzt zwar pensioniert, aber bei weitem nicht untätig: Schließlich ist der Tote am heiligen Berg ein ungelöster Fall aus der Vergangenheit.

So jagen sie denn weiter die Schurken und den Kojoten, den großen Unruhestifter. Und müssen sich bei alledem nicht nur mit Totengeistern herumplagen, sondern auch mit sehr lebendigen und nicht immer kooperationsfreudigen FBI-Kollegen, die auch im Indianerreservat zuständig sind, wenn es um Mord geht. Wenn »Der Wind des Bösen« weht, schneit es auf den Hochebenen auch mal Schnee ganz besonderer Art. Aber dann pflügt Chee eben so lange, bis der Pfad zur Wahrheit frei liegt.

Bei alledem muß aber der Krimileser nicht fürchten, daß der von Jim Chee angestimmte Gesang »In Harmonie leben« zu einschläfernd für ihn wird. »Der Hintergrund muß authentisch sein«, meint Tony Hillerman nämlich, »aber das Spiel heißt Geheimnis und Spannung.« Hough. rw

ANNA LEE
VON LIZA CODY

Sie beginnt den Tag schon mal mit einem kleinen Diebstahl unter Freunden. Allerdings würde es Anna Lee »eher als eine Ausleihe bezeichnen«. Und es geht ja auch nur um eine Zeitung, aber da ist Selwyn Price ganz eigen: »Du stiehlst die Buchstaben von der Seite und die Kraft aus den Worten. Außerdem faltest du sie völlig falsch zusammen.« Selwyn hat nicht nur eine fast heilige Meinung von Zeitungen, sondern ist auch sonst ein bißchen wunderlich: Er ist Poet, Hobbykoch, Lebenskünstler und Ehemann von Bea Price, in deren Haus Anna Lee wohnt – bis die Wohnungsspekulation auch Kensington erreicht. Aber bis dahin ist es ein längerer Leseweg.

Anna Lee scheint eine Frau ohne Eigenschaften zu sein. Sie ist Anfang dreißig, hat haselnußbraune Augen, trinkt manchmal Tee und manchmal Kaffee (sogar löslichen), »Stella Artois«-Bier und Wein. Eine ganz normale Frau mit einer ganz normalen Wohnung: »Eine japanische Vogelzeichnung an der Wand, das Splashbild von Hockney über dem Kamin, die Stereoanlage, Platten, die selbstgebauten Regale...«

Ihr Heimwerkertalent ist vielleicht nicht ganz normal, denn sie kann nicht nur mit Handwerkszeug umgehen, ihr Auto warten und jeden Kurzschluß beheben, ihr dienen Klempnerübungen als Beruhigungsmittel: »Im Geiste nahm sie die komplette Toiletteninstallation Stück für Stück auseinander, und dabei beruhigte sie sich nach und nach, und ihr Herz hörte auf zu rasen.«

Also vielleicht doch nicht ganz so normgerecht? Schließlich haßt sie auch noch Pistolen (»Außer auf dem Schießstand habe ich noch nie eine angerührt. Wenn ich mich aus einer heiklen Situation nicht herausreden kann, renne ich wie ein Hase.«) und Küsse (»Sie hatte dabei immer das Gefühl zu ersticken«). Und im Gefängnis war sie eine Niete: »Sie war zu groß, um sich zwischen den Gitterstäben am Fenster durchzuwinden, zu klein, um die Tür einzurennen, zu schwach, um ein Loch in die Wand zu schlagen, und nicht einmal ihre Stimme war laut genug, um Hilfe herbeizurufen.« Am Ende aber ist Anna Lee nicht nur befreit, sondern sie hat auch GSD geleistet, »gute, solide Detektivarbeit«, wie ihr alter väterlicher Freund Bernie Schiller lobt.

Mit ihm wird sie sich viel später denn auch selbständig machen, aber auch bis dahin ist es ein langer Weg. Zunächst einmal reitet sie die Ochsentour bei Briarly Security. Zuvor war sie fünf Jahre lang bei der Londoner Polizei gewesen, wo sie sich »Aufregung und Abenteuer erhofft hatte«. Aber dann gab es doch nur Routine, und das Unangenehmste war die Uniform gewesen: »Sie verabscheute die Tatsache, daß jeder auf den ersten Blick wußte, welchen Beruf sie ausübte; aber was noch schlimmer war: Jeder maßte sich an, Vermutungen darüber anzustellen, wer sie war, wie sie war und was sie dachte. Etwas in ihrem Wesen rebellierte dagegen, so leichthin und oftmals falsch eingeschätzt zu werden.«

Am Anfang darf die Detektivin nur vermißte Kinder und Parfümthekensicherung als Fälle übernehmen, doch Anna Lee kann mehr. Sie schätzt die Technik, den Charakter eines anderen durch Provokation zu erfassen, aber »ihre Lieblingsmethode, Menschen aus der Reserve zu locken, hatte Selwyn einmal als Narzissus-List bezeichnet. Sanft sich anpassend, wurde sie dabei zu einem Spiegel für die Person, mit der sie redete, und die immer mehr Zutrauen zu jemanden faßte, der ihr so ähnlich war, und deshalb oft mehr von sich offenbarte, als ratsam war.«

Die Engländerin Liza Cody hat mit Anna Lee eine reizvolle Detektivin erschaffen und dann scheinbar das Interesse an ihrer Heldin verloren. Jetzt erzählt sie, umwerfend schnoddrig formuliert, die Abenteuer der Catcherin Eva Wylie, die unbedingt die Londoner Killer-Queen werden will. Und dann taucht in dieser bizarren Umgebung eine Privatdetektivin auf: Anna Lee. Zwar erst auf Seite 171, aber mit Folgen. Denn am Ende von »Schweres Geschütz« bietet Anna Lee Eva Wylie einen Job an. In »Kopfzerbrechen« arbeitet Eva gelegentlich für »Anna-die-Allwissende-Lee«, denn »eine Bullentante war besser als gar nichts«. Und auch wenn Eva Wylie Anna Lee liebend gern ihre Feindin nennt, wir ahnen schon: Das ist der Beginn einer wunderbaren Freundschaft.

rw

INSPECTOR LESTRADE
VON M.J. TROW

Wer wessen Geistes Kind ist, darüber kann man spekulieren. Fest steht allerdings, daß beide im Januar 1854 geboren wurden. Aber nicht nur dies verbindet Inspector Lestrade mit Sherlock Holmes. Wer Doktor Watson und Sir Arthur Conan Doyle Glauben schenkt, hält Lestrade für »einen kleinen blassen Burschen mit Rattengesicht und dunklen Augen«. Zwar billigt Sherlock Holmes seinem beamteten Kollegen zu, er sei einer der »beiden Einäugigen unter den Blinden von Scotland Yard«. Aber das ändert nichts daran, daß Lestrade bei den Abenteuern von Sherlock Holmes entweder zu spät kommt oder daneben liegt.

Alles Lüge, sagt uns M(eirion) J(ames) Trow, der die wahre Geschichte vom Aufstieg des Detektivs Sholto Joseph Lestrade erzählt. Und dies mit viel Liebe zum Detail (wozu die liebevolle Edition mit ihren Erläuterungen paßt) und mit noch mehr Spaß am Verknüpfen historischer Fäden. So schildert Trow nicht nur spektakuläre Kriminalfälle, sondern auch die Entwicklungsgeschichte von Scotland Yard. Und er enthüllt, wie es wirklich um Sherlock Holmes stand, diesen (so Lestrade) »Mann, der durch den Mißbrauch von Narkotika so zerstört war, daß er versuchte, Sie zu töten, Doktor Watson. Und er war ein Detektiv von sehr begrenzten Fähigkeiten.«

Lestrade dagegen besitzt neben seinem Spürsinn noch Ausdauer und Strapazierfähigkeit. Beides braucht er, denn zum einen hat er es durchweg mit Mordserien zu tun, die sich über Monate hinziehen können. Zum anderen aber ist er von einer bemerkenswerten Schusseligkeit und wird gerne das Opfer von Unfällen. Dann rammt er seine Hand in einen Briefschlitz, überschüttet sich mit heißem Tee, läßt ein Militärfahrzeug über seine Füße rollen und fällt gar beim heftigen Abschiedswinken über die Reling. Das allerdings ist ein echter Glücksfall, denn das Schiff heißt »Titanic«.

Es vergeht viel Zeit zwischen Lestrades Abenteuern. Die bislang auf deutsch vorliegenden Bände umfassen gut drei Jahrzehnte, wobei der sechste (»Lestrade und

Jack the Ripper«) dort endet, wo der erste (»Lestrade und die Struwwelpeter-Morde«) begann. In seiner mehr als dreißigjährigen Karriere stößt er mit manchen Figuren der Zeitgeschichte zusammen. Manchmal sogar wörtlich. So geht er etwa Kaiser Wilhelm II. an die Gurgel – wenn auch nur zu Demonstrationszwecken. Er trifft das notorisch zerstrittene Künstlerteam Gilbert & Sullivan, Rudyard Kipling und Bram Stoker und erlebt den Aufstieg Winston Churchills mit. Er rettet dem Thronfolgr kurz vor dessen Krönung zum König Edward VII. das Leben. Schließlich hat er für die Monarchie nicht nur sein Leben, sondern auch seine Nasenspitze riskiert – und letztere auch verloren. Das war bei einem Duell mit Edwards Sohn Clarence, der zeitweise im Verdacht stand, Jack the Ripper zu sein. Beim blutigen Ehrenhandel ging es allerdings nicht um kriminologische Streitigkeiten, sondern um eine Dame.

Auch das unterscheidet Lestrade von Sherlock Holmes. Während der koksende Amateurgeiger Holmes nur eine sehr einseitige und unglückliche Liebe (zu Irene Adler) hatte, kann Lestrade auf ein bisweilen bewegtes Liebesleben zurückblicken. Von wegen viktorianische Prüderie. Zwar macht Lestrade seine Lebensgefährtin Sarah Manchester zu seiner Ehefrau (und zur Mutter seiner Tochter Emma, die später auch bei Scotland Yard eintreten wird). Aber der Witwer Lestrade landet noch in so manchem Bett: Ob Suffragette oder Gespielin des Thronfolgers, Lestrade zeigt nicht nur Mut, sondern auch Libido. Selbst als Sechzigjähriger ist er in Liebesbande verknüpft.

Inspector Lestrade, der es ja bis zum Superintendent bringt, ist ein wunderschönes Beispiel dafür, wie eine Papiergestalt zu eigenem Leben finden kann. Conan Doyles Schilderung des spätviktorianischen Englands ist jedenfalls unvollständig ohne die kritische Spiegelung durch M.J. Trow. Allerdings werden die eingefleischten Holmesianer und »Sherlockians« nur ungern lesen, daß Holmes nicht der einzige Sonderling der Familie ist, und daß Doktor Watson so manche Anregung auch den Erlebnissen von Lestrade verdankt. Was etwa wäre »Der Hund der Baskervilles« ohne »Lestrade und der Tasmanische Wolf«?

Aber wer von den beiden nun auch immer der größere Detektiv ist, eines haben beide gemeinsam: den Deerstalker, jene Wildhüterkappe mit der unverwechselbaren Silhouette. Und darunter steckt in jedem Fall ein kluger Kopf. rw

KARIN LIETZE
VON PIEKE BIERMANN

Bürgerlich gesprochen, ist sie die Chefin der Abteilung MI/3 in der Polizeidirektion »Delikte am Menschen und organisierte Kriminalität« – der »Direktion Zitty«, wie's im lokalen Volksmund heißt (das Ganze spielt sich in Berlin ab, anderswo wäre es auch kaum denkbar). Das Wort »Chefin« mag die Chefin allerdings gar nicht: Der »Erste Kriminalhauptkommissar« Karin Lietze (besondere Kennzeichen: drahtiger

Körper, blonder Kurzhaarschnitt) besteht auf Männlichkeit, zumindest in der Amtsführung. Außerdem hält es Lietze, wie sie am liebsten angeredet wird, auch gegenüber Kollegen mit dem strikten »Sie«. Das hackenschlagende »Jawoll, Chef«, womit der hübsche Kommissar Detlev Roboldt gern aufwartet, mißfällt ihr aber ebenso – es klingt zu verdächtig nach Parodie. Der junge Mann sagt es auch nur, wenn Lietze ihn mal wieder »Kobold« genannt hat. Im übrigen ist Detlev Roboldt, wie der Vorname schon andeutet, schwul. Der zweite Mann der Dienststelle heißt Hauptkommissar Lothar Fritz und ist ein geprüfter Softie. Ansonsten ist das MI/3 weiblich majorisiert. Außer den Genannten zählen noch Oberkommissar Sonja Schade (lesbisch) und Miriam (»Mimi«) Jakob zum Stamm. Mimi ist aus Israel nach Berlin emigriert, weil sie keinen Kriegsdienst machen wollte. Sie kann wunderbar mit jenem Kaffeeautomaten umgehen, vor dem Chef Lietze regelmäßig versagt. Und das seit 1987.

Aus alledem folgt messerscharf: Pieke Biermann – geboren 1950 in Stolzenau, Studium in Hannover, Lebensmittelpunkt in Berlin – hat für ihre jargonstarken Kiezkrimis ein geradezu vorbildlich alternatives Polizeiaufgebot zusammengestellt, das sich, koordiniert von Karin Lietze, in all die sonderbaren hauptstädtischen »Szenen« hineinwühlt, die krimino- oder soziologisch von Belang sind. Ob's die Kneipen am Potsdamer- oder die Rotlichtbars am Nollendorfplatz sind, das Rockmusiker-, Jungfilmer- oder Kulturpublizistenmilieu, die »taz«- oder die Fascho-Szene: Karin Lietze, die in der Einführung des staatlichen Gewaltmonopols, trotz aller Mängel, einen »kulturellen Fortschritt« sieht, ist mit ihrem Team präsent, wenn eine gefürchtete Rundfunkjournalistin vergiftet vom Barhocker fällt, eine feministische Männermörderin für dauerhafte Angst sorgt oder ein altbrauner Hausmeister ausländische Frauen erdolcht. Und seit der großen Vereinigung gehört auch der Berliner Osten zum Einsatzgebiet des MI/3. Vor allem Detlev Roboldt ist es zufrieden: Er findet dort seinen Mann fürs Leben.

Doch Pankow hin, Kreuzberg her: Was Lietze und ihre Leute leisten, ist mühevolle, oft frustrierende Kleinarbeit – »sieht nach gar nichts aus; führt manchmal zu was«. Und wenn alle Stränge reißen, stehen als lebenspraktische, kundig beobachtende, erforderlichenfalls schlagkräftige Ermittlungs-Reservistinnen ja noch Helga, Kim & Co bereit – die Mädchen vom autonomen Straßenstrich, die sich zur HurenKooperative MIGRÄNE e.V. zusammengeschlossen haben. Als Dank für gute Tips hält Lietze ihnen schon mal die uniformierten Razzia-Bullen vom Hals. Kim und Helga sind die einzigen, die Karin ganz offiziell duzen dürfen. Vom Kriminaloberrat Lang einmal abgesehen.

Bei dem möchte Lietze nun doch endlich ausprobieren (immerhin hat sie ihren fünfzigsten Geburtstag schon hinter sich), ob es einen Mann gibt, »der eine Frau nicht trotz, sondern wegen ihrer Unabhängigkeit liebt«. Zwar lebt Lang derzeit in Dresden, um die neue Polizei aufzubauen, aber die Schlüssel zu Karins Berliner Wohnung hat er schon. Und seine Vorliebe für eklige Filterzigaretten wird sie ihm auch noch abgewöhnen. Hauptkommissar Lietze steht auf Zigarillos der Marke »Lucky Luciano«. Jedenfalls solange keine echten Havanna-Zigarren in der Nähe sind.   hp

THOMAS LYNLEY & BARBARA HAVERS
VON ELIZABETH GEORGE

Sie sind ein Paar wie Hund und Katz: »Der Mann groß, gutaussehend, kultiviert, erstaunlich gut gekleidet; die Frau klein, reizlos, ohne Stil, mit einer Sprache, die ihre Herkunft deutlich verriet.« Aber schließlich ist Inspector Thomas Lynley ja auch der 8. Earl of Asherton sowie (mit Zweittitel) Vicomte Vacennes. Sergeant Barbara Havers dagegen kommt aus klein(st)bürgerlichen Verhältnissen und wehrt sich zunächst entschieden, seine Assistentin zu werden: »Ich arbeite nicht mit diesem affigen Kerl.« Andererseits wäre dies nach acht Monaten Streifendienst die unerwartete zweite Chance, sich doch noch bei Scotland Yard zu bewähren. Und wie sie sich bewährt.

Wenn Barbara Havers etliche Kriminalfälle später über ihren Vorgesetzten sagt, daß ihr »der gezierte Lackaffe« die meiste Zeit fürchterlich auf die Nerven geht, ist das nicht mehr sehr ernst zu nehmen. Ihre nach wie vor bestehende Abneigung gegen den Rest der feinen englischen Upperclass bewahrt ihren Chef ja immerhin davor, in eine aristokratische Denkfalle mit der Aufschrift »Keiner werfe den ersten Stein« zu laufen.

Die Amerikanerin Elizabeth George hat mit diesem Detektiv-Gespann ein höchst erfolgreiches gemischtes Doppel ersonnen – und eine sehr britische Szenerie dazu. Ihre Fälle spielen nicht nur in London, sondern auch im ländlichen Yorkshire, in einem Knabeninternat in West Sussex und in einem College in Cambridge. Elizabeth George (ent)führt die Leser aber auch in die schottischen Highlands und nach Cornwall. Dort liegt nämlich Howenstow, der feudale Stammsitz der Ashertons.

Wer als lesender Serientäter ein wenig Ordnung in das verwickelte Leben und Lieben von Inspector Lynley bringen will, sollte seine Lektüre mit dem – von der Autorin erst später nachgelieferten – Roman »Mein ist die Rache« beginnen. Was sich an privaten Fäden und Verstrickungen durch die später spielenden Bücher zieht, wird hier erst verknäult und dann entwirrt. Allerdings muß man in Kauf nehmen, daß Barbara Havers in dieser Geschichte erst auf Seite 343 und in einer Kleinstrolle auftaucht. Dafür wird hier aufgedröselt, in welch kompliziertem Beziehungsgeflecht Lynley und sein Freund Simon Allcourt-St. James sowie Deborah und Lady Helen Clyde stehen. So stellt sich für Thomas Lynley immer wieder die Frage, ob und wie er Lady Helen einen Heiratsantrag machen soll und wie die Antwort ausfallen wird. Wie kompliziert das sein kann, zeigt der Fall »Asche zu Asche« (in dem dafür Simon Allcourt-St. James und seine Deborah außen vor bleiben). »Im Angesicht des Feindes« scheint das Happy End dann gar gefährdet. Doch wenn es heißt: »Denn sie betrügt man nicht«, ist damit nicht Lady Helen gemeint. Im Gegenteil; An einem glühendheißen Juni-Tag gibt sie Lynley das Ja-Wort. Statt einer großen Hochzeit gibt es allerdings nur einen Lunch mit viel Champagner im Drei-Sterne-Lokal »La Tante Claire«. Ansonsten sind die Eheleute und ihre Freunde so mit ihrem Privatleben beschäftigt, daß Barbara Havers diesen Fall (fast) ganz alleine lösen muß.

Ein schlechtes Zeichen für die Viererbande? Autorin Elizabeth George hat gesprächsweise schon angedeutet, daß sie dieses Quadrat der Gefühle demnächst vielleicht durch einen Todesfall auflösen will. Aber vielleicht halten Schuldgefühle sie vom literarischen Meucheln ab. Schuldgefühle haben schon ihre Helden genug, auch wenn sie souverän bei der Jagd auf Schuldige sind. Edelmann Lynley etwa plagen Schuldgefühle, weil er vor Jahren betrunken einen Autounfall verursacht hat, der seinen Freund St. James zum Krüppel machte. Assistentin Barbara Havers wiederum hat Schuldgefühle, weil sie ihren geistig verwirrten Eltern nicht die Tochter und Hilfe sein kann, die sie sein möchte. Aber weil beide gottlob nie gleichzeitig durch private Troubles mit beruflicher Blindheit geschlagen werden, helfen sich die beiden beim Spürhundspielen.

Weil also der große Blonde mit den dunklen Augen nicht nur »ein Mann wie aus einem Modejournal« ist, sondern auch ein wacher Geist und weil er vor allem »mit beinahe stoischer Ruhe die Zornausbrüche« seiner Assistentin erträgt, deshalb sollte kein Gauner dieses seltsame Paar unterschätzen, das bisweilen im Bentley von Lord Asherton daherkommt. Er elegant im Kaschmirmantel, sie ziemlich vierschrötig, er »anmutig und geschmeidig wie eine Katze«, sie mit einem reizlosen Gesicht, »rund und platt wie das eines Mopses«. Ein Paar wie Hund und Katz eben. Aber höchst erfolgreich auf der Jagd. rw

KOMMISSAR MAIGRET
VON GEORGES SIMENON

Natürlich ist Kommissar Maigret die Hauptperson in Georges Simenons Kriminalromanen, der massige Mann, der unentwegt Pfeife raucht oder kaut, gutbürgerlich und kinderlos verheiratet ist, der seine Urlaube auf dem Lande verbringt, sich – und häufig genug auch dem Verhörten – belegte Brote und Bier aus der Brasserie Dauphine von gegenüber kommen läßt, wenn der Abend im Kriminalkommissariat am Quai des Orfèvres sich wieder einmal bis in die Mitternachtsstunden hinzuziehen droht. 1929 startete sein geistiger Vater Maigrets Karriere, 1972 schickte er ihn in den wohlverdienten Ruhestand.

Aber dann gibt es doch noch andere Mittelpunkte in den Maigret-Romanen. Der nächste, mitunter sogar der wichtigste, ist die Stadt Paris. Oder es sind ein Gasthaus, eine Schleuse an der Seine und ihren Kanälen, manchmal auch ein nebliger, düsterer Ort in Holland oder Belgien mit seinen urig-gemütlichen Pinten – auf jeden Fall ein unverwechselbarer Fleck auf der Landkarte mitsamt seiner speziellen Ausstrahlung und seinen Gerüchen. Nur in diesem Pariser Quartier oder in jenen französischen Departements oder den benachbarten Provinzstädtchen kann eines der Verbrechen stattfinden, das Maigret gerade aufklärt.

Hauptperson ist natürlich auch Madame Maigret, die typische französische Ehefrau von einst. Sie stellt dem heimkehrenden, oft mürrischen Gatten keine überflüssigen Fragen. Ohne Worte zu verlieren, kocht sie trefflich raffiniert-ländliche Gerichte und nimmt Maigrets unvermeidliche, das heißt beruflich bedingte, Unpünklichkeit und seine überraschenden Entschlüsse mit jener Gelassenheit hin, ohne die seine kriminalistischen Meriten nicht zu erringen wären.

Es geschah bereits in einem der ersten Romane, »Der gelbe Hund«, daß Maigret seine in den folgenden Büchern perfektionierte Technik des Sezierens der Psyche mutmaßlicher Täter entwickelte. Der wortkarge Kriminalist lernte in seiner jahrzehntelangen Karriere, Indizienketten, so überzeugend sie waren, grundsätzlich zu mißtrauen, Spurentechniken zu mißachten und scheinbar logische Schlüsse mit Vorsicht zu bewerten. So kann es kommen, daß seine karrieresüchtigen Hilfsspürhunde wie die Wühlmäuse verdächtigen Hinweisen auf einen Verbrecher nachjagen, während der Kommissar nachdenklich bei Bier und Pfeife in einer Bar zurückbleibt, seine nächste Umgebung betrachtet und schließlich die Lösung wie von selbst in der Hand hat.

Georges Simenon, mit mehr als fünfhundert Millionen Exemplaren seiner Bücher der nach Lenin angeblich meistübersetzte Autor, wird von den einen gern der Balzac des 20. Jahrhunderts genannt, von anderen ein überschätzter literarischer Fließbandproduzent. Mit Maigret hat er eine Figur geschaffen, deren Neigung in einer Welt der Honoratioren mit den verborgenen Untiefen in ihren bourgeoisen Seelen, einer Welt, die mit diskretem Kannibalencharme ihre Leichen beiseite schafft, im Zweifelsfall dem kleinen getretenen Menschen gilt, den armseligen Randfiguren der Gesellschaft, den gedemütigten Spießern. Er versteht, wenn auch mit verborgener Trauer, daß sie durch die Sprengkraft verletzter, dumpfer Gefühle in die Enge getrieben werden, daß ihre oft bizarre Psyche in Mord und Totschlag explodiert, daß sie, herausgerissen aus ihrem gewohnten mickrigen Alltag, immer neue Verbrechen begehen, begehen müssen, um diesen gewohnten mickrigen Alltag wiederherzustellen.

ug

Antony Maitland
von Sara Woods

Sein Erfolgsrezept beruht auf einer schlichten Formel: Die beste Verteidigung eines Mandanten ist der Nachweis, daß ein anderer die Tat begangen hat. Das klingt patent, ist in Wirklichkeit kompliziert, aber Antony Maitland muß es ja wissen; schließlich steht er als Barrister, als königlich britischer Gerichtsanwalt, in einem legendären Ruf. Er ist der Mann, der nie einen Prozeß verliert.

Und das liegt eben nicht nur an der gestisch-rhetorischen Gewandtheit, mit der er die Geschworenen in Old Bailey (und manchmal sogar den Lord Richter) für sich einnimmt; es liegt nicht nur an seinem Geschick beim Kreuzverhör, mit dem er die Zeugen der Gegenseite in die Enge treibt, und auch nicht bloß an seinem markanten Äußeren, den grauen Augen und dem stets belustigten Lächeln. Den Ausschlag dafür, daß er noch die hoffnungslosesten Prozesse umbiegt, gibt etwas anderes – seine »Spezialbegabung« als Detektiv.

Und diese Talente hat Antony Maitland, der im Zweiten Weltkrieg für den Geheimdienst arbeitete, exakt 48 Mal unter Beweis gestellt, seit Sara Woods (1922-1985) im Jahr 1962 die erste Maitland-Recherche aktenkundig machte – »Die Verhandlung ist eröffnet«. Der Originaltitel »Bloody Instructions« ist dabei, wie alle folgenden, ein Shakespeare-Zitat: Sara Woods, die englische Anwaltsgehilfin, war zwar 1957 nach Kanada ausgewandert, aber literarisch blieb sie doch auf Heimatkurs – very british.

Entsprechend ist auch die Atmosphäre ihrer Justiz-Krimis. Und Antony Maitland muß sich trotz aller Aufklärungserfolge öfter vorhalten lassen, daß seine kriminalistischen Aktivitäten mit der Würde eines königlichen Advokaten nicht unbedingt in Einklang stünden. Gewiß, der rustikale Inspector Sykes von Scotland Yard, der Maitlands Detektiv-Karriere mit gleichbleibender Zurückhaltung, aber wachsendem Respekt verfolgt, ist im Lauf der Jahre fast ein Freund geworden (außerdem Chief Inspector). Mißtrauisch geblieben ist dagegen Sir Nicholas Harding, der Stratege der Strafprozeßordnung und Maitlands Seniorpartner.

Zwar profitiert ihre Kanzlei im »Inner Temple« gehörig vom Ruhm des »jungen Mannes« (der so jung gar nicht mehr ist, übrigens auf Grund seiner kriegsbedingten Schulterverletzung dauerhaft körperbehindert); aber Sir Nicholas muß andererseits auch mehrfach eingreifen, um den risikobereiten Antony aus der Bredouille zu ziehen – mal steht Maitland wehrlos einem schußbereiten Gangster gegenüber (»Ich weiß, daß sie lügt«), mal steht er kurz vor der Verhaftung wegen angeblicher Geschworenen-Bestechung (»Messer haben scharfe Klingen«).

Was die Sache erschwert, aber irgendwie dann auch erleichtert, heißt Familienbande: Sir Nicholas, der langjährig überzeugte Junggeselle, ist Antonys Onkel. Am noblen Londoner Kempenfeldt Square bewohnt er ein nicht minder nobles Haus, und in dessen Obergeschoß hatten sich Antony und Jenny Maitland vorübergehend eingerichtet, als sie 1943 heirateten. Trotz aller munteren Prinzipien-Streiereien zwischen Neffe und Onkel wurde das Provisorium zum Dauerzustand, auch wenn der grämliche Altbutler Gibbs am (relativ) unkonventionellen Wesen des Juniors weiterhin Anstoß nimmt. Doch seit Sir Nicholas mit seiner robust grimmigen Kollegin Vera Langhorn in den späten Ehestand getreten ist, haben die kriminellen Familiendebatten einen neuen Zuschnitt bekommen. Lady Vera steht den Methoden ihres angeheirateten Neffen nämlich ausgesprochen wohlwollend gegenüber.

Maitlands Methoden: Er ist ein Meister der Fragekunst. Mit Ruhe und Penetranz bringt er jeden Tatzeugen zum Reden, verwickelt er jeden Tatverdächtigen in Widersprüche. Nur wenn er seine Frau Jenny in Gefahr weiß, dann verläßt ihn manchmal die Ruhe – dann gerät er, der disziplinierte Redner, sogar ins Stottern. Aber diese Schwäche hält nie lange an. Und dann stößt Antony Maitland zu.   hp

PHILIP MARLOWE
VON RAYMOND CHANDLER

»Ich sehe ihn eigentlich immer auf einer einsamen Straße, in einsamen Räumen, ratlos, doch nie geschlagen.« So hat der Autor seinen Helden gesehen. Wir aber sehen ihn eigentlich immer mit den Zügen Humphrey Bogarts – seit Howard Hawks' Verfilmung von »Tote schlafen fest« (1946). Es ist Philip Marlowe, vielleicht der berühmteste Detektiv dieses Jahrhunderts. Mit ihm hat sein Schöpfer Raymond Chandler (1888-1959) gezeigt, daß auch der Kriminalroman große Literatur sein kann.

Im »Großen Schlaf« (1939) kam Philip Marlowe auf die Welt. Hier spürt er im Auftrag eines Millionärs dessen verschwundenem Schwiegersohn nach. Aber eigentlich gab es ihn schon vorher. Chandler hatte die Figur bereits in Geschichten für billige Magazine (»Pulps«) entwickelt.

Philip Marlowe ist ein gebildeter Mann. Früher hat er einmal für die Staatsanwaltschaft gearbeitet, wurde aber wegen chronischer Unbotmäßigkeit gefeuert. Jetzt sitzt er als Privatdetektiv in seinem schäbigen Büro in Hollywood, dem Alkohol nicht abgeneigt, allein und bindungslos, und wartet darauf, daß ihm ein Auftrag ins Haus schneit. Reich werden kann er davon nicht, das weiß er. Und manchmal arbeitet er auch umsonst. Dann muß er die einstige Geliebte eines tumben haftentlassenen Bankräubers suchen (»Lebwohl, mein Liebling«, 1940), einer gestohlenen wertvollen Münze hinterherfahnden (»Das hohe Fenster«, 1942), eine verschwundene Ehefrau aufspüren (»Die Tote im See«, 1943), einem unter Mordverdacht stehenden Freund helfen (»Der lange Abschied«, 1953) oder einer Frau beistehen, deren Schwiegervater sie des Mordes bezichtigt (»Playback«, 1958). Meist keine großen Fälle, aber immer säumen Leichen Marlowes Weg.

Am Ende hat er alles aufgeklärt, aber der reinigende Effekt bleibt aus. Denn Philip Marlowe lebt in einer bösen Welt: Sein Kalifornien ist ein Land, das von moralischem Verfall nur so stinkt. Die kleinen dumpfen Leute werden von den Großkapitalisten ausgesaugt, und diese lassen sich mühelos mit den Großgangstern austauschen. Die Gesellschaft befindet sich im dauernden inneren Kriegszustand, das Verbrechen durchzieht nahezu alle Schichten. Marlowe verzichtet denn auch oft darauf, die Schuldigen der irdischen Gerechtigkeit auszuliefern. Wozu auch, wenn die Polizei selbst Teil eines Unrechtssystems ist.

Marlowe will nur seinem selbstgestellten Auftrag genügen: Der beleidigten Menschlichkeit beistehen. Er gibt sich hart, ist in Wahrheit aber weich. Er glaubt nicht an die Möglichkeit von Gerechtigkeit, er will nicht die Ordnung der Welt wiederherstellen, er will nur er selbst bleiben – zwar unbürgerlich, aber ehrlich und unbestechlich. Dazu muß sich Marlowe in einer wirren Gesellschaft zurechtfinden, was sich auch in der Form der Romane widerspiegelt: Beim ersten Lesen sind sie kaum völlig zu verstehen. Raymond Chandler hat die Form des Kriminalromans an seine Grenzen getrieben – und darüber hinaus, denn die späten Werke wurden immer schwächer. Am Ende verzweifelte Chandler, weil ein gutes Stück Philip Marlowe in ihm selbst steckte: Er starb, von Alkoholschwaden umnebelt, in tiefer Depression und Verwirrung.   eb

MISS MARPLE
VON AGATHA CHRISTIE

»Ich begann mit Miss Jane Marple, einer alten Dame von der Art, wie meine Großmutter in Ealing sie zu Busenfreundinnen gehabt hatte und wie ich sie als kleines
Mädchen an vielen Orten kennengelernt hatte ... Sie war viel umständlicher und alt-
jüngferlicher als meine Großmutter.« Doch wie diese »erwartete sie von ihren Mitmenschen immer nur das Schlechteste – und behielt mit ihren düsteren Voraussagen
recht«.

So erklärte einmal Agatha Christie, die listige First Lady des literarischen Kreuz-
worträtsels, das »Eindringen« ihrer scheinbar naiv-schusseligen Amateurdetektivin
Jane Marple in ihr Leben. Mit ihr und dem eierköpfigen Belgier Hercule Poirot hat
die Christie zwei Figuren zur kriminalistischen Weltliteratur beigesteuert.

Die betuliche und etwas prüde Miss ist die typische Dame Britannia, mit gut ge-
tarntem, gesundem Menschenverstand, durch ihre schrullige Teestubengemütlich-
keit notorisch unterschätzt. Sie stammt aus dem puritanischen Dorf St. Mary Mead,
wo sie, meist still vor sich hinhäkelnd, über alle möglichen Mordrätsel grübelt, an die
ein gut gedrillter Polizeiinspektor nie einen Gedanken verschwenden würde. Zum
Beispiel: Warum hat die Frau des Lebensmittelhändlers an einem klaren Frühlings-
abend ihren Regenschirm zum Gemeindetreffen mitgenommen? Oder was geschah
wirklich mit dem Chorhemd des Vikars? Sie hat im Bedarfsfall auch blitzschnell eine
nette kleine Waffe zur Hand und überführt den honorigen Dorfdoktor des längst
vergessenen Eifersuchtsmordes an seiner geliebten Halbschwester (wie in »Ruhe
unsanft«).

Die Schauplätze der von Miss Marple aufgeklärten Morde haben den verbliche-
nen Charme der nachviktorianischen Zeit; des ländlich-sittlichen Englands des britischen Mittelstandes mit all seinen Marotten und Schrullen, senen guten Manieren
und Brettern vor dem Kopf; der altmodischen Seebäder und Pfarrhäuser mit dem
etwas ärmlichen Landleben; der Gemütlichkeit des Fünf-Uhr-Tees mit einer Prise Gift
oder der Schloßbibliothek, deren ledergebundene Vornehmheit auch durch den
Gentleman mit einem Silbermesser im Rücken nicht angetastet werden kann.

Bei aller Verehrung für die Krimi-Queen Dame Agatha: Wenn von Miss Marple
die Rede ist, sehen nicht nur die Kinogänger, sondern auch die meisten Leser sofort
die Marple-Darstellerin vieler Filme, Margaret Rutherford, vor sich. Die 1972 ge-
storbene britische Charakterschauspielerin hat der pfiffig-betagten Heldin ein unver-
geßliches Profil gegeben. Und es ist nicht zu leugnen, daß die Rutherford gegen die
literarische Hobby- und Moraldetektivin zwar mit jeder Geste, jedem Zungenschlag
gegen die Vorstellungen der geistigen Mutter verstößt, sozusagen wie eine Art Ruhr-
pott-Schimanski gegenüber dem Etepetete-Tappert Derrick wirkt, aber weitaus ko-
mischer ist.

Wo die resolute Rutherford Türen und notfalls auch Schädel einschlägt, bewährt sich die altjüngferliche Lady mehr als scharfsinnige Menschenkennerin und Seelenwärmflasche. Anders als jene würde sie einen Mörder nicht einmal mit der Zange anfassen. Dafür hat sie dann diese gutmütigen Trottel im Hintergrund, die außerhalb der irritierenden Marple-Einsätze im Dienste Ihrer Britischen Majestät stehen: nämlich als gut geschulte Polizisten.

ug

PERRY MASON
VON ERLE STANLEY GARDNER

Als er sich in den fünfziger Jahren anschickte, auch den deutschen Krimi-Markt zu erobern (in den USA war er schon seit 1933 eine feste Größe), da kamen selbst dem gemeinhin recht hartgesottenen Ullstein Verlag ein paar arge Bedenken; und vorsichtshalber brachte man in einem Vorwort zum Ausdruck, daß dieser »robuste« Strafverteidiger Perry Mason bei allem Bestreben, unschuldigen Menschen zu helfen, doch »die Grenzen des unseres Erachtens Zulässigen« überschreite.

Das ist wohl wahr. Denn der Staranwalt (Motto: »Der Polizei immer um eine Nasenlänge voraus sein«) scheut sich keineswegs, belastende Dokumente einfach zu verbrennen, unangenehme Beweisstücke verschwinden zu lassen, kurz, die Ermittlungsbehörden mit abgefeimten Tricks in die Irre zu schicken. Aber natürlich tut er das nur, weil er seinen Schutzbefohlenen vertraut: »Ein guter Anwalt braucht Phantasie und die Überzeugung, daß sein Klient unschuldig ist.« Trotzdem geht die »Phantasie« bisweilen ganz munter mit ihm durch; beispielsweise, als er eigenhändig einen Scheck fälschte, um einen Erpresser auffliegen zu lassen. Nur durch
eine geniale (und ihrerseits nicht
grad rechtskonforme)
Idee seiner

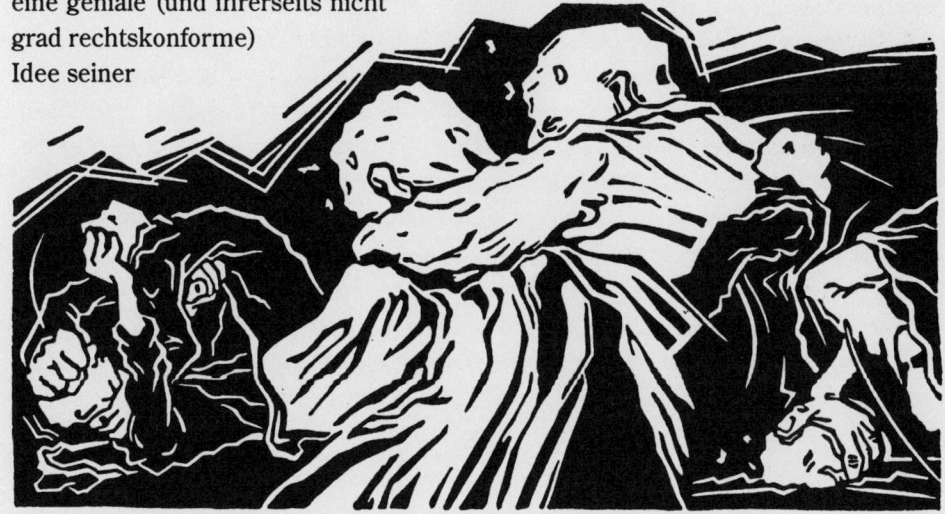

Sekretärin Della Street konnte Perry Mason damals seinen Kopf aus der Schlinge ziehen.

Überhaupt Della Street: Ohne diese clevere, raffiniert mitdenkende, Tag und Nacht für ihren Chef einsatzbereite, dabei dauerhaft junge und charmante Frau hätte es Perry Mason, seiner Smartheit zum Trotz, kaum zum berühmtesten Strafverteidiger von Los Angeles gebracht. Und selbst die dritte Kraft in seiner Kanzlei ist alles andere als drittklassig: Gertie, das Mädchen am Empfang. Mit ihrer Schwärmerei für Klatsch-Kolumnen und Illustrierten-Stories hat »unsere Gertie« jedenfalls schon für manches High-Society-Verbrechen den passenden Fingerzeig geliefert.

Die entscheidenden Informationen für Perry Masons Prozeß-Auftritte aber pflegt ein anderer zu beschaffen: Paul Drake, der Chef eines Detektiv-Instituts und Herr über ein Team erlesenster Spezialisten. Paul Drake hat sein Büro im selben Haus wie Freund Perry, und gemeinsam sind sie der Schrecken von Polizei und Staatsanwaltschaft. Lieutenant Tragg, der Leiter der Mordkommission, hat zwar nie den Traum aufgegeben, diesen Störenfrieden eines Tages doch noch ein Bein zu stellen; doch im tiefsten Innern ahnt er, daß dieser Tag nie kommen wird. Zuversichtlicher (und beschränkter) ist da schon sein Sergeant Holcomb, dem der Blutdruck auf zweihundertfünfzig steigt, wenn er nur den Namen Perry Mason hört. Es ist aber auch zum Verzweifeln: In mehr als achtzig Fällen haben Tragg und Holcomb einen Mason-Mandanten (oder eine Mandantin) mit unabweisbaren Indizien des Mordes bezichtigt, und jedesmal ist es Mason gelungen, vor dem Geschworenengericht die Unschuld des Angeklagten zu beweisen, mehr noch – den wahren Täter zu präsentieren.

Hamilton Burger, der »District Attorney«, ist dabei zum größten Dauerverlierer der Krimi-Geschichte geworden: Voll bärbeißiger Zuversicht, wenn (im letzten Drittel jedes Perry-Mason-Romans) der Prozeß beginnt; ein Geschlagener, wenn das Urteil fällt. Der gefürchteten Kreuzverhör-Technik Masons hält eben kein »Zeuge der Anklage« dauerhaft stand.

Übrigens wußte der Autor Erle Stanley Gardner (1889-1970) sehr gut, wovon er schrieb: Er war selber Anwalt. Vielleicht erklärt das auch den dauerhaften Erfolg Perry Masons – gerade in (juristischen) Fachkreisen. Zumindest erklärte ein bekannter niedersächsischer Advokat und Ministerpräsident noch kürzlich im Fernsehen, er habe den Anwaltsberuf nicht zuletzt aus Begeisterung für Perry Mason ergriffen. Wir wollen nur hoffen, daß er damit nicht die eingangs geschilderten macchiavellistischen Methoden seines Vorbilds gemeint hat.   hp

Baltasar Matzbach
von Gisbert Haefs

Seines hervorragendsten Körperteils wegen nennt man ihn im Kreis der Lieben schonungslos »Matzbauch«, und tatsächlich bringt der gargantueske Schlemmer satte 120 Kilo auf die Waage (bei 1 Meter 90 Körpergröße). Sein korrekter Name lautet trotzdem Matzbach. Baltasar Matzbach. Geburtsjahr: 1939. Wohnsitz: Bonn. Beruf: »Universaldilettant«. Unveränderliche Merkmale: Knubbelnase und regelmäßige Abgabe von Spruchweisheiten – »Der Mensch ist fehlerhaft und widerwärtig; nicht einmal ich bin vollkommen.« In grauer Vorzeit hat er mal Philosophie und Atomphysik studiert und irgendein Teilchen für einen Teilchenbeschleuniger erfunden. Die internationalen Patente sichern ihm ein schönes Auskommen, ergänzt durch die Tantiemen für einen eigenhändig komponierten Schlager, der erfreulicherweise ein Evergreen wurde. So kann sich Matzbach ganz seiner autokratischen Geistes- und Körperpflege widmen. Aus purer Lust am Geldverdienen hängt er aber auch noch einer regelmäßigen Beschäftigung nach: Matzbach ist »Frau Griseldis«, die Kummerkastentante einer beliebten Illustrierten. Ein durchaus nutzvoller Job. Denn als er 1981 in seinen ersten Kriminalfall geriet, war es so ein brieflicher Hilferuf an »Frau Griseldis«, der dem maßlos ermittelnden Matzbach die letzten Aufschlüsse über den »Mord am Millionenhügel« lieferte.

Und seit er diesen weit in die braundeutsche Vergangenheit zurückreichenden Mord- und Erpressungsfall aus dem Godesberger Prominentenviertel so genial entschleierte, hat Matzbach die Kriminalistik als wesentlichste Herausforderung seines unersättlichen Denk- und Selbstdarstellungswillens erkannt. Er genießt es geradezu, zigarrenrauchend in seinem Sessel zu lagern und, eingehüllt in seinen Morgenmantel aus knallgelber Seide, über die strategischen Irrtümer des mutmaßlichen Täters zu grinsen, während er seinen kompletten, gleichfalls recht absonderlichen, Freundeskreis zur Erledigung der niederen Detektivdienste ausgeschickt hat. Moritz von Morungen, der Lokalredakteur, besorgt die Personalinformationen. Edgar Römertopf, der Gynäkologe, beschafft unter Umgehung der ärztlichen Schweigepflicht das medizinisch Wissenswerte. Henry Hoff, der arbeitslose Philosoph, beschattet mit zitterndem Revolver den Tatverdächtigen. Und selbst Ariane Binder, die lebenskluge Pressechefin eines Wirtschaftsverbandes, wird irgendwie in die Recherchen eingespannt.

Drei schwere Fälle hindurch ist Ariane obendrein die Geliebte Matzbachs. Dann gibt sie auf: »Anderthalb Jahre mit einem Ungeheuer reichen.« Kommissar Ziegler von der Bonner Kripo hätte es ihr vorhersagen können. Er leidet sichtlich unter dem bloßen Vorhandensein dieses unerschütterlich arroganten Amateurs, der den Profis dauernd sagt, was sie eigentlich zu tun hätten (und der fatalerweise auch noch dauernd recht behält). In gewisser Weise hat sich sogar der Autor selber von seinem detektivischen Monster entfernt. Beim ersten Fall ist Gisbert Haefs nämlich noch in Person dabei – als fortwährend zusammengestauchter Matzbach-Assistent. Beim zweiten Mal (»Und oben sitzt ein Rabe«) hebt er vorsichtshalber das Telefon nicht ab. Und seither beschränkt er sich auf seine Rolle als Chronist des sprücheklopfenden Massivhelden.

Mit dem freilich geht es im fünften Roman-Abenteuer (»Matzbachs Nabel«) nicht gut aus. Eigentlich wollte Baltasar nur mit seiner Liebsten ein paar Wochen Urlaub im schönen Ahrtal machen. Seine Liebste ist seit 1985, seit der westerwäldischen Eiszapfenmordparty »Mörder & Marder«, die berufsmäßige Hexe Jorinde Seyß. Doch wenn der Urlaub zu Ende ist, hat sich alles verändert. Warum mußte Matzbach, der ungeheuerliche Detektiv, aber auch im politischen Untergrund herumbohren? Nun hat er entdeckt, daß die Republik von Mittelmäßigen, Kriminellen und Wechselbälgern beherrscht wird. Grotesk. Aber letal für die Seinen. Baltasar selber hat seine Ermittlungen zwar einstweilen überlebt. Doch ob er noch einmal zurückkommt?

P.S. 1996: Ja. Auf einem Rheindampfer. Als Wirt des Restaurants »Spelunke« und als mordsmäßiger Detektiv.   hp

SHARON MCCONE
VON MARCIA MULLER

Als sie 1977 ihren ersten spektakulären Fall bearbeitete, war sie eine junge Frau, die auf die dreißig zusteuerte: Aktiv und pflichtbewußt; empört, wenn »Fach«-Männer sie nicht ernst genug nahmen (aber durchaus bereit, die Männlichkeit solcher Männer näher zu testen); mitunter ein bißchen hektisch, doch clever im Umkurven von Hindernissen; fintenreich beim Kombinieren, geübt in japanischen Kampfsportarten und für alle Fälle auch mit einer kleinen 38er versorgt. Ihre Hauptfähigkeit als Detektivin: stets »die richtigen Fragen« stellen zu können. So kam sie damals dem »Geheimnis von Edwin Eisenschuh« auf die Spur – einer Affaire, die mit üblen Grundstücksspekulationen im Trödlerviertel von San Francisco begann und im möderischen Milieu eines internationalen Kunsthehler-Ringes endete.

Seither hat Sharon McCone regelmäßig, eminent spannend und mit gehöriger Selbstironie über ihre Ermittlungen berichtet, doch ebenso über das, was sie außerhalb der reinen Kriminalistik erlebte – mit ihren diversen Lovern, diversen Katern (ihr gegenwärtiger heißt Ralph) oder den Hausmeistern ihrer diversen Wohnungen. Sie ist etwas reifer geworden in diesen zwei Jahrzehnten, etwas nachdenklicher (auch etwas redseliger), aber immer noch unnachgiebig an Aufklärung interessiert und immer noch verwundert, daß sich ihr Zynismus in überschaubaren Grenzen hält.

Die Experten sind sich jedenfalls längst einig: Sharon McCone hat bahnbrechend gewirkt. Sie ist die erste professionelle Serien-Detektivin neuen Typs gewesen, das Vorbild für all die starken Frauen, die heute, von Kinsey Millhone bis Bella Block, die Krimi-Szene beherrschen. Konsequent, daß Marcia Muller, die 1944 in Detroit

geborene Autorin, von ihren Kolleginnen zur »Mutter der modernen Privatdetektivin« ausgerufen wurde (auch wenn sie ihrerseits als McCone-Vorbild Cordelia Gray
nennt – doch die hat es ja, leider, nicht zur Serienheldin gebracht).

Nun haben moderne Privatdetektive, zumindest in der Realität, nur selten mit
Tötungsdelikten zu tun. Und auch bei Sharon McCone gehört der Mord nicht direkt
zum Geschäft. Sie hat halt so eine Ader, stets aufs Neue in derlei Mordsachen verwickelt zu werden. Ihr eigentlicher Job ist prosaischer: Ermittlerin bei der Rechts-
hilfe-Kooperative »All Souls«. Tätigkeitsmerkmale: Das Beibringen aufschlußreicher
Dokumente, das Fahnden nach verschwundenen Zeugen oder verschollenen Erben.
Doch gerade solches Stöbern in der Vergangenheit kann manches zutage fördern –
auch einen Mörder, der sich längst in Sicherheit wähnte. Und dann wird es gefährlich
für Sharon. Vielmehr: wurde es. Denn seit neuestem arbeitet sie, zwar nach wie vor in
ihrem alten »All Souls«-Büro, aber nunmehr auf eigene Rechnung, als selbständige
und lizensierte Privatdetektivin. Ungefährlicher ist das allerdings nicht. Bei ihrem
ersten freien Fall wäre sie um ein Haar das Opfer eines Bombenanschlags geworden
(»Feinde kann man sich nicht aussuchen«).

Ursprünglich hatte sie ganz friedlich Soziologie in Berkeley studiert. Hinterher
besaß sie zwar ein Diplom, aber keine Stelle. So ließ sie sich zur Detektivin ausbil-
den und trat in jenes Gemeinschafts-Institut ein, das der linke Rechtsanwalt Hank
Zahn im anti-autoritären (Rest-)Geist der 68er-Generation betreibt. In dem altmodisch
viktorianischen Gebäude haben die Mitarbeiter ihre gemeinsamen Büro-, Koch- und
sogar Wohnräume. Auch hier muß man wohl besser sagen: hatten; denn nach und
nach ist das alte Kollektiv-Bewußtsein einer mehr pragmatischen Geschäftsauffas-
sung gewichen (wie im richtigen Leben). Sharon allerdings hat von Beginn an allein
und woanders gewohnt. Darauf legte sie immer Wert. Sonst aber paßte sie gut in den
alternativen Laden, allein schon äußerlich: Pechschwarzes langes Haar (mit einer
grauen Strähne) und hohe Wangenknochen – bei ihrer aparten »genetischen Mischung« (ein Achtel indianisches, sieben Achtel schottisch-irisches Blut) ist der
Schoschonen-Anteil voll durchgeschlagen, das schuf spontanes Vertrauen bei den
Klienten in den multikulturellen Wohnbezirken San Franciscos. Und nun ist auch der
alte Langhaarzopf ab.

Allerdings nicht deshalb, weil Lt. Gregory Marcus von der Mordkommission sie
dauernd »Indianermädchen« nannte. Klar, geärgert hatte sich Sharon darüber schon.
Sie haßte ihn auch wegen seiner Macho-Sprüche. Danach war sie heftig mit ihm
liiert, und seit auch das zu Ende ging, abgeklärt mit ihm befreundet. So wandeln sich
die Dinge, und für Sharon McCone hat sich, zumal seit ihrem Status-Wechsel, noch
allerhand mehr gewandelt: Sie muß sich an Arbeitgeber-Verhalten gewöhnen und
daran, daß sie fürs Büro einen Computer mit Internet-Connection benötigt (und einen übereifrigen Neffen, der mit dem Ding umgehen kann). Dafür hat sie sich gleich
zu Beginn ihrer Selbständigkeit das ersehnte Autotelefon geleistet, das ihr Chef Hank
Zahn nicht genehmigen wollte. Und ihre vielbändige Suche nach dem Mann, mit dem
sie elementar zusammenleben könnte, scheint auch auf bestem Wege, seit sie in der

kalifornischen Wüste den Umweltschützer Heino Ripinsky kennengelernt hat. Der findet seinen Namen ja selber komisch und möchte nur »Hy« gerufen werden. Aber er ist der Mann für Sharon McCone.   hp

TRAVIS McGEE
VON JOHN D. MacDONALD

Manchmal freut sich Travis McGee auf einen ruhigen Abend zu Hause. Und »Zu Hause bedeutet an Bord der ›Pik As‹, meines Hausbootes, Heling, F-18, Bahia Mar, Lauderdale.« Auf diese Postadresse haben sich fast alle deutschen Übersetzer von John D. MacDonald geeinigt. Bei Henry Hartmann-Seymour allerdings liegt am Kai F-18 ein Schiff namens »Stich As«. Es ist eben einfacher, einen deutschen Begriff für den Bootsanlegeplatz (»Slip«) F-18 zu finden als für einen so ausgefallenen Schiffsnamen wie »The Busted Flush«. Der ist ganz eindeutig zweideutig, hat mit der Pokersprache zu tun, kann einen bankrott gegangenen Reichen meinen und ist obendrein auch noch ein Raymond-Chandler-Zitat.

An Bord seines Hausbootes sitzt Travis McGee und prüft gelassen, ob es mal wieder »eine ausgezeichnete Saison für Badenixen« ist, denen er gerne Windschutz und Sonnendeck offeriert. So kann er es aushalten, bis entweder Ebbe auf seinem Konto ist oder ihn ein Hilferuf erreicht.

Wenn er so faul in der Sonne liegt, gleicht er einem trägen Alligator. Diese Assoziation drängt sich seinen Auftraggebern allerdings noch stärker auf, wenn sie seine Honorarforderungen hören und meinen, daß er seinen Rachen (zu) weit aufsperre: »Mein übliches Honorar ist die Hälfte der Gesamtsumme«, wenn er Geld wiederfinden oder wiederbeschaffen soll. Vorbei die Zeiten, als Detektive für 40 $ am Tag und Spesen arbeiteten. Da kommt fast unweigerlich dieses Argument: »Die Hälfte ist ein verdammt großer Anteil.« Und ebenso postwendend die Replik: »Und die Hälfte von nichts ist immer noch nichts.« So redet kein Rächer der Enterbten, und dennoch hat auch dieser harte Kerl einen weichen Kern. Nach außen aber gibt er sich abweisend, eigenbrötlerisch und mit der latenten Menschenfeindlichkeit eines Mannes, der zu viel gesehen und erlebt hat.

Lange vor »Miami Vice« zeigte John D. MacDonald, daß im sonnigen Paradies Florida der Sumpf nicht nur eine geographische Ortsbeschreibung ist. In den insgesamt 21 Travis-McGee-Romanen läßt er seinen Helden nicht nur für 50 Prozent Erfolgsbeteiligung kämpfen und streiten, sondern auch gegen Korruption, gegen die Wucherungen der Spekulation, die Verstrickungen in der Drogen- und Terrorszene.

Wenn es sein muß, lichtet Travis McGee dann den Anker der »Busted Flush« und startet die beiden 58-PS-Motoren, die das Junggesellenparadies auf immerhin sechs Knoten beschleunigen. Falls es schneller gehen muß, hat er – zumindest vorübergehend – noch die kleine »Muñequita« vertäut. Vorgestellt im Roman »Grau auf weißer Weste«. Im zweiten Satz. Der erste Satz allerdings liefert ein Musterbeispiel dafür, wie man einen Kriminalroman beginnen läßt: »Als ich Tush Bannon das vorletzte Mal lebend sah, war mein neues kleines Boot … endlich seeklar geworden.« Im Original heißt dieses Abenteuer übrigens »Pale Gray for Guilt« – und verweist deutlicher als die Übersetzung auf eine Feinheit, die es dem Leser erlaubt, unter den rund siebzig Romanen von John MacDonald (und längst nicht alle Krimis) die Travis-McGee-Geschichten herauszufinden: In jedem Titel kommt eine andere Farbe vor. Und zwar nicht nur Deep Blue, Pink oder Bright Orange, die man sich im Sonnenstaat Florida leicht vorstellen kann, sondern auch (»Dress her in«) Indigo, Turquoise oder Cinnamon (»Skin«).

Wenn am Ende abgerechnet wird, dann bleibt für Travis McGee meist nicht nur die geforderte Hälfte des Geldes übrig, sondern auch das eine oder andere Frauenherz. Allerdings nicht für immer: »Wir wußten beide, daß es kein Beisammensein für alle Zeiten sein würde … Aber solange es dauerte, war es schön.« Er ist eben nicht nur – wie eine amerikanische Zeitung schrieb – »halb Rebell, halb Philosoph und ganz und gar sein eigener Mann«, sondern auch ein Seemann. Und in dessen Herzen hat nicht nur eine Platz.

Da war es nur angemessen, daß die Stadt Fort Lauderdale nach dem Tod von John D. MacDonald ein Gedenkschild am Bootssteg in Bahia Mar angebracht hat. Damit der unsterbliche Skipper immer weiß, wo sein Zuhause ist. Wie gesagt: Slip F-18. Oder im Bücherregal seiner Fans.   rw

Kinsey Millhone
von Sue Grafton

Am Anfang war das A. Es stand für »Alibi«, und das war 1982, als Kinsey Millhone nach zwei geschiedenen Ehen und zwei ebenso frustrierenden Jahren im Polizeidienst kurzentschlossen eine Lizenz als Privatdetektivin beantragte und in ihrem Heimatort Santa Teresa (einer kalifornischen Kleinstadt, hundert Kilometer nördlich von Los Angeles direkt am Pazifik gelegen) ihre Mini-Agentur aufmachte.

Da war Kinsey grad mal 25 Jahre alt. Das Büro wurde ihr von der Versicherungsgesellschaft »California Fidelity« kostenlos zur Verfügung gestellt – als Gegenleistung für Ermittlungsdienste in Sachen Policen-Schwindel. Aber ob Versicherungsbetrug oder Vermißtensuche: Die Jung-Detektivin zeigte von Beginn an ein bemerkenswertes Talent, bei ihren Recherchen auf Mordspuren zu stoßen. Lt. Dolan von der örtlichen Kripo nahm's (und nimmt's) mit gemischten Gefühlen zur Kenntnis.

Doch wenn Kinsey auch nicht grad ein Vorbild an Korrektheit ist (sie besitzt ein ganzes Arsenal falscher Pässe und kann lügen, ohne rot zu werden) – eines hält sie

geradezu penibel ein: Die alphabetische Ordnung ihrer kess selbstironischen Fallberichte. Mittlerweile ist sie bereits beim Buchstaben M (wie »Malice«) angekommen.
Sie ist jetzt Ende dreißig, läuft aber immer noch am liebsten in Jeans, Rollkragenpull-
over und Stiefeln herum. Zum Dauerschrecken ihrer »besten Freundin«, der mode-
bewußten Vera Lipton, besitzt Kinsey nur ein einziges (Allzweck-)Kleid; die Haare
schneidet sie sich selber mit der Nagelschere, und Make-up verwendet sie allenfalls
dann, wenn's der Wahrheitsfindung dient und sie bei einer verdeckten Ermittlung
besonders »nuttig« aussehen möchte.

Davon abgesehen, hat sich im Lauf der Jahre freilich einiges in ihrem Leben
verändert. Der neue Chef der »California Fidelity« hat sie aus Kostengründen gefeuert – nun betreibt sie ihre Detektei in einem Anwaltsbüro, ein paar Straßen weiter.
Auf ihre Privatwohnung wurde sogar ein Bombenanschlag verübt; doch Henry Pitts,
der muntere Greis, Kinseys Hauswirt und Ersatzvater, hat die umgebaute Garage
liebevoll neu herrichten lassen. Aber Kinsey lebt halt gefährlich: Auch ihr alter
VW-Käfer (den sie verblüffenderweise des geringen Benzinverbrauchs wegen fuhr)
fiel der Attacke eines Gangsterautos zum Opfer und mußte durch einen anderen Old-
timer der gleichen Marke ersetzt werden.

Kinsey selber hatte den Angriff zwar arg blessiert, doch lebend überstanden,
legte sich für den Rest der Geschichte (»G wie Galgenfrist«) aber vorsichtshalber
einen professionellen Bodyguard zu – obwohl sie sich normalerweise nicht von Männern sagen läßt, was sie tun soll. Doch
Robert Dietz, der Wortkarge, ist ja
auch kein Normalmann. Auf seine Anordnung hin verzichtet
Kinsey sogar auf ihr geliebtes
Morgen-Jogging; andererseits
verkneift sich Dietz, solange er für die empfindliche
Nichtraucherin Kinsey
arbeitet, heldenhaft jede
Zigarette. Bei soviel gegen-
seitigem Opfermut ist eine
fulminante Love-Story fast
schon unvermeidlich. Robert
Dietz, der ewige Tramp, lebt
momentan in Deutschland als Experte für Terroristenbekämpfung.
Aber Kinsey hat ihn nicht vergessen.
Und während sie, diesmal auf Honorarba-
sis (50 $ pro Stunde), für die reumütige »California
Fidelity« einen Versicherungsbetrug untersucht, der sich zu einem
schweren Familiendrama auswächst (»J is for Judgement«, der analphabe-

tische deutsche Titel heißt »Stille Wasser«), da findet die notorische Einzelgängerin obendrein ihre eigene Familie wieder. Kinsey war nach dem frühen Unfalltod ihrer Eltern bei ihrer Tante aufgewachsen und hatte beizeiten gelernt, selbständig und unabhängig zu sein. Direkt begeistert ist sie darum auch nicht, als plötzlich die vereinnahmende Verwandtschaft vor ihrer Bürotür aufkreuzt. Mal sehen, was daraus wird. Sue Grafton, die Autorin, wird es uns zweifellos sagen, bevor der Buchstabe Z erreicht ist. hp

Chief Inspector E. Morse
von Colin Dexter

Seine korrekte Amtsbezeichnung lautet »Detective Chief Inspector«, und er kann recht aasig reagieren, wenn ihn jemand bloß mit einem schlichten »Inspector« anredet. Seine Dienststelle ist das Revier der »Thames Valley Police« in Kidlington – zuständig für Kriminalfälle im District of Oxford, bei personellen Notlagen aber auch direkt in Oxford Town. Personelle Notlagen bestehen öfter, und Chief Inspector Morse hat auf Geheiß von Chief Superintendent Strange bereits mehr als einen Urlaub abgebrochen, um in den Bezirken der – vermeintlich ehrwürdigen – Universitätsstadt nach Mordspuren zu fahnden.

Seine Junggesellenwohnung liegt in Summertown, etwas außerhalb der City. Dort verbringt Morse seine begrenzte Freizeit vorwiegend mit dem Abhören von Wagnerschen Musikdramen. Doch mit seinem Lancia ist er meist schnell am Tatort; schneller zumindest, als es die (Verkehrs-)Polizei eigentlich erlaubt. In den späteren Büchern hat Morse, Jahrgang 1932, die Automarke zugunsten eines britischen

Nobelprodukts gewechselt; sonst aber hat sich seit seinem Debut im Jahre 1975 bei ihm nur wenig verändert: Sein Haar ist grauer geworden, doch schütter war es schon, als er damals den »Letzten Bus nach Woodstock« verfolgte. Seine Reizbarkeit hat zugenommen, genau wie sein Körperumfang; aber ein bißchen dicklich war er immer, und vor seinen unberechenbaren Launen zitterte nicht allein Constable Dixon. Zunehmend exzessiver wird auch Morses Alkoholkonsum. Andererseits hat er schon früh in seiner Laufbahn erkannt: »Bier kurbelt die Phantasie an.« Alles in allem wirkt er nicht eben anziehend, aber eben das macht ihn markant. Er ist der momentane Kult-Detektiv der englischen Krimi-Szene.

Ein Star mit einem kleinen Geheimnis freilich. Denn die Leser seiner inzwischen mehr als zehn Mordakten wissen zwar Vieles über ihn – daß er als junger Mann Alte Philologie am Oxforder St. John's College studierte und eine Hoffnung war, bevor ihn eine traurige Liebesgeschichte aus der akademischen Bahn warf; daß er verdächtig gut in Wettbüros Bescheid weiß; daß er an Höhenangst und (verblüffend für einen Todes-Spezialisten) an Nekrophobie leidet, weshalb er beim Anblick von Leichen regelmäßig mit Übelkeit zu kämpfen hat; daß er sich für attraktive Zeuginnen nicht nur während des Verhörs interessiert. Eines jedoch wissen die Leser nicht – wie dieser Detektiv mit Vornamen heißt. Denn mehr als den ersten Buchstaben gibt Morse nicht einmal in amtlichen Unterlagen preis, sein Taufname ist ihm einfach peinlich. Selbst der scharfsinnige Gerichtsmediziner Max, sein langjähriger Freund, kennt nur die dienstliche Lesart: Chief Inspector E. Morse. Und sein Autor Colin Dexter (geboren 1931) macht die Geheimniskrämerei bedenkenlos mit. Der inzwischen ermordete Max wird die Wahrheit nie erfahren. Erst im letzten Band der Serie will Colin Dexter mit der Lösung herausrücken.

Bis dahin dürfen wir selber ein bißchen Detektiv spielen. Vielleicht heißt er ja »Ebenezer« – wie der unselige Geizkragen Ebenezer Scrooge von Charles Dickens. Das würde doppelt gut zu Morse passen. Zum einen kennt er sich im Œuvre von Dickens blendend aus (wie er, als Bücher-Freak, überhaupt sämtliche angelsächsischen Autoren zu kennen scheint, die meisten davon auswendig); zum andern gehört der Geiz zu seinen herausragenden Eigenschaften, was nicht zuletzt Sergeant Lewis bestätigen dürfte, der Dauergefährte des Chief Inspectors. Lewis muß seinen Chef im Verlauf ihrer diversen Untersuchungen nämlich nicht nur in alle möglichen Pubs begleiten, sondern meist auch für beide zahlen. Dabei ist er selber gar kein enthusiastischer Trinker.

Doch davon abgesehen, hat Morse keinen größeren Verehrer als seinen Sergeant. Und der brave Lewis hat nur selten Anlaß, an seinem Idol zu zweifeln. Manchmal allerdings schon; denn Morse, der große Kombinierer und Crossword-Fan, verfolgt auch seine abstrusesten Ideen hartnäckig bis zum bitteren Ende, das heißt, bis zur Verhaftung eines absehbar Unschuldigen. Aber wenn er dann plötzlich das berühmte Kribbeln auf der Kopfhaut spürt, dann weiß er: Diesmal ist er auf der richtigen Spur. Danach geht alles ganz schnell.   hp

HOKE MOSELEY
VON CHARLES WILLEFORD

Er ist Müsli-Esser, aber kein Müsli-Typ. Und wahrscheinlich würde er auch öfter handfester frühstücken, wenn er nicht immer wieder Gewichtsprobleme hätte. Sein Gewicht schwankt zwischen 180 und 190 Pfund (andere Quellen beziffern die Spannweite auf 182 bis 205 Pfund). Und das ist nicht die einzige Bürde, die Hoke Moseley mit sich herumschleppen muß.

Moseleys geistiger Vater Charles Willeford kokettierte kurz vor seinem Tod, man könne seine Detektiv-Figur nicht gerade »einen unterhaltsamen Charakter« nennen: »Dabei sind gerade Frauen von ihm begeistert. Ich frage mich nur, was sie an dem Typ finden. Er hat eine Glatze und falsche Zähne.« Letztere hatte er sich von Dr. Evans verpassen lassen, obwohl er nur einen Abszeß an nur einem Zahn hatte, aber der Zahnarzt wollte Erfahrungen sammeln. Und Moseley Geld sparen. Nun macht sein Gebiß schon mal seine eigenen Erfahrungen, wenn »Frederick J. Frenger Jr., ein gutgelaunter Psychopath aus Kalifornien«, loszieht, um »diesem Wichser die Zähne zu ziehen«.

Am Ende des ersten Hoke-Moseley-Abenteuers, »Miami Blues«, revanchiert sich Moseley mit drei Schüssen: »Die letzte Kugel, die er dem Mann in den Kopf geschossen hatte, war lediglich eine Sicherheitsmaßnahme gewesen.« Dennoch ist Moseley alles andere als ein Draufgänger. Er nimmt sich nach den ersten Erfahrungen mit seiner neuen Partnerin Ellita Sanchez (»Auch die Toten dürfen hoffen«) in seinem dritten Fall »Seitenhieb« schon mal das »Burning-out-Syndrom«, das sein wohlmeinender Kollege Bill Henderson lieber eine »Gefechtsmüdigkeit« nennt: Nach 14 Jahren Cop-Karriere, die ihm eine gescheiterte Ehe und eine Karriere als alleinerziehender Vater von zwei Teenagern einbringt.

Da hat er es von seiner Absteige im Hotel »Eldorado«, dessen Name ein Hohn ist, schon bis zu einem Häuschen geschafft, in dem er mit der hochschwangeren Kollegin Sanchez in platonischer Wohngemeinschaft lebt und sich mit seinen Töchtern Sue Ellen und Aileen, die ihm seine ehemalige Frau nach ihrer Wiederverheiratung zukommen ließ, um die Benutzung des einzigen Badezimmers streitet.

Hoke Moseleys Privatleben bleibt auch im vierten Band »Bis uns der Tod verbindet« chaotisch, aber das spiegelt ja nur die Verrücktheit der Welt um Moseley wider.

Erst in seinem fünften Abenteuer, das unvollendet blieb, gibt es eine sehr finale Lösung. Unter Willeford-Kennern kursiert das Gerücht, in diesem letzten Band sei Moseley ausgerastet, habe seine beiden Töchter ermordet und den schwarzen Millionär und Ehemann seiner früheren Frau attackiert. Zuzutrauen wäre es Moseley, der schon mal aussteigt und vielleicht auch ausflippt. Und das auch noch im fernen Kalifornien. Was besagt, daß Willeford als Prophet der Immobilität nicht nur geographisch Grenzen überschritten hätte. Für den Moseley, den wir kennen, ist jedenfalls der Großraum Miami Spielplatz genug. Notfalls kann er immer noch nach Riv(i)era

Beach ausweichen, wo er aufgewachsen ist und wo sein Vater einen Haushaltswaren-laden hat. Moseleys Miami hat nichts zu tun mit den geschniegelten Kulissen von »Miami Vice«, er fährt keinen Ferrari, sondern einen alten Pontiac, und er ist auch nicht ständig den großen Geldhaien und den Drogenbossen auf der Spur, sondern den ganz normalen Verrückten. Moseley arbeitet abgelegte Fälle auf und sich selber an ungelösten ab.

Mit Hoke Moseley ist Willeford ein später Triumph gelungen. Der 1919 in Arkansas Geborene war 21 Jahre lang Berufssoldat (und hat darüber in »Something about a soldier« geschrieben), hochdekorierter Panzerkommandant im Zweiten Weltkrieg und danach mit einem Armeestipendium Kunst- und Literaturstudent. Was sich auf seinen lakonisch-präzisen Stil auswirkte.

Willeford hatte bereits eine stattliche literarische Laufbahn hinter sich, als er 1985 seinen Hoke Moseley erstmals auf die Straßen von Miami schickte und damit spät, aber doch zu Ruhm und Ehren kam. Drei vollendete Hoke-Moseley-Bücher und drei Jahre später starb er. Da war sein Held zwar vom Sergeant zum Lieutenant befördert worden, hatte aber dabei noch mehr aschblonde Haare lassen müssen. Doch dafür hat Moseley einen ordentlichen Pelz auf Schultern und Rücken – und notfalls auch auf den Zähnen. Obwohl die ja nicht echt sind.   rw

NICK NASE
VON MARJORIE WEINMAN SHARMAT

Die Größe eines Detektivs hängt nicht von seiner Körperlänge ab. So wenig wie von seinen Lebensjahren. »Der große Nick Nase«, wie er sich in aller Bescheidenheit selber nennt, ist ein Mensch im Grundschulalter. Trotzdem kann er mit Stolz vermelden, bislang noch jeden seiner oft vertrackten Fälle erfolgreich abgeschlossen zu haben.

Hat er nicht durch systemvolles Forschen und zündendes Überlegen den verlorenen Einkaufszettel seines schusseligen Freundes Robert an einem völlig unerwartbaren Ort aufgespürt? Und das noch vor Ladenschluß, so daß Roberts Vater den Verlust nicht bemerkte? Hat er nicht durch »eiskaltes Kombinieren« jenes merkwürdige Geburtstagsgeschenk wiederbeschafft, das ihm Sylvie zugedacht hatte und das spurenlos verschwand, obwohl überall hoch Schnee lag? Was den Fall noch zusätzlich komplizierte, war die Tatsache, daß Nicks Geburtstag erst im Sommer, am 12. Juli, stattfindet – aber Sylvie ist überhaupt »merkwürdig«, das muß jeder Detektiv einkalkulieren, der öfter mit ihr zu tun bekommt. Der erfahrene Nick macht sich da nichts vor.

Und hat Nick Nase nicht in nächtlichen Beobachtungen und täglichen Lexikon-Studien das rätselhafte Unwesen ermittelt, das dauernd Olivers Mülltonne umkippte und ausräuberte? Ja, mit seiner bekannten Hartnäckigkeit und seiner erstklassigen

Fragetechnik beim Zeugenverhör unter den Kindern des Viertels hat er auch dies geschafft. Trotzdem war das Resultat ein bißchen peinlich. Aber auch lehrreich: Denn zum einen mußte Nick die bittere Erfahrung machen, daß sein erstes, perfekt zusammengedachtes Täterbild leider nicht mit der Wirklichkeit übereinstimmte. Doch dieses Pech haben auch schon erwachsene Kollegen vom höchsten Kriminalrang erlitten. Schlimmer war etwas anderes: Der wahre Täter war sein eigener Hund – das schlappohrige Wesen namens »Schnüffel«. An sich entwickelt Schnüffel keine kriminelle Energie (»Energie« gehört generell nicht zu den Dingen, die Schnüffel entwickkelt). Aber diesmal hatte er ein Motiv: Er war schlicht überfüttert von »Pfannkuchen mit Schokocreme« und wollte in der Mülltonne nach einem hundsgemäßen Knochen fahnden.

Auch große Helden haben ihre kleinen Schwächen. Und die Schwäche des großen Nick Nase heißt: Pfannkuchen mit Schokocreme. Wenn er nicht gerade auf Spurensuche ist, bereitet er diese Speise fachmännisch in der Bratpfanne zu. Dafür braucht er nicht mal die Hilfe seiner Mutter. Überhaupt kommt die Mutter in den Nick-Nase-Reports immer nur als Empfängerin von rasch hingeworfenen Info-Zetteln vor, auf denen »Dein Nick Nase, Detektiv« seine Abwesenheit mitteilt und seine Rückkunft nach Lösung des Falles in Aussicht stellt.

Denn die meiste Zeit ist Nick unterwegs zu irgendeinem Tatort: Den Mantelkragen charaktervoll hochgeschlagen, auf dem Kopf den doppelkrempigen Deerstalker à la Sherlock Holmes. Seinen Hut hängt er allenfalls dann einmal an eine Astgabel, wenn er »Ferien« macht – für ein paar Stunden. Oder wenn er zu Haus über seinen Büchern grübelt, um sich beispielsweise über das Freßverhalten von Stinktieren schlau zu lesen. Oder wenn er seine Abschlußberichte schreibt. Denn das macht Nick Nase selber. Marjorie Weinman Sharmat, die auf den Buchtiteln als Autorin genannt ist, dient ihm bloß als literarische Agentin (dies aber bereits seit 1972).

So ist Nicks Ruf als Detektiv mit den Jahren ganz schön gewachsen. Nina, das Mädchen von nebenan, umschwärmt ihn geradezu. Klar, daß soviel Ruhm auch Neider hervorbringt. Der redselige Tom etwa (der Freund des schweigsamen Tim) – er hat dem selbstbewußten Nick einmal eine ganz gemeine Falle gestellt. Doch Nick Nase ist keiner, der sich dauerhaft auf eine falsche Fährte locken läßt, und am Ende mußte Tom öffentlich zugeben: »Du bist ein großer Detektiv.« Das sind dann so die Momente im Leben eines Kriminalisten, da möchte man mit niemandem auf der Welt tauschen.   hp

ALO NUDGER
VON JOHN LUTZ

Er heißt Alo Nudger, aber diesen Namen benutzt er nicht. Obwohl er einmal sogar verrät, wofür das Alo steht: für Aloysius. Und so kann man eigentlich nicht heißen.

Nicht nur in St. Louis. Also nennen ihn alle nur Nudger. Selbst Claudia Bettencourt, die späte Liebe seines Lebens. Nur zwei Freunde rufen ihn »Nudge«: Police Lieutenant Jack Hammersmith und Danny, der ihn in seinem Doughnut-Shop auch mit seiner Backwaren-Spezialität traktiert, dem »Dunker Delite«. Kein Wunder, daß Nudger ständig Magenschmerzen hat und Talcid-Tabletten kaut wie andere Leute Kaugummi.

Die Schmerzen hängen allerdings nicht nur mit Nudgers Ernährungsgewohnheiten zusammen, sondern mehr noch mit den Nerven. Die Bemerkung, daß er dann aber im falschen Metier sei, kann er nur mit einem »Das können Sie laut sagen« quittieren. Aber andererseits: »Der Beruf hat mich ausgesucht. Daß er mir keinen Spaß macht, ist das einzige, weshalb ich nicht für ihn geeignet bin. Irgendwie ist er zu mir geworden. Oder ich habe mich in ihn verwandelt.«

Die (nicht nur Magen-)Nerven waren auch der Grund, warum Nudger den Dienst als Streifenpolizist quittierte. Daß er vorher noch – eher aus Versehen – seinem Partner Hammersmith das Leben rettete, zahlt sich später immer wieder aus, wenn Freund Jack eine schützende Hand frei hat. Die ehemalige Polizeikarriere und die Magenschmerzen hat Nudger übrigens von seinem geistigen Vater John Lutz geerbt.

Nudgers Magen hat's nicht leicht. Da sind ja nicht nur Dannys schier ungenießbarer Kaffee und unverdaulicher Mord und Totschlag (»Er hatte nicht das Nervenkostüm, um in einen Mord verwickelt zu werden«), sondern da gibt es auch noch seine geschiedene Frau Eileen, die ihn mit ihren Unterhaltsforderungen nervt. Ihretwegen mußte sich der Jazz-Fan Nudger gar von einem Großteil seiner Plattensammlung trennen. Weshalb er nun wirklich »Das Recht ha, den Blues zu singen«. So heißt sein Abenteuer »New Orleans Blues« im Original, das ihn aus seiner Heimatstadt lockt und zur Einsicht bringt, daß auch böse Menschen ihre Lieder haben. Ansonsten aber beweist Nudger, daß in St. Louis nicht nur die Fluten des Mississippi dreckig sind und daß es rund um das »Tor zum Westen« ganz schön wild zugehen kann. Kein Wunder, daß Nudger einiges abbekommt. Das liegt allerdings auch daran, daß er allzuoft nicht bemerkt, wenn er beschattet und verfolgt wird. Dann setzt es Niederschläge. Und die muß er wohl oder übel einstecken, denn Nudger beherrscht weder Kampfsportarten, noch trägt er einen Revolver: »Er verabscheute Gefahr und hatte keinen Sinn für Gewalt.« Und außerdem können Schußwaffen ja auch für ihren Besitzer gefährlich sein. Wenn der die Beherrschung verliert.

Das erreicht bei Nudger allerdings kein Bösewicht, da muß schon eine Frau im Spiel sein. Und das ist eben Claudia Bettencourt, deren Lebensretter er nicht nur im übertragenen Sinn ist. Weshalb es sich empfiehlt, den »Nachtanschluß« zu wählen, wenn man in die Nudger-Reihe einsteigen will. So kann man miterleben, wie nicht nur die verhinderte Selbstmörderin Claudia aufblüht, sondern auch die Liebe zwischen Nudger und ihr. Sie macht Nudger zu einem für amerikanische Krimi-Verhältnisse ungewöhnlich monogamen Mann. Wenn Claudia nicht gerade ihr Recht auf Selbstverwirklichung entdeckt. Und das trägt beispielsweise den Vornamen Biff und ist Lehrerkollege. Sportlehrer!

»Dies war einer der Momente, in denen er wünschte, einen Revolver zu besitzen. Und er war froh, daß er keinen Revolver besaß. Er hätte ihn tatsächlich umbringen können.« Ansonsten aber leidet Nudger eher unter dem Helfer-Syndrom, dem das »Nudger-als-Erretter-Thema« peinlich ist. Dennoch genießt der »an schäbige Scheidungen und stibitzte Ladenkassen gewohnte Nudger« es bisweilen, »sich wie Sam Spade vorzukommen. Es war ein erhebendes Gefühl.« Nur hält es meist nicht lange. Dann hat ihn der Erdboden wieder. Spätestens wenn sich sein nervöser Magen wieder meldet.   rw

SUPERINTENDENT OTANI
von James Melville

Er ist berühmt für sein undurchdringliches Pokerface, aber manchmal passiert es doch, daß Tetsuo Otani »tief seufzt« und »ungläubig den Kopf schüttelt«. Dann kann man sicher sein: Er hat es wieder mal mit diesen rätselhaften »Gaijin« zu tun, diesen Ausländern mit ihren sonderbaren Sitten und Gebräuchen.

Vollkommen unverständlich, beispielsweise, daß die Westler ihre Dinnerparties bei sich zu Hause veranstalten. Kein vernünftiger Japaner würde auf solche Idee kommen – wozu gibt es Restaurants oder Hotels? (Und Otani denkt mit Schaudern daran, wie sein schönes altes Holzhaus am Fuß des Rokko-Berges nach so einer Gäste-Invasion wohl aussähe). Doch wenn auf einer derartigen Party eine ältliche Amerikanerin ermordet wird, noch dazu mit dem Giftstoff des Fugu, des aufregend-berüchtigten japanischen Kugelfisches, dann muß sich Otani wohl oder übel mit der Sache befassen (»Sayonara für eine Sängerin«). Schließlich ist er als Superintendent und Chef der Präfekturalpolizei Hyogo nicht zuletzt für den Schutz der Ausländer zuständig. Und Kobe, die westjapanische Hafenstadt, in der Otanis Amtssitz liegt, ist ein bevorzugter Ort für diplomatische Vertretungen und internationale Handelsniederlassungen.

Trotzdem widerfährt den Zugereisten hier mancherlei Ungemach: Einmal wird ein irischer Jesuitenpater im Bezirk eines Buddhisten-Tempels erstochen (»Lohn des Zen«); vor der Moschee der islamischen Gemeinde erwischt es einen Araber (»Vorsicht, Fremder«); und das Attentat, das den Leiter einer feierlichen Teezeremonie auslöscht, hat allem Anschein nach dem britischen Botschafter gegolten (»Die Todeszeremonie«).

Nun ist ein Polizeichef wie Otani natürlich auch für andere, mehr inländische Aufgaben da, etwa für den Kampf gegen das Verbrecher-Syndikat des – inzwischen verstorbenen – Herrn Yamamoto. Doch dem Autor James Melville, der lange Jahre als britischer Kulturattaché in Japan lebte, kommt es in seinen Kobe-Krimis in erster Linie auf die interessante Konfrontation der Kulturen an. Darum auch die trickige Perspektive: Als westlicher Schriftsteller schildert er die westliche Lebensart aus der Sicht eines durch und durch japanischen Polizeioffiziers, über dessen (Familien-) Leben, Denkweisen und – na klar – Ermittlungsmethoden der Leser dann gleichfalls eine Menge erfährt.

So erfährt er zum Beispiel, daß der Vater des konservativen (wenn auch zur belustigten Selbstironie fähigen) Otani ein geradezu radikal liberaler Professor war, der die Polizei-Tätigkeit seines Sohnes zeitlebens mit Argwohn beäugte: Nicht einmal die steile Dienstkarriere des Juniors (der mittlerweile aber selber schon Großvater ist) konnte den alten Autoritätsfeind beruhigen. Und immerhin leitet der Superintendent, wie seine schöne und kluge Frau Hanae ausgerechnet hat, eine Behörde mit fast 9.000 Angestellten.

Ein gutes Halbdutzend dieser Neuntausend gehört dabei zum ständigen Personal von Melvilles Otani-Reports: Der pfiffige Chef-Fahrer Tomita; der begabte junge Streifenpolizist Migishima und vor allem dessen einfallsreiche Ehefrau Junko, die herausragende Nachwuchskraft der Kripo. Otanis wichtigste Mitarbeiter sind allerdings zwei Herren: Charaktere von markantester Gegensätzlichkeit. Inspektor »Ninja« Noguchi, der wortkarge, stets verschmuddelte Leiter des Rauschgiftdezernats, dessen Spürsinn nichts entgeht, und der redselige Inspektor Kimura, der Leiter der Ausländerabteilung – ein kindlicher Bewunderer alles Abendländischen, der auf seine erotischen Erfolge bei Westdamen ebenso stolz ist wie auf seine blendende Fremdsprachenbeherrschung.

Otani dagegen kann nicht einmal Englisch. Was »Scotland Yard« ist, weiß er allerdings genau: Europäische Krimis liest er nämlich mit Begeisterung. Und als er mit Hanae tatsächlich einmal nach England fährt und dort prompt in einen Mordfall gerät (»Tod eines Daimyo«), zeigt er den etwas blasierten Kollegen vom Yard in aller japanischen Höflichkeit, wie man so eine Sache erfolgreich anpacken muß.

Stellt sich jetzt nur die bange Frage, wie die Otanis das schwere Erdbeben von Kobe überstanden haben. Darüber ist uns James Melville im nächsten Band einfach eine Antwort schuldig.   hp

Toby Peters
von Stuart Kaminsky

Eigentlich heißt er gar nicht Toby Peters, sondern Tobias Leo Pevsner. Er nennt sich so, um sich von seinem großen Bruder zu unterscheiden. Der heißt Philipp Pevsner, ist Lieutenant bei der Mordkommission von Los Angeles und auch sonst ein unangenehmer Mensch: Brutal; tief reaktionär; ein Polizist durch und durch; voller Verachtung für Privatdetektive. Toby Peters ist Privatdetektiv.

Auch das war er nicht immer. Ursprünglich gehörte er zum Sicherheitsdienst der Warner-Bros-Filmstudios in Hollywood. Bis man ihn feuerte, weil er einem Cowboy-Darsteller den Arm brach. Sicher, es war Notwehr, aber die Dreharbeiten wurden verzögert. Danach übernahm er Gelegenheitsjobs als Leibwächter irgendwelcher Kinostars. Schließlich machte er an der Hoover Street von Los Angeles ein Detektiv-Büro auf.

Das Office liegt in einem Hochhaus (aber nur Fremde benutzen den Fahrstuhl; erfahrene Mieter nehmen den Weg durchs Treppenhaus). Toby teilt sich das Büro mit Sheldon Minck. Der praktiziert in seiner Hälfte als Zahnarzt. Früher nannte er sich Dr. med. dent. Minck, bis ihm die Zahnärztekammer dahinter kam. Aber das Wartezimmer für Tobys Klienten und Sheldons Patienten ist das gleiche. Doch das ist nun auch schon wieder ziemlich lange her und hat sich in den vierziger Jahren abgespielt. Denn Toby Peters, Kennzeichen: eingeknickte Nase (»2 Hiebe zuviel«), ist zwar ein ganz geistesgegenwärtiger Ich-Erzähler; aber was er da seit 1977 regelmäßig an neuen Büchern herausbringt, sind eben seine Memoiren, okay? Der Mann ist vom Jahrgang 1896!

Manchmal scheinen ihm auch die Zeiten ein bißchen durcheinander zu laufen: Autogenes Training, Fitneß-Center – da hätte sein Redakteur Stuart Kaminsky ruhig ein bißchen besser aufpassen können, um altersträbe Anachronismen zu vermeiden.

Kaminsky, Jahrgang 1934 und Professor für Filmgeschichte, tritt nach außen hin, vermutlich seines Promi-Status' wegen, als Verfasser der Toby-Peters-Memoiren auf; und bisweilen hat man den leisen Verdacht, als behandle er dies kriminelle Geschäft nicht mit dem gebotenen Ernst.

Ganz anders Toby. Der ist bei seiner Suche nach der verlorenen Zeit hemmungslos aufrichtig. Oder nur indiskret? Jedenfalls verschweigt oder verschlüsselt er nichts; nicht einmal die realen Namen seiner berühmten Klienten, ob es sich nun um die junge Judy Garland handelt oder die alternde Sexual-Actrice Mae West, ob er mit Clark Gable zu tun hat oder dem Film-Mogul Cecil B. de Mille das Leben rettet.

Tobys Schnüffler-Methoden sind dagegen eher schlicht. Die »Kunst der Schlußfolgerung« beherrscht er zwar, wendet sie aber selten an. Auch Schießen kann er schlecht. Das Geheimnis seines Erfolgs heißt Hartnäckigkeit. Und wenn es sich ergibt, spannt er auch schon mal einen jungen Krimi-Autor namens Raymond Chandler (dessen Bücher kein Mensch kennt, außer Bruder Phil) als Assistenten ein.

So geht ihm die Arbeit nie aus. Denn pünktlich zum Ende jedes Falles klingelt Tobys Telefon, das meist von seinem Freund, dem Schweizer Zwerg Uli Mitterholzer, einem Lyrik-Übersetzer, bewacht wird. Am Apparat ist dann ein hilfsbedürftiger Groucho Marx oder sonst ein Star mit kriminellen Problemen. Und der süchtige Leser darf sich schon mal wieder auf einiges gefaßt machen.   hp

Pettigrew & Inspector Mallett
von Cyril Hare

Kennengelernt haben sie einander im April 1940 – anläßlich jener »Tragödie im Gerichtssaal«, in deren Verlauf der unerbittliche, doch menschlich fehlbare Richter Barber mehrfach bedroht und schließlich ermordet wurde (was im skandalsüchtigen England sogar die Schreckensmeldungen des Zweiten Weltkriegs vorübergehend aus den Schlagzeilen verdrängte). Und schon damals ergänzten sich die detektivischen Talente der beiden aufs Feinste: Inspector Mallett, der Scotland-Yard-Profi mit dem sagenhaften Faktengedächtnis, entwickelte eine logisch präzise Theorie des Tathergangs, während Francis Pettigrew, der kriminalistische Amateur und im Berufsleben arg erfolglose Barrister (Gerichtsanwalt), mit seiner Kenntnis entlegenster Präzedenzfälle den juristischen Angelpunkt des Verbrechens herausschnüffelte – und damit das geheime Tatmotiv.

Seitdem haben sich ihre Wege immer mal wieder gekreuzt. Etwa in den feudalen Räumlichkeiten des Staatsunternehmens »Pin Control«, wo Pettigrew als Rechtsberater seinen patriotischen Kriegsbeitrag ableistet und Mallet einen Fall von Geheimnisverrat untersucht. Doch im Grunde ihres Herzens sind die beiden viel mehr daran interessiert, den ganz privaten – sozusagen friedlichen – Mord an einer dortigen

Sachbearbeiterin aufzuklären (»Mit einer Nadel bloß«). Und weil die Tat einerseits raffiniert eingefädelt war und andererseits im Erb- und Versicherungsrecht wurzelte, fügen sich die Spezialbegabungen der zwei Detektive wieder einmal zu einem erfreulichen Ganzen.

Trotzdem ist Pettigrew im Verlauf dieses Falles ausgesprochen wütend auf Mallett. Bei einem zufälligen Blick in die Handakten des Inspectors fand er nämlich die Notiz, er, Pettigrew, sei verliebt in seine Sekretärin! Doch leugnen kann der alternde Junggeselle den Sachverhalt nicht. Und schon im nächsten Band fungiert die jugendliche Ex-Sekretärin Eleanor Brown als Mrs. Pettigrew. Der Krieg ist inzwischen zu Ende, doch Morde gibt's natürlich immer noch: Diesmal erwischt es die Solistin jenes Amateur-Orchesters, in dem Eleanor die 2. Geige spielt und ihr Gatte die Kasse verwaltet. Und weil Mallett nicht direkt hinzugezogen wird (den alten Gefährten aber diskret empfiehlt), muß der arme Pettigrew die konzertante Mordaktion diesmal als Quasi-Solist durchpauken. Zum Glück liegt der Schlüssel einmal mehr im vertrackt britischen Rechtssystem (»Solo für Lucy«).

Auch Mallett hat sich freilich längere Zeit als Einzelkämpfer betätigen müssen – in den dreißiger Jahren, vor seiner Bekanntschaft mit dem skurrilen, dabei denkscharfen Anwalt. Der Inspector ist ein echter Cockney: Schwergewichtig, doch verblüffend beweglich, mit einem enormen Schnauzbart und einer nicht minder großen Freude an gutem Essen – schon vor sechzig Jahren beklagte er sich bitter über die niederschmetternde Amerikanisierung der britischen Gastronomie. Davon abgesehen steht er neuen Erfahrungen aufgeschlossen gegenüber: Um einem Mord in dem exklusiven Angelclub am River Didder auf die Spur zu kommen, stürzt er sich sogar in die tief rätselhaften Mysterien der Fliegenfischerei (»Der Tod ist nicht fair«). Und als er die Fakten eines bereits amtlich bestätigten Selbstmordfalles neu aufrollt, muß er sich auch noch in versicherungsrechtliche Winkelzüge einarbeiten, um ein trickreich ersonnenes Komplott grad noch rechtzeitig zu entlarven (»Selbstmord ausgeschlossen«).

Da hätte er den fachlichen Rat seines künftigen Kumpanen schon gut gebrauchen können. Doch dieser Pettigrew ist nicht nur im Versicherungswesen firm: Für die Juristenzeitung schreibt er zudem Rezensionen über Kriminalromane, wobei er besonders auf die Einhaltung gerichtsrelevanter Prozeduren achtet und die Autoren, wenn's sein muß, mit beißendem Hohn übergießt. Bei seinem eigenen Chronisten wäre dies allerdings kaum nötig: Schließlich war Cyril Hare (1900-1958) unter seinem bürgerlichen Namen Gordon Clark einer der ausgebufftesten Barrister in Old Bailey. Und er bekam, wovon Pettigrew bis zuletzt vergeblich träumt – eine Berufung als Lord Richter. hp

Chico Pipa & Gregorio Scarta
von Carlo Manzoni

Salve, Sportsfreunde! So oder so ähnlich pflegt zumindest Chico Pipa seine Fallberichte einzuleiten. Er ist kein Freund von großen Förmlichkeiten. Denn von allen hartgesottenen Schnüfflern des Kriminalgenres ist er der hartgesottenste. Mit Ausnahme seines Partners natürlich. »Chico Pipa & Gregorio Scarta« steht in altmodischer Gravur auf der Milchglastür ihres Detektivbüros.

Die beiden haben sich kennengelernt, als sie gemeinsam ihr Polizei-Examen ablegten. Aber die Perspektive einer lebenslänglichen Beamtenlaufbahn entzückte sie dann nicht; so machten sie sich als Schnüffler selbständig, was bei Gregorio (»Greg«) Scarta besonders wörtlich zu nehmen ist; aber dazu später.

Jedenfalls sind die zwei rasch ein unschlagbares, in Gangster- wie Polizeikreisen gleichermaßen gefürchtetes Doppel geworden, trotz gewisser Unterschiede: Chico ist für jeglichen neuen Reiz, sofern er Rock und Bluse (oder weniger) trägt, hochempfänglich und verknallt sich, von Fall zu Fall gewissermaßen, in jede schutzsuchende Klientin.

Greg dagegen ist klassisch monogam. Seine – freilich hübsch eifersüchtige – Dauerbraut ist Fernanda aus der »Fledermaus«-Bar. Als Greg mal wegen allzu rüder Ermittlungsmethoden verhaftet wurde, terrorisierte Fernanda umgehend das komplette Polizeipräsidium. Vorsorglich hatte sie auch am Halsband ein Fäßchen Bourbon dabei, Gregs Lieblingsgetränk. Nicht nur Gregs. Auch Chico Pipa, der Seniorpartner, kommt ohne diesen Kraftstoff nur schwer in die Gänge. Der Bourbon ist gleichsam ein Tribut an die düstere Welt des US-Krimis, an Phil Marlowe, Sam Spade oder Lew Archer. Denn wie die Namen unserer Helden wohl schon andeuten: Das Office von Chico Pipa & Gregorio Scarta liegt nicht in Los Angeles, sondern in einer italienischen Großstadt, die so aussieht wie Rom. Aber Bourbon gibt es auch dort. Manchmal konsumieren die beiden den Stoff so exzessiv, daß sie am andern Morgen den totalen Blackout haben. Es ist sogar vorgekommen, daß der verkatert daliegende Gregorio nicht einmal reagierte, als Partner Chico ihm auf den Schwanz trat. Daß Gregorio Scarta ein Hund ist, sagten wir wohl schon? Nein? Doch, er ist ein Hund, ein ausgesprochen fähiger Hund.

Allerdings ist nicht nur der Bourbon eine Gefahr. Noch schlimmer sind die Gangster. Einmal wird Chico, der für italienische Verhältnisse erstaunlich rothaarige, von heimtückischen Verbrechern so fertiggemacht, daß er, als vermeintliche Leiche, erst während der Autopsie durch den (gleichfalls dauerhaft unerschütterlichen) Gerichtsmediziner Dr. Tell wieder aufwacht.

Da hatte sich Sergeant Kautschuk zu früh gefreut. Sergeant Kautschuk und Lieutenant Tram sind die professionellen Widersacher von Chico und Gregorio: Stets auf der gleichen Fährte, immer ein bißchen zu spät dran, das wurmt auf die Dauer. Übrigens könnte man meinen, Lieutenant Tram und Sergeant Kautschuk besäßen eine verdächtige Ähnlichkeit mit Lieutenant Tragg und Sergeant Holcomb aus der Perry-Mason-Reihe.

Aber warum sollte man das meinen? »Plattfüßler« (= privatdetektivischer Jargon für beamtete Kollegen) sind überall auf der Welt gleich, wenigstens im Krimi. Und es gibt auch Leute, die glauben felsenfest, diese Super-Thriller um Chico Pipa & Gregorio Scarta seien pure Parodien. Auch das ist grober Unfug. Schließlich hat Chico Pipa all diese Abenteuer selbst erlebt und seinem Schreibmedium Carlo Manzoni persönlich in die Maschine diktiert. Und außerdem: Eine Geschichte wie die vom Mittelstürmer, der vor dem großen Lokalderby von einem Reservespieler seiner eigenen Mannschaft buchstäblich kalt gemacht wird (nämlich mit einem Fußballschuh k.o. geschlagen und dann in einem Kühlschrank deponiert, was nicht mal ein Kicker überlebt) – die ist doch weder satirisch noch sonstwie übertrieben. Die stammt mitten aus dem Leben.   hp

INSPECTOR THOMAS PITT
VON ANNE PERRY

Inspector Thomas Pitt gehört zu einer relativ neuen Spezies auf dem Gebiet der Krimi-Literatur: zur Gattung der »historischen Detektive«. Seine Autorin Anne Perry (geboren 1938) hat ihn zurückversetzt ins London der Gaslicht-Epoche, in die Ära von Charles Dickens und Wilkie Collins, als der eilige Kriminalist noch auf Pferde-Droschken angewiesen war, doch die dringendsten Anweisungen bereits per Telefon geben konnte.

Eine aufregende Übergangszeit. Bezeichnend darum, daß Thomas Pitts erster Fall (»Der Würger von der Cater Street«) justament am 20. April 1881 beginnt – als die »Times« den Tod Benjamin Disraelis meldete, des Earls of Beaconsfield, der ja nicht nur der Lieblings-Premier von Queen Victoria war, sondern auch der Verfasser des (durchaus spannenden!) Romans »Sibyl oder Die zwei Nationen«, womit keine zwei Völker gemeint waren, sondern zwei voneinander abgeschottete Klassen im selben Staat. Und eben das ist, ein bißchen penetrant bisweilen, auch Anne Perrys grosses Thema. Denn Verbrechen gibt es hier wie dort.

Es gibt sie sogar in Neuseeland, wie die Leser des bekannten Hamburger Nachrichtenmagazin in einer empathisch aufgezogenen Schockreportage erfuhren: Dort, in Christchurch, wo sie damals lebte, hat die 15jährige Anne Perry gemeinsam mit ihrer Freundin Pauline einen Mord begangen. Das Opfer: Paulines Mutter. Vielleicht ist dieser neo-viktorianische Romanzyklus mit seinen psychisch verbogenen, sozial verhärteten Figuren und den Gewalttaten im engsten Familien- und Freundeskreis Anne Perrys Weg, mit der eigenen Vergangenheit fertigzuwerden. Und merkwürdig: Am Ende des ersten Falles stellt sich heraus, daß der schreckliche Frauenmörder eine Mörderin ist, die aus fanatisch irregeleiteter Anteilnahme handelte.

Inspector Pitt hat Mitleid mit ihr und sogar ein nachdenkliches Verständnis für ihr Tun.

In der Sozialordnung dieser Romanwelt steht Thomas Pitt freilich zwischen allen Lagern. Durch Tüchtigkeit und Ehrgeiz hat er es zu seiner vergleichsweise hohen Stellung bei der »Metropolitan Police« gebracht, und wenn er draußen in St. Giles oder Whitechapel in den Slums, Kaschemmen und Trödelläden seinen Job macht, dann stößt er auf finsteres Mißtrauen, weil er in den Augen der dortigen Klientel zu den Nobelmännern gehört. Doch wenn er in den georgianischen Stadtvillen von Bloomsbury, am Callander Square oder am Cardington-Crescent einen Oberklassen-Mord aufzuklären hat, dann möchten ihn die feinen Herrschaften am liebsten vom Butler abfertigen lassen.

Aber Thomas Pitt ist nicht schüchtern. Noch nie hat er so ein Palais durch den Dienstboten-Eingang betreten. Und mit nett ironischer Penetranz, mit Kompetenz und Diskretion verschafft er sich auch bei Lords und Ladies sehr wohl Respekt. Er ist der Sohn eines Wildhüters und einer Köchin. Doch er wurde gemeinsam mit dem Sohn des Gutsherrn erzogen und spricht deshalb wie ein Gentleman, was in einem Land, wo der »soziale Akzent« so viel gilt, die feinen Leute stets aufs Neue erstaunt. Denn Pitts nachlässige Kleidung (ewig ausgebeulte Taschen, achtlos geschwunge-ner Schal) und seine ungezähmte Frisur lassen nun wahrlich keinen »besseren Herrn« in ihm vermuten. Pitt ist gleichsam ein viktorianischer Inspector Columbo.

Mit einem beträchtlichen Unterschied indes: Thomas Pitt besitzt eine nicht bloß sensible und aktive, sondern auch höchst präsente Gattin – Charlotte geborene Ellison. Er hat sie bei der Untersuchung des Cater-Street-Falles kennengelernt, bei dem ihre Schwester Sarah ermordet wurde. Und obwohl Charlotte aus der »upper middle class« stammt, hat sie den »einfachen Polizisten« geheiratet, was sie trotz des sozialen Abstiegs nie bereute. Ihre Familie tröstete sich über die Mesalliance vor allem deshalb hinweg, weil die jüngste Schwester Emily zur gleichen Zeit einen leibhaftigen Lord ergatterte. Die edle Verwandtschaft ist dem braven Inspector dabei gar nicht einmal unnütz. Denn Charlotte und auch die muntere Emily besitzen ihrer-seits einen recht beachtlichen detektivischen Ehrgeiz, was zur Lösung von Pitts Ober-schichts-Fällen nicht wenig beiträgt.

Bis dann etwas passiert, was alles durcheinanderbringt: Emilys Lord fällt einem Giftmord zum Opfer, und natürlich gerät die erbende Ehefrau in schweren Verdacht. Inspector Pitt benötigt all seine polizeiliche Akribie, Frau Charlotte alle ihre Einfüh-lungskraft und Intelligenz, damit dieser Makel gelöscht werden kann. Doch es ist nicht der letzte kriminelle Schatten, der über diese Familie fallen wird...   hp

HERCULE POIROT
VON AGATHA CHRISTIE

»Ich verlasse mich nicht«, erklärte Hercule Poirot einmal selbstgefällig, »auf meine Muskeln.« Er habe es nicht nötig, sich zu bücken, um Fußabdrücke zu messen oder niedergedrücktes Gras zu studieren. Er brauche sich nur in seinem Sessel zurückzulehnen und nachzudenken. »Das hier«, sagte er und tippte dabei auf seinen Kopf, »das hier arbeitet.«

Er deutete mit dieser Geste ganz einfach auf den Sitz seiner berühmten »kleinen grauen Zellen«. Und kein Krimileser wird diesen Begriff jemals gebrauchen, ohne an Agatha Christie zu denken. Spaßvögel behaupten, außer ihr gäbe es nur eine Frau in der Weltgeschichte, die so gigantisch an Morden verdient habe: nämlich Lucrezia Borgia.

Dazu trug nicht zuletzt der rundliche belgische Detektivkauz Hercule Poirot bei, der eitle Geck mit eiförmigem Kopf und einer Vorliebe für quadratische Ordnung. Er lebt meist in England, obwohl er Mentalität und Gepflogenheiten der Engländer milde belächelt, weil er ihre Vorlieben, etwa für schlecht beheizte Landhäuser, zugige Kamine, Spaziergänge im Regen, verabscheut, Tee mit viel heißem Wasser und mindestens fünf Stück Zucker trinkt, lieber aber süßen Likör oder Kakao. Seine Spezialität besteht darin, unter den tatunverdächtigen Leuten mit Hilfe brillant-kühner Schlüsse den Schuldigen herauszufinden. Sein exzentrischer Lebensstil hindert ihn nicht daran, sich auf die Erfahrungen von Hausfrauen oder Küchenmädchen zu verlassen, einer zerbrochenen Kaffeetasse, zwei halb ausgetrunkenen Bierflaschen oder einer unordentlichen Frisur bei schönem Wetter die entscheidenden Hinweise zu entnehmen.

Die Figur des peniblen, ja, pingeligen Poirot mit dem verwegen gedrechselten Schnurrbart ist im Grunde eine Panne des britischen Unterbewußtseins. Sie verkörpert äußerlich die Karikatur, die sich Engländer mit unzerstörbaren Vorurteilen gern vom degenerierten Kontinentaleuropärer machen; sie repräsentiert aber auch Tüchtigkeit, Intelligenz und Genauigkeit: Eigenarten, die dem insularen Selbstbewußtsein stets etwas unheimlich sind.

Poirot, der leise Sieger mit einer melancholischen Abneigung gegen das Böse, ist die Weiterentwicklung von Arthur Conan Doyles Meisterdetektiv Sherlock Holmes, dem klassischen Kriminalisten des 19. Jahrhunderts. Beide finden selbst dann noch rationale Erklärungen für mysteriöse Ereignisse, wenn die geistigen Unkosten für normale Tüftler-Köpfe längst zu hoch sind. Sie verstehen es, die Probleme ihrer Zeit auf die Dimensionen eines Puzzles zu reduzieren.

Der kleine Mann mit dem großen Namen war, als er die literarische Bühne betrat, bereits im vorgerückten Alter. Die Folge war, daß er nach einigen Jahrzehnten Tätigkeit im Dienste der Verbrechensbekämpfung weit über hundert Jahre alt sein mußte. Da sie seiner ohnehin überdrüssig geworden war, ließ Agatha Christie ihn

1975 sterben: In »Vorhang. Hercule Poirots letzter Fall«. Seine weltweite Trauergemeinde war untröstlich.

ug

G.D.H. PRINGLE
VON NANCY LIVINGSTON

Er ist weder zynisch noch besonders tapfer: »Wenn der Mörder in diesem Moment durch die Tür bräche, würde ich nur eines tun: aus Leibeskräften brüllen.« Schließlich ist er nicht töricht. Und sein Verhalten ist »die Folge von Alter und Furchtsamkeit«. Immerhin ist Mr. Pringle mittlerweile 66 Jahre alt. Auf den ersten Blick genau das, was man sich unter einem ehemaligen Beamten in Ihrer Majestät Finanzverwaltung vorstellt. Sein verknittertes, blasses Gesicht mag ihn selbst an seine Seniorenexistenz erinnern: »Die angelehnte Tür, die auf der anderen Seite keine Klinke hat.« Aber auf dem Weg dorthin erlebt Mr. Pringle noch so manches Abenteuer.

»Die Erfindung des Mikrochips war eines der unfaßbaren Wunder für G.D.H. Pringle geblieben. In einer Zeit geboren, die noch das Rechenbrett mit den Kugeln gekannt hatte, aufgewachsen mit dem Rechenschieber und später dankenswerterweise mit einer Rechenmaschine ausgestattet, hatte er sich pensionieren lassen, ehe man seiner Finanzbehörde eines der jüngsten Wunder der Menschheit zugeteilt hat, und war ohne Bedauern aus dem Amt geschieden, um, dem ehernen Gesetz des Jahrzehnts gehorchend, einem Jüngeren Platz zu machen.« Ein paar geruhsame Jahre lang hatte er als Pensionär seine Hobbies gepflegt, bis ihn eine Fehlspekulation im Kunstmarkt und die inflationäre Schwächung seines Altersruhegelds nötigen, als freier Steuerberater tätig zu werden.

Als Beamter hatte er bisweilen ehrbare Bürger mit seiner Berufsbezeichnung erschreckt, mittlerweile zucken nicht ganz so ehrbare Mitmenschen zusammen, wenn sie seinen Namen hören. Denn G.D.H. Pringle stolpert bisweilen tatsächlich über Leichen. Dann ruht er nicht länger, bis er deren Geheimnis gelöst hat. »Der Tod«, so lernt Mr. Pringle, »macht den letzten Schnitt« – aber dieser doppeldeutige Kalauer steht nur über der deutschen Übersetzung von »Death in Close-Up«. Wie sich Nancy Livingstons Pringle-Romane im Original generell dezenter vorstellen.

Nach Wulffinge Parva in Suffolk will Pringle diesmal fahren. Ihn »hatte die Ahnung angeweht, daß er sterblich sei«, weshalb er noch einmal dahin zurück wollte, wo er hergekommen sei. Na ja, zumindest aufgewachsen, während des Krieges aufs Land verschickt.

Und weil er doch noch nicht ganz so sterblich ist, wie er manchmal glaubt, nimmt er diesmal beim zweiten Anlauf seine Freundin Mavis Bignell mit. Denn Mr. Pringle ist – wie er mit einem »kleinen, selbstzufriedenen Lächeln« seinem Arzt gesteht – »noch körperlich aktiv«. Keinen Sport, du liebe Güte, »dabei könnte man sich ja viel zu leicht verletzen. Zweimal in der Woche in flottem Tempo zur Leihbücherei und zurück – und dann eben Mavis.« Mavis ist eine rothaarige Witwe, die in der Bar des »Bricklayers« die Drinks ausschenkt. Kennengelernt haben sich die beiden, als Mavis in einer Aktklasse Modell gestanden hatte. Zeichenschüler Pringle war von ihrer wohlproportionierten Üppigkeit fasziniert, es war Liebe auf den ersten Blick – und das Bild, das er damals gemalt hat, existiert noch immer. Allerdings zeigt Mavis es nur ganz wenigen Leuten: »Es ist zu intim.«

Unterschätze also niemand pensionierte Steuerbeamte. Mag sein, daß sie knausrig nur zum Billigtarif telefonieren. Deshalb können sie durchaus Sinn fürs pralle Leben haben, wie Mr. Pringle, wenn er »wohlig um ihre wundervollen Schenkel geschlungen« liegt und sinniert. Kein Wunder, daß er letztlich alle Rätsel löst. Und zwar »still, scheu und hartnäckig«, wie er schon als Kind war. Dem Rückblick in seine Schuljahre verdanken wir um ein Haar die Antwort auf die abendfüllende Frage, was sich hinter dem Vornamenskürzel verbirgt. Zwar erinnert sich ein Schulkamerad von einst: »Und Sie nannte man ...«, aber dann unterbricht ihn dessen Frau. – Für die Freunde von einst bleibt er »der junge Pringle«. Und für uns eben G. D. H. Pringle.

rw

ELLERY QUEEN
VON ELLERY QUEEN

Aufs erste Hinsehen scheint es ganz einfach. Wer Krimis kennt, kennt Ellery Queen. Seit 1929, also seit dem Erscheinen des »Mysteriösen Zylinders«, gehört Ellery Queen zu den herausragenden Detektiven Amerikas. Die nächste Frage wird schwieriger, und zwar allein deshalb, weil diese »Zylinder«-Affaire (der Mord an dem Broadway-Akteur Monte Field) nicht nur der erste Ellery-Queen-Fall war, sondern zugleich der letzte, dem dann noch ungezählte weitere folgen, die dem ersten vorangingen. Jedenfalls theoretisch. Die Frage lautet: Wer ist Ellery Queen?

Dies hinreichend zu beantworten, macht so große Probleme, als hätte jemand gefragt: Wer war Jack the Ripper? Und im Fall des Londoner Frauen-Aufschlitzers konnte ja ausgerechnet Ellery Queen – mit Hilfe seines verstorbenen Freundes Sherlock Holmes – im Jahr 1966 einen hocharistokratischen Namen präsentieren. Der Weg zu seiner eigenen Identifizierung ist hingegen mit so viel Mystifikationen und Pseudonymen geplastert, daß ein erkennungsdienstlicher Erfolg aussichtslos scheint. Halten wird darum wenigstens die elementaren Fakten fest.

Danach ist Ellery Queen der Sohn von Richard Queen. Richard Queen ist Inspector bei der Mordkommission der New Yorker Polizei; zumindest war er das, bis er 1927 nach 32 erfolgreichen Dienstjahren in Pension ging und sich, unter Mitnahme seiner Familie (Sohn, Schwiegertochter, Enkel und Diener Djuna), in ein italienisches Bergdorf zurückzog, um fortan kriminaltechnische Studien für deutsche Fachzeitschriften zu schreiben. Richard Queen ist ein legendärer Kriminalist, scharfer

Beobachter und rascher Schütze; seine spektakulärsten Ermittlungsresultate verdankt er gleichwohl in erster Linie seinem Sohn.

Denn Ellery ist das kombinatorische Genie der Familie, und so führt er sich auch auf – snobby, affektiert, genialisch eben. Im Zivilberuf ist er Schriftsteller, genauer: Verfasser von ursprünglich ganz normalen, frei erfundenen Krimis. Er hat in Cambridge/Massachusetts studiert und betätigte sich gelegentlich auch als Dozent an der Universität New York. Irgendwann ist er dann auf die Idee gekommen, seine Notizen aus dem erwähnten zylindrischen Theatermordfall, bei dem er als (faktisch entscheidender) »Helfer« seines Vaters fungierte, zu einem (Tatsachen-)Roman zu verarbeiten, worin er sich selber in der dritten Person darstellt – als »Mr. Ellery Queen« (eine literarische Methode, die er mit Julius Caesar teilt).

Und nun betritt der New Yorker Börsenmakler J.J.McC. die Szene beziehungsweise das bewußte italienische Bergdorf, das Refugium des Queen-Clans. Hier gelingt es J.J.McC., seinem Freund Ellery das Manuskript des Zylinderbuches abzuluchsen. Die Druckerlaubnis bekommt er allerdings nur unter einer Bedingung: Der Name des Verfassers (Ellery Queen) und die Namen sämtlicher Figuren (Ellery Queen & Co) müssen pseudonym bleiben! Da haben wir's. Ellery Queen ist in Wirklichkeit gar nicht Ellery Queen. Und seinen wahren Namen werden wir vermutlich nie erfahren.

Darum wird es wohl auch auf ewig ein Rätsel bleiben, wer der wirkliche Herausgeber von »Ellery Queen's Mystery Magazine« war, der berühmtesten aller (real existierenden) Crime-Story-Zeitschriften. Ebenso dürfte bei den Fällen aus der detektivischen Frühzeit des Meisters, denjenigen also, die Ellery Queen dann jahrzehntelang nachlieferte, die wahre Identität der Beteiligten im Dunkel bleiben – zum Beispiel der echte Name jener Sheila Potts, die der faszinierte Ellery nicht bloß vor der Ehe mit einem mörderischen Anwalt rettet, die er vielmehr gleich selber heiratet. Auch der heimtückische Staatsanwalt Pepper, der die Morde, die er aufklären soll, höchstpersönlich begangen hat – er wird nun für immer eine bloße Romanfigur bleiben, eingesargt zwischen den Buchdeckeln eines vermeintlichen Crime-Fiction-Produkts (bei soviel pseudologischer Rücksichtnahme wollen auch wir dann nicht zurückstehen und halten den Titel des Werkes geheim, nachdem wir schon den Mörder verraten haben).

Kann natürlich sein, daß in der wirklichen Wirklichkeit überhaupt alles eine pure Fiktion ist: Ausgedacht von den beiden Vettern Frederic Dannay (1905-1982) und Manfred B. Lee (1905-1971), den Inhabern der Firma »Ellery Queen«. Und da überrascht es dann auch kaum, daß in der ganz wirklichen Wirklichkeit auch diese beiden Erfindernamen Pseudonyme sind. Zur Zeit ihrer Geburt hießen die Vettern nämlich noch Daniel Nathan und Manford Lepofski. Aber wer weiß schon, was Wirklichkeit ist.

hp

Mr. J.G. Reeder
von Edgar Wallace

Mit seinem altmodischen schwarzen Überzieher, dem steifen Bowler-Hut und dem gerollten Schirm, der ihm bei jedem Wetter in der Armbeuge pendelt (auch bei Regen), wirkt er eher wie ein Gerichtsvollzieher – Mr. J.G. Reeder, der schmächtige, freundlich sanfte ältere Herr, der auf seinen Spaziergängen durch die City von London meist mit traurigen Augen über seinen nickeligen Kneifer hinweg ins Leere zu blicken scheint. Der Eindruck freilich täuscht, und wer Mr. Reeder für harmlos hält, täuscht sich ebenfalls. Das mußte schon so mancher britische Bösewicht verbittert eingestehen.

Mr. Reeders mitleiderregende Unbeholfenheit hat nämlich durchaus Methode. Auf diese Weise schläfert er die Aufmerksamkeit seines Gegenübers ein; und wenn er verlegen lächelt, als wolle er sich für seine pure Existenz entschuldigen, dann ist er besonders gefährlich. Miss Lila Sain jedenfalls, die etwas obskure, doch instinktsichere Ehefrau des Banknotenfälschers Legge, hat diesen Mr. Reeder einmal »eine gutherzige Schlange« genannt. Nicht zu Unrecht.

In Mr. Reeders Regenschirm verbirgt sich übrigens eine scharf geschliffene Klinge. Und in seinem Kopf steckt nicht nur ein ebensolcher Verstand, sondern auch eine reiche Portion feinherben Humors. Was sich zeigte, als Mr. Reeder einem Bandenchef und anerkannten Taschendieb ganz beiläufig die Uhr klaute – zur Demonstration. Und zur Warnung. Vor allem aber ist Mr. John Gray Reeder der abgeklärteste Experte für alle Fälle von Bankraub und Geldfälschung.

Im Jahr 1924 trat er zum ersten Mal literarisch in Erscheinung – bei der Fälscherjagd im »Zimmer 13«. Er war lange Jahre Scotland-Yard-Beamter gewesen und dann ins Finanzfach gewechselt: als Detektiv bei der »Bank of England«. Später kehrt er jedoch in den öffentlichen Dienst zurück, wird Mitarbeiter der Londoner Staatsanwaltschaft, erledigt von seinem Büro im noblen Whitehall aus die anfallenden »white collar«-Verbrechen und hat es auf diese Art zu einem der ganz wenigen Serien-Helden des Kriminal-Grossisten Edgar Wallace gebracht.

Denn Edgar Wallace (1875-1932) hat zwar mit seinen 173 meist schlicht gestrickten Schockern ein gewaltiges (jedenfalls blut- und schreckensreiches) Werk hinterlassen, darunter ein paar herrlich populäre Reißer (»Der Hexer«, »Der Rächer«, »Der Frosch mit der Maske«); doch obwohl es in diesem monumentalen Œuvre nicht nur von Ganoven, sondern auch von Kommissaren und Inspektoren wimmelt, ist kaum eine einprägsame Detektiv-Gestalt darunter. Ausnahme eben Mr. J.G. Reeder. Und den scheint Edgar Wallace, gemeinhin der Mann fürs Harte, ehrlich geliebt zu haben.

Fast heiter geht es darum zu, wenn sich Mr. Reeder, der bis dahin am liebsten über die Psyche des englischen Haushuhns dozierte, plötzlich in ein junges Mädchen verliebt – in Margaret Belman, die ein paar Häuser von ihm entfernt, im stillen Londoner Vorort Brockley wohnt. Mr. Reeder hat sie einmal aus den Händen von

Schwerverbrechern befreit; aber er ist viel zu britisch, viel zu schüchtern und kriminalistisch viel zu ausgelastet, um einen eventuellen Heiratsantrag zu riskieren.
Außerdem ist er ein ästhetischer Pedant: Bereits der Anblick einer Teetasse ohne
dazugehörige Untertasse bereitet ihm Schmerz. Das dürfte ein junges Mädchen nicht
verstehen.

Doch mag Mr. Reeder auch einen legendären »Sechsten Sinn« für drohende
Untaten besitzen, was Frauen wirklich wollen, ahnt er nicht. So muß Miss Belman am
Ende des Romans »John Flack« tatsächlich selber aktiv werden. Zwar ist Mr. Reeder
schon um die fünfzig und sie erst 23; aber Margaret Belman findet eben, es sei unmöglich, von Mr. Reeder nicht gefesselt zu sein.   hp

BERNIE RHODENBARR
VON LAWRENCE BLOCK

Es sind die unterschiedlichsten Motive, die einen Menschen dazu bringen können,
Detektiv zu werden: Lust am Deduzieren, Haß aufs Unrecht, Mißerfolg im erlernten
Beruf – alles schon dagewesen und romanhaft dokumentiert. Bei Bernie Rhodenbarr
ist es nichts von alledem. Bei ihm ist es der nackte Selbsterhaltungstrieb.

In seiner bürgerlichen Lebenshälfte sind Bernies verblüffende Detektiv-Künste
freilich nur in geringem Maße vonnöten: Mr. Rhodenbarr ist Buchhändler und betreibt ein Antiquariat. Der Laden, »Barnegat Books«, liegt an der 11th Street von New
York, direkt zwischen Broadway und University Place, und mit vereinzelten Bücher-
klauern wird Bernie prima fertig. Außerdem kauft er prinzipiell keine heiße Ware an.
In diesem Punkt ist er bedingungslos seriös.

Doch der Antiquar führt halt auch noch ein Nachtleben. Nach Feierabend, wenn
er sein Geschäft sorgsam verriegelt und vergittert hat, tauscht er Jeans und Pulli
gegen elegante Gesellschaftgarderobe aus, nimmt sein Aktenköfferchen mit den
Spezialwerkzeugen und den feinen, am Handballen ausgeschnittenen Gummihand-
schuhen und geht an das einträglichere seiner Gewerbe: Bernie Rhodenbarr ist ein
Dieb und Einbrecher, der bei seinen überlegt geplanten Beutezügen nur die nobel-
sten Wohngegenden bedient und sich beim Stehlen auf ausgesuchte Objekte wie
Münzsammlungen, Juwelen oder Gemälde beschränkt, wie er in seinen selbstverfaß-
ten, spannenden, auch sprachlich ausgefeilten Fallstudien ausdrücklich betont. (Als
Autor der Rhodenbarr-Reports fungiert dabei der Bostoner Publizist Lawrence Block,
Jahrgang 1938).

Doch Bernies nächtliches Tun ist und bleibt problematisch. Das merkt er immer
wieder. Nicht wegen der moralischen Fragen (er ist Dieb aus Leidenschaft), auch
nicht wegen der Alarmanlagen und raffinierten Sicherheitsschlösser (er ist als Einbrecher ein Könner). Nein, Bernie hat das regelmäßige Pech, am Tatort seiner

Diebereien eine Leiche vorzufinden oder sonstwie in ein Schwerverbrechen zu geraten: Und alle Indizien deuten dann eben auf ihn. Die Polizei ist froh, den Fall so schnell abschließen zu können, die Presse hat ihre Story, und nur der arme Bernie ist übel dran. Wieder einmal muß er sich in Windeseile unauffindbar machen und gleichzeitig versuchen, den wahren Täter auf eigene Faust zu ermitteln.

Doch in solchermaßen bedrängter Lage entfaltet Bernie geradezu tollkühne Fähigkeiten und detektivische Talente von eminentem Witz. Und wenn es ganz arg kommt, weiß er, wo er notfalls eine kleine Hilfestellung erwarten kann. Etwa bei Mrs. Hesch, seiner verwitweten Nachbarin, die ihm Zugang zu seiner Wohnung verschafft, wenn die Polizei dort Wache hält. Oder bei Carolyn Kaiser, der Inhaberin eines Hundesalons. Carolyn ist praktizierende Lesbe, aber zugleich Bernies beste Freundin (weshalb sie auch ein sehr schlechtes Gewissen hat, als sie ihm einmal die Geliebte ausspannt). Und Carolyn ist immer hilfsbereit, sofern sie nicht grad selbst in den Fall verwickelt ist; denn auch sie liebt das unvergleichliche Glücksgefühl beim Öffnen fremder Türen und trainiert fleißig an Bernies Übungs-Schlössern.

Bernies wichtigste Bezugsperson ist darum letzten Endes doch, zumindest in krimineller Hinsicht, Ray Kirschman, der Detective der New York Kripo – der beste Polizist, den man für Geld kaufen kann. Als Ermittler ist er übrigens wirklich gut und stets rechtzeitig mit den Handschellen zur Stelle, wenn Bernie zum großen Finale bittet, um den tatsächlichen Mörder zu präsentieren und die eigene Unschuld zu beweisen. Die offiziellen Fahnder-Ehren wird natürlich Ray Kirschmann einheimsen. Und nicht bloß die Ehren. Aber Bernie teilt seine Überschüsse gern mit seinem polizeilichen Freund und Helfer. Beide haben schließlich den gleichen, wenn auch vielleicht etwas eigenwilligen Begriff von Ehrlichkeit. Das ist viel wert in dieser insgesamt unzuverlässigen Zeit.   hp

ROULETABILLE
VON GASTON LEROUX

Mit bürgerlichem Namen heißt er wohl Joseph Joséphin, aber kein Mensch nennt ihn so. Weil sein frischer (im Erregungsfalle tomatenroter) Kopf eine wahre Kugelform aufweist, bekam der junge Pressereporter von seinen Kollegen den Spitznamen »Rouletabille« (Rollkugel) verpaßt – und der wurde sein Markenzeichen, als er in einer Blitzkarriere zum Star-Autor der Pariser Zeitung »L'Epoque« avancierte: Ein Enthüllungs-Journalist, dessen detektivische Ader sogar die Polizei verblüfft.

Seine doppelte Berufung hat Rouletabille dabei schon im erstaunlichen Alter von 16 Jahren entdeckt, als er ein scheinbar unaufklärbares Verbrechen so clever wie auflagensteigernd enträtselte. Und gerade mal 18 Jahre alt war Rouletabille, als er seinen spektakulärsten Fall zu bestehen hatte, die Affaire des »Gelben Zimmers« – ein

»locked-room-mystery«, das Edgar Allan Poes legendäre »Morde in der Rue Morgue« an Raffinement noch übertraf und als absoluter Klassiker in die Krimi-Geschichte einging. Monsieur Sainclair, der leicht begriffsstutzige Gefährte und Chronist Rouletabilles, sein Dr. Watson gewissermaßen, hat das verwirrende Geschehen (und die geniale Rolle des Detektivs darin) im Jahr 1907 zu Buche gebracht. Als offizieller Verfasser fungierte allerdings Gaston Leroux (1868-1927), der später noch mit seinem Schauerroman »Das Phantom der Oper« die Leser aufregte.

Ein Phantom scheint auch im gelben Pavillon-Zimmer des Schlosses Le Glandier umzugehen: Dort wird die (nicht mehr ganz jugendliche) Mlle. Mathilde Stangerson mit schweren Kopfverletzungen bewußtlos aufgefunden. Ihr Vater, ein Chemieprofessor, der in seinem nebenan gelegenen Laboratorium arbeitete, und der alte Hausmeister Jacques haben Mathildes Hilfeschrei gehört, auch einen Pistolenschuß, und daraufhin die Tür aufgebrochen. Sie finden eine Kugel in der Zimmerdecke, ein Stemmeisen auf dem Boden, einen blutigen Handabdruck an der Wand, aber keinen Täter. Das Problem ist klar: Das einzige Fenster des Raumes war vergittert, die Tür von innen verriegelt – wie also ist der Täter hineingekommen? Vor allem: Wie kam er wieder heraus?

Die Pariser Polizei schickt sogleich ihren fähigsten Ermittler, den großen Frédéric Larsan. Doch auch Rouletabille hat sich umgehend Zugang zum Tatort verschafft. Und beide Kriminalisten bluffen einander mit hübschen Hypothesen: War womöglich ein Loch im Fußboden? Gab es Komplizen? Bestand gar ein seltsames Einvernehmen zwischen Täter und Opfer? Larsan, der in mühsamer Feldforschung jede Fußspur nachmißt, bezichtigt schließlich Mathildes Verlobten der Tat. Rouletabille, der es – ganz Franzose – mehr mit der Ratio als mit der Empirie hält (»so logisch wie der liebe Gott, als er sagte, zweimal zwei ist vier«), kommt bei der Rekonstruktion der Vorgänge allerdings zu einem völlig anderen Schluß. Und in einem grandiosen Auftritt vor dem Schwurgericht entzaubert er seinen Rivalen Larsan.

Doch Rouletabille hat's nicht nur mit der Logik, er ist auch ein Romantiker – und läßt den Täter entkommen: »Denn wenn er auch ein Bandit ist, so ist er doch ebenfalls ein Künstler!« Und die Story hat er ja in jedem Fall sicher.

Durch das »Gelbe Zimmer« wurde der Zeitungsdetektiv zur echten Berühmtheit. Und zum Serienhelden: Acht große Reports aus dem kriminalistischen Reporterleben lagen am Ende vor; ein Buch mysteriöser und abenteuerlicher als das andere. Schon im ersten Folgeband klärt sich auch Rouletabilles geheimnisvolle Abkunft: Er ist tatsächlich der Sohn Mathilde Stangersons und ihres (versuchten) Mörders! Und später, als er schon hart auf die vierzig zugeht, begegnet der Mann, der so viele kriminelle Mysterien entschlüsselt hat, endlich auch dem »Geheimnis des weiblichen Herzens«. Die junge Dame heißt Ivana Vilitchkov und ist Bulgarin (»Die dunklen Nächte des Rouletabille«). Ein detektivischer Fall ist diese Verfolgungsjagd durch die Schluchten des Balkan freilich nur noch bedingt. Aber als Detektiv war Rouletabille ja sowieso längst eine Legende.

hp

TOM SAWYER
VON MARK TWAIN

Da stimmt doch was nicht. Warum verläßt der seltsame Passagier des Mississippi-Dampfers niemals seine Kabine? Und warum zieht er, dem Bericht des Stewards zufolge, niemals, auch nicht beim Zubettgehen, seine Stiefel aus? Dahinter muß ein Geheimnis stecken. Und das ist etwas für Tom Sawyer. Denn Tom ist geradezu wild auf Geheimnisse. Wenn er zu wählen hätte: Hier ein Geheimnis und da ein Stück Torte – er würde ohne zu zögern das Geheimnis nehmen.

Das sagt jedenfalls Huckleberry Finn (der seinerseits, mit gleicher Entschiedenheit, nach der Torte gegriffen hätte). Und Huck, der freiheitsliebende Vagabund, muß es wissen. Er kennt seinen Freund Tom am besten. Außerdem bewundert er ihn rückhaltlos: »Tom Sawyer hatte eben immer recht. Er hatte das schlaueste Köpfchen, das mir je begegnet ist.« Vor allem aber kennt Huck, der Philosoph, den Grund für Toms Erfolge: »Immer war er auf Draht; immer auf das Schlimmste gefaßt.«

Nun besteht das besagte »Schlimmste« zwar meist nur darin, von Tante Polly beim Marmeladenklauen erwischt zu werden (Tom, der Waisenknabe, wächst bei seiner brummig gütigen Tante auf); doch manchmal wird's eben auch echt kriminell, und Tom, der bei den Kinderspielen in St. Petersburg/Missouri am liebsten den »Untersuchungsrichter« verkörpert, gerät in Lebensgefahr, weil er in einem realen Strafprozeß den Namen des Mörders preisgibt. Da waren Tom und Huck, nachts auf dem Friedhof, Zeugen geworden, wie der Stadtarzt Dr. Robinson mit zwei Kumpanen eine frisch bestattete Leiche ausbuddelte und dann nach einer Streiterei erstochen wurde. Der Täter war Injun Joe, der gefährliche Halb-Indianer; doch verhaftet wurde Muff Potter, der harmlose Säufer. Tom rettet ihn vorm Galgen, weil er, trotz seiner Todesangst, die Wahrheit sagt.

Und all seine Todesangst hält ihn auch nicht davon ab, mit detektivischem Spürsinn nach dem Golddollar-Schatz des immer noch frei herumlaufenden Injun Joe zu fahnden, was ihn und Huck erneut in Lebensgefahr bringt. Was den beiden Jungen am Ende von »Tom Sawyers Abenteuern« (1876) aber auch den Schatz einbringt: 12.000 $!

Mark Twains (aus Erinnerungen an seine eigene Südstaaten-Kindheit gespeistes) Buch spielt in den dreißiger Jahren des 19. Jahrhunderts. Eine kleine Weile nach diesen aufregenden Ereignissen ist Master Tom abermals gefordert – doch jetzt als regelrechter Detektiv in einem mehr als geheimnisvollen Mordfall. Auch Huckleberry Finn ist wieder dabei: als sozusagen doppelter Watson – als Assistent und rühmender Chronist. Obwohl er doch am Schluß seines ersten selbstverfaßten Lebens- und Reiseberichts (»Die Abenteuer des Huckleberry Finn«, 1884) geschworen hatte, so etwas »nie wieder zu tun«. Nämlich »ein ganzes Buch zu schreiben«.

Freilich spielt der Fall in Arkansas, ausgerechnet auf jener Tabakfarm von Toms Tante Sally, wo Hucks abenteuerliche Mississippi-Floßfahrt mit »Nigger Jim«

glücklich zu Ende gegangen war. Das verpflichtet. Diesmal ist die Lage allerdings weit düsterer, denn kein anderer als Toms Onkel Silas, der Pflanzer und fromme Prediger, ist wegen Mordverdachts verhaftet worden: Er soll seinen Gehilfen erschlagen und verscharrt haben – und glaubt das allmählich sogar selber. Zu allem Unglück hat der große Detektiv Tom auch noch die verschollene Leiche aufgespürt.

Aber dann wirft Tom seinen Kombinationsapparat an, und während er sich an den geheimnisvollen Dampferpassagier mit den geheimnisvollen Stiefeln erinnert, werden ihm plötzlich, mitten im Mordprozeß, alle Zusammenhänge klar. Anschliessend kann man den beifallsumrauschten Tom in seiner Lieblingsrolle erleben – als bescheidener Held: »Es war eine ganz gewöhnliche Detektivarbeit, jeder könnte das.«

Was natürlich ein Unsinn ist, wie keiner besser weiß als Tom, der erste Junge, der es (lange vor Emil Tischbein und Kalle Blomquist) zum literarischen Meisterdetektiv brachte.   hp

KAY SCARPETTA
VON PATRICIA CORNWELL

Daß 15jährige sich brennend für den menschlichen Körper interessieren, soll vorkommen. Doch die meisten Pubertierenden haben sich und ihresgleichen im Sinn und nicht berühmte Anatomie-Lehrbücher. Aber »in einer Zeit, in der Frauen Lehrerinnen, Sekretärinnen oder Hausfrauen wurden, wollte ich Ärztin werden«. Ein Vierteljahrhundert später wird Kay Scarpetta tatsächlich mit »Doc« angeredet.

Neben ihrem Medizinstudium hat sie auch noch Jura hinter sich gebracht – jetzt ist sie Chief Medical Examiner des US-Bundesstaates Virginia. Und den Auftrag, als amtlich bestallte Leichenbeschauerin unabhängig von der Polizei Untersuchungen anzustellen, um rätselhafte Todesfälle aufzuklären, nimmt sie ernst, auch wenn sie damit die Aufmerksamkeit eines Massenmörders auf sich zieht.

Glaube niemand, in Richmond sei nichts los. Zum einen gibt es offensichtlich genügend Verstörte und Gestörte, die zur mörderischen Selbstentfaltung neigen. Zum anderen ist die Bundeshauptstadt Washington nicht weit – und auch das Trainigs-»Camp Peary« der CIA. Wenn Spuren dorthin weisen, wird auch die Zusammenarbeit mit dem FBI manchmal schwierig. Von berühmten »Schwestern« unterscheidet sich diese Crime Lady dadurch, daß sie nicht über Leichen geht, sondern mit ihnen umgeht. Sie ist auch nicht schlank und rank, sondern eher kurzbeinig – und sie kann kochen.

Mögen V. I. Warshawski oder Carlotta damit kokettieren, daß sie von Fast Food leben, Kay Scarpetta mariniert Steaks, rühmt ihr Milchlamm in Weißwein und wirft notfalls Spaghetti ins kochende Wasser. Schließlich hat sie noch den Lieblingsspruch ihres Vaters im Ohr, der alle unliebsamen Veränderungen mit dem Satz kommentierte: »Und dafür hat dein Großvater Verona verlassen?«

So kann sie sich zumeist gestärkt auf die Jagd nach einem Mörder begeben, der als Bote des Unglücks auftritt (»Ein Mord für Kay Scarpetta«) und ihr ebenso gefährlich nahekommt wie der Frauenwürger mit dem Waschzwang (»Mord am Samstagmorgen«). Die Luft ist bleihaltig im schönen Virginia – und Kay Scarpetta kann mit ihrer 38er Luger durchaus mithalten. Falls sie in der Aufregung nicht vergißt, ihren Revolver zu laden. Aber dann gibt es ja noch Lieutenant Peter Marino, der gerne Schutzengel spielt. Und Mark Jones, den Mann, der ihr einmal das Herz gebrochen hat und jetzt wieder für Verwirrung und Aufregung sorgt. Trotzdem kann er – wegen Einwirkens höherer Gewalt – nicht ihr »Herzbube« bleiben. Aber dieser Roman heißt im Original ja auch »All that remains«. Und was ihr bleibt, das sind Freunde, die schon mal mehr werden als nur Freunde (was Kay Scarpetta einen Gewissenskonflikt und den Unmut von Peter Marino einbringt). Und Aufregung um ihre Nichte Lucy. Die hat ihr früher schon mal mit frühreifen Computer-Künsten geholfen, ist mittlerweile selbst beim FBI – und des Diebstahls von Geheimnissen verdächtig. So reicht die Spannweite im Scarpetta-Thriller »Das geheime Abc der Toten« von der Enthüllung bis zum Outing. Wenn es um »Die Toten ohne Namen« geht, kann Computer-Lucy bei der neuesten (und letzten) Jagd auf den Serienkiller Temple Gault mithelfen und zugleich den Mißbrauch ihrer Software-Identität rächen. Und in »Trübe Wasser sind kalt« ist sie trotz aller (Liebes-)Probleme nicht nur Helferin, sondern auch Stütze. »Doc« Scarpetta kann das brauchen. Schließlich lebt und liebt sie weiterhin gefährlich. Sie trinkt ihren Kaffee schwarz, raucht und weiß auch einen guten Tropfen zu schätzen: mal Cognac, meist aber Scotch (»Glenfiddich«). Vielleicht denkt man nicht mehr so angestrengt an die Gesundheit, wenn man täglich die Erkenntnis auf den (Sezier-)Tisch gelegt bekommt, daß wir alle früher oder später ein Fall für die Pathologie werden können. Wem das im Staat Virginia passiert, der ist bei Kay Scarpetta in besten Händen.

rw

Rebecca Schwartz
von Julie Smith

Sie ist zwar eigenwillig, aber nicht unbedingt unverwechselbar: Rebecca Schwartz hat einige Schwestern im (kriminalistischen) Geiste. V.I. Warshawski etwa, die ebenfalls alleinstehende Anwältin ist und einen Journalisten zum (allerdings nur noch platonischen) Freund hat. Im Gegensatz zu Warshawski lebt und praktiziert Rebecca Schwartz nicht in Chicago, sondern im sonnigeren Kalifornien, wo auch ihre dienstälteren Kolleginnen Kinsey Millhone und Sharon McCone auf Verbrecherjagd gehen – wenn auch ohne juristisches Examen.

Von allen ist Rebecca Schwartz am wenigsten draufgängerisch. Selbst beim Pokern ist sie übervorsichtig. Und wenn sie doch mal ins Schlamassel gerät, fragt sie

sich hinterher: »Warum bricht Today's Action Woman immer wieder wie ein veräng-
stigtes kleines Kind in Tränen aus?«

Rebecca Schwartz nennt sich selbst gerne »eine jüdisch-feministische Anwältin«.
Das jüdische Erbe zeigt sich nicht zuletzt in engen Familienbanden. Dazu gehört
natürlich eine überängstliche Mutter und ein stolzer Vater, der zum juristischen Vorbild taugt.

Der Feminismus bringt sie dazu, erst die Rechtsberatung für die Organisation
HYENA (»Head Your Ethics Towards a New Age«) zu übernehmen und dann im
Wortsinne in die Tasten zu hauen: nicht an einer Schreibmaschine, sondern am Klavier. Ihr Selbstversuch, einem feministischen Bordell als Pianistin auszuhelfen, bringt
ihr immerhin die Erkenntnis ein: »Ich bin doch keine Superfrau.« Außerdem wird sie
verhaftet, denn noch ist im prüden Amerika die Prostitution (und ihre Förderung)
nicht legalisiert, und sie bleibt im politischen Morast hängen.

Dazu kommt auch noch eine vertrackte Affäre: »Ich war verliebt, aber das ist
nicht ungewöhnlich. Es passiert mir im Schnitt viermal im Jahr, und jede Affäre dauert ungefähr drei Wochen.« Dann »ist der Rahm ab«. Bis dahin empfiehlt es sich, sich
nicht bei Rebecca Schwartz auszuweinen und über ihre Witze zu lachen. Was, Rob
Burns vom »San Francisco Chronicle« besonders gut und ausdauernd kann.

Die Abenteuer von Rebecca Schwartz gehören weniger zur Kategorie der erfolgreichen Fährtensuche, sondern mehr zur Abteilung: »Stolpern über die Ereignisse.«
Was Beulen und auch andere Verwundungen einbringt. Mag sie zu Beginn ihres
ersten Abenteuers noch meinen, ihr Leben sei eher langweilig: »Ich war achtund-
zwanzig und hatte nie etwas Aufregenderes erlebt, als gute Noten zu bekommen und
feministische Anwältin zu werden«, so ändert sich das im Rahmen ihrer Detektiv-
Karriere.

Übrigens hat Rebecca Schwartz nicht nur eine Schwartz-Schwester, sondern
auch ein Detektiv-Double. Wie viele Kriminalautoren hat auch Julie Smith zwei Pferde
im Stall. Neben Rebecca Schwartz (1 Meter 65, 57 Kilo schwer und »wohlgerundet«)
hat sie auch Skip Langdon erfunden, die barfuß 1 Meter 80 groß ist und ihr Gewicht
lieber verschweigt (dafür aber in ihren Abenteuern wie »Blues in New Orleans« oder
»Die Jazzband spielt das Requiem« auch schon mal kreolische Rezepte mitliefert).

Während man die beiden schon vom Aussehen her kaum verwechseln kann,
droht anderweitig Verwirrung: Es gibt nämlich neben Julie Smith mindestens noch
Joan Smith und Rosamond Smith. Letztere ist ein Pseudonym für die Schriftstellerin Joyce Carol Oates. Joan Smith, die wie Julie Smith vom Journalismus kommt, hat
mit der College-Dozentin Loretta eine geistige Verwandte von Amanda Cross' Kate
Fansler ins Rennen geschickt. Verwirrt?

Julie Smith' literarische Töchter Rebecca Schwartz und Skip Langdon haben
immerhin trotz aller Unterschiede eines gemeinsam: Sie hassen es, früh aufzustehen.
Und sind dennoch ausgesprochen ausgeschlafen.   rw

PROF. PETER SHANDY
VON CHARLOTTE MACLEOD

Das Balaclava Agricultural College, Massachusetts, ist seit seiner Gründung im Jahr 1850 stets ein ausgesprochen ländlich friedliches Bildungsinstitut gewesen – beliebt bei den meist ländlichen Studenten, beschützt von dem meist friedlichen Ortspolizeichef Fred Ottermole und beherrscht vom nicht ganz so friedlichen, dafür sehr ländlichen Präsidenten Thorkjeld Svenson, dem großen Stammler (»Arrgh« – »Urrgh«), Pferdezuchtexperten (»Balaclava Blacks«) und Abkömmling skandinavischer Walfänger, der daheim wiederum von seiner gewaltigen Gattin Sieglinde beherrscht wird. Fast ein Idyll. Jedenfalls bis 1978.

Da wurde, ausgerechnet zur weihnachtlichen »Lichterwoche«, Mrs. Jemima Ames ermordet, die Frau des Bodenkunde-Professors und Hilfsbibliothekarin der Hochschule. Fred Ottermole stand vor einer unüblichen, also unlösbaren Aufgabe. Harry Goulson, der Leichenbestatter, bekam, weil gleich darauf auch noch der Finanzchef des College beseitigt wurde, viel Facharbeit, genau wie Cronkite Swope, der dynamische Jungreporter des Lokalblattes. Präsident Svenson erlitt in berechtigter Skandalfurcht einen Tobsuchtsanfall, und Peter Shandy, der Professor für Nutzpflanzenkunde, der die Leiche in seinem eigenen hübschen Häuschen entdeckt hatte, erhielt den präsidialen Befehl, den Fall augenblicklich aufzuklären.

Prof. Shandy, 56 Jahre alt und hartnäckiger Junggeselle, erledigte den Auftrag denn auch mustergültig – zum beträchtlichen Vergnügen jener Leute, die Charlotte MacLeods anschließenden Fallbericht lasen (»Schlaf in himmlischer Ruh'«). Doch seither wird das Balaclava College von einer geradezu unheimlichen Mordserie heimgesucht: Da wird die institutseigene Zuchtsau Belinda gekidnappt, und auch menschliche Opfer sind zu beklagen (»...freu dich des Lebens«); da gibt es tödlich verlaufende Bauland-Spekulationen im umliegenden Balaclava-County (»Über Stock und Runenstein«); da kommt es sogar zu einem mörderischen Anschlag auf die logistische Autonomie der Hochschule (»Stille Teiche gründen tief«). Und immer ist Prof. Shandy gefordert, der über den Ehrentitel »Sherlock Holmes von Balaclava« nur noch müde lachen kann. Er schafft kaum mehr sein Vorlesungs- und Klausur-Programm, weil er ständig auf Mördersuche sein muß, mehrmals sogar als offiziell vereidigter »Deputy« des herzlichen, aber herzlich begrenzten Polizeichefs.

Junggeselle ist er auch nicht mehr – die erfreulichste Konsequenz des ersten Mordes. Eigentlich war Helen Marsh, die promovierte Bibliothekarin, nur nach Balaclava-Junction gekommen, um in Jemimas verwaistem Haus einzuhüten, wurde aber sogleich von Svenson für die Bücherei in Beschlag genommen, wo sie denn auch prompt den entscheidenden Hinweis auf Täter und Tatmotiv fand. (Übrigens ist auch Charlotte MacLeod, Jahrgang 1922, von Beruf Bibliothekarin.) Da hatte es zwischen Helen und Peter aber schon längst gefunkt. Und bei ihrer ersten gemeinsamen Schlittenfahrt kam ihm die plötzliche Erleuchtung über den kriminellen Tathergang.

Seither sind sie ein glückliches, heiteres älteres Ehepaar. Ihre Katze heißt Jane Austen, und Peters Erleuchtungen funktionieren immer noch: Er forscht, beobachtet, ent- und verwirft kühnste Hypothesen, und plötzlich bringt ihm irgendein unscheinbares Faktum, ein beiläufig hingeworfener Satz vielleicht, den Durchblick. Auf diese Art hat der Pflanzenexperte Shandy einmal eine Super-Rübe entwickelt, den »Balaclava-Protz« (der dem College und ihm selber hübsche Erträge einbringt); auf diese Art löst der Kriminalexperte Shandy seine Fälle, etwa den Mord an seinem emeritierten Kollegen Ungley (»Der Kater läßt das Mausen nicht«). In diesem Fall hat allerdings auch der Titelheld Edmund, der Kater von Mrs. Lomax, seine Pfoten ganz fein im Detektiv-Spiel. Immerhin hat die »klügste Katze im Polizeidienst« das elementare Indiz für Peter Shandy ins Haus geschleppt.   hp

ISAAC SIDEL
VON JEROME CHARYN

Er ist ein Besessener. Fast pausenlos im Dienst, sonntags wie alltags, kennt er in seinem »Territorium«, der jüdisch-puertoricanischen Eastside von Manhattan, praktisch jeden kleinen Ganoven und dessen mächtige Hintermänner, jede jugendliche Ethno-Gang und jede Kriminellen-Kneipe (zumal, wenn dort Cappuccino ausgeschenkt wird). Er besitzt einen ausgezeichneten Geschmack in Modefragen, aber er bringt es fertig, wochenlang, als stinkiger Penner verkleidet, in einer Nutten-Absteige zu hausen und in Lotterklamotten durch die Stadt zu stromern, um einer großformatigen Schieberei zwischen Zuhältern und hohen Polizeibeamten auf die Spur zu kommen: Isaac Sidel, der unbestechliche Cop, ist anfangs Inspector beim »First Deputy Police Commissioner«, dem zweithöchsten Polizeioffizier New Yorks. Später wird er selber First Deputy. Und am Ende steht »Isaac der Gerechte« ganz oben – als Police Commissioner und Chef aller städtischen Polizisten. Wenigstens bis zur nächsten Bürgermeisterwahl.

Isaac, der Gerechte: In diesem Spitznamen klingt nicht nur Lob an oder Respekt, sondern auch Furcht, ja, haßvoller Sarkasmus. Denn wenn Sidel zur gerechten Sache geht, schreckt er vor nichts zurück. Zwar ist er aktives Mitglied der »Hands of Esau«, der Bruderschaft jüdischer Polizisten; doch um einen mutmaßlichen Kindermörder zu fassen, läßt er dessen Schlupfwinkel gnadenlos (und gesetzwidrig) in Schutt und Asche legen – die Synagoge einer kleinen Gemeinde irischer Juden. Und weil er den Kollegen, der jahrelang im Namen der Polizei Schutzgelder erpreßte und auch vor Mord nicht haltmachte, mit legalen Mitteln nicht zur Verantwortung ziehen kann, bringt er ihn eigenhändig um: Eine Hinrichtung im Namen der Gerechtigkeit.

Ebenso besessen führt Sidel einen zweiten Kampf – seinen beinah schon persönlichen Krieg gegen die Guzmans, einen aus Peru eingewanderten (kryptojüdischen)

Marranen-Clan. Daß sich Papa Guzman und seine fünf schwachköpfigen Söhne vom Taschendiebstahl nähren und in ihrem Bonbonladen in der Bronx eine verbotene Lottozentrale betreiben, läßt Isaac noch kalt. Sein Feldzug beginnt, als sich die Guzmans in »seinem« Manhattan auf Zuhälterei und Mädchenhandel werfen und dazu auch Profi-Killer anheuern.

Und Sidel ist gerüstet. Seine Spitzel und Lockvögel hat er ohnehin überall sitzen; und innerhalb der Polizei-Organisation hat er sich eine gefürchtete Spezialtruppe herangezüchtet, »Isaacs Engel«, die er jetzt auf die Guzmans ansetzt. Besonders einen, den Erzengel: Manfred Coen (»Blue Eyes«), den blonden, sanften, im Kopf etwas schwerfälligen, tischtennissüchtigen Bullen mit den traurigen Augen. Doch Sidels Rechnung geht nur halb auf: Er besiegt und vertreibt die Guzmans; aber den Tod seines Lieblings kann er nicht verhindern. Oder wollte er es, unbewußt, auch gar nicht? Manfred war verliebt in Marilyn, Sidels Tochter. War es väterliche Eifersucht? Wie auch immer: Fortan leidet Isaac seelisch an Schuldkomplexen und körperlich an einem Bandwurm, der seine Eingeweide zerfrißt.

Es ist schon merkwürdig – je glanzvoller sich seine Karriere entwickelt, desto zerrütteter wirkt sein Innenleben. Man sieht's ihm förmlich an: Zu Beginn ist Isaac stiernackig, fett und rotgesichtig, ein Bär mit extravaganten Koteletten; zuletzt ist er abgemagert, fast kahl, von Magenkrämpfen geschüttelt. Die Frauen allerdings sind immer noch scharf auf ihn, und er gibt es ihnen. Nicht zu leugnen indes: Der Patriarch der New Yorker Cops ist als Familienpatriarch ziemlich fundamental gescheitert. Seine irische Frau Kathleen, eine millionenschwere Maklerin, lebt seit langem von ihm »entfremdet«; seine nymphomane Tochter hat mit ihren 29 Jahren schon den siebenten Ehemann verschlissen; sein Bruder Leo sitzt im Gefängnis; sein Ziehsohn Manfred Coen ist tot.

Isaac Sidel ist eben besessen von seiner Arbeit als Polizist. Ein Umgetriebener – listig, tapfer, unbehaust, erbarmungslos, gerecht. Das einzige Buch, mit dem Isaac etwas anfangen kann, ist der »Ulysses« von James Joyce. Und so, im Grunde, hat ihn auch Jerome Charyn gezeichnet – als einen New Yorker Odysseus der siebziger Jahre.   hp

Rabbi David Small
von Harry Kemelman

Immer diese Spannung: Werden sich rechtzeitig zehn Männer zum Morgengebet zusammenfinden? Aber ein Rabbi ist ja kein Trainer, der seine Gebetsmannschaft zusammentrommelt, sondern allenfalls der Schlagmann, der dem »Minjen« das Tempo vorgibt.

Immer diese Spannungen: Wie kommt Rabbi David Small zurecht in seiner Gemeinde mit den orthodoxen Juden zur Rechten, den Reformierten zur Linken und den Konservativen, zu denen er sich selbst gesellt: das Weltkind in der Mitten. Eine Rolle, die aber gut zu ihm paßt: »Nicht die Synagoge engagiert den Rabbi, sondern die Gemeinde ... und ausschließlich als Schiedsrichter, der Rechtsfragen löst.«

Allerdings sind damit eher Probleme der Schriftdeutung, der Auslegung und Anwendung religiöser Regeln gemeint. Aber Rabbi Small weiß eben auch Rat, wenn es nicht nur um Verfehlungen geht, sondern um Verbrechen.

Weshalb auch Chief Captain Hugh Lanigan gerne mal auf ein Schwätzchen vorbeischaut, wenn er mal wieder nicht weiterkommt. »Wollen wir mal nachsehen, was der Talmud sagt«, meint der Rabbi dann gerne, »denn im Talmud findet man praktisch so gut wie alles.«

So sitzen dann der katholische Polizeichef und der jüdische Schriftgelehrte zusammen und sorgen für Recht und Ordnung in einem kleinen Kaff, in dem eigentlich die »Wasps« das Sagen haben, die weißen angelsächsischen Protestanten.

Seit mehr als zwei Dutzend Jahren lebt und lehrt Rabbi Small in Barnard's Crossing im Dunstkreis von Boston. Er plagt sich mit den Erwartungen seiner Gemeinde und seinen Erfahrungen mit der Gemeinde herum, denn zu »seine Leit« gehören nicht nur weiße Schafe. So stolpert er von einem Kriminalfall zum nächsten: zunächst schön nach Wochentagen geordnet. »Am Freitag schlief der Rabbi lang«, »Am Samstag aß der Rabbi nichts«, »Am Sonntag blieb der Rabbi weg«; er fliegt ab (am Montag), er sieht rot (am Dienstag), wird naß (am Mittwoch) und schießt gar (am Donnerstag). Dann war zwar die Woche um, aber nicht seine Karriere als Amateurdetektiv.

Es schmälert seinen Ruhm als erfolgreichster Rabbi der Krimi-Geschichte nicht, wenn man feststellt, daß seine abgründigen Gedankengänge bisweilen aufregender sind als die eigentlichen Kriminalfälle. Mögen die »Plots« auch nicht immer sehr zugeschärft sein; wenn Rabbi Small seinen Pfeffer dazugibt, wird es scharf(sinnig). Denn dann wendet er die Methode »Pipuls« an, das heißt Pfeffer: »Manchmal übernahm es der Lehrer, einen bestimmten Standpunkt zu verteidigen, und dann pfefferten wir ihm unsere Fragen und Bedenken hin. Beginnt man erst zu argumentieren, tauchen ständig neue Gedanken auf.« Und irgendwann auch der richtige.

Wer bei Rabbi Small lesend in die Denkschule geht, für den gibt es kaum Zweifel, daß der kleine, unsportliche und reichlich kurzsichtige Schriftgelehrte am Ende scharfsinnig den rechten Schluß zieht.

Für zusätzliche Spannung sorgt die Frage, ob der Rabbi denn nun seinen Vertrag verlängert bekommt und gar eine Gehaltserhöhung erhält. Einen Vertrag auf Lebenszeit strebt er aber auch nicht an, weshalb es in seiner Gemeinde heißt: »Eines Tages geht der Rabbi.« Und nicht nur das, es findet sich auch »Ein neuer Job für den Rabbi«: als Professor für Judaistik. Womit Harry Kemelman in seiner Erfolgsfigur seine eigene Leidenschaft für den Talmud und sein Faible für Pädagogik vereinte.

So belehrt uns Kemelman mit und durch Rabbi Small auch über die Facetten des jüdischen Lebens, die im kleinen Barnard's Crossing übrigens plastischer erscheinen als bei des Rabbis Urlaubsausflug nach Israel (»Ein Kreuz für den Rabbi«).

Hier wie dort (und religionsübergreifend) aber gilt seine Erkenntnis: »Was wäre ein besserer Maßstab als der gesunde Menschenverstand – wozu hätte Gott ihn sonst gegeben.« Amen. rw

SAM SPADE
von DASHIELL HAMMETT

Wie Sam Spade aussieht, weiß jeder – wie Humphrey Bogart. Denn Bogey war es, der den Privatschnüffler aus San Francisco auf dessen undurchsichtiger Jagd nach dem (in jeder Hinsicht) bleihaltigen »Malteser Falken« auf der Leinwand verkörperte und zur Legende machte.

Dashiell Hammett freilich, der Autor, hatte eine etwas andere Spade-Vorstellung, als er den Detektiv 1930 in die verbrecherische Welt setzte: Danach ist Sam sechs Fuß groß (über 1 Meter 80 immerhin), 36 Jahre alt, athletisch und, vor allem, blond. Besonderes Kennzeichen: Kinn, Mund und Nase stehen ihm jeweils V-förmig im Gesicht. Keine unbedingte Ähnlichkeit mit Bogart. Spades Augen sind gelbgrau. Und wenn er lächelt (er lächelt oft), wirkt er »satanisch«. Bogart war also doch die richtige Besetzung.

Ein Modefex ist Sam Spade nicht eben. Er trägt graue Anzüge und graue Socken, dazu einen grünen Schlips und braune Schuhe. Nett ist er auch nicht und schon gar kein Melancholiker wie sein Kollege Phil Marlowe aus Los Angeles, mit dem er von den Fans des »hard boiled«-Krimis ständig in einem Atemzug genannt wird. Spade weiß, daß er einen miesen Job macht. Das kann er mit einer sarkastischen Randbemerkung abtun, damit's ihm keine Magengeschwüre bringt. Das Leben ist eben so, durch Klagen wird's nicht besser.

Zur Entspannung trinkt Sam weißen Rum, zur Anregung Brandy; seine Zigaretten dreht er (pausenlos) selber, und zwar mit braunem Papier. Manchmal erledigt auch Effie Perrine das Drehen. Effie, das Mädchen mit der knabenhaften Figur, ist seine Sekretärin: Wach und präsent, mit detektivischem Instinkt ausgestattet, der sie nur einmal trügt. Da sagte sie über Brigid O'Shaughnessy: »Das Mädchen ist richtig.« Ein Irrtum.

Eigentlich ist Effie nur Sams Halbsekretärin. Denn Sam hat einen Kompagnon. Das heißt – er hatte einen: Miles Archer. Dessen Frau ist Sams Geliebte. Sam ist auch kein Moralist. Und als sein Partner während des »Falken«-Falls erschossen wird, läßt Sam umgehend das Firmenschild auswechseln. Miles ist noch nicht begraben, da steht auf der Tür bereits statt »Spade & Archer« – »Samuel Spade«. Sentimental ist er ebenfalls nicht.

In den Augen der Polizei ist diese Eile allerings verdächtig. Lieutenant Dundy, der kleine Kompakte, gerät deswegen auch ziemlich handfest mit Sam Spade aneinander, so daß Sergeant Tom Polhaus, der große Ungebügelte, seine ganze Gutmütigkeit braucht, um die beiden auseinander zu kriegen. (In drei späteren Fällen arbeiten sie dann aber fast freundschaftlich zusammen – sind ja doch irgendwie Kollegen.)

Auch bei der Sache mit der falschen Falkenstatuette konnte Lieutenant Dundy schließlich die Verbrecher, sofern sie überlebten, dem Richter zuführen – dank der Unerbittlichkeit Sam Spades: Der kassiert regungslos sein Honorar vom fetten Caspar Gutman und läßt ihn dann samt Anhang verhaften (Anruf genügt). Und mit Brigid O'Shaughnessy, seiner Auftraggeberin, geht er zwar intensiv ins Bett, vielleicht liebt er sie sogar; doch ohne mit der Wimper zu zucken, liefert er sie dem Henker aus: »Wenn sie dich aufhängen, werde ich immer an dich denken.«

Denn sie hat Miles Archer erschossen. Und wenn Sam ihn auch nicht sonderlich gut leiden konnte und ihn wegen begrenzter kriminalistischer Fähigkeiten wahrscheinlich bald gefeuert hätte – Miles war immerhin sein Partner. Irgendwie ist Sam Spade also doch eine Art Moralist. Am nächsten Morgen wartet dann wieder Iva, Miles' Witwe, auf ihn. Er nimmt es »fröstelnd« zur Kenntnis. hp

SPENSER
VON ROBERT B. PARKER

Wenn die Ermittlungen mal nicht recht rundlaufen, wenn die Ideen ausbleiben oder Indizien einfach nicht zueinander passen wollen, dann ist unausweichlich der Zeitpunkt gekommen, die oberste von »Spensers Lebensregeln« anzuwenden: »Im Zweifelsfalle erst mal kochen und was essen.« Und schon hat Spenser sein Hemd ausgezogen und steht am Herd, um, beispielsweise, gegrillte Rippchen mit Spezial-Chilisauce zuzubereiten (als Beilage Zucchini im sorgsam komponierten Bierteig, sautiert mit etwas Olivenöl). Er ist ein froher Amateurkoch, und für amerikanische Verhältnisse sogar ein guter. Die Gefriertruhe ist in seinem Haushalt freilich ein unverzichtbares Requisit, den Burgunder bevorzugt er gleichfalls eisgekühlt, und als er seine Liebste Susan Silverman zum ersten Mal bekochte, servierte er ihr glatt Schweinelendchen.

Doch Susan ist zwar Jüdin, aber keine orthodoxe, außerdem (Schul-)Psychologin: Sie erkannte hinter Spensers Fauxpas die liebevolle Absicht. Weit eher war sie verwundert, daß so ein rauhbeiniger Schnüffler, der sich unentwegt mit allen Gangstern und Killern, Erpressern und Dealern von Boston herumschlägt und -schießt, einem derart sensiblen Hobby frönt. Das war 1974, als die beiden den verschwundenen, offenbar entführten Kevin Bartlett zu suchen hatten, einen Jungen aus Susans Schule (»Kevins Weg ins andere Leben«). Aber auch nach einer nun mehr als zwanzigjährigen, intensiven (allerdings wachsam auf zwei Wohnungen verteilten, einmal auch von einer Trennungskrise überschatteten) Liebesgeschichte ist Susan immer mal wieder von Spenser überrascht – etwa von seinen unerwarteten Literaturkenntnissen. Doch es ist schon richtig: Jedes Mal, wenn sich Spenser darüber aufregt, daß man seinen Namen schon wieder falsch geschrieben hat (»Spencer«), verbindet er das mit dem dezenten Hinweis, er heiße Spenser wie Edmund Spenser, der englische Poet. Manche Frauen nennen ihn deshalb »Edmund«, seinen wirklichen Vornamen jedoch kennt keine(r), und er selber verrät ihn nie in seinen lakonischen Fallberichten.

Aber die Belesenheit ist er auch einfach seinem Autor schuldig: Robert B. Parker, Jahrgang 1932, war zeitweilig Professor für Amerikanische Literatur. Promoviert hat er über Chandler und Ross Macdonald, und das gab die Inspiration für den Bostoner Nachfolger der kalifornischen »Private Eyes« Phil Marlowe und Lew Archer. Wie ein Intellektueller sieht dieser Spenser freilich nicht grad aus: Ein Kompaktmann mit Bodybuilder-Figur und zerknickter Nase. Letzteres eine Erinnerung an seine Zeit als Profiboxer: Schwergewicht, wenn auch nur Rahmenkämpfe.

Diese sportliche Vergangenheit mag auch der Grund sein, daß Spenser, der lizensierte Detektiv, gern konsultiert wird, wenn in irgendeiner Spitzen-Liga ein Manipulationsverdacht aufkommt. Mal hat der Star-Pitcher der »Boston Red Sox« ein paar Baseball-Matches verschoben (»Endspiel gegen den Tod«), mal mogelt der Center eines Basketball-Teams (»Spießgesellen«). Und immer kriegt es Spenser mit erpresserischen und gewalttätigen Hintermännern zu tun: Lebensgefährlich für ihn, doch tödlich für seine Feinde. Zum Glück können Lt. Marty Quirk und Sergeant Belson, die Bostoner Kripo-Leute, Mord von Notwehr unterscheiden...

Außerdem war Spenser selbst einmal bei der (Staats-)Polizei; allerdings ist er dort gefeuert worden – wegen Ungehorsams. Er war eben schon damals ein Einzelkämpfer, ein linksgestrickter Mike Hammer. Ein Einzelkämpfer gegen das organisierte Verbrechen ist er geblieben, und mehr als einmal wäre er dabei fast draufgegangen. Doch wenn gar nichts mehr hilft, hilft Hawk. Hawk ist sein Sparringspartner im »Harbor Health Club«, wo sich Spenser redlich fit hält. Hawk, der Schwarze, der so hinreißend das Schwarzen-Idiom parodieren kann und im übrigen einen Jaguar fährt (mit Ledersitzen), ist Spensers trickreichster Schutzengel. Auch er hat von Berufs wegen mit Kriminalität zu tun, allerdings etwas anders als Spenser...

In grauer Vorzeit haben sie einander im Boxring gegenübergestanden und anschließend gemeinsam eine Horde pöbelnder Rassisten verhauen. Der Beginn einer wundervollen Freundschaft. hp

NIGEL STRANGEWAYS
VON NICHOLAS BLAKE

Nigel Strangeways, der Privatdetektiv mit der feinen Londoner Adresse, der zwischen 1935 und 1966 in 17 bizarren Mordfällen agierte, gehört zu den fraglos schillerndsten Figuren der britischen Kriminalistik: In jungen Jahren hat er einmal Altertumswissenschaften in Oxford studiert, aber schon damals mehr Freude an S. Freud als an Demosthenes gehabt, was ihm bei seinen berufsbedingten Motiv-Forschungen auch durchaus von Nutzen ist. Außerdem ist er ein Alles-Leser mit gußeisernem Gedächtnis. Noch in seinem allerletzten Fall, einem Professorenmord in Neu-England, findet er die Lösung dank seiner vorbildlichen Shakespeare-Kenntnis, und am Anfang seiner Laufbahn konnte er die bekannte Afrika-Forscherin Georgia Cavendish vom Mordgeruch befreien, weil ihm ein anderes Elisabethaner-Drama, Tourneurs »Tragödie des Rächers«, so verdächtig aktuell vorkam. Er hat die aparte Georgia (Begleiterscheinung: ein grüner Papagei auf ihrer Schulter) denn auch bald darauf geheiratet und sie bei seinen Mordsachen bedenkenlos mitmachen lassen – etwa in seinem berühmtesten Fall »Das Biest« (1938). Leider kam Georgia während des Zweiten Weltkriegs ums Leben, und Nigel, der Gentleman, wartete lange, bis er sich neu verbandelte. Doch auch Clare Massinger, die resolute Bildhauerin, nimmt klug an seinen Kombinationsaufgaben teil. Außerdem findet sie Nigels Gesicht »auf interessante Art schief«, und das muß eine Portrait-Künstlerin einfach reizen.

Einen vergleichbaren Reiz dürfte wohl auch Nicholas Blake verspürt haben, Nigel Strangeways' literarischer Portraitist, der ein Gutteil seiner eigenen Exzentrik an den Detektiv vererbt hat. Blake (1904-1972) war unter seinem bürgerlichen Namen Cecil Day-Lewis ein sensibler Lyriker, daneben ein gefürchteter Linksintellektueller und zugleich ein gefeierter Vergil-Übersetzer, vor allem aber ein sehr britischer Kauz: 1936, zur schlimmsten Stalin-Zeit, trat er der KP bei; 1968, im Jahr der Studentenrevolte, übernahm er das Amt des königlichen Hofdichters. Nicht überraschend darum, daß er seinem Krimi-Helden einen hochästhetischen Patenonkel verschaffte: Nigel Strangeways trägt die (Charakter-)Züge von W. H. Auden, dem führenden englischen Literaten seiner Epoche und zeitweiligen Schwiegersohn Thomas Manns.

Allein deshalb spricht Nigel wohl auch so ein perfektes Deutsch – nutzvoll bei der Befragung germanischer au-pair-Mädchen, mit denen die Scotland-Yard-Inspektoren Blount und später Wright allein gar nicht klarkämen. Übrigens respektieren die beiden Kriminalbeamten den Privatkonkurrenten durchaus, und zwar nicht nur, weil Nigels Onkel Sir John Strangeways ein hohes Tier beim Yard ist. Und selbst der forsch amerikanische Detective-Lieutenant Brady akzeptiert den seltsamen, schon etwas bejahrten Engländer, der sich da im Jahr 1966 »studienhalber« als Gast des Rektors auf dem Uni-Campus von Cabot herumtreibt (allerdings hat sich Lt. Brady zuvor telefonisch bei Scotland Yard über Strangeways' detektivische Verdienste informieren lassen). Hinterher geht es dem US-Polizisten aber genauso wie seinen europäischen Kollegen: Er hat den Falschen verdächtigt und Nigel war schlauer.

Überhaupt läuft Strangeways in seinem Finalfall (»Der Morgen nach dem Tod«) noch einmal zu erstaunlicher Spätform auf. Sogar der Seitensprung mit einer kämpferisch linken Studentin ist noch drin – »er fühlte sich etwas benommen, empfand aber keine Reue« (und Clare muß es ja nicht erfahren). Er kommt auch dem hinterhältig ersonnenen Mordplan auf die Spur und dem wahnhaft akademischen Mörder auf die Schliche. Doch sein Resümee am Ende einer glanzvollen Karriere wirkt eher melancholisch: »Die Zeiten des Privatdetektivs sind vorbei. In der Wirklichkeit ebenso wie im Roman.« Da scheint er sich aber ausnahmsweise einmal geirrt zu haben, oder?   hp

WACHTMEISTER STUDER
VON FRIEDRICH GLAUSER

Er ist nicht immer ein simpler Wachtmeister gewesen: Vor dem Krieg war Jakob (»Köbu«) Studer 15 Jahre lang »Kommissär« der Berner Stadtpolizei, bis er sich »an einer Bankaffäre« die »Finger verbrannte«. Die Mächtigen und Einflußreichen schlugen zurück, und Studer mußte wieder »von vorn anfangen« – als einfacher »Fahnder« bei der Kantonalpolizei. (»Vor dem Krieg« meint übrigens – vor dem Ersten Weltkrieg; die Fälle des Wachtmeisters spielen in der Schweiz der dreißiger Jahre).

Einen Moment hatte Studer wohl daran gedacht, alles hinzuwerfen und zur Fremdenlegion zu gehen; aber er war damals schon Familienvater, so fügte er sich halt drein. Seine Frau Hedwig (»das Hedy«) hat ihn auch immer klug gestützt. Sie ist überhaupt recht »g'schyt«: Ein merkwürdiges Krankenblatt, das Studer vom Dienst mit nach Haus bringt, erkennt sie gleich als Kryptogramm und dechiffriert es schneller als ihr Mann (»Die Fieberkurve«). Nur, daß sie ihn seit der Geburt ihres Enkels dauernd »Vatti« nennt, hört er gar nicht gern. Andererseits geht er tatsächlich langsam auf die sechzig zu – und das merkt man auch seiner Figur an: Hager ist an ihm nurmehr das Gesicht mit dem mächtigen Schnauzbart, dessentwegen niemand weiß, ob der Studer grad lacht oder brummt.

Im Stillen hofft der stets landständig bieder gekleidete Wachtmeister (Kennzeichen: Weste mit Uhrkette und obligater Regenmantel) dabei immer noch, doch wieder als Polizei-Offizier in Pension gehen zu können. Vergebens natürlich. Er bleibt der Subalterne, dem trotzdem die besonderen und die kratzigen Fälle anvertraut werden. Denn Studer gilt zwar bei seinen Kollegen ein bißchen als »der Spinner«, aber gegenüber Vorgesetzten verschafft er sich allemal Respekt (einen bisweilen etwas verlegen dargebrachten Respekt). Schließlich kann er jedesmal einen Erfolg melden, wenn er wieder im Kanton unterwegs gewesen ist, um auf seine verquere Art einen Mordfall zu klären. Und das, obwohl die widerwilligen Landmenschen alles getan haben, den »Tschucker« (bärndütsch für »Bulle«) ins Leere laufen zu lassen.

Doch Studer ist zäh. Und er spricht die Sprache der einfachen Leute (zur Not beherrscht er aber auch das »Schriftdeutsch«; Italienisch kann er ebenfalls, und französisch parliert er »wie ein Genfer«). Vor allem aber – er hat Geduld und kann zuhören. Dann »hocket er ab« in seiner »Lieblingsstellung«: Den Körper vorgebeugt, die Unterarme auf den Schenkeln, die Hände gefaltet. So bekommt er nach und nach die Wahrheit aus seinen verstockten Zeugen heraus. Und dann gönnt er sich seine »Brissago«, die lange Bündner-Zigarre mit dem inwendigen Strohhalm. Doch wenn er den Täter ermittelt hat, ist es keineswegs sicher, daß er ihn anschließend den Justizbehörden preisgibt. Da ist der Wachtmeister Studer souverän.

Weniger souverän ist er auf seinen Lösungswegen. Er ist eben ein Grübler, der sich ein Gewissen macht und des Nachts wahre Alpträume von seinen Fällen erleidet. Und so wichtig es für den Ermittler Studer ist, die Atmosphäre (»die Luft«) eines

Tatorts zu erkunden, er läßt sich davon auch schon mal verunsichern – etwa von der düsteren Aura eines Irrenhauses, dessen Direktor ermordet wurde (»Matto regiert«).

In so einer schweizerischen Irrenanstalt sind die ersten Studer-Krimis überhaupt entstanden: Friedrich Glauser (1896-1938) verbrachte mehrere Jahre in der Anstalt Waldau. Wegen seiner Morphiumsucht vom Vater entmündigt, war er, nach Studienabbruch und Fremdenlegion, immer wieder zwangsinterniert worden. Mit seinen Studer-Romanen, den literarisch bis heute charaktervollsten deutschsprachigen Krimis, schrieb er sich frei.   hp

SIMON TEMPLAR
VON LESLIE CHARTERIS

Er war einmal unglaublich populär: Simon Templar, genannt »The Saint« (»Der Heilige«) – der Mann, der die »unternehmungsfreudige Ungesetzlichkeit« zum edlen Prinzip erhob und sein Talent als Meister der »induktiven Kombinatorik« unermüdlich einsetzte, um hinterhältige Ganoven, gemeingefährliche Attentäter, Rauschgift- und Mädchenhändler oder Alkoholschmuggler auszuschalten. Verbrecher also, bei denen selbst die britische Polizei versagte, aber niemals Simon Templar, der moderne Robin Hood, mit seiner Begabung zum sekundenschnellen Erfassen entlegenster Zusammenhänge.

Sein Beiname »The Saint« verdankt sich dabei der Zeichnung, die er bei seinen heimlichen Aktionen zu hinterlassen pflegt – ein schlichtes Strichmännchen mit einem Heiligenschein. Und Leslie Charteris hat die scheinbar endlose Simon-Templar-Saga dann ja auch förmlich im Stil von Heiligen-Legenden erzählt. Eigentlich heißt der Autor übrigens Leslie Charles Bowyer Yin, wurde 1907 als Sohn eines Chinesen und einer Engländerin in Singapur geboren, absolvierte ein Kurz-Studium in Cambridge und griff 1928 in den Erfolgstopf, als er seinen »Saint« auf die Krimi-Bühne schickte.

Und Simon Templar, der Dandy mit dem erlesenen Geschmack, dem eminenten Selbstbewußtsein und dem markanten Äußeren (schmales Gesicht, braunes Haar, blaue Augen, Kampfgewicht 160 englische Pfund) – er elektrisierte die Leser sofort: Es gab einen offiziellen Fan-Club, eine eigene Zeitschrift für die heiligen Schriften, und das nicht nur auf der spleenigen Briten-Insel, sondern auch bei uns. 14 Templar-Titel wurden ins goldene Nachkriegs-Deutsch übertragen; und Roger Moore, der unbestritten authentische Serien-Simon des englischen Fernsehens, war auch hierzulande ein Star (längst bevor er sich als einigermaßen farbloser Nachfolgebond verdingte).

Die eigentliche Buch-Epoche des Heiligen aber waren die dreißiger Jahre. Eine wunderbare Krimi-Zeit: Die Telefonleitungen waren selbst zwischen London und Birmingham noch dauerhaft gestört, die Armbanduhren noch nicht wasserdicht, die

Automobile von ständigen Pannen geplagt, und
all das bot reichlich Anlaß für nervige Hand-
lungsverzögerungen und gute Action-Szenen.
Action: Das meint in der »Saint-Saga« üblicherweise – Eindringen in die gegnerische
Festung, Hinterhalt, Gefangennahme, Entkommen und Verfolgung der Feinde. Und immer alles für einen guten Zweck.

Ein sehr guter Zweck war es sogar,
als Simon die elektronische Wunder-
waffe Professor Vargans samt Formel
und Erfinder vernichtete. Womit er
zwar die Pläne des britischen
Kriegsministers hintertrieb, das
Vernichtungsinstrument aber
ebenso dem Zugriff einer
gewissen kontinentalen Groß-
macht entzog. Trotzdem war
Chefinspektor Teal von Scotland
Yard mal wieder ganz schön sauer
auf den Heiligen. Claud Eustace
Teal, der schwergewichtig träge
Kaugummi-Liebhaber, ist Tem-
plars dauerhafter Gegenspieler
(und unfreiwilliger Partner): Stets
hin- und hergerissen, ob er dem
sonderbaren Selbsthelfer das
Handwerk legen oder ihn als
Super-Experten für den Yard gewinnen soll.

Doch der Heilige ist zwar zu gelegentlicher Kooperation mit der Polizei
bereit, aber prinzipiell arbeitet er auf
eigene Rechnung, unterstützt von
seinem ganz persönlichen Troß –
von Patricia Holms, seinem »Herz-
blatt«; von Orace, dem Ex-Ser-
geant, seinem nimmermüden
Faktotum; und von seinen Assistenten Norman Kent, Roger Conway sowie
Peter Quentin. (Außerdem gibt es noch
»Anna«, das kleine schnelle Messer ...).

Freilich, wer so populär ist, fällt tief, wenn seine Zeit zu Ende geht. So auch Simon Templar. Vor kurzem war er noch eine feste Größe bei Heynes »Crime Classics«, zur Zeit ist er weg. Doch seine treuen Fans bewahren sein Andenken, genau wie die Scharteken mit seinen Abenteuern. Und sie haben die unauslöschliche Gewißheit: Eines Tages wird der Heilige wiederkommen.

P.S. 1997: Und siehe – Heyne holte den Heiligen zurück. Der neueste Katalog bietet wieder drei Templar-Titel!
P.P.S: Und das jüngste Wunder – die filmische Wiederauferstehung des »Saint«!   hp

JOHN P. THATCHER
VON EMMA LATHEN

Mit Englands »eiserner Lady« ist er weder verwandt noch verschwägert: John Putnam Thatcher hat mit Politik höchstens indirekt zu tun (dann allerdings schwer). Außerdem ist er Amerikaner und von Beruf Banker – Erster Vizepräsident der New Yorker »Sloan Guaranty«, der drittgrößten Bank der Welt. Kommt hinzu, daß seine internationale Karriere schon 1961 begann (»Freitag, der dreizehnte«), als Mrs. T. bestenfalls eine rüde Nachwuchshoffnung der britischen Tories war. Und den längeren Atem hat John P. Thatcher obendrein gezeigt: Der bislang letzte seiner 22 Mordfälle (»Right of the Money«) datiert immerhin aus dem Jahr 1993!

Nun gehört das Aufklären von 22 Mordfällen nicht unbedingt in den Zuständigkeitsbereich eines Wall-Street-Bosses. Und eigentlich ist Mr. Thatcher auch dazu da, den Dow-Jones-Index kundig zu beobachten, die Investitionstätigkeit seines Instituts zu lenken und dessen Kreditgeschäfte zu führen. Aber leider – das Verbrechen macht auch vor der Hochfinanz nicht halt. Und wenn, beispielsweise, auf die Brathähnchen-Kette »Chicken Tonight« ein landesweites Gift-Attentat ausgeübt wird, das die Medien zum Kochen und die Aktienkurse zum Abstürzen bringt, dann ist Thatcher eben doppelt gefordert: Als maßgeblicher Mann eines Bankhauses, das ein paar Millionen Dollar in dem Geflügel-Business stecken hat; und als Detektiv, der seinen Klienten vor falschem Polizei-Verdacht schützen will.

Denn die Jungs von der Kripo sind zwar clever im Auffinden konventioneller Spuren; aber auf dem Gebiet der kalten Wirtschaftskriminalität, wo die Verhinderung einer Unternehmensfusion ein stattliches Mordmotiv abgeben kann, da sind die genialen Kombinationen des Bilanzfachmanns Thatcher doch letztlich von grösserem Nutzen (»Tote Kunden meckern nicht«).

Und schließlich muß er ja auch den Kopf hinhalten. Denn Bradford Withers, der nominelle Präsident der »Sloan Guaranty«, ist zwar ein versierter Weltreisender, der immer mal gern von irgendwo bei seinem Vize anruft, aber die Innenräume der

Bank bilden einen eher weißen Fleck auf seiner Landkarte. Entsprechend heftig pflegt J.P.T. dann auch am Telefon zu reagieren, doch Miss Corsa, seine allwissend herrschende Sekretärin, kann durch kluges Stöpseln meist das Schlimmste verhindern. Die anderen Herren aus der »Sloan«-Chefetage sind übrigens allesamt kompetent in ihrem Metier. Das müssen sie freilich auch sein, denn neben dem normalen Banking haben sie fast unaufhörlich detektivische Hilfsdienste für ihren leitenden Spürhund Thatcher zu leisten. Aber der weiß seine Mitarbeiter auch zu würdigen – den ewig nörgelnden Schwarzseher Everett Gabler ebenso wie den gewitzten Walter Bowman, den Chef der Marktforschungsabteilung, oder den lebensfrohen Charlie Trinkam, seinen persönlichen Deputy.

Emma Lathen hat das Leben in ihrer Kriminal-Bank jedenfalls fein beobachtet und mit netten Sarkasmen über das Big Business gewürzt. Kein Zufall: Sie ist ebenfalls vom Fach. Genauer gesagt – sie »sind« es. Denn hinter dem Pseudonym Emma Lathen verbergen sich zwei ausgelernte Geschäftsfrauen: Mary Jane Latsis (geboren um 1927) und Martha Henissart (geboren um 1929), beide natürlich aus den USA und Profis auf dem Sektor des White-Collar-Verbrechens.

Genau wie J.P. Thatcher, über dessen Privatleben man nur nebenher ein bißchen erfährt: Er ist Witwer, Vater einer verheirateten Tochter, hat in Harvard studiert, kann (erstaunlicherweise) phantastisch Rumba tanzen und trotz seines sonst so gesetzten Auftretens einen »triumphierenden Schrei« ausstoßen, wenn er mal wieder auf die definitive Lösung eines Mordproblems gekommen ist. Unverständlich ist dagegen, daß J.P. Thatchers deutsche Verlags-Aktien derzeit bei Null notieren. Dabei ist die Finanzkriminalität doch, Potz Leeson und Singapur, aktueller denn je. Und der erste Übeltäter, den der Banker-Detektiv entlarvte, hieß auch noch Dr. Schneider...

hp

DR. JOHN EVELYN THORNDYKE
VON R. AUSTIN FREEMAN

Der erfahrene Krimileser weiß es seit langem: In jedem Berufsfeld kann ein Amateur-Detektiv lauern. Lehrer wie Leonidas Witherall, Geistliche wie Father Brown und Rabbi Small oder Atomphysiker wie Baltasar Matzbach sind mehr oder minder ordentliche Vertreter ihres angestammten Metiers, aber ihre unverwechselbaren Talente blühen erst auf, wenn in ihrer Nachbarschaft ein Verbrechen geschieht und die Polizei mit der Aufklärung nicht recht vorankommt.

Einer der ersten in dieser Sonderlingsreihe ist Dr. John Evelyn Thorndyke, der Arzt und Professor am Londoner Ausbildungskrankenhaus »St. Margaret's«, der sein detektivisches »Hobby« (wie er's gern nennt) schon im Jahre 1907 entdeckte (»Der rote Daumenabdruck«). Bis 1942 hielt er, zwanzig Romane und mehrere Erzählbände hindurch, dieser Doppelbelastung stand, die genau genommen sogar eine Drei-

fachbelastung ist, denn Dr. Thorndyke besitzt auch ein juristisches Diplom und könnte theoretisch als Anwalt vor Gericht auftreten. Das überläßt er dann aber doch meist
den erprobteren Spezialisten.

Nun hat er freilich auch in seinem Arztberuf einiges mit Kriminalistik zu tun –
und nicht nur, wenn er bei einem Klinikpatienten eine akute Arsenvergiftung diagno-
stizieren muß. Denn Dr. Thorndyke (Lieblingsspruch: »Man kann nie wissen«) leitet
eine kleine Abteilung für Gerichtsmedizin, was ihn des öfteren in Kontakt mit Scotland Yard bringt. Nur, daß er selber eben präzisere Schlußfolgerungen aus seinen
Analysen ziehen kann als die Polizeiprofis, denen er eigentlich doch nur zuliefern
sollte. So entstand im Lauf der Zeit der legendäre Ruf des Detektivs Thorndyke (der
übrigens für seine aufklärerischen Bemühungen niemals Honorar nimmt, der überhaupt das Geld verachtet). Und immer wenn einer von Dr. Thorndykes früheren Studenten in der täglichen Praxis auf medizinische Merkwürdigkeiten oder sonderbare
Todesfälle stößt, über die man im »Yard« nur routiniert lächelt, dann erinnert er sich
seines alten Lehrers.

Und schon ist Dr. Thorndyke auf dem Weg zum Tatort – bewaffnet mit seinem
kleinen grünen Arztkoffer, dem mobilen Mini-Labor. Reagenzgläser zum Sicherstel-
len verdächtiger Flüssigkeiten, Pülverchen zum Hervorheben von Fingerabdrücken,
Chemikalien aller Art, Gerätschaften zum Konservieren von Fußspuren, nicht zuletzt
ein Fotoapparat: Dr. Thorndyke war schon vor dem Ersten Weltkrieg mit allem ausge-
rüstet. Und sein Autor R. Austin Freeman (1862-1943) wußte gut Bescheid – er war
selber Mediziner gewesen, bevor er sich auf die Kriminalität warf.

Zuhause (Thorndyke bewohnt die 3. Etage eines Prachtgebäudes aus dem
17. Jahrhundert) geht es dann an die Auswertung. Und das ist die große Stunde des
kleinen Nathaniel Polton, der eigentlich als Diener bei Thorndyke beschäftigt ist, sich
aber zusehends zum Universalassistenten entwickelt. Polton, der stets schwarz Gekleidete, der mit Giften und Chemikalien genau so gut umgehen kann wie sein Meister (und obendrein raffinierter kocht als der Chef eines Gourmet-Restaurants), ist
jedenfalls niemals überrascht, wenn Dr. Thorndykes Kombinationen mal wieder auf
einen Täter weisen, den der ermittelnde Scotland-Yard-Inspector nicht einmal auf der
Rechnung hatte.

Auch Dr. Christopher Jervis kann in diesen Finalmomenten seine Verblüffung
kaum zurückhalten. Jervis ist Thorndykes medizinischer Assistent und in späteren
Jahren überdies sein literarischer Chronist. Als Erzähler ist er dabei ganz brauchbar,
als Mitdenker hingegen ein arger Ignorant. Wie man überhaupt sagen muß, daß
sich Dr. Thorndykes pädagogische Erfolge in Grenzen halten. Die jungen Ärzte, die
ihm ihre (Kriminal-)Fälle zutragen, sind allesamt sympathische Menschen (wie
Stephen Grey in dem Roman »Der Tote im Teich« oder James Oldfield im »Steiner-
nen Affen«), aber weder medizinische Kapazitäten noch detektivische. Trotzdem ist
es schade, daß derzeit kein Thorndyke-Buch mehr im Handel ist. Denn dieser Mann
ist ein Klassiker.   hp

EMIL TISCHBEIN
VON ERICH KÄSTNER

Der Ganove heißt Grundeis, zwischenzeitlich auch mal Müller oder Kießling, trägt eine Melone und hat abstehende, fast durchsichtige Ohren. Daß er ein Bankräuber ist und aus Hannover stammt, erfährt der Leser eher beiläufig, wie überhaupt in dieser Geschichte über Emil Tischbein ein paar Fragen offen bleiben: Wie lautet eigentlich der richtige Vorname von Pony Hütchen, und wie heißt »der Professor« mit bürgerlichem Namen? Hat Wachtmeister Jeschke aus Neustadt wirklich nicht bemerkt, daß Emil dem Denkmal des Großherzogs eine rote Nase und einen Schnurrbart verpaßt hat? Immerhin hat der Junge deswegen ein mordsmäßig schlechtes Gewissen, ohne das er in Berlin vielleicht zur Polizei gegangen wäre, und die ganze, spannende Geschichte hätten wir vergessen können.

»Emil und die Detektive« von Erich Kästner ist auch mehr als sechzig Jahre nach seinem Erscheinen einer der bekanntesten Kriminalromane für Kinder, vielleicht der meistgelesene. Es geht um 140 Mark, die Emil sich im Zug nach Berlin von dem Mann mit der Melone klauen läßt – das ist viel Geld für Emils Mutter, die Witwe Tischbein, die zu Hause in Neustadt in Heimarbeit die Köpfe der Nachbarinnen wäscht und frisiert, damit ihr Sohn die Realschule besuchen kann. Viele Jahre nach dem ersten Lesen des Buches haben wir erfahren, wie sehr das innige Verhältnis zwischen Mutter und Sohn Tischbein der Beziehung zwischen Mutter und Sohn Kästner ähnelt und daß Emil eigentlich Erich heißen müßte.

So ist der »Roman für Kinder« eigentlich gar nicht in erster Linie eine Detektivgeschichte, obwohl die Grundidee (mit Pfiffigkeit und Beobachtungsgabe fangen Kinder einen Gauner) viele Nachahmer gefunden hat. Im neunten Kapitel erst treten »die Detektive« auf den Plan, und vier Kapitel später ist die Hatz schon zu Ende.

Der große Moralist Kästner erfindet gerne, wie er im Vorwort verrät, Geschichten, die das Leben schreibt. Das ist kein Widerspruch, weil das Großstadtabenteuer zwischen Nollendorfplatz und Alexanderplatz genau so hätte passieren können, wie der Journalist Kästner (der im Buch vorkommt) es aufgeschrieben hat, neuerdings wieder einschließlich der Verfolgungsjagd durchs Brandenburger Tor. Emil ist der Held der Geschichte, klar, aber ohne Gustav mit der Hupe, den Professor, den kleinen Dienstag, Krummbiegel, die Brüder Mittenzwei, Pony Hütchen, ja, ohne die Hundertschaft Berliner Gören, die den flüchtenden Melonenmann nach dem Showdown in der Bankfiliale allein durch ihre Wuseligkeit und Lautstärke – die schärfsten Waffen der Kinder – zur Strecke bringen, hätte Kästner die wichtigste Botschaft aus allen seiner Kinderbücher nicht anbringen können: Es gibt nichts Gutes, außer man tut es, und: Versprecht mir, daß ihr als Erwachsene nie vergeßt, daß ihr einmal Kinder gewesen seid. Bei jedem Lesen haben wir es neu versprochen und mit zitternder Stimme bekräftigt. Parole Emil!

Ach so, die offenen Fragen: Den Namen des Professors erfahren wir, wie Fachleute wissen, in der nicht ganz so bekannten Fortsetzungsgeschichte »Emil und die drei Zwillinge«. Auch daß Oberwachtmeister Jeschke (er ist befördert worden und wird Emils Mutter heiraten) die Missetat gesehen und längst verziehen hat – weil er doch auch mal jung war. Nur Pony Hütchen bleibt ein ewiges Geheimnis.   ru

TKKG
von Stefan Wolf

In der wirklichen Kriminalistenszene sind Abkürzungen nichts Ungewöhnliches. Das FBI in Amerika und Interpol in Europa leisten harte Arbeit im Kampf gegen das Verbrechen. Wir Deutschen haben ein BKA. In der Literatur hingegen haben Detektive ordentliche Namen wie Sherlock Holmes oder Emil Tischbein, in diesem Fach huldigt man ganz gerne einem gewissen Heldentum.

Unter jugendlichen Lesern erfreuen sich aber ausgerechnet vier Nachwuchskriminalisten einer großen Beliebtheit, die sich hinter der Abkürzung TKKG verstecken. In mittlerweile 75 Bänden und mehr als 80 Hörspielkassetten berichtet der Autor Stefan Wolf über die Abenteuer von Tim, genannt Tarzan, Karl, Klößchen und Gaby, die das Verbrechen magisch anzuziehen scheinen und dennoch am Ende der Polizei immer einen Ganoven frisch gefesselt und überführt vor die Reviertür legen.

Das Erstaunlichste an dieser Serie ist die riesenhafte Auflage von mehr als sieben Millionen TKKG-Bänden und die Herkunft der Bücher. Sie erscheinen beim hannoverschen Schreibwarenhersteller Pelikan und sind auch in Schreibwarenläden zu kaufen. Zu dem großen Erfolg bei jugendlichen Lesern haben mit Sicherheit die Hörspielkassetten beigetragen, vor einigen Jahren gab es eine Fernsehreihe (ZDF) und einen Kinofilm.

In den knapp zwei Jahrzehnten seit dem Erscheinen des ersten Bandes »Die Jagd nach den Millionendieben« ist die Viererbande ein wenig älter und reifer geworden, damals waren sie ungefähr zwölf, mittlerweile nähern sie sich dem Alter von 14 Jahren.

Die Leser- und Hörerschaft darf jünger sein, denn trotz der geschickt erzeugten Spannung bleiben die Stücke immer stubenrein. Der Zufall will es, daß Gabys Vater den Beruf eines Kriminalkommissars ausübt und immer dann helfend eingreifen kann, wenn die Nachwuchsdetektive im Übereifer über das Ziel hinausgeschossen sind.

Dies freilich kommt selten vor, denn der heimliche Star Tarzan, in zarter Liebe mit Gaby verbandelt, ist ein Ausbund an Altklugheit und für sein Alter schon ungeheuer abgeklärt. Außerdem verfügt er über beachtliche Fertigkeiten in einer japanischen Kampfsportart, was ihn schier unangreifbar macht gegenüber Attacken von

Kleinganoven, Wilddieben und Rockerbanden. Karl ist ein Kopftyp mit großer Kombinationsgabe, Einser-Schüler, selbstverständlich ohne ein Streber zu sein.

Der Schokoladen-Fabrikantensohn Willi, Klößchen genannt, weil er bester Werbeträger seines alten Herrn ist, spielt die Rolle des Cliquenclowns, dessen Tolpatschigkeit die Lösung der Fälle mal behindert, mal beschleunigt. Gaby schließlich, bildhübsch natürlich, steuert die weibliche Intuition bei, äußert sich in den neueren Ausgaben aber zunehmend emanzipiert. Die vier verbindet, daß sie die gleiche Schule besuchen. Tarzan und Klößchen teilen ein Zimmer im Internat, was nächtliche Verbrecherjagden erheblich erleichtert.

Die Abenteuer der Kämpfer gegen das Unrecht, die den Polizeibericht mehrerer Großstädte leicht füllen würden, müssen bei dieser großen Zahl einander ähneln. Daß sie es tun, hat auch einen Vorteil. Die jugendlichen Leser (und Hörer) finden sich in dieser Welt ziemlich schnell zurecht. Dies macht wohl auch den riesigen Erfolg der TKKG-Bände aus.   ru

Philip Trent
von Edmund C. Bentley

In der Galerie der Detektive gehört er zu den eindeutig kuriosesten Exponaten: Philip Trent, der Maler, Pressezeichner und Kriminalreporter des Londoner »Record«. Ein (anti-)klassisches Unikum ist er schon deshalb, weil sein erster Buch-Auftritt im Jahr 1913 »Trents letzter Fall« hieß – was zur Folge hatte, daß die späteren, von der begeisterten Leserschaft eingeforderten und vom (komplett verblüfften) Autor widerstrebend gelieferten Trent-Bände gewissermaßen rückdatiert werden mußten und angeblich in der detektivischen Frühzeit des Schnüffel-Journalisten spielen.

Doch seine unumstrittene Aufnahme ins gattungsgeschichtliche Kuriositätenkabinett verdankt sich einem anderen Faktum: Philip Trent ist der unglückseligste Kombinierer und größte Pechvogel, der es je zum (Titel-)Helden eines Detektivromans gebracht hat. Was er im Mordfall Manderson an Theorien liefert, ist messerscharf durchdacht, genial deduziert, stimmt mit sämtlichen Indizien überein, ist schlicht gesagt unanfechtbar und hat nur den kleinen Nachteil, daß es nicht der Wirklichkeit entspricht. Tja.

Dabei versteht der junge Mann sein Kriminalhandwerk durchaus, er hat es schließlich an der besten Quelle studiert – bei Edgar A. Poe und dessen Superdenker C. Auguste Dupin. Und im Auftrag seiner Zeitung hat Philip Trent, wie man hört, schon eine ganze Reihe rätselhafter Verbrechen, über die er eigentlich nur auflagensteigernd berichten sollte, selbsttätig (und mit wachsendem Selbstbewußtsein) geklärt. Doch nun bestätigt sich halt im Wortsinn, daß Hochmut vor dem Fall kommt. Denn dieser »Fall Manderson« bewirkt die Trent-Wende: Sein Waterloo.

»Er war sich seiner Sache sehr sicher«: So steht es im Buch. Dabei ist Philip Trent gerade mal mit der Besichtigung des Tatortes fertig – des englischen Landsitzes »White Gables« in Marlstone, wo der amerikanische Börsenmakler Sigsbee Manderson (»Napoleon der Wall Street«) erschossen aufgefunden wurde. Scotland Yard vermutet fanatische US-Gewerkschafter hinter dem Anschlag, was Trent, der Künstler, sogleich als unseriös zurückweist. Seine Rekonstruktion des Tatherganges ist wesentlich kühner, raffinierter und vor allem romantischer, weil die schöne Witwe des Ermordeten darin eine Hauptrolle zugewiesen bekommt. Und weil Trent nun einmal ein Zeitungsmann ist, legt er seinen spannenden Ergebnisbericht auch schriftlich vor: Der verliebte Sekretär Marlowe war der Täter. Glasklar.

Doch dann weist der Sekretär seine Unschuld nach, und der irritierte Trent kommt zum endgültigen, diesmal absolut wasserdichten Resultat: Es war ein abgefeimter Selbstmord. Und er ist längst mit der angebeteten Witwe verlobt, als er beiläufig erfährt, daß er auch bei seiner zweiten Hundertprozentlösung in die Irre gegangen war. Die Staffelei hat ihn endgültig zurück.

Trotzdem (oder vielmehr: deshalb) – der Detektiv Trent wurde eine Berühmtheit und erntete höchstes Lob von kompetenter Seite. Agatha Christie nannte das Buch »einen der drei besten Krimis aller Zeiten«, und Dorothy Sayers rühmte die »atemberaubenden Peripetien« des Finales. Erstaunlich ist das Ganze dennoch. Denn der Autor Edmund Clerihew Bentley (1875-1956), ein Journalist und Mitarbeiter des »Daily Telegraph«, hatte ausgesprochen boshafte Hintergedanken gehabt, als er seinen Trent in die Welt setzte, um die gängigen Krimi-Trends zu stoppen. Mit seinem überheblich scheiternden Detektiv wollte er nichts Geringeres, als die ganze Gattung zu unterwandern. Statt dessen schuf er ihr einen Klassiker. Künstlerpech.

Unverständlich ist nur, daß der Diogenes Verlag seinen Trent-Setter Bentley vor kurzem aus dem Programm genommen hat. »Trents letzter Fall« ist also vorerst ein Fall für die Antiquariate geworden. Aber darüber sollte das letzte Wort noch nicht gesprochen sein.

hp

HAUPTKOMMISSAR PAUL TRIMMEL
VON FRIEDHELM WERREMEIER

Manchmal macht auch ein Trimmel Feierabend. Dann trifft man den hamburgischen Hauptkommissar gewöhnlich im »Old Farmsen Inn« – bei Korn und Bier und Skatspiel mit Kollegen. Paul Trimmel qualmt dann noch mehr Zigarren als sonst, und für den Heimweg nach Hamburg-Hamm verzichtet er hin und wieder sogar auf sein Auto und nimmt sich ein Taxi, schließlich ist er Polizeibeamter und darum Vorbild. Zumindest war das früher so, am Beginn der siebziger Jahre. Später wählte sich Trimmel eine Stammkneipe in der Innenstadt.

Der kürzere Heimweg ist auch deshalb wichtig, weil zu Hause seine Freundin Gaby Montag wartet, die ihm bei einem seiner ersten öffentlich dokumentierten Fälle als Zeugin über den Weg gelaufen und anschließend bei ihm eingezogen war: Während der akuten Werbe-Phase hatte sich der in puncto Garderobe gemeinhin unbekümmerte Kriminalist tatsächlich zwei hochmodische Krawatten zugelegt. Wie auch immer, am Morgen nach so einem alkoholischen Entspannungsabend ist Trimmel besonders muffelig, maulfaul und bissig zu seinen Mitarbeitern in der Mordkommission. Die kennen ihren Chef allerdings inzwischen so gut, daß sie sich über dessen Eigenarten nicht mehr groß aufregen. Außerdem wissen sie: Trimmel ringt sich zwar selten mal ein Lob ab, aber Leistung erkennt er an. Bei Petersen etwa, dem pusseligen Systematiker und Spezialisten fürs Überbringen von Todesnachrichten an ahnungslose Hinterbliebene. Oder bei Laumen, dem hoffnungsfrohen Nachwuchsmann mit Kommissars-Examen.

Und wenn erst das Telefon klingelt, um beispielsweise einen Leichenfund auf der Müllkippe zu melden (gleich neben einigen illegal gelagerten Fässern mit giftigem Natriumzyanid), dann kommt auch Paul Trimmel unwillig, aber unaufhaltsam in Bewegung. Und einmal in Fahrt, wird der vermeintlich Träge zum Energiebündel: Bei der Autojagd auf einen flüchtigen Täter kann es passieren, daß Trimmel mit gezückter Pistole halb aus dem Wagenfenster hängt wie ein Kino-Detektiv aus Hollywoods schwärzester Movie-Periode. Beim Verhör ist Trimmel ohnehin hellwach, mag es auch nicht immer so aussehen, doch das ist eben sein Trick. Am präsentesten ist Trimmel jedoch, wenn er nach erfolgreicher Ermittlung als Zeuge im Mordprozeß aussagen muß – da kann er geradezu penetrant werden. Dauerstaatsanwalt Portheine weiß das auch sehr zu schätzen. Richter Schellhorn nimmt's meist gelassen. Und nur den jeweiligen Verteidiger bringt Trimmels Dickfelligkeit gewöhnlich auf die Palme. Nachvollziehbar.

Was man diesem kriminalistischen Urtyp Trimmel hingegen kaum anmerkt: Seine große, obschon nur widerborstig eingestandene Liebe gehört der Psychologie. Und wenn sich Trimmel einmal in den Kopf gesetzt hat, ein bestimmtes Verbrechen sei nur mit Psychologen-Hilfe aufzuklären, dann pflegt er den begabten, aber an der Entlarvung von Untätern eigentlich nicht interessierten Dr.med.habil. Lorff so unverschämt und so lange zu nerven, bis er ihn (wieder einmal) weich hat. Natürlich gibt der Erfolg dem unnachgiebigen Kommissar jedesmal recht.

Die Liebe zur Seelenkunde als detektivischer Hilfswissenschaft teilt Trimmel dabei mit seinem Autor Friedhelm Werremeier. In einem der ganz frühen Trimmel-Fälle, dem »Richter in Weiß«, war 1971 ein psychologischer Prozeß-Gutachter sogar als Titelheld dabei – jener Prof. Dr. Robert Kemm, der später, im wagnerianischen Mordfall »Trimmel und Isolde«, sein forensisches Finale erlebt und während der Verhandlung, noch bevor er sein Gutachten abgeben kann, einer Herzattacke erliegt. So wird der Angeklagte freigesprochen, und Trimmel, der es besser weiß, erlebt eine Niederlage.

Bei den Krimi-Lesern heimste der knurrige Kommissar dagegen überwiegend Erfolge ein. Schade darum, daß Paul Trimmel, der in der Massiv-Gestalt Walter Richters immer mal wieder mit dem »Taxi nach Leipzig« fährt oder in sonst einer alten »Tatort«-Wiederholung auf dem Bildschirm erscheint, im Buchladen derzeit Sendepause hat. Manchmal macht eben auch ein Trimmel Feierabend. Hoffentlich nur vorübergehend.

hp

TSCHONNIE TSCHENETT
VON KURT LANTHALER

Von Tschonnie Tschenett gibt es kein Bild. Einer, der soviel um die Ohren hat, guckt selten in den Spiegel. Tschonnie sieht sich lieber um. Aus purer Neugier. Vermutlich hat der Gelegenheitsliebhaber und Gelegenheitsdetektiv schon als Kind jeden Stein aufgehoben, um zu sehen, ob eine Kröte oder ein Kapitalist darunter steckt. Und er hat vor beidem keine Angst gehabt. Angst kennt Tschonnie ohnehin nicht. Rücksicht auch nicht. Zum Beispiel auf Privateigentum. Oder auf den guten Ruf einflußreicher Persönlichkeiten. Das macht ihn in bestimmten Kreisen unbeliebt.

Zum Beispiel bei den Leuten, die am Rande des Pflerer Tals die Grenzberge zwischen Österreich und Italien untertunneln. Vorgeblich bauen sie eine neue Bahnverbindung zur Entlastung der Brennerstrecke. Doch dann wird gesprengt, und ein Toter liegt zwischen den Gesteinstrümmern. Ein Mann im Anzug, der aus dem Fels gefallen sein muß. Vielleicht drei Tage tot. Tschonnie, der eigentlich Bohrgestänge abtransportieren soll, windet dem Toten unbemerkt einen schwarzen Aktenkoffer aus der Hand und macht sich aus dem Staub. Das ist es, was Tschonnie von den Südtiroler Spießern und G'schaftlhubern unterscheidet: Berechnung ist ihm fremd. Er nimmt einfach den Koffer. Und wartet, was weiter geschieht.

Tschonnie ist »hard boiled«, als wäre er mit Mike Hammer in Manhattan groß geworden. Immer im Getümmel. Seine Methode ist: Wenn es keine Fakten gibt, provoziere ich welche. Im Fall des »Toten im Fels« schlagen sie über Tschonnie zusammen, buchstäblich. Im Koffer ist nichts, was auf den ersten Blick wie ein Beweisstück aussieht. Trotzdem sind eine Menge Leute hinter dem Gepäck und Tschonnie her. An der Brenner-Mautstation holen ihn ein paar Bullen aus dem LKW, auf der Fahrt zu Tal werden sie aus dem Dunkel beschossen, und nachdem ihm auf der Polizei die Nieren gekitzelt worden sind, taucht der Chef des norditalienischen Sondereinsatzkommandos zur Terrorismusbekämpfung auf.

Begleitet wird er von einer geheimnisvollen Schönen, die auch bald ihre langen Beine über Tschonnie zusammenschlägt. Doch den kann gar nichts erschüttern. Den Koffer kriegen sie alle nicht. Bis er die Drahtzieher ausfindig gemacht hat, die den Mann im Anzug und noch einige andere Leute umgebracht haben. Doch, wie es so geht im Leben: Die mordenden Spekulanten haben den längeren Löffelstiel.

38 Lebensjahre haben Tschonnie hart gemacht: Nach Karrieren als Sargmacher und Grönlandfahrer auf einem Fischkutter ist er aus dem freiwilligen Exil ins heimatliche Südtirol zurückgekehrt, wo er sich als LKW-Fahrer, Fußballreporter und Grantler durchs Dreieck Sterzing-Pflersch-Maria Trens säuft. Ohne Correttos, Stravecchios und Marzeminos ist es nicht zu ertragen, daß man als Heavy-Metal-Fan in einem Haus leben muß, das »Waldfrieden« heißt, dem italienischen Staat gehört und von Karabinieri bewohnt wird, die mit rosa Pantoffeln über den Flur latschen.

Dem Elend widerstehen kann Tschonnie nur in der Gemeinschaft seiner Freunde. Wirtin Berta ist die einzige, die ihm ein halbe Stunde lang zuhören mag, wenn er nicht mehr weiter weiß. In ihrem Hühnerstall wird der Koffer sicher aufbewahrt. Totó, der trinkfeste Polizist und Nachbar, trägt ihm die Informationen aus dem Innern des Polizeiapparates zu, die ihn ein bißchen schneller sein lassen als die Behördenmucker. Und beim Sterzinger Kneipier Candalostia gibt es zur Not einen Aushilfsjob und dieses Hirschragout, das einem das Wasser im Munde zusammenschießen läßt.

Freunde, Wein und gutes Essen bieten den Rückhalt, den Tschonnie braucht, um den Richtigen richtig auf die Füße zu treten, den ganz großen Bonzen. In Tschonnies Südtirol blühen nicht die Alpenrosen, sondern Neofaschismus, Spekulantentum und Korruption. Und die gehen schon merkwürdige Verbindungen ein. Im Fall des Starfußballers Canaccia von AS Rom zum Beispiel, der wegen einer Liebelei erpreßt wird. Tschonnie muß als Hotelboy Rasen mähen und Mülleimer leeren, in Candalostias Kneipe den Rausschmeißer mimen und sich bei einer Volksschullehrerin anbiedern. Alles nur, um zu verhindern, daß der liebeslustige Kicker gezwungen wird, öffentlich Propaganda für unverbesserliche rechte deutsche Südtirolseparatisten machen zu müssen. Tschonnie bringt das zwar einen Freund ein, aber davon werden seine Schulden nicht geringer. Doch warum sich wegen Geld den Kopf zerbrechen, solange es zu einem Roten bei Berta reicht?   tg

Inspektor van der Valk
von Nicolas Freeling

Der Schock saß tief, die Leser konnten es nicht fassen: Mitten in Den Haag, mitten in einem Fall (mitten in einem Roman!) war Kommissar van der Valk, der versierteste Mord-Experte der Niederlande, im Auftrag eines wahnhaften Juweliers erschossen worden. Einfach so.

Das war doch absurd. Das durfte doch nicht sein. Zehn Jahre (und zehn Romane) lang, von 1962 bis 1972, hatte der nachdenkliche, interessant belesene Kriminalist (Lieblingsautoren: Flaubert, Dostojewskij, Büchner und – Simenon) mit seinen eigenwilligen Ermittlungsmethoden für Furore gesorgt; hatte während eines dienstlichen Einsatzes in den Pyrenäen eine schwere Schußverletzung überlebt; und nun so ein Tod. Die besondere Ironie dabei: Van der Valk hatte soeben, aus Resignation vor der zunehmenden Bürokratisierung der Polizeiarbeit, seinen Job quittiert und führte die Juwelen-Untersuchung erstmals als Privatdetektiv.

Eigentlich hatte dieser Peter Simon Joseph van der Valk, der Sohn eines Amsterdamer Tischlers, ja überhaupt niemals Polizist werden wollen. Er dachte vielmehr an ein Psychologie- oder Medizin-Studium; aber dann ging er, kurz nach dem Krieg, weil für die Universität das Geld nicht reichte, eben doch zur Polizei, wo seine Karriere mühsam genug in Gang kam. Kein Wunder: Ein unbequemer Beamter, der ganz selbstverständlich auf seinen persönlichen Auffassungen und Methoden besteht, erwirbt sich vielleicht (zumal dann, wenn der Erfolg ihm recht gibt) den widerwilligen Respekt seiner Vorgesetzten, aber bei der Besetzung höherer Positionen haben pflegeleichtere, angepaßtere Kandidaten auch in Holland die besseren Karten. So ist denn auch van der Valk bei Beförderungen regelmäßig übergangen worden, und die Leser hatten sich fast schon daran gewöhnt, daß er dauerhaft ein einfacher Inspektor bleiben würde. Bis dann der »Fall Drente« kam – ein heikler Sittenskandal in der streng calvinistischen Nordprovinz, an dem sich die lokale Polizei vergebens versuchte und den van der Valk, getarnt als vermeintlicher Industrieplaner, sensibel aufklärte (nicht ohne von den eifernden Ortskollegen kurz vor Schluß als Spanner verhaftet zu werden). Und da der Inspektor nebenher auch noch einen untergetauchten deutschen SS-Führer entlarvte, erkannte nun auch der Oberste Staatsanwalt: Van der Valk gehört auf einen höheren Posten.

Daß er den Nazi zur schließlichen Selbstoffenbarung brachte, verdankte sich übrigens wieder einmal seiner berühmten Gesprächs- beziehungsweise Verhör-Praxis: Immer ganz offen und – scheinbar – unbefangen drauflosreden, dann wird auch das Gegenüber freier und unbedachter sprechen, und das ist der erste Schritt zum Geständnis. Die Methode kann aber durchaus auch zum Vorteil eines Beschuldigten wirken: In seinem allerersten Fall, »Liebe in Amsterdam«, hat van der Valk seine Gesprächs-therapie ganz bewußt dazu eingesetzt, um die Unschuld des Verdächtigten zu beweisen, des wegen Mordes angeklagten Schriftstellers Martin, in dem sich van der Valks Erfinder Nicolas Freeling, der gebürtige Engländer, gelernte Franzose und gastieren-de Holländer, ein bißchen selber portraitierte.

Vielleicht war das auch der Grund, daß van der Valk damals noch wenig persönliches, sozusagen außerdienstliches Profil zeigen durfte. Das änderte sich, je mehr Madame van der Valk ins Bild rückte: Arlette, die überzeugte Französin und überzeugte Köchin, die sich aus Prinzip nur wenig für die polizeiliche Tätigkeit ihres Gatten interessierte, was sie indes nicht davon abhielt, seine dienstlichen Probleme einläßlich mit ihm zu erörtern und ihn – auch auf andere Art – von seinen berufsbedingten Depressionen zu befreien. Bei seinen Ermittlungen im puritanischen Drente hat Arlette dann ausnahmweise sogar aktiv mitgeholfen: Nachbarlichen Klatsch kann eine Frau nun mal besser provozieren (und notieren) als ein Mann. Und Arlette ist es schließlich auch, die van der Valks letzten Fall zum Abschluß bringt. Nicht die Polizei, sondern Arlette findet den Mörder ihres Mannes. Danach wird sie ein neues Leben beginnen. Nicolas Freeling schuf sich 1973 einen neuen Detektiv: Henri Castang. Aber die Fan-Gemeinde trauert noch heute um den toten van der Valk.   hp

PHILO VANCE
VON S.S. VAN DINE

An jenem Freitagmorgen, als der New Yorker Finanzmakler Alvin Benson ermordet aufgefunden wurde, wollte Philo Vance eigentlich einen Cézanne kaufen. Er liebt die französischen Impressionisten, überhaupt alle Arten von Kunst, und seine Nobelwohnung in der 38th Street gleicht einem erlesenen Museum (über Geld muß er nicht reden, er besitzt es).

Den Cézanne aber schnappt ihm ein anderer Sammler weg: Philo Vance, der entspannte Müßiggänger, hat plötzlich keine Zeit mehr, die Galerie aufzusuchen. Denn kaum ist sein Rechtsberater S.S. van Dine, ein Studienkollege aus alten Harvard-Tagen, erschienen, um die Modalitäten des Gemäldekaufs zu besprechen; kaum hat Butler Currie (ein importierter Engländer, versteht sich) das Frühstück abgeräumt, da platzt John F.-X. Markham herein, der frisch ernannte District Attorney. Er bearbeitet den »Fall Benson« und will seinem Freund Vance einmal vor Ort die polizeilichen Ermittlungsarbeiten demonstrieren.

Gemeinsam begibt man sich an den Schauplatz der Tat – und so beginnt die einzigartige Laufbahn des Detektivs Philo Vance, der in den folgenden Jahren zum schlechthin unentbehrlichen »Berater« von Kripo und Staatsanwaltschaft wird und der seine verblüffenden Erfolge vorwiegend deshalb erringt, weil er aus den Spuren am Tatort nicht bloß logische, sondern eingehend psychologische Schlüsse zieht. (Bevor er eine Theorie riskiert, macht er sich erstmal in den Werken von Sigmund Freud oder C.G. Jung schlau – die Bücher stehen natürlich in seiner exquisiten Bibliothek.)

Zwar fällt der öffentliche Ruhm weitgehend auf die Amtskriminalisten, auf Staatsanwalt Markham oder den wackeren Sergeant Heath von der Mordkommission, ein bißchen sogar auf Dr. Doremus, den alten Gerichtsmediziner; doch Philo Vance, der Amateur und Gentleman, ist auf solches Presselob nicht angewiesen, schließlich ist er Philosoph (seine Magisterarbeit schrieb er über Arthur Schopenhauer!). Außerdem hat er seinen eigenen Biographen: S.S. van Dine.

Denn der »Mordfall Benson«, den Philo Vance nach kurzer Inspektion des Todeszimmers binnen fünf Minuten gelöst hat (was er den selbstgewiß auf falscher Fährte wandelnden Kriminal-Profis aber erst hinterher verrät) – dieser Erstfall verändert auch das Leben des jungen Anwalts: Die Kanzlei »Van Dine, Davis and Van Dine« muß jedenfalls für längere Zeit auf die Dienste ihres Juniorpartners verzichten, der sich, statt Testamente zu beurkunden, lieber in bizarren Mordhäusern herumtreibt – als unscheinbarer, emsig protokollierender Dauerbegleiter des durchaus auffälligen Monokelträgers Philo Vance, der sich, wie sein Adlatus berichtet, auch daheim recht extravagant zu kleiden versteht, zum Beispiel in ein altchinesisches Mandarin-Gewand, um sich »durch einen Prozeß psychischer Osmose« ein bißchen »fernöstliche Gelassenheit« zu erwerben (bisweilen kann Philo Vance mit seinen dozierenden Sprüchen auch ganz nett nerven).

Zwölf solcher »Mordfall«-Reports hat S.S. van Dine in den Jahren zwischen 1926 und 1939 geliefert; und jedes Buch versah er mit einer beträchtlichen Zahl zeitgeschichtlicher oder wissenschaftstheoretischer Fußnoten – im Fall des wahnhaften System-Mörders »Bischof« erwähnt er sogar den hannoverschen Totmacher Fritz Haarmann. Auch S.S. Van Dine ist auf seine Art ein Original.

Daß hinter ihm aber noch ein anderer stand, erfuhr die Lesewelt erst viel später. Der wirkliche Autor Willard Huntington Wright (1888-1939), ein renommierter Kunst-Journalist, hat seinen Namen stets fein aus der Philo-Vance-Saga herausgehalten und alles von seinem gedruckten Alter Ego erledigen lassen. Selbst seine berühmteste »theoretische« Schrift, die vorbildlich fesselnden »Zwanzig Regeln für das Schreiben von Detektivgeschichten«, erschien unter dem Namen dieses fiktiven Kriminalassistenten – S.S. van Dine.   hp

Amos Walker
von Loren D. Estleman

Manchmal denkt er daran, seinen »Mietbullen«-Job einfach hinzuschmeißen, sich irgendwo als Angestellter zu verdingen, dem Betriebskegelklub beizutreten, eine Normalfrau zu heiraten und 08/15-Kinder aufzuziehen. Dann ist ihm der Himmel über Detroit mal wieder auf den Kopf gefallen. Oder es hat ihm eines dieser modernen Zeitzeichen den Tag vermiest. Davon gibt's viele, und alle sind ärgerlich: Plastik-

Chips, Fast Food, Abrißbirnen, Computer, Anti-Raucher-Hetze. Amos Walker denkt viel, und darum raucht er viel – Zigaretten der Marke »Winston«, gut zum »Durchspülen der Nebenhöhlen«.

Erfreulicherweise halten seine Stimmungstiefs aber nie lange an. Und wenn erst ein neuer Auftrag da ist, wenn beispielsweise eine alte polnische Einwanderin sein Büro in der Grand River Avenue betritt und das Foto ihres seit zwanzig Jahren vermißten Enkels hochhält (»Frühling in Detroit«), dann spürt Amos Walker sofort wieder das »Kribbeln«. Und dann ist er auch bald wieder in der Lage, einen seiner markanten Sprüche loszulassen: »Wir Privatdetektive füllen die Lücke, deren Vorhandensein die Polizei nicht eingestehen mag.«

Es sind diese schön verkühlten Sarkasmen, diese beiläufig rübergeschobenen Sentenzen, die Amos Walkers Ich-Erzählungen Würze geben. Widerwillig gefühlvoll wird er nur, wenn er Detroit beschrebt – die Automobilmetropole der USA, »seine« Stadt. Er liebt sie halt, trotz allem. Übrigens ist auch sein Verhältnis zur Polizei nicht direkt zerrüttet. Man steht sich eben mitunter im Weg. Aber wenn's hart kommt, ist mindestens einer aus dem Headquarter an Walkers Seite: Lt. John Alderdyce, der umfassend überarbeitete Mann von der Mordkommission, dessen Haut so schwarz glänzt wie »frisches Kohlepapier«. Die zwei sind alte Schulkameraden, obwohl das »im Dienst« keine Rolle spielt: Da ist der schwarze Polizist genauso unbestechlich wie der weiße Detektiv.

Noch eine weitere Person im Polizeigebäude läßt den Privatschnüffler nicht vollends kalt: Lt. Mary Ann Thaler, die Expertin für ballistische Kurven. Doch Frauen sind in Walkers Leben bislang eher episodische Gestalten gewesen. Auch seine Ehe blieb eine Episode, die der Scheidungsrichter rasch beendete. Amos Walker ist ein einsamer Fighter, der nicht einmal zu einer echten Freundschaft taugt. Barry Stackpole etwa, der Zeitungsmann und Kämpfer gegen das organisierte Verbrechen (dem ein Sprengstoffattentat seiner mafiösen Widersacher die Gesundheit ruinierte) – er war nicht bloß Walkers Gesinnungsgenosse, sondern im Grunde sein einziger Freund, bis auch das in die Brüche ging (»Das Sterben in Detroit«). In letzter Zeit ist es allerdings wieder zu einer – vorsichtigen – Annäherung der beiden gekommen (»Detroit River«). Gemeinsame Überzeugungen verbinden halt. Und gemeinsame Generationserfahrungen: Ihre erste Begegnung hatten sie während eines Tieffliegerangriffs »in einem Dreckloch südlich von Pnom Penh«.

Amos Walker hat als einfacher Soldat in Vietnam und Kambodscha gekämpft, war dann mehrere Jahre bei der M.P., flog von der Polizeischule Detroit und machte 1980 sein Ermittlungsbüro auf (Spezialgebiete: Versicherungsbetrug und Suchaufträge). Damals war er Anfang dreißig. Er wurde *der* Detektiv der achtziger Jahre. Zwischendurch hat er irgendwie/irgendwann auch noch Soziologie studiert (Abschluß als B.A.): Da könnte er auf der Eastern Michigan University gut seinen späteren Autor Loren D. Estleman (Jahrgang 1952) getroffen haben.

Mit dem verbindet ihn mancherlei, etwa der Haß auf die Computerisierung des täglichen Lebens (und Schreibens). Doch Walker ist ein flexibler Junge. Als er einmal

neben der Leiche eines frisch ermordeten, seinerseits mordverdächtigen Finanzman-
nes einen noch laufenden Computer mit kriminellen Wirtschaftsdaten findet, nimmt
er kurzentschlossen das Handbuch und absolviert, umlauert von schußbereit herum-
schleichenden Wachen, einen EDV-Eilkurs. Der Schlüssel zum Erfolg. Sie sind Ironi-
ker, alle zwei, der Estleman und der Walker.   hp

V.I. WARSHAWSKI
VON SARA PARETSKY

Sie ist ein Stehaufweibchen, aber das sollte man ihr besser nicht sagen. Sie kann
nämlich nicht nur einstecken, sondern auch austeilen. Und bis man ihr erklärt hätte,
daß die Redewendung auf ihre vermeintlichte Unverwüstlichkeit abzielt und nicht etwa
auf einen Zweifel an ihrer emanzipierten Frauenrolle, müßte man mit zielsicherer
leichter (oder auch schwerer) Körperverletzung rechnen. Wie sehr V.I. Warshawski
hingelangt hätte, das wiederum hängt vom persönlichen Charme ihres Gegenübers
ab – oder von dem, was »Vic« dafür hält.

Erstaunlich genug ist ja schon, daß eine der erfolgreichsten Spürnasen der amerikanischen Szene, von Sara Paretsky erfunden, sich immer wieder irrt, wenn sie
Männer hautnah an sich heran läßt. Vielleicht erweckt deshalb der gelernte (geschiedene), jetzt aber überzeugte Single gern den Anschein, er betreibe Sex von Zeit zu
Zeit nur als Form von Körperertüchtigung. Und ihr Körper ist ihr wichtig, schließlich ist er unter anderem auch Waffe und Transportmittel. Zuschlagen kann sie jedenfalls. Und wenn die Reichweite nicht ausreicht, dann hat sie ja immer noch ihre
Smith & Wesson. Und gut zu Fuß ist V.I. Warshawski auch: Wer jeden Morgen zehn
Kilometer joggt, der kommt auch ans Ziel, wenn sein altes Auto mal wieder streikt.

Erfolgreich ist sie ja, die Privatdetektivin Victoria
Iphigenia Warshawski, die ihr Geld vorzugsweise
mit Ermittlungen in Versicherungsfällen verdient,
bis sie eine Bekanntschaft, eine Freundschaft oder
gar die Verwandtschaft in einen Fall verwickelt,
der aufzuklären ist. Am Ende hat V.I. dann
meist ein paar Schrammen und Blessuren
mehr, aber auch Einsichten und Erkenntnis-
se. Und es zeigt sich, daß das Private unwei-
gerlich ins Netzwerk (wirtschafts-)krimineller
Verflechtungen führt. Bodenspekulation, Um-
weltverschmutzung, Kartell heißen einige
Stichworte.

V.I. Warshawskis Heimatstadt Chicago hat den Spitznamen »Windy City«. Aber nicht, weil vom Michigan Lake meist ein strenger Wind weht, sondern weil seine Einwohner gerne soviel Wind machen. Dem stellt sich V.I. Warshawski mit Elan entgegen. Und wenn sie doch einmal umgeworfen wird, dann hat sie nicht nur eine Freundin als Hausärztin, sondern auch noch Mr. Contreras als Wohnungsnachbarn, einen Klempner im Ruhestand, der im Zweifelsfalle schon mal zur Rohrzange greift, wenn es gilt, Recht und Ordnung zu schaffen. Er kümmert sich auch um Leihhund Peppy, der V.I. Warshawski begleitet, wenn sie im Dauerlauf ihre Ernährungssünden abbüßt. Im Zweifelsfalle muß sie sich nämlich außer Haus mit Fast Food über die Tatsache hinwegtrösten, daß die sicherste Kalorienquelle in ihrer Wohnung der Whisky ist.

Wie die Enddreißigerin Warshawski denn nun aussieht, das malt sich jeder Leser selbst aus. Nur daß sie schwerlich Kathleen Turner ähnelt, darüber waren sich alle Warshawski-Fans einig, als für eine erste Verfilmung Motive mehrerer Romane verquirlt wurden. Als »Detektiv in Seidenstrümpfen« mochte sich den Baseball-Fan niemand vorstellen.

Wie ihre Nase aussieht, bleibt also Ansichtssache. Aber sie steckt sie ganz sicher in eine Angelegenheit, wenn man ihr nur sagt, sie solle sie und sich heraushalten. Naseweise Lady. rw

HELEN WEST
VON FRANCES FYFIELD

»Eine hohe, breite Stirn mit einer blassen Narbe, halb verdeckt von Sorgenfalten, das dichte, schwarze Haar in eine Spange gezwängt, die es kaum zu halten vermochte, und ein Gesicht, das ihn an eine exotische Tänzerin erinnerte, gesegnet mit einer bizarren, unvollkommenen Schönheit und riesigen Augen.«

So sieht Helen West aus. Zumindest sieht Geoffrey Bailey sie so. Der könnte zwar vor Liebe blind sein, aber andererseits ist es sein Beruf, genau hinzusehen. Er ist nämlich Chefinspektor und außerdem Lebensgefährte der Staatsanwältin Helen West. Eine Beziehung voller Spannung – und das in jeder Hinsicht.

Denn zum einen erzählt uns Frances Fyfield, die zur Spitzengruppe britischer Krimiautorinnen zählt, in jedem ihrer Romane von einer neuen Phase der Annäherung und von den Schwierigkeiten zweier erwachsener Menschen, das Miteinander zu lernen und zu leben. Aber das wäre ja eher ein Thema für Partnerseminare, wenn die beiden zum anderen nicht fortwährend in Kriminalfälle stolpern würden. Und mag Chief Inspector Bailey auch noch so professionell und clever sein, ohne die Intuition von Helen West käme er auch nicht weiter.

Helen West aber zieht das Verbrechen (und die Verbrecher) an, sie lernt das Böse in vielerlei Gestalt kennen – und fürchten. Kein Wunder, daß sie sich vor der

Dunkelheit ängstigt. Immerhin hat sich »Dieses kleine, tödliche Messer« für sie als Damoklesschwert erwiesen. In diesem Fall lernte sie ihren Bailey kennen und lieben. Um in einem einjährigen Experiment des Zusammenlebens ihre Liebe und Partnerschaft auf die Probe zu stellen, ziehen beide in eine trostlose Kleinstadt in der Nähe von London – und werden von einem neuen Kriminalfall auf die Probe gestellt.

Auch hier gibt es Mord und Totschlag. Und weil der Hauptverdächtige ein bißchen zu schnell festgenagelt wird, macht sich Helen West selbst auf die Suche. Sie kommt dabei in die Bredouille, und daß es nicht nur hier Bailey ist, der zur rechten Zeit eintrifft und eingreift, macht die Beziehung der beiden nicht einfacher. Am Ende des Romans »Feuerfüchse« bleibt Helen Wests Einsicht, sie »hätten nicht hierherkommen sollen; dieser Ort paßt nicht zu uns. Vielleicht entspricht es uns auch nicht, gemeinsam unter einem Dach zu leben; wir sind beide so verschlossen.«

In »Tiefer Schlaf« sind beide wieder in London gelandet – und ihre Beziehung ist so zerbrechlich wie der Gesundheitszustand der Heldin. Und am Ende ihres Abenteuers »Nachtangst« hat sie ein »Heftpflaster auf dem Kopf, die Wunde im Arm mit acht Stichen genäht und eine Haut, die gelb wie eine Zitrone ist«. Kein Wunder, daß Bailey konstatiert: »Du bist eine schwierige, unvernünftige Frau, ein wandelnder Alptraum.« Und trotzdem ist er verrückt nach ihr.

Eine Eigenschaft, die er mittlerweile mit einer beachtlichen Schar von Lesern teilt. Denn diese Helen West schlägt sich nicht nur mit den Widrigkeiten ihres Berufs herum, mit den privaten Versuchen, gegen das Verdikt anzuleben, daß Mann und Frau eben nicht zusammenpassen, sondern auch gegen ihre magnetische Anziehungskraft auf das Kriminelle.

So steht sie da bis zum nächsten Abenteuer: Ohne Kind, aber nun vielleicht doch mit Bailey als Ehemann, weil kein anderer so gut nicht zu ihr paßt wie er. Im Helen-West-Roman »Ein reines Gewissen« verknoten sich die privaten und beruflichen Schicksale von Helen West und Chief Superintendent Bailey noch intensiver. Alles dreht sich um ein Opfer, das zum Täter wird, um eine Putzfrau, die vieles rein macht, aber nicht gewissenhaft. So erfährt Helen West wieder einmal, daß im Dunkeln schon das nächste Unheil lauert. Niemand pfeift dann so schön und so laut wie Helen West. Und Bailey hört sie. Nicht immer, aber immer öfter.   rw

Chief Inspector Reginald Wexford
von Ruth Rendell

Was heißt schon Provinz, wenn einem die Welt zu Füßen liegt. Oder zumindest die Weltliteratur. Mag Chief Inspector Reg(inald) Wexford schon mal in der Eile eine Leiche übersehen (aber da ist er beim Einkaufen und nicht im Dienst), die passende Parallele zwischen Situationen und deren Spiegelbild in der Literatur (zwischen

Shelley und Ibsen) bleibt nicht unerwähnt. Woraufhin sein Assistent Michael Burden dann garantiert wieder so verwirrt schaut wie bei Wexfords Erklärungen, wer denn nun wirklich der Täter war.

Was Inspector Wexford im kleinen Kingsmarkham erlebt, hat mit ländlicher Idylle sowenig zu tun wie mit provinzieller Begrenztheit. Wenn dort der ganz alltägliche Rassismus ein- und aufbricht, dann tut sich Wexford reichlich schwer, »Die Besucherin« aufzuspüren. Schlimmer noch, seine wortwörtliche Farbenblindheit bringt ihn in die peinliche Lage, zu voreilig eins und eins zu einer drei zusammen zu zählen und eine falsche Leiche zu identifizieren. Und den klammheimlichen Hilfeschrei angesichts häuslicher Gewalt überhört er erst einmal. Dabei weiß Wexford doch, daß das Böse immer und überall ist. Und wie es sich entwickelt, erzählt Ruth Rendell mit faszinierender Intensität. Die vielleicht vielseitigste Kriminalautorin der Gegenwart ist eine Künstlerin beim Verflechten von Handlungssträngen, die manchmal ihre Leser mitnimmt auf die klassische Tätersuche, aber auch schon mal erst das Verbrechen schildert und danach den Weg zur bösen Tat. Sie läßt sich alle (Hinter-)Türen offen. Das ist wohl der Grund, warum sie ihre noch komplexeren Romane unter dem Pseudonym Barbara Vine verfaßt und warum auch nicht in jedem Ruth-Rendell-Thriller Chief Inspector Wexford mitspielt.

Wenn er aber mit von der Partie ist, dann bringt er sich, seine Launen und Intuitionen ein. Und sein Familienleben. Da ist neben der überaus geduldigen Ehefrau Dora, die nur hartnäckig ist, wenn es um Wexfords Gesundheit geht (was ihn als Diät-Opfer im Falle »Die Tote im falschen Grab« besonders unausstehlich macht), ja noch das Töchter-Duo. Mal nervt Tochter Sylvia mit ihrem Emanzipationsgedanken, was Wexford das Großvater-Spielen mit Robin und Ben ziemlich verleidet, mal hat sich seine schöne Tochter Sheila einen Liebsten gesucht, der Wexford zur Weißglut treibt. Was leider auch seinen Blick auf Daisy Flory trübt, der einzigen Überlebenden eines blutigen Massakers im vielleicht blutigsten Wexford-Krimi (»Eine entwaffnende Frau«).

Zwischen den Trübnissen des Lebens und den Tröstungen der Literatur geht Wexford seinen Gang: und nimmt den Leser mit. Die meisten Gedanken und Schlußfolgerungen teilt Wexford nämlich mit dem Leser, der nicht erst warten muß, bis der Meisterdetektiv zum auflösenden Finale in die Bibliothek bittet. Daß sich Wexford und vor allem sein übereifriger, überängstlicher Assistent Michael Burden dennoch im Gestrüpp der Spuren verlaufen können, liegt an der Raffinesse, mit der Ruth Rendell ihre Charaktere ins Verderben stolpern läßt. Da bleibt dann oft nur die resignierte Erkenntnis: »Some Lie and Some Die« (so der Originaltitel von »Phantom in Rot«).

Wie fließend die Grenze zwischen Wahn und Wahrheit, zwischen Erkenntnis und Verblendung ist, zeigt beispielhaft der Roman »Die Verschleierte«, in dem Wexford durch ein Bombenattentat vorübergehend aus dem Verkehr gezogen wird. Sein Assistent Burden verrennt sich, es folgt eine Eskalation der Abhängigkeiten und der Verstörungen. Dann tröstet es Wexford kaum, daß er es besser wußte. Nur reagiert er nicht immer so gelassen wie hier. Wexford ist nämlich auch unberechenbar. Seine Wutausbrüche sind berüchtigt und treffen Gerechte wie Ungerechte, im Zweifelsfalle seinen Partner Michael Burden.

Doch der schluckt das meist ebenso ungerührt wie sein Pint Bier, wenn die beiden mal wieder Spuren sichern, indem sie sie in Alkohol und in Dispute einlegen. Und außerdem darf Burden in »Schuld verjährt nicht« ja erleben, daß der Spötter Wexford ein weiches Herz hinter seiner harten Schale verbirgt. Wenn Wexford ihn da seinen »alten, lieben Freund« nennt, blitzt Wahrheit auf. Wenn Wexford sonst »mein lieber Freund« sagt, ist Vorsicht angebracht. rw

LORD PETER WIMSEY
VON DOROTHY L. SAYERS

Im seidenen Hausmantel schlendert er sinnend durch die erlesene Londoner Piccadilly-Wohnung mit Bücherregalen voller Erstausgaben und Sèresvasen mit rostroten Chrysanthemen. Sein eminent tüchtiger Butler und untertäniger Hilfsspürhund Bunter mit ausgeprägten Manieren und Manierismen serviert ihm, diskret hüstelnd, den Tee: Lord Peter Wimsey, zweiter Sohn des 15. Herzogs von Denver und Oxford-Absolvent »summa cum laude«, Blaublut ohne Fehl und Tadel mit begnadeter Kombinationsgabe, aristokratischer Nachfahre von Conan Doyles Sherlock Holmes und zugleich Held und Hobbydetektiv in Dorothy Sayers' Kriminalromanen.

Unter Kennern ist sein Wahlspruch berühmt: »Wohin mich die Laune treibt.« Nun, er kann sich diesen Spruch leisten. Mit seiner hochadeligen Herkunft, vortrefflich ausgebildet an Geist und Körper, klug und kultiviert, elegant und exzentrisch, obendrein von solch unermeßlichem Reichtum, daß er niemals über Geld reden muß. Er strahlt die Sicherheit und Souveränität des Gewinners aus, dem seine Siege selbstverständlich sind.

Daß er außerdem noch ein großer Frauenheld ist, bei dessen – später – Heirat unzählige Damen aller Gesellschaftsschichten in bitteres Wehklagen ausbrechen, ist dennoch nicht ganz verständlich, auf den ersten (literarischen) Blick jedenfalls. Er hat glattes, strohblondes Haar, »flach aus der fliehenden Stirn zurückgekämmt«, »eine unschöne, schmale, gebogene Nase« und »ein etwas törichtes Lächeln«. Wenn man andererseits rekapituliert, was seine diversen Gefährtinnen über seine Männlichkeit zu rühmen wissen, wenn man sich seine Ironie und, mehr noch, seine Selbstironie ins Gedächtnis ruft, wird seine Attraktivität trotz fehlender attraktiver Äußerlichkeit schon verständlicher.

Er gibt sich gern als wehleidig-dekadenter Snob, als Karikatur einer aussterbenden Klasse mit Zugang zu den ersten Adressen des Landes ebenso wie zu Kreisen der Unterwelt, als Gourmet mit feinster Zunge. Jede noch so schöne Frau, die sich nach neureicher Art zum Dinner Champagner mit Hummermayonnaise bestellte, würde er anschließend unverzüglich in ein Taxi setzen und nicht in sein Bett legen. (Obwohl auch ihm, dem strengen Kulinariker, einmal ein böser Fauxpas unterläuft: Er ordert den Wein, ohne sich bereits für ein Hauptgericht entschieden zu haben.)

»Wimsey könnte einer der besten Detektive Englands sein, wenn er nicht so bequem wäre«, sagt sein Freund, Chefinspektor Parker, einmal über ihn. Doch er ist es auch so. Und bei seinen »Fällen«, wie die herzogliche Verwandtschaft herablassend äussert, macht er es sich auch keineswegs bequem. Obwohl scharfe Intelligenz und Beobachtungsgabe immer seine Hauptwaffen sind, robbt er, ganz im Stile von Sherlock Holmes, auf dem Bauch spurensuchend über den Rasen, steckt seine Schnüffelnase in alles, was offiziell nur die Polizei angeht. Die im übrigen keineswegs immer gut auf ihn zu sprechen ist: Seine Lordschaft weiß eben immer alles und immer alles besser.

Verbrechen sind ihm ein Vergnügen, Neugier ist seine größte Tugend. Es geht ihm weniger um die irdische Gerechtigkeit, sondern vielmehr um seine persönliche Lust am Lösen kunstvoll verschlungener Knoten. Nicht die Moral des Täters – den die Leser meist schon bald kennen – steht im Mittelpunkt seiner Ermittlungen, sondern dessen Methode.

Conan Doyle, George Simenon und Agatha Christie erwogen, als sie ihrer Krimihelden überdrüssig wurden, sie ins Jenseits zu befördern, da es ein Pensionsalter für diesen Berufsstand nicht gibt, Dorothy Sayers gab ihrem arroganten Schnüffel-Schnösel einen anderen Abschied: Sie schickte ihn in die Ehe und aufs Land.   ug

LEONIDAS WITHERALL
VON PHOEBE ATWOOD TAYLOR

Sein Gesicht ist lang und schmal; die Oberlippe ist durch einen Schnurrbart, das Kinn durch einen »ulkigen Spitzbart« verziert; die Reste des Haupthaares wellen sich mittellang vom Kopf, und wer diesem älteren Herrn zum ersten Mal begegnet, ist überzeugt, ihn irgendwie zu kennen. Wo könnte man ihn bloß gesehen haben? Im Kino? In der Bibliothek? An wen erinnert er nur so markant? Richtig: Er wirkt wie ein Doppelgänger von William Shakespeare.

Kein Wunder darum, daß er von allen Leuten, die in seine vertrackt-skurrilen Kriminalaffairen hineingezogen werden (was furchtbar leicht geschehen kann), kurzerhand mit »Bill« angeredet wird. Dabei heißt er Leonidas Witherall, nimmt die vertrauliche Gleichsetzung mit dem dramatischen Ränkeschmied aber zunehmend gefaßter in Kauf. Nur wenn er am laufenden Meter mit Shakespeare-Zitaten traktiert wird, entfährt ihm schon mal sein mürrisches »Hmnja«, das er gemeinhin für Situationen reserviert, in denen ihm »das Schicksal, der alte Krake« einen weiteren unvorhersehbaren Stoß versetzt hat.

Und das Schicksal scheint bei der Verteilung seiner Schläge eine besondere Vorliebe für den armen Leonidas zu hegen. Gleich achtmal geriet er zwischen 1937 und 1947 in absolut bedrohliche Kriminalverstrickungen hinein und benötigte seine gesamte (beträchtliche!) geistige Spannkraft, um den jeweiligen Drahtzieher zu finden, und nicht zuletzt – um sich selber vom Mordverdacht zu reinigen. Ein turbulenter Lebensabend, den Phoebe Atwood Taylor (1909-1976) in einer hochtourig witzigen, brillant konstruierten, mit pointierten Dialogen durchsetzten Serie dokumentiert hat.

Eigentlich hatte sich Leonidas Witherall, der Englisch-Lehrer an »Merediths Akademie«, einer vornehmen Knabenschule in Boston, seinen Ruhestand allerdings anders vorgestellt: Reisen, Lesen, Müßiggang, das sollte es sein. Doch schon während seiner ersten Weltreise als Emeritus schlägt die Weltwirtschaftkrise zu. Seine Ersparnisse schmelzen »zu einem rostigen Nagel« zusammen; die knappe Pension reicht vorn und hinten nicht, und so ist der Ex-Lehrer zum Jobben gezwungen – als Hausmeister, als Bürstenverkäufer. Andererseits verschafft ihm das Einsichten ins wirkliche Leben, die ihm später einmal von detektivischem Nutzen sein werden.

Noch nützlicher dafür ist seine zweite Erwerbsquelle. Denn Leonidas ist nicht umsonst ein zweiter Shakespeare: Er ist der gefeierte, gleichwohl unerkannte Verfasser einer populären Krimi-Reihe um den genialen Polizeidetektiv Lt. Hazeltine und dessen dämonischen Gegenspieler Casimir Vassily. Daran begeistern sich alle, sogar der Colonel Rutherford B. Carpenter, der Polizeichef des Bostoner Vororts Dalton, wo Leonidas in ein besonders auswegloses, besonders atemberaubendes Mordkomplott gerät (»Wie ein Stich durchs Herz«).

Als Kind hat Leonidas einmal dem Zersägen einer lebenden Dame im Varieté beigewohnt und dies für den »emotionalen Höhepunkt« seines Lebens gehalten. Nun muß er begreifen: Das war falsch. Die jetzige Lage ist weit schlimmer, zumal, da sie ihn persönlich betrifft. Denn das Wohnzimmer, in dem er nach einem sonderbaren Verkehrsunfall aufwacht, ist ihm unbekannt, aber der junge Mann, der da mit einem Tranchiermesser in der Brust im andern Sessel sitzt, ist ein ehemaliger (obendrein miserabler) Schüler von ihm. Messerscharf ist auch die Kombination des Leonidas Witherall – der Hauptverdacht wird auf ihn selber fallen. Da bleibt nur noch eine einzige Zuflucht: Was hätte Lieutenant Hazeltine in einem solchen Fall getan?

Lt. Hazeltine hätte eine ganze Menge getan. Und das tut auch Leonidas Witherall, allein, um die fleißige Polizei von seiner Fährte abzulenken. Daß er dabei als falscher Versammlungsredner einen öffentlichen Vortrag zum Thema »Shakespeare als solcher« improvisieren muß, gehört in diesem Fall noch zu seinen eindeutig leichtesten Übungen.

hp

NERO WOLFE
VON REX STOUT

Gewalt ist seine Sache selbst dann nicht, wenn er einem Mörder gegenübersitzt. Es würde wohl auch nicht gut ausgehen, denn er ist ein Trumm von Mann, und sein Assistent mißt sein Leibesgewicht gelegentlich scherzhaft im Tonnenmaß. Das ist eine Folge seßhafter Lebensweise: Er bewegt sich höchst ungern, ist eine Leseratte, liebt das Züchten von Orchideen, das Bier und das gute Essen. Selbst Detektiv ist er nicht gern, denn das bedeutet Arbeit und eine Unterbrechung der angenehmen Freizeitbeschäftigungen.

Nero Wolfe, New Yorker Privatdetektiv – so kennen und lieben ihn seine unzähligen Freunde. Und sie wissen auch, daß er schließlich doch seine grauen Gehirnzellen aktivieren wird, was dann Archie Goodwin, seinen Assistenten, aufatmen läßt: Wolfes aufwendige Lebensführung ist nämlich teuer. Aber ihn selbst interessiert das Geld nicht. Er muß schon bei seiner Ehre gepackt werden, um in Aktion zu treten. Und dies geschieht, wenn ein Täter – immer ein Mörder – glaubt, er sei klüger als das Genie. Oder wenn seine Intimfeinde von der Polizei – Inspektor Cramer und Sergeant Stebbins – wieder einmal darangehen, ihm seine Lizenz abzuknöpfen.

Das bedeutet jedoch nicht, daß Nero Wolfe jetzt sein Haus verließe (dafür hat er Archie Goodwin). Tut er es aber trotzdem, kommt das einer Sensation gleich. In der Regel aber verlaufen seine Fälle immer nach dem gleichen Strickmuster: Archie Goodwin und einige frei arbeitende Detektive sammeln die Beweise und Indizien zusammen, und Wolfe verknüpft zum Schluß die Fäden, nachdem er alle Beteiligten in sein altes Backsteinhaus in der West 35th Street zitiert hat. Der Täter gesteht, die Polizei ist blamiert, weil sie wieder einmal den Falschen im Visier gehabt hatte.

Eigentlich erstaunlich, daß dies von 1934 bis 1975 so gut gegangen ist, daß Rex Stout, der geistige Vater von Nero Wolfe, 33 Romane und 41 Erzählungen über den Meisterdetektiv hat schreiben können, die in 22 Sprachen eine Gesamtauflage von 45 Millionen Exemplaren erreicht haben. Erstaunlich auch darum, weil Stout völlig aus dem amerikanischen Krimi-Genre herausgefallen ist. Brachten die einen, Dashiell Hammett etwa oder Raymond Chandler, wenigstens einen Hauch von Realismus in den Kriminalroman hinein, steigerten die anderen, so Mickey Spillane, ihn zum brutalen Gewaltschocker.

Rex Stout jedoch ist dem klassischen britischen Vorbild verhaftet geblieben. Denn sein Nero Wolfe ist im Grunde der amerikanische Vetter von Sherlock Holmes, der, trotz aller Morde, in einem freundlichen Märchenmilieu jenseits der harten New Yorker Wirklichkeit und jenseits aller tatsächlichen Gewalt lebt. Wie für Holmes ist für Wolfe jeder Mord nur ein Denkrätsel. Archie Goodwin, der Ich-Erzähler der Romane, steht zu ihm in einem vergleichbaren Verhältnis wie Doktor Watson zu Sherlock Holmes. Es gehört zu beider Märchennatur, daß sie nie altern. Jedenfalls nicht merklich.

Stouts Geheimnis ist es wohl, daß er Wolfe nebst Anhang – zu dem noch der Schweizer Koch Fritz und der Gärtner Theodore zählen – trotz der Künstlichkeit der Figuren mit viel warmem Leben, mit so vielen unverwechselbaren Zügen ausgestattet hat, daß man sich das Leben in dem New Yorker Backsteinhaus in allen Einzelheiten vorstellen kann (und deshalb wohl ist bisher fast jede Verfilmung der Romane mißlungen).

Ja, Nero Wolfe hat inzwischen so viel Eigenleben gewonnen, daß er selbst den Tod von Rex Stout im Jahre 1975 überstanden hat. Seit Mitte der achtziger Jahre hat sich der amerikanische Journalist Robert Goldsborough darangemacht, die Folge der Nero-Wolfe-Romane fortzuspinnen. Stouts Erben waren erst mißtrauisch, gaben dann aber ihre Einwilligung. Und dies mit Recht, denn die Kopie ist vom Original nicht zu unterscheiden. Das »Wolfsrudel«, die getreue Leserschaft, ist mittlerweile der gleichen Meinung. Bei einer Signierstunde sagte eine Frau zu Goldsborough: »Ich hatte mir vorgenommen, Ihr Buch zu hassen. Aber ich tue es nicht!«   eb

Epilog
Prof. Moriarty & Co
von Doyle, Hornung & Co

Für Sherlock Holmes war er der Gegenspieler schlechthin – Prof. Moriarty, der geniale Mathematiker, der in jungen Jahren mit einer Arbeit über den binomischen Lehrsatz aufhorchen ließ und vor einer brillanten Hochschulkarriere stand, bevor er auf Abwege geriet und an die Spitze der infamsten (und erfolgreichsten) kriminellen Vereinigung des Königreichs trat. Der Detektiv kann seine Faszination kaum verbergen: »Er ist der Napoleon des Verbrechens.«

Dabei tritt der Professor kaum einmal persönlich in Aktion. Er ist der Planer und Organisator im Hintergrund, weshalb er auch nie gefaßt, ja, nicht einmal verdächtigt wird: »Reglos wie eine Spinne«, so hat Sherlock Holmes beobachtet, sitzt Moriarty im Zentrum des Netzes, »aber dieses Netz hat tausend Fäden, und er kennt jedes Zittern genau«. Eindrucksvoll auch seine äußere Erscheinung: Sehr groß und dünn, mit gewölbter Stirn und tief eingesunkenen Augen; das Gesicht glatt rasiert, bleich, asketisch. Fast ein Ebenbild seines Gegners Holmes! Und Moriarty ist ohne Furcht. Er begibt sich sogar in die Höhle des Löwen, Baker Street 221B, um seinen ewigen Verfolger vor weiteren Schritten zu warnen. Die große Begegnung von Gut und Böse. Doch während Holmes, der Meister aller Detektive, dabei nervös an seiner Pistole herumfingert, bleibt Prof. Moriarty vollkommen gelassen und hat für das scharfsinnige Treiben seines Widersachers obendrein noch ein Kompliment parat: »Es war mir ein intellektueller Hochgenuß.«

Das Genie des Bösen – eine mitreißende Gestalt. Dies sogar im Wortsinne, wenn man den Agenturmeldungen vom 6. Mai 1891 glauben wollte, denen zufolge Sherlock Holmes und Prof. Moriarty während eines Zweikampfes, aneinandergeklammert, in die reißenden Wasser der Schweizer Reichenbach-Fälle stürzten und ums Leben kamen. Ein Irrtum, wie wir aus dem Bericht des heimgekehrten Holmes seit langem wissen: Der Detektiv hat das finale Duell überlebt. Nur der Verbrecher stürzte ab. Doch seine Nachfolger ließen nicht lange auf sich warten.

Und interessant. Wenn man die Liste von Prof. Moriartys düsteren Erben durchmustert, entsteht unabweislich der Eindruck, daß zur Ausbildung eines internationalen Groß-Kriminellen ein akademisches Studium gehört. Und mindestens eine Promotion, wie die Herren Dr. Fu Manchu, Dr. Mabuse oder Dr. No nachdrücklich belegen. Gut, Raffles, der britische Gentleman-Einbrecher, kam ohne Doktortitel aus. Aber dafür war der elegante Doppelspieler, den E. W. Hornung (lustigerweise der Schwager Conan Doyles) seit 1899 auf Beutejagd in die Domizile der High Society schickte, tagsüber Mitglied der englischen Cricket-Auswahl. Und das ist mehr. Jedenfalls auf der Insel.

Very british auch der (Sühne-)Tod des Edel-Kriminellen: Als es im Burenkrieg für Englands Sache schlecht steht, eilt Raffles zu den Fahnen, enttarnt (unter

Opferung seiner gesetzesbrecherischen Identität) einen Verräter und haucht anschließend, getroffen von einer Burenkugel, sein Leben aus. Ähnlich patriotisch zeigt sich kurz darauf Raffles' französischer Kollege Arsène Lupin. Der gewitzte Schwindler, Trickbetrüger und Nobel-Einbrecher, den Maurice Leblanc (1864-1941) seit 1906 bedichtete, schließt sich nach dem Ende seiner diebischen Erfolgslaufbahn der Fremdenlegion an.

Dr. Fu Manchu aber, dem der Brite Sax Rohmer (1883-1959) gleich 14 Bände widmete (der erste erschien 1913): Er ist ein wahrhaft teuflischer Nachfahr Prof. Moriartys. Der Chinese, promoviert an mehreren (!) europäischen Universitäten, ist nicht nur ein hochkarätiger Wissenschaftler, sondern zugleich Okkultist und Magier, überdies ein Meister der Masken und Verkleidungen. Als Organisator und Chef diverser Geheimbünde hat er nur ein Ziel – die Weltherrschaft. Das verbindet ihn auch mit seinem Landsmann Dr. No, den Ian Fleming (1908-1964) zur Zeit des Kalten Krieges gegen den Superagenten James Bond antreten ließ.

Gemessen daran, nehmen sich die 1921 von Norbert Jacques (1880-1954) ans Licht gebrachten Pläne des deutschen Psychiaters und Hypnotiseurs Dr. Mabuse fast bescheiden aus. Auch er ist ein Verkleidungskünstler und Geheimbundchef, der seine hypnotischen Fähigkeiten verbrecherisch für Mord und Mädchenhandel nutzt, um von den so erwirtschafteten Geldern in den Urwäldern Brasiliens einen eigenen Staat zu gründen. Aber genau wie Moriarty stürzt Dr. Mabuse am Ende ab: Von der Gräfin Told mit einem Schraubenschlüssel erschlagen und über Ostfriesland aus dem Flugzeug geworfen.

Doch Dr. Mabuse kam wieder. Und wer weiß, womöglich hat ja auch Prof. Moriarty den Fall in die Reichenbach-Fälle überlebt? Denn die Detektive, das steht fest, können sich noch so mühen – das Böse behält in dieser Welt immer das letzte Wort.

hp

ANHANG

Bibliographie der Detektive

1. Die beigegebenen Bibliographien sollen dem Lesebegierigen das Suchen erleichtern. Sie sind nach bestem Wissen erstellt (über das *Ge*wissen reden wir im Zusammenhang mit Kriminalität nicht ...), erheben aber keinen Anspruch auf Wissenschaftlichkeit. Vollständigkeit haben wir zwar angestrebt – aber garantieren wollen wir dafür lieber nicht.

2. Aufgeführt sind in der Regel: der *Originaltitel,* das Erscheinungsjahr; dazu, falls nötig, ein [sachdienlicher Hinweis], z.B. auf ein singuläres Vorkommen bei gemeinhin nur paarweise operierenden Detektiven et vice versa, auf Co-Autoren oder Vollender fragmentarisch hinterlassener Werke. Bei ausländischen Texten ist ein deutscher Titel in Klammern vermerkt, sofern eine deutsche Übersetzung vorliegt und uns bekannt ist. Ebenfalls in der Klammer steht der deutsche Verlag.

3. Hierbei haben wir uns nun willkürlich beschränkt auf eine einzige Angabe (wovon wir nur in echten Ausnahmefällen abgewichen sind – etwa bei Jerome Charyn oder bei Friedhelm Werremeiers *Trimmel*-Umarbeitungen). Gewiß: Von manchen fremdsprachigen Krimis gibt es mehrere deutsche Übersetzungen; oder eine Übersetzung, die im Laufe der Zeit in mehreren Verlagen erschienen ist, dies möglicherweise unter verschiedenen Titeln. Darauf differenziert einzugehen, würde dies Buch jedoch überformen. Der souveräne Sammler wird sich ohnehin am Originaltitel orientieren. Unsere Absicht war nur, die bibliographischen Angaben, die in der Zeitungs-*Galerie* notwendigerweise karg ausfielen und auf die Nennung von Einzeltiteln verzichten mußten, ein wenig detaillierter zu gestalten.

4. Ein durchgängiges Prinzip gab es bei der Auswahl der Übersetzungen nicht unbedingt. Wenn möglich, ist die neueste, vollständigste, beste und lieferbare Ausgabe aufgeführt. Leider sind diese Epitheta nur selten deckungsgleich. Manche älteren Fassungen sind besser, robuster, als die neuen (zum Beispiel Martin Esslins alte Übersetzung von Dorothy Sayers' »Mord braucht Reklame«), waren jedoch erheblich gekürzt. Andererseits ist manch neue, vorbildlich vollständige Ausgabe trotz ihrer Neuheit bereits wieder »out of print«.

5. Was also tun? Was immer du tust, du wirst es bereuen. Wir haben, dessen eingedenk, in solchen Fällen das Prinzip schlichter Zuneigung walten lassen. Oder pragmatisch gehandelt. Oder auch beides: Bei Simenons Kommissar Maigret haben wir, beispielsweise und so weit die Bände reichen, die schöne nostalgische Kiepenheuer-&-Witsch-Version angegeben (bei der kein Geringerer als Paul Celan mittat), in diesem Elementarfall aber auch die abweichenden Titel der Diogenes- und der Heyne-Ausgabe mitgeliefert.

6. Viel wichtiger wäre überhaupt, daß die hier aufgelisteten Texte im Buchladen bereitstünden. Genau das tun sie viel zu oft nicht mehr.

7. Apropos. Es ist zwar ein altes Gesetz, daß ein Bibliograph jedes angeführte Buch persönlich in der Hand gehalten haben soll, doch das ist auf dem Felde der Krimis bedauerlicherweise kaum zu realisieren. Bei den Verlagen gehört Kriminalliteratur (oft) zur raschen Umlaufware, für (viele) Bibliotheken sind Detektive nicht klassisch genug. Darum haben wir uns, trotz inzwischen raumgefährdend umfänglicher Privatsammlungen, trotz unermüdlicher Flohmarktbegehungen und antiquarischer Verfolgungsjagden auf gedruckte Schnüffler, in Einzel-Fällen verdienten Bibliographen anvertrauen müssen. Unsere wesentlichen Hilfsmittel waren:

John Cooper & B.A. Pike. *Detective Fiction. The Collector's Guide.* Second rev. Edition. Aldershot: Scolar Press, 1994

Klaus-Dieter Walkhoff-Jordan. *Bibliographie der Kriminalliteratur 1945-1984 im deutschen Sprachraum.* Frankfurt/Main u.a.: Ullstein, 1985

Ders. *Bibliographie der Kriminalliteratur 1985-1990 im deutschen Sprachraum.* Frankfurt/Main u.a.: Ullstein, 1991

Armin Arnold und Josef Schmidt. *Reclams Kriminalromanführer.* Stuttgart: Reclam, 1978

8. Wesentlich bei allem: Dies Buch ist eine Galerie der *Detektive,* nicht der Krimi-*Autoren.* Das heißt, die bibliographischen Angaben gelten nur jenen Büchern (Romanen, Erzählungen, Erzählsammlungen), in denen diese Detektive vorkommen. Die übrigen Werke der hier vertretenen Schriftsteller sind nicht mit aufgelistet (und wenn doch, dann versehentlich...). In den kleinen biographischen Einleitungen haben wir aber, so gut es ging, auf weitere literarische Aktivitäten von Autoren verwiesen, die ihrem Helden eine gelegentliche Ermittlungspause einräumen oder gar mit anderen Serientätern fremdgehen. Und um den Gebrauch ein bißchen zu vereinfachen, ist die Bibliographie ausnahmsweise nicht nach Detektiven, sondern alphabetisch nach Autoren geordnet.

9. Natürlich hätten wir wahnsinnig gern eine Bibliographie ohne jeden Fehler vorgelegt. Wunschtraum vermutlich. Aber in den vielen künftigen Auflagen dieses Buches können alle Irrtümer, auch solche, die uns möglicherweise in den *Galerie*-Portraits unterlaufen sind, wirksam berichtigt werden. Wir bitten also unsere Leser freundlich um Korrekturen und/oder Ergänzungen, kurz – um kundige Mitarbeit. Weiterführende Hinweise werden von allen Verlagsdienststellen Tag und Nacht entgegengenommen und umgehend den Autoren beziehungsweise Herausgebern zugeleitet.

10. »Hum!« said Holmes. »Somebody knows something, that is clear.«

Heiko Postma & Rainer Wagner

A.B.S.
A.B.S. ist das Pseudonym für Astrid und Bernt Schumacher. A.S. wurde 1948 geboren, studierte Bio- und Psychologie, war nach ihrer Promotion Professorin an der Uni Hamburg und ist jetzt Lehrerin. Ihr Ehemann B.S. hat vor Beginn seiner Kriminallaufbahn Wirtschaftswissenschaften und Pädagogik studiert.

Hauptkommissar-Kloess-Bibliographie
Ole, Dole, Doff, 1985 (Heyne, 1987)
Double Feature, 1987 (Heyne)
Déja Vu, 1988 (Heyne)
Kalaschnikow, 1994 (Heyne)

Douglas Adams
Geboren 1952 in Cambridge/England. Studium ebenda. Künstlerische Neigungen. Comedy. Jobs, um zu leben, u.a.: Leibwächter. 1977 im BBC-Hörfunk *Per Anhalter durch die Galaxis*. Von da an, spätestens seit dem gedruckten *Hitchhikers' Guide*, ein gemachter Mann mit universalen Einfalls- (und Einkommens-)strömen. Zehn Jahre nach dem akustischen Debut von Arthur Dent, Ford Prefect, Zaphod Beeblebrox und, nicht zu vergessen, von Marvin, dem jammernden Roboter, verspürte Douglas Adams in seinem Haus in Islington das Bedürfnis nach kosmischem Kriminalismus, und er schuf Dirk Gently samt dessen holistischer Detektei. Der letzte Satz des ersten Bandes lautete 1987: »Fortsetzung folgt...« Das war eine unwahrscheinlichkeitssichere Aussage. Und beinah umgehend folgte die Fortsetzung als dunkler Fünfuhrtee der Seele. Doch dann? Folgte nur eine wahnsinnige, grauenhafte Stille. Und keine weitere Fortsetzung, zumindest noch keine. Wo ist Dirk Gently? Immer noch dabei, die Behaglichkeit des eigenen Heims zu genießen, wie es sein Vorsatz am Ende des zweiten Bandes gewesen war?

Dirk-Gently-Bibliographie
Dirk Gently's Holistic Detective Agency, 1987 (Dirk Gently's Holistische Detektei. Ullstein)
The Long Dark Tea-Time of the Soul, 1987 (Der lange dunkle Fünfuhrtee der Seele. Ullstein)

Margery Allingham
Geboren 1904 in London, aufgewachsen in Essex. Schulbesuch in Cambridge. Im Jahr 1927 Heirat mit Philip Youngman Carter (1904-1970), dem Herausgeber des *Tatler*. Zwei Jahre später trat dann Mr. Albert Campion in ihr Leben, dem sie fast ausnahmslos ihr kriminalistisches Œuvre widmete. Ehemann Carter nahm's hin, schrieb, vier Jahrzehnte später, den unvollendet hinterlassenen Campion-Roman *Cargo of Eagles* zu Ende und verfaßte nach Margery Allinghams Tod sogar noch zwei weitere Campion-Bücher. Margery Allingham starb 1966.

Mr.-Albert-Campion-Bibliographie
1. Romane
The Crime at Black Dudley, 1929 (Mord in Black Dudley. Heyne)
Mystery Mile, 1930 (Gefährliches Landleben. Diogenes)
Look to the Lady, 1931 (Die Hüter des Kelches. Diogenes)
Police at the Funeral, 1931 (Polizei am Grab. Diogenes)
Sweet Danger, 1933 (Süße Gefahr. Diogenes)
Death of a Ghost, 1934 (Wenn Geister sterben. Diogenes)
Flowers for the Judge, 1936 (Blumen für den Richter. Diogenes)
Dancers in Mourning, 1937 (Tänzer in Trauer. Diogenes)
The Case of the Late Pig, 1937 (Der Fall Pig. Diogenes)
The Fashion in Shrouds, 1938 (Mode und Morde. Goldmann)
Traitor's Purse, 1941 (Judaslohn. Diogenes)
Coroner's Pidgin, 1945 (Zur Hochzeit eine Leiche. Diogenes)
More Work for the Undertaker, 1948 (Überstunden für den Totengräber. Diogenes)
The Tiger in the Smoke, 1952 (Die Spur des Tigers. Goldmann)
The Beckoning Lady, 1955 (Trau keiner Lady. Diogenes)
Hide my Eyes, 1958 (Schlag mich mit Blindheit. Rowohlt)
The China Governess, 1962 (Der Geist der Gouvernante. Diogenes)
The Mind Readers, 1965 (Gedankenschnüffler. Diogenes)
Cargo of Eagles, 1968 (Verschwundene Fracht. Diogenes)

2. Erzählbände
Mr. Campion: Criminologist, 1937

Mr. Campion and Others, 1939 (Die Handschuhe des Franzosen. Diogenes)
The Case Book of Mr. Campion, 1947
The Allingham Case Book, 1969 (Der Dank des Einbrechers. Diogenes)
The Allingham Minibus, 1973 (Der vollkommene Butler. Diogenes)

3. Die Campion-Romane von Ph. Y. Carter
Mr. Campion's Farthing, 1969
Mr. Campion's Falcon, 1970

Jakob Arjouni
Geboren 1964 in Frankfurt am Main. Lebt in Berlin und hat neuerdings auch andere Krimi-Helden im Sinn als Kemal Kayankaya.

Kemal-Kayankaya-Bibliographie
Happy Birthday Türke!, 1987 (Diogenes)
Mehr Bier, 1987 (Diogenes)
Ein Mann, ein Mord, 1991 (Diogenes)

Linda Barnes
Geboren 1949 in Detroit. Studierte in Boston an der Kunsthochschule Englisch und Schauspiel. War fünf Jahre lang Schauspiel-Dozentin, ehe sie 1987 mit dem Schreiben von Kriminalromanen anfing und Michael Spraggue als Helden erfand, einen früheren Privatdetektiv und jetzigen Schauspieler. Noch größeren Erfolg aber hatte ihr Geschöpf Carlotta Carlyle. Linda Barnes lebt derzeit in Brookline/Massachusetts.

Carlotta-Carlyle-Bibliographie
A Trouble of Fools, 1987 (Carlotta steigt ein. Rowohlt)
The Snake Tattoo, 1989 (Carlotta fängt Schlangen. Rowohlt)
Coyote, 1992 (Carlotta jagt den Coyoten. Wunderlich)
Steel Guitar, 1993 (Carlotta spielt den Blues. Wunderlich)
Snapshot, 1993 (Ein Schnappschuß für Carlotta. Wunderlich)
Hardware, 1995 (Carlotta geht ins Netz. Wunderlich)
Cold Case, 1997

Wolfgang Bauer (Hrsg.) / Meister Bao
Wolfgang Bauer (1930-1997) war Professor für Sinologie am Institut für Ostasienkunde der Universität München. Er hat sich in seiner deutschen Edition von Meister Bao-Fällen auf's Auswählen, Übersetzen, Kommentieren und Nachwortschreiben beschränkt, was verdienstvoll, einem Gelehrten angemessen und überhaupt nur deshalb als »Beschränkung« anzuführen ist, weil Robert van Gulik, sein Kollege in Sachen asiatischer Detektivkultur, im Fall der Fälle des Richters Di zwar auch mal so angefangen hatte, dann aber ans selbständige Nach- bzw. Neuerzählen gegangen war, nicht ohne dabei, wenngleich eingestandenermaßen, im Bao-Revier zu wildern.

Meister-Bao-Bibliographie
Die Leiche im Strom, 1992 (Herder) [= vom Hrsg. W. Bauer übersetzte Auswahl aus folgenden Sammlungen:]
Quanbu Bao Longtu pan baijia gongan, 1594 (dt.: [Umfassend ergänzte Sammlung von einhundert durch Bao Drachentafel entschiedene Kriminalfälle])
Xinquie quanxiang Bao Xiaosu gong baijia gongang yanyi, 1597 (dt.: [Neu gedruckte und umfassend illustrierte Fassung von einhundert Kriminalfällen des Meisters Bao. Pietätvoll-Streng in umgangssprachlicher Version])
Xinping Longtu shenduan gongan, um 1640 (dt.: [Neue kritische Ausgabe der von Meister Drachentafel göttlich entschiedenen Kriminalfälle])
Xiuxiang Longtu gongan, 1802 (dt.: [Illustrierte Kriminalfälle des Meisters Drachentafel])

Weitere Übersetzungen
H. Rudelsberger, *Chinesische Novellen,* Wien, 1924
L. Comber, *The Strange Cases of Magistrate Pao,* Ruland, 1964

Edmund C(lerihew) Bentley
Geboren 1875 in London. Studium in Oxford und London. Journalistische Tätigkeit bei den *Daily News,* später beim *Daily Telegraph.* Erfand eine witzige Kurzgedichtgattung, den *Clerihew,* war befreundet mit G. K. Chesterton, beteiligte sich an mehreren Kollektiv-Krimis des »Detection Club« und schrieb auch eigene Detektivprosa, meistenfalls mit Philip Trent. Bentley starb 1956.

Philip-Trent-Bibliographie
1. Romane
Trent's Last Case, 1913 (Trents letzter Fall. Diogenes)

Trent's Own Case, 1936

2. Erzählungen
Trent Intervenes, 1938 [Zwölf Erzählungen]
Trent and the Ministering Angel, 1938

Pieke Biermann
Geboren 1950 in Stolzenau als Lieselotte Biermann. Studium der Germanistik und Anglistik in Hannover. Übersetzungen aus dem Englischen und Italienischen. Essays. Und Krimis. Pieke Biermann lebt in Berlin.

Karin-Lietze-Bibliographie
Potsdamer Ableben, 1987 (Rotbuch)
Violetta, 1990 (Rotbuch)
Herzrasen, 1993 (Rotbuch)

Nicholas Blake
Geboren 1904 in Ballintogher/Irland. Studium in Oxford. Zunächst Lehrer am Cheltenham College, nach dem 2. Weltkrieg in Oxford, dann in Havard. Im Jahr 1968 von der Queen zum »Poet Laureate« ernannt – dies unter seinem eigentlichen Namen: Cecil Day-Lewis. Blake starb 1972.

Nigel-Strangeways-Bibliographie
1. Romane
A Question of Proof, 1935
Thou Shell of Death, 1936 (Der geduldige Mörder. Rowohlt)
There's Trouble Brewing, 1937 (Tat auf Tat. Goldmann)
The Beast Must Die, 1938 (Das Biest. Ullstein)
The Smiler with the Knife, 1939
Malice in Wonderland, 1940
The Case of the Abominable Snowman, 1941
Minute for Murder, 1947
Head of a Traveller, 1949
The Dreadful Hollow, 1953
The Whisper in the Gloom, 1954 (Stimmen im Zwielicht. Rowohlt)
End of Chapter, 1957 (Schluß des Kapitels. Rowohlt)
The Widow's Cruise, 1959 (Scotland Yard reist mit. Goldmann)
The Worm of Death, 1961 (Ein Patriarch verschwindet. Rowohlt)
The Sad Variety, 1964 (Ein Engel soll sterben. Goldmann)

The Morning After Death, 1966 (Der Morgen nach dem Tod. Goldmann)

2. Erzählungen
A Slice of Bad Luck, 1935
Mr. Prendergast and the Orange, 1938
It Fell to Earth, 1944

Lawrence Block
Geboren 1938 in Buffalo/New York. Kolumnist beim *Writer's Digest*. Begann 1961 mit dem Krimi-Schreiben. Außer Bernie, dem Buchhändler und Burglar, brachte Block noch den Ex-Polizisten und unlizensierten Privatdetektiv Matthew Scudder auf die New Yorker Erfolgsbahn. Block selber lebt in Boston.

Bernie-Rhodenbarr-Bibliographie
Burglars Can't Be Choosers, 1977 (Diebe nehmen, was sie kriegen. Piper)
The Burglar in the Closet, 1978 (Der Dieb im Schrank. Piper)
The Burglar Who Liked to Quote Kipling, 1979 (Der Dieb, der gern Kipling zitierte. Piper)
The Burglar Who Studied Spinoza, 1980 (Ein Philosoph mit langen Fingern. Piper)
The Burglar Who Painted Like Mondrian, 1984 (Der Dieb, der wie Mondrian malte. Piper)

Enid Blyton
Geboren in London, nach bisheriger Lesart im Jahr 1896, nach Angaben ihrer neuen Vermarktungsfirma Trocadero Plc. erst 1897 (d.h.: medienmäßig 2x Jubiläumsartikel, -sendungen, -aufmerksamkeit). Aufgewachsen in Beckenham/Kent. Während des 1. Weltkriegs in Ipswich am »Froebel Institute« zur Kindergärtnerin und Primarlehrerin ausgebildet. Bis 1924, dem Jahr ihrer ersten Eheschließung, im Schuldienst. Doch von Beginn an Vorsatz, Schriftstellerin zu werden, speziell Kinderbuchautorin. So wurde sie zunächst Redakteurin pädagogischer Zeitschriften und Herausgeberin sowie Autorin eines Story-Magazins. Sehr rasch sehr populär wegen ihrer spannenden, frisch konstruierten, kindliche Konfliktbereiche unverniedlicht ausleuchtenden Erzählserien. Bei soften Progressivpädagogen umstritten. Vorwurf u.a.: konservativer Pfadfindergeist. Trotzdem ist Enid Blyton die meistgelesene, meist- (wenn auch meist schlecht) übersetzte Kinderbuchautorin

überhaupt. Die meistproduzierende war sie wohl auch: mehr als 400 Kinder- und Jungendbücher. Die erfolgreichsten Serien begann sie in den vierziger Jahren. Am 19. November 1968 ist Enid Blyton in London gestorben.

Dicki-und-die-Spürnasen-Bibliographie
The Mistery of the Burnt Cottage, 1943 (Geheimnis um einen nächtlichen Brand. Erika Klopp)
The Mistery of the Disappearing Cat, 1944 (Geheimnis um eine siamesische Katze. Erika Klopp)
The Mistery of the Secret Room, 1945 (Geheimnis um ein verborgenes Zimmer. Erika Klopp)
The Mistery of the Spiteful Letters, 1946 (Geheimnis um eine giftige Feder. Erika Klopp)
The Mistery of the Missing Necklace, 1947 (Geheimnis um eine verschwundene Halskette. Erika Klopp)
The Mistery of the Hidden House, 1948 (Geheimnis um ein Haus im Walde. Erika Klopp)
The Mistery of the Pantomime Cat, 1949 (Geheimnis um eine Tasse Tee. Erika Klopp)
The Mistery of the Invisible Thief, 1950 (Geheimnis um einen unsichtbaren Dieb. Erika Klopp)
The Mistery of the Vanished Prince, 1951 (Geheimnis um einen entführten Prinzen. Erika Klopp)
The Mistery of the Strange Bundle, 1952 (Geheimnis um einen roten Schuh. Erika Klopp)
The Mistery of Holly Lane, 1953 (Geheimnis am Holunderweg. Erika Klopp)
The Mistery of Tally-ho Cottage, 1954 (Geheimnis um ein gestohlenes Bild. Erika Klopp)
The Mistery of the Missing Man, 1956 (Geheimnis um einen Wohnwagen. Erika Klopp)
The Mistery of the Strange Messages, 1957 (Geheimnis um eine Efeuvilla. Erika Klopp)
The Mistery of the Banshee Towers, 1961 (Geheimnis um ein blaues Boot. Erika Klopp)

Pierre Boileau

Geboren am 28. April 1906 in Paris. Boileau studierte an der Handelshochschule und war Sozialarbeiter, bevor er anfing, Kriminal- bzw. damals noch *Detektiv*romane zu schreiben. 1938 erhielt er für seinen André-Brunel-Roman *Le repos du Bacchus* den «Prix du roman d'aventures». Nach dem 2. Weltkrieg traf er dann seinen Partner Thomas Narcejac (geboren 1908 in Rochefort-sur-Mer): Mit ihren abgefeimt konstruierten Psycho-Krimis wurden Boileau/Narcejac zum Tandem des künstlichen Grauens.

Ihre meist aus der Perspektive des Opfers verfaßten Romane wurden häufig verfilmt – z.B. von Hitchcock (*Vertigo*) oder Henri Clouzot (*Les diaboliques*). Die Resultate ihrer theoretischen Überlegungen legten Boileau/Narcejac mit cartesianischer Logik in ihrer Studie *Le roman policier* dar. Pierre Boileau ist am 16. Januar 1989 gestorben.

André-Brunel-Bibliographie
La Pierre qui tremble, 1934 (Entscheidung in den Klippen. Rowohlt)
La promenade de minuit, 1934
Le repos du Bacchus, 1938 (Der Trick mit da Vinci. Rowohlt)
Six crimes sans assassin, 1939 (Sechsmal tödlich. Rowohlt)

Jürgen Breest

Geboren 1936 in Karlsruhe. War nach seinem Studium zunächst freier Schriftsteller. Dann als Rundfunk- und später Fernsehredakteur zur ARD. Leiter der Abt. Fernsehspiel bei Radio Bremen. Bevor er auf Eike Budde stieß, schrieb er eine beträchtliche Anzahl normaler Krimis, auch TV-Spiele. Jürgen Breest lebt in Bremen.

Eike-Budde-Bibliographie
Doppeltes Leben – doppelter Tod, 1991 (Rowohlt)
Treppenstürze, 1992 (Rowohlt)
Eine offene Rechnung, 1993 (Rowohlt)
Großes Finale, 1994 (Rowohlt)

Fred Breinersdorfer

Geboren 1946 als Alfred W. Breinersdorfer. Studierte Jura und Soziologie in Mainz und Tübingen. Arbeitet hauptberuflich als Rechtsanwalt in Stuttgart. Daneben: Krimis – in Romanform, als Stories oder als Drehbuch (mit Schimanski am *Tatort*, aber auch mit Jean Abel).

Jean-Abel-Bibliographie
Reiche Kunden killt man nicht, 1980 (Rowohlt)
Das kurze Leben des K. Rusinski, 1980 (Rowohlt)
Frohes Fest, Lucie, 1981 (Rowohlt)
Noch Zweifel, Herr Verteidiger?, 1983 (Rowohlt)
Das Netz hat manchmal weite Maschen, 1983 (Rowohlt)
Der Dienstagsmann, 1984 (Rowohlt)
Notwehr, 1986 (Rowohlt)

Thomas Brezina

Geboren 1963 in Wien als Sohn einer Musikpä-
dagogin und eines Radiologen. Im Alter von 15
Jahren erhielt er den »Großen Österreichi-
schen Jugendpreis« für seine Drehbücher zu
einer Puppen-TV-Serie. Als Erwachsener bekam er noch eine Reihe weiterer Preise, darunter die »Ehrenbürgerschaft von Disneyland Paris« (1993). Auch Auszeichnungen für seine TV-
Programme und seinen *Knickerbocker*-Spielfilm
Das sprechende Grab. Seit 1979 arbeitet Thomas
Brezina für den ORF als Marionettenspieler,
Redakteur, Regisseur, Autor, Präsentator. Daneben, denn das alles füllt einen produktiven
Menschen natürlich nicht aus, übersetzt er
mehrere auswärtige Zeichentrickserien und
schreibt Hörspiele. Und weil das immer noch zu
wenig ist, verfaßt er seit 1990 auch die *Knicker-
bocker-Bande*, die es bislang auf 44 Bände gebracht hat. In der restlichen Zeit des Tages ist
Thomas Brezina offizieller UNICEF-Botschaf-
ter Österreichs.

Die-Knickerbocker-Banden-Bibliographie
(Alle Bände erscheinen als Hardcover im Breit-
schopf Verlag, Wien, und als Taschenbücher
bei Bertelsmann)
Rätsel um das Schneemonster, 1990
Ein Ufo namens Amadeus, 1990
Lindwurmspuk vor Mitternacht, 1990
Wenn die Turmuhr 13 schlägt, 1990
Bodenseepiraten auf der Spur, 1990
Das Phantom der Schule, 1990
Die Tonne mit dem Totenkopf, 1990
Wo ist der Millionenstorch?, 1990
Treffpunkt Schauermühle, 1990
Der Fluch des Schwarzen Ritters, 1990
Die Nacht der Weißwurst-Vampire, 1991
Schokolade des Schreckens, 1991
Der Ruf des Grusel-Kuckucks, 1991
Jagd auf den Hafenhai, 1991
Das Zombie-Schwert des Sultans, 1991
SOS vom Geisterschiff, 1991
Die Rache der Roten Mumie, 1992
Kolumbus und die Killerkarpfen, 1992
Die Gruft des Barons Pizza, 1992
Insel der Ungeheuer, 1992
Frankensteins Wolkenkratzer, 1992
Der tätowierte Elefant, 1992
Die Drachen-Dschunke, 1992
Der weiße Gorilla, 1993

Der grüne Glöckner, 1993
Im Dschungel verschollen, 1993
Im Tal der Donnerechsen, 1993
Titanic, bitte melden!, 1993
Der eiskalte Troll, 1993
Im Reich des Geisterzaren, 1993
Der Bumerang des Bösen, 1994
Kennwort Giftkralle, 1994
Das Riff der Teufelsrochen, 1994
Das Geheimnis der gelben Kapuzen, 1994
Der Geisterreiter, 1995
Im Wald der Werwölfe, 1995
Die giftgelbe Geige, 1995
Das Haus der Höllensalamander, 1995
Das Biest im Moor, 1995
Die Maske mit den glühenden Augen, 1996
Die Hand aus der Tiefe, 1996
13 blaue Katzen, 1996
Die Rote Mumie kehrt zurück, 1996
Die Höhle der Säbelzahntiger, 1996

Fredric Brown

Geboren 1906 in Cincinnati/Ohio. Studium an
der örtlichen Universität und in Indiana ohne
Abschluß. Bis 1936 Büroangestellter, dann Kor-
rektor beim *Milwaukie Journal*. Daneben: Erste
literarische Arbeiten, meist Kurzprosa. 1947 Debut als Krimiautor – mit dem ersten Band der
Ed-und-Ambrose-Hunter-Serie, der sogleich mit
dem »Edgar-Allan-Poe-Preis« dekoriert wurde.
Wegen einer chronischen Halskrankheit über-
siedelte Brown 1949 nach Taos/New Mexico.
1954 zog er nach Tuscon/Arizona, wo er, unterbrochen von einem kürzeren Aufenthalt in Los
Angeles (Drehbücher für Hitchcocks TV-Serie),
bis zu seinem Tod seßhaft blieb. Neben dem
siebenbändigen *Hunter*-Zyklus schrieb Brown
noch weitere Krimis, Thriller und, erfolgreich,
SF-Literatur. Fredric Brown starb am 11. März
1972.

Ed-und-Ambrose-Hunter-Bibliographie
The Fabulous Clipjoint, 1947 (Hunters erste Jagd.
Bastei)
Dead Ringer, 1948 (In den Straßen von Chicago.
Bastei)
The Bloody Moonlight, 1949
Compliments of a Friend, 1950 (Die Detektive
von Chicago. Bastei)
Death Has Many Doors, 1951 (Der Tod in Chica-
go. Bastei)

The Late Lamented, 1959
Mrs. Murphy's Underpants, 1963 (Der schwarze Engel von Chicago. Bastei)

John Dickson Carr

Geboren 1906 in Uniontown/Pennsylvania. Studium am Haverford College. Anschließend ein längerer Aufenthalt in Paris. Resultat: Sein erster von insgesamt fünf Krimis mit Henri Bencolin – *It Walks by Night*, 1930. Ein Jahr später ging J.D. Carr nach England, wo er bis 1958 lebte, ehe er, vorübergehend, in die USA zurückkehrte. Er publizierte zusätzlich zu den J.D.-Carr-Titeln noch unter mehreren Pseudonymen, vor allem als Carter Dickson. Unter diesem Verfassernamen erschienen die Krimis mit dem Detektiv Sir Henry Merrivale. J.D. Carr starb 1977.

Dr.-Gideon-Fell-Bibliographie
1. Romane
Hag's Nook, 1933 (Tod im Hexenwinkel. DuMont)
The Mad Hatter Mystery, 1933 (Der Tote im Tower. DuMont)
The Eight of Swords, 1934 (Schatten der Vergangenheit. Ullstein)
The Blind Barber, 1934 (Der blinde Barbier. Ullstein)
Death Watch, 1935 (Der vergoldete Uhrzeiger. Scherz)
The Three Coffins, 1935 (Der verschlossene Raum. DuMont)
The Arabian Nights Murder, 1936
To Wake the Dead, 1938 (Der magische Stein. Scherz)
The Crooked Hinge, 1938 (Gesucht: Ein Motiv. Scherz)
The Problem of the Green Capsule, 1939 (Die grüne Kapsel. Scherz)
The Problem of the Wire Cage, 1939 (Mord am Netz. Ullstein)
The Man Who Could Not Shudder, 1940 (Das verhexte Haus. Ullstein)
The Case of the Constant Suicides, 1941 (Die schottische Selbstmord-Serie. DuMont)
Death Turns the Tables, 1941 (... Auf daß ihr nicht gerichtet werdet. Ullstein)
Till Death Do Us Part, 1944 (Der Wahrsager und die Wahrheit. Signum)
He Who Whispers, 1946 (Der Flüsterer. Ullstein)
The Sleeping Sphinx, 1947 (Die schlafende Sphinx. Scherz)

Below Suspicion, 1949 (Das umgekehrte Kreuz. Ullstein)
The Dead Man's Knock, 1958 (Die verschlossene Tür. Scherz)
In Spite of Thunder, 1960 (Hinter den Kulissen. Scherz)
The House at Satan's Ellbow, 1965
Panic in Box C, 1966 (Vorhang auf für den Mörder. Scherz)
Dark of the Moon, 1967 (Roulett der Rächer. Scherz)

2. Erzählungen
Guest in the House, 1947 (Böse Gäste. In: Das wird dich töten. [Auswahl aus *Ellery Queen's Mystery Magazine*] Heyne)
Dr. Fell, Detective, 1947 [Sammlung]
The Third Bullet and other Stories, 1954 [Sammlung]
The Men Who Explained Miracles, 1963 [Sammlung]

Martine Carton

Geboren 1944 in Amersfoort/Niederlande. War engagierte Mitstreiterin der »Dollen-Mina«-Bewegung und kam, als Redakteurin der Gruppenzeitschrift, zum Schreiben. Erste Buchpublikation – eine Aufklärungsschrift (*Het groene boekje voor meisjes*). Beim Aufklären, wenn auch (mehr) im detektivischen Sinne, blieb Martine Carton, als 1978 ihr erster Tonia-Krimi erschien. Seit einiger Zeit lebt Martine Carton, verehelicht, in einem Dorf in der Türkei. Sie hat ihre türkischen Impressionen und Erfahrungen auch bereits in Romanform verarbeitet, etwa in *Fatmas Geschichte*, doch ohne Tonia.

Tonia-van-Dijk-Bibliographie
1. Romane
Medusa en de groene weduwen, 1978 (Medusa und Die grünen Witwen. Fischer)
Nefertete en de cruise-vaarders, 1978 (Nofretete und Die Reisenden einer Kreuzfahrt. Fischer)
Apollo en de kunstenmakers, 1980 (Apollo und Die Gaukler. Fischer)
Victoria en de oliesjeiks, 1981 (Victoria und Die Ölscheiche. Fischer)
Martina en de Medelanders, 1982 (Martina oder Jan-Kees verliert seinen Kopf. Fischer)
Hera en de centenkrabbers, 1983 (Hera und Die Monetenkratzer. Fischer)

Samson en de rasta-mannen, 1985 (Samson und Die Rasta-Männer. Fischer)

2. Erzählung
Vuistrecht, 1986 (Faustrecht. In: *Schwarze Beute 1*)

Raymond Chandler
Geboren 1888 in Chicago. 1895 mit seiner Mutter nach England. Bis 1905 Besuch des Dulwich College. Kurzzeitige Tätigkeit im britischen Marineministerium. Danach Journalist (u.a. *Westminster Gazette, Spectator*). 1912 Rückkehr in die USA. Während des 1. Weltkriegs Freiwilliger bei den kanadischen Gordon Highlanders. 1918 Dienst beim Royal Flying Corps, der späteren Royal Air Force. 1919 zurück in die USA, nach Kalifornien. 1924 Eheschließung mit Cissy Bowen. Einstieg ins Ölgeschäft. Während der Depression 1932 Verlust seiner Stellung. Seit 1933 Crime-Stories für *Black Mask*. 1939 der erste Roman *The Big Sleep*. 1943 Hollywood: Drehbücher für Paramount – z.B. für Hitchcocks *Strangers on a Train* (nach dem Roman von Patricia Highsmith). Gleichzeitig: weitere Romane, Geschichten, Essays. 1954 nach dem Tod seiner Frau psychische Krise, Selbstmordversuch. Sein letzter Roman bleibt unvollendet. Am 26. März 1959 ist Raymond Chandler in La Jolla/Kalifornien gestorben.

Philip-Marlowe-Bibliographie
1. Romane
The Big Sleep, 1939 (Der große Schlaf. Diogenes)
Farewell, My Lovely, 1940 (Lebwohl, mein Liebling. Diogenes)
The High Window, 1942 (Das hohe Fenster. Diogenes)
The Lady in the Lake, 1943 (Die Tote im See. Diogenes)
The Little Sister, 1949 (Die kleine Schwester. Diogenes)
The Long Goodbye, 1953 (Der lange Abschied. Diogenes)
Playback, 1958 (Playback. Diogenes)
The Poodle Springs Story, posth. 1962 [verfaßt 1958; Fragment] (Die Poodle Springs Story. In: Die simple Kunst des Mordes. Diogenes)

2. Erzählbände
The Simple Art of Murder, 1950 [zwölf Erzählungen, ein Essay. Nachdrucke früher erschienener Stories, aber jetzt mit Philip Marlowe als Detektiv]
The Smell of Fear, 1965 [14 Erzählungen, darunter *The Pencil,* die einzige Original-Story mit Philip Marlowe] (Der König in Gelb. Diogenes)

3. Erzählbände ohne Philip Marlowe (z.T. aber von Chandler als »Steinbrüche« für seine Romane genutzt)
Five Murderers, 1944 [Fünf Erzählungen]
Five Sinister Characters, 1945 [Fünf Erzählungen]
Finger Man, 1946 [Drei Erzählungen, ein Essay] (Gesteuertes Spiel. dtv)
Killer in the Rain, 1964 [Acht Erzählungen] (Mord im Regen. Diogenes)

Weitere Diogenes-Erzählsammlungen:
Erpresser schießen nicht.
Gefahr ist mein Geschäft.
Englischer Sommer.

4. Briefe, Essays, Notizen
Raymond Chandler Speaking, 1962 [mit Kommentaren auch zu Philip Marlowe] (Dorothy Gardiner, Kathrine S. Walker (Hrsg.). Die simple Kunst des Mordes. Diogenes)

5. Adaptionen
Poodle Springs, 1989 [= *The Poodle Springs Story,* completed by Robert B. Parker] (Einsame Klasse. Bastei)
Robert B. Parker: *Perchance to Dream,* 1991 [= Fortsetzung des Romans *The Big Sleep*] (Tote träumen nicht. Albrecht Knaus)

6. Huldigungsstories
Raymond Chandler's Philip Marlowe. A Centennial Celebration. 2 Volumes, 1988 [Philip-Marlowe-Stories, verfaßt von mehreren gegenwärtigen Crime-Autoren] (Raymond Chandler's Philip Marlowe. Heyne)

Leslie Charteris
Geboren 1907 in Singapur als Leslie Charles Bowyer Yin. Sein Vater, ein Arzt, war Chinese, seine Mutter Engländerin. Charteris verbrachte seine Jugend in Indien, ging dann als Student nach Cambridge, brach das Studium jedoch nach einem Jahr ab, um Schriftsteller zu werden. 1927 erschien sein erstes Buch (*X Esquire*). 1928, in Charteris' drittem Buch, war erstmals Simon Templar der Held – *Meet the Tiger.* 1932 ging Charteris als Drehbuchautor für die

Paramount nach Hollywood, kehrte aber nach dem 2. Weltkrieg nach Europa zurück. Die *Saint*-Bücher aus dieser Zeit sind im wesentlichen Sammelbände von kürzeren, im *Saint Magazine* erschienenen Geschichten. Leslie Charteris ist 1993 gestorben.

Simon-Templar-Bibliographie
1. Romane
Meet the Tiger, 1928 (Begegnung mit dem Tiger. Detektiv Club)
Enter the Saint, 1930 (Der Auftritt des Saint. Detektiv Club)
The Last Hero, 1930 (Kennen Sie den Heiligen? Heyne)
Knight Templar, 1930 (Die Rache des »Heiligen«. Signum)
Alias the Saint, 1931 (Alias der Saint. Detektiv Club)
She Was a Lady, 1931 [1945 u.d.T.: *The Saint Meets His Match*] (Der »Heilige« und die Dame Jill. Signum)
Saint's Getaway, 1932 (Der »Heilige« kommt davon. Signum)
Once More the Saint, 1933 (Der »Heilige« und Mr. Teal. Signum)
The Brighter Buccaneer, 1933 (Der »Heilige« ist schlauer. Signum)
The Saint Intervenes, 1934 (Der »Heilige« greift ein. Signum)
The Saint Goes On, 1934 (Der »Heilige« macht weiter. Signum)
The Misfortunes of Mr. Teal, 1934 (Der »Heilige« in London. Signum)
The Saint in New York, 1935 (Der »Heilige« in New York. Signum)
The Saint Overboard, 1936 (Der Heilige über Bord. Heyne)
The Saint Plays with Fire, 1938
Follow the Saint, 1938
The Saint Goes West, 1942
The Saint Around the World, 1956
Vendetta for the Saint, 1964

2. Erzählsammlung
The Saint vs. Scotland Yard, 1932 (Der »Heilige« gegen Scotland Yard. Signum)

Jerome Charyn
Geboren 1937 in New York. Lebt in New York. Romancier und Dozent für Kreatives Schreiben.

Isaac-Sidel-Bibliographie
Blue Eyes, 1974 (Ping Pong Päng! Heyne)
Marilyn the Wild, 1976 (Die wilde Marilyn. Heyne)
The Education of Patrick Silver, 1976 (Die Erziehung des Patrick Silver. Heyne)
Secret Isaac, 1978 (Isaacs Geheimnis. Heyne)

Anmerkung: Überarbeitete Fassungen der Erstübersetzungen erschienen im Rotbuch Verlag. Die Titel: Blue Eyes. Marilyn the Wild. Patrick Silver. Der gute Bulle.

Gilbert K(eith) Chesterton
Geboren 1874 in London. Studium dort am University College. Journalist, Essayist, Rhetor, Erzähler. Katholischer Konvertit. Chesterton starb 1936.

Father-Brown-Bibliographie
Erzählsammlungen
The Innocence of Father Brown, 1911 (Father Browns Einfalt. Haffmans)
The Wisdom of Father Brown, 1914 (Father Browns Weisheit. Haffmans)
The Incredulity of Father Brown, 1926 (Father Browns Ungläubigkeit. Haffmans)
The Secret of Father Brown, 1927 (Father Browns Geheimnis. Haffmans)
The Scandal of Father Brown, 1935 (Father Browns Skandale. Haffmans)

Peter Cheyney
Geboren 1896 in London als Sohn irischer Eltern. Jurastudium, dann Teilnahme am 1. Weltkrieg und schwere Verwundung. Nach Kriegsende Gelegenheitsjobs. Zuletzt als Privatdetektiv. Daneben erste schriftstellerische Versuche: 2 Gedichtbände. Journalistische Tätigkeit. Dann, 1936: Der erste Krimi. Hauptfigur: Lemmy Caution. Es folgten noch über 60 Krimis und Spionageromane. Cheyneys zweiter markanter Ermittler ist Slim Callaghan – ebenso wie, vordem, Cheyney selber Inhaber einer kleinen Detektei. Später kamen noch drei Cheyney-Detektive dazu: Bellamy, O'Hara und O'Day. Außerdem die berühmte »dunkle« Serie – *Dark Duet* (1942), *The Stars Are Dark* (1943), *The Dark Street* (1944), *Dark Wanton* (1948). Peter Cheyney starb 1951 in London.

Lemmy-Caution-Bibliographie
1. Romane
This Man Is Dangerous, 1936 (Dieser Mann ist gefährlich. Heyne)
Dames Don't Care, 1937 (Serenade für zwei Pistolen. Ullstein)
Poison Ivy, 1937 (Hiebe auf den ersten Blick. Heyne)
Can Ladies Kill?, 1938 (Lemmy schießt nicht auf Blondinen. Signum)
Don't Get Me Wrong, 1939 (Rote Lippen, Blaue Bohnen. Heyne)
You'd Be Surprised, 1940 (Auf Befehl des FBI. Desch)
Your Dead, My Lovely, 1941 (1 : 0 für Lemmy. Heyne)
Never A Dull Moment, 1942 (Lemmy läßt die Puppen tanzen. Heyne)
I'll Say She Does!, 1945 (Wer Lemmy eine Grube gräbt. Heyne)
G-Man at the Yard, 1946 (Lemmy weiß mehr als Scotland Yard. Desch)

2. Erzählungen
Mr. Caution – Mr. Callaghan, 1941 (Die gefährlichen Wege des Slim Callaghan. Desch)

Dame Agatha Christie

Geboren 1890 in Torquay/Devon als Agatha Mary Clarissa Miller. Im Jahr 1914 Heirat mit dem Air-Force-Officer Archibald Christie. Im 1. Weltkrieg Dienst als Krankenschwester. Während dieser Zeit Arbeit am ersten Krimi *The Mysterious Affair at Styles*, der 1920 erschien. 1928: Scheidung. 1930: Ehe mit dem Archäologen Max Mallowan. Schriftstellerische Erfolgslaufbahn. Archäologische Sachbücher (als Agatha Mallowan), Liebesromane (als Mary Westmacott), Kriminalliteratur – Romane, Erzählungen, Theaterstücke (*The Mousetrap*). Auch zwei autobiographische Schriften. Von Queen Elizabeth II. in den Ritterstand erhoben (»Dame«). Agatha Christie starb 1976.

Tommy-&-Tuppence-Beresford-Bibliographie
1. Romane
The Secret Adversary, 1922 (Ein gefährlicher Gegner. Scherz)
N or M?, 1941 (Rotkäppchen und der böse Wolf. Scherz)

By the Pricking of My Thumbs, 1968 (Lauter reizende alte Damen. Scherz)
Postern of Fate, 1973 (Alter schützt vor Scharfsinn nicht. Scherz)

2. Erzählband
Partners in Crime, 1929 (Die Büchse der Pandora. Scherz)

Miss-Marple-Bibliographie
1. Romane
The Murder at the Vicarage, 1930 (Mord im Pfarrhaus. Scherz)
The Body in the Library, 1942 (Die Tote in der Bibliothek. Scherz)
The Moving Finger, 1942 (Die Schattenhand. Scherz)
A Murder Is Announced, 1950 (Ein Mord wird angekündigt. Scherz)
Murder with Mirrors, 1952 (Fata Morgana. Scherz)
A Pocket Full of Rye, 1953 (Das Geheimnis der Goldmine. Scherz)
4.50 from Paddington, 1957 (16 Uhr 50 ab Paddington. Scherz)
The Mirror Crack'd from Side to Side, 1962 (Mord im Spiegel. Scherz)
A Caribbean Mystery, 1964 (Karibische Affäre. Scherz)
At Bertram's Hotel, 1965 (Bertrams Hotel. Scherz)
Nemesis, 1971 (Das Schicksal in Person. Scherz)
Sleeping Murder, 1976 (Ruhe unsanft. Scherz)

2. Erzählbände
The Thirteen Problems, 1932 (Der Dienstagabend-Klub. Scherz)
Miss Marple's Final Cases, 1979 (Die Mörder-Maschen. Scherz)

Hercule-Poirot-Bibliographie
1. Romane
The Mysterious Affair at Styles, 1920 (Das fehlende Glied in der Kette. Scherz)
The Murder on the Links, 1923 (Mord auf dem Golfplatz. Goldmann)
The Murder of Roger Ackroyd, 1926 (Alibi. Goldmann)
The Big Four, 1927 (Die großen Vier. Scherz)
The Mystery of the Blue Train, 1928 (Der blaue Expreß. Scherz)
Peril at End House, 1932 (Das Haus an der Düne. Goldmann)

Lord Edgware Dies, 1933 (13 bei Tisch. Goldmann)

Murder on the Orient Express, 1934 (Der rote Kimono. Goldmann)

Murder in Three Acts, 1934 (Nikotin. Goldmann)

Death in the Air, 1935 (Tod in den Wolken. Goldmann)

The ABC Murders, 1936 (Die Morde des Herrn ABC. Scherz)

Murder in Mesopotamia, 1936 (Mord in Mesopotamien. Scherz)

Cards on the Table, 1936 (Mit offenen Karten. Scherz)

Dumb Witness, 1937 (Der ballspielende Hund. Scherz)

Death on the Nile, 1937 (Der Tod auf dem Nil. Scherz)

Appointment with Death, 1938 (Der Tod wartet. Scherz)

Hercule Poirot's Christmas, 1939 (Hercule Poirots Weihnachten. Scherz)

Sad Cypress, 1940 (Morphium. Scherz)

One, Two, Buckle My Shoe, 1940 (Das Geheimnis der Schnallenschuhe. Scherz)

Evil Under the Sun, 1941 (Rätsel um Arlena. Scherz)

Murder in Retrospect, 1942 (Das unvollendete Bildnis. Scherz)

The Hollow, 1946 (Das Eulenhaus. Scherz)

There is a Tide..., 1948 (Der Todeswirbel. Scherz)

Mrs. McGinty's Dead, 1952 (Vier Frauen und ein Mord. Scherz)

Funerals Are Fatal, 1953 (Der Wachsblumenstrauß. Scherz)

Hickory, Dickory, Dock, 1955 (Die Kleptomanin. Scherz)

Dead Man's Folly, 1956 (Wiedersehen mit Mrs. Oliver. Scherz)

Cat Among the Pigeons, 1959 (Die Katze im Taubenschlag. Scherz)

The Clocks, 1963 (Auf doppelter Spur. Scherz)

Third Girl, 1966 (Die vergeßliche Mörderin. Scherz)

Hallowe'en Party, 1969 (Schneewittchenparty. Scherz)

Elephants Can Remember, 1972 (Elefanten vergessen nicht. Scherz)

Curtain, 1975 (Vorhang. Hercule Poirots letzter Fall. Scherz)

2. Erzählbände

Poirot Investigates, 1924 (Poirot rechnet ab. Scherz)

Murder in the Mews, 1937 (Hercule Poirot schläft nie. Scherz)

The Regatta Mystery, 1939 (Mördergarn. Scherz)

The Labours of Hercules, 1947 (Die Arbeiten des Herkules. Scherz)

Three Blind Mice, 1950 (Die Mausefalle und andere Fallen. Scherz)

Liza Cody

Hält ihr Geburtsdatum vorerst geheim. Wuchs in London auf, studierte Malerei an der Royal Academy School of Arts und arbeitete als Textildesignerin, Möbelbauerin, Malerin und Fotografin, bevor sie zu schreiben begann.

Anna-Lee-Bibliographie

Dupe, 1980 (Video-Piraten. Ullstein)

Bad Company, 1982 (Schlechte Gesellschaft. Ullstein)

Stalker, 1984 (Jäger-Latein. Ullstein)

Head Case, 1986 (Kopfzerbrechen. Goldmann)

Backhand, 1991 (Doppelte Deckung. Goldmann)

Bucket Nut, 1992 [mit Eva Wylie] (Schweres Geschütz. Goldmann)

Monkey Wrench, 1994 [mit Eva Wylie] (Schwesternkrieg. Goldmann)

Michael Collins

Geboren 1924 in St. Louis/Missouri als Dennis Lynds. Chemiestudium. Degrees als B.A. und M.A.. Redakteur mehrerer Chemie-Fachzeitschriften. Daneben Stories. Seit 1965 Krimiautor unter dem Pseudonym Michael Collins. Unter seinem bürgerlichen Namen Dennis Lynds schrieb er 1974 einen Nachfolgeband der legendären »Charlie Chan«-Serie, deren sechs Originalbände zwischen 1926 und 1932 erschienen waren: Verfaßt vom amerikanischen Journalisten Earl Derr Biggers (1884-1932), zuerst gedruckt in der *Saturday Evening Post,* mit Schauplatz Honolulu, wo Charlie Chan als Detective Inspector tätig ist. Lynds' Buch trägt den Titel *Charlie Chan Returns.* Außerdem hat er noch unter den Pseudonymen William Arden (s. Die drei ???), John Crowe, Carl Decker, Maxwell Grant, Mark Sadler Krimis geschrieben, die durchweg auch in deutschen Übersetzungen herausgekommen sind. Sogar bei der »Nick

Carter«-Reihe hat er 1976 mitgemacht: *The Green Wolf Connection* (Attentat am Ölturm) und *Triple Cross* (Das Todesdreieck).

Dan-Fortune-Bibliographie:
Act of Fear, 1966 (Aus lauter Angst. Ullstein)
The Brass Rainbow, 1969 (Ein Dolch für die Braut. Ullstein)
Night of the Toads, 1970 (Nacht der Kröten. Ullstein)
Walk a Black Wind, 1971 (Tochter des schwarzen Windes. Ullstein)
Shadow of a Tiger, 1972 (Schach mit dem blauen Chinesen. Ullstein)
The Silent Scream, 1973 (Totale Gier. Ullstein)
Blue Death, 1975 (Mord geht auf Spesen. Ullstein)
The Blood-Red Dream, 1976 (Blutzoll für falsche Träume. Ullstein)
The Nightrunners, 1978 (Bittere Arznei. Ullstein)
The Slasher, 1980 (Der Schlächter. Ullstein)
Freak, 1983 (Freak. Ullstein)
Minnesota Strip, 1987 (Minnesota Strip. Ullstein)

Patricia Cornwell

Auch wenn sie ihre biographischen Ursprünge im Dunkeln läßt, steht Patricia Cornwell im Rampenlicht: als vielleicht erfolgreichste, gewiß aber am höchsten bezahlte Krimi-Autorin: 8 Millionen Dollars pro Roman bringt ihr neuester Vertrag ein. Sie arbeitete zunächst als Gerichtsreporterin in der forensischen Medizin, bevor sie mit ihrer Heldin Kay Scarpetta die Bestseller-Listen eroberte. Sie lebt heute in Richmond/Virginia und in Malibu/Kalifornien.

Kay-Scarpetta-Bibliographie
Body of Evidence, 1990 (Ein Mord für Kay Scarpetta. Knaur)
Post Mortem, 1990 (Mord am Samstagmorgen. Knaur)
All That Remains, 1992 (Herzbube. Knaur)
Cruel and Unusual, 1993 (Vergebliche Entwarnung. Knaur)
The Body Farm, 1994 (Das geheime Abc der Toten. Droemer Knaur)
From Potter's Field, 1995 (Die Tote ohne Namen. Hoffmann und Campe)
Cause of Death, 1996 (Trübe Wasser sind kalt. Hoffmann und Campe)

»Jerry Cotton«

Geborener G-Mann des FBI und zugleich Verfasser seiner Tätigkeitsberichte. Soweit die Fiktion. Die faktischen Autoren der Serie laufen beim Bastei-Lübbe-Verlag unter »top secret«, was 1994 in der Informationsbroschüre zum vierzigjährigen Jubiläum des »erfolgreichsten FBI-Agenten« mit dem Wunsch des ersten Jerry-Biographen (eines seinerzeit »jungen, hochtalentierten Mannes«, so der Verleger Gustav H. Lübbe) erklärt wird, der »noch immer seine selbstgewählte Anonymität wahrt«. Der Kriminalbibliograph Klaus-Dieter Walkhoff-Jordan wußte freilich schon 1985, daß Heinz-Werner Höber (Jahrgang 1931) der »Autor zahlreicher Romane der Serie *Jerry Cotton*« sei, und als Höber am 15. Mai 1996 starb, meldeten die Agenturen ganz offen den Tod von »Jerry Cottons geistigem Vater«. Auch war da gerade eine von Jan Eik verfaßte Biographie erschienen: *Der Mann, der Jerry Cotton war – Erinnerungen des Bestsellerautors Heinz-Werner Höber.* Höber stammte aus Döbeln in Sachsen, hatte unter diversen Pseudonymen noch weitere Krimi-Serien beliefert und schrieb 1987 unter dem Namen »Heinz W. Müller« den Roman *Mord – Made in Germany.* Ein Jahr später folgte *Großstadt Revier* (beide Bücher bei Bastei). 1989 dann, als rororo-thriller, *Nun komm ich als Richter* – das Schicksal eines Auschwitz-Überlebenden. Im gleichen Jahr erhielt Höber den deutschen »Ehren-Glauser« für sein Gesamtwerk. Schon 1970 war er in New York zum »Ehrenpolizisten« ernannt worden: Cotton came to USA. Die Nachfrage nach Cotton zu befriedigen, hätte einen einzelnen Autor, und sei er noch so fleißig, indes überfordert: »Jerry Cotton«, so erklärt das Bastei-Info, »entsteht im Team«, das von Lektoren und Redakteuren geleitet wird, die »streng« darüber wachen, daß beispielsweise »die vielen Straßennamen stimmen« oder die »Charaktere sich nachvollziehbar verhalten«. Über die Anzahl der Autoren wird wiederum nichts Genaues verlautbart (von den Namen ganz abgesehen): Prof. Dr. Klaus Göbel spricht im Nachwort des *Jerry-Cotton*-Readers von »höchstens zwanzig Autorinnen und Autoren«, welche die Reihe geprägt hätten, das Jubiläums-Info nennt »mehrere Dutzend« und der Verleger selber »viele Autoren«.

Die *Jerry Cotton*-Hefte erschienen anfangs im Rahmen der Bastei-Kriminalreihe, dann als eigenständige Serie, zunächst vierzehntägig, dann wöchentlich, inzwischen monatlich als Neu-Auflagen. Die *Jerry Cotton*-Romane erscheinen monatlich. Über 600 Millionen Exemplare von Cotton-Prosa wurden bislang verkauft. So viele Menschen können kaum irren: Jerry muß der Größte sein. Selbst der Bundesverkehrsminister (»der rote Jaguar E zwischen den Wolkenkratzern Manhattans fasziniert mich seit frühester Jugend«) bestätigte die Cotton-Qualität in einem Fachgutachten: »Auf den Stadtplänen New Yorks habe ich die Wege Jerry Cottons und seines Kumpels Phil Decker nachverfolgt – und es stimmte immer alles!«

Jerry-Cotton-Bibliographie (Auswahl)

1. Hefte

Ich suchte den Gangsterchef, 1954 (= Bastei Kriminal-Roman, Bd. 68)

Ich jagte den Diamanten-Hai, 1956 (= Bastei G.-man Jerry Cotton, Bd. 1)

Wir liquidierten die Erpresser-AG, 1958 (= Bastei G.-man Jerry Cotton, Bd. 82)

Heißer als die Hölle, 1964 (= Bastei G.-man Jerry Cotton, Bd. 244a)

Die vertauschte Mörderin, 1968 (= Bastei G.-man Jerry Cotton, Bd. 561)

Pistolen ohne Kugeln, 1968 (= Bastei G.-man Jerry Cotton, Bd. 646)

Der Wall-Street-Killer, 1992 (= Bastei G.-man Jerry Cotton, Bd. 1823)

Die Gang der teuflischen Girls, 1992 (= Bastei G.-man Jerry Cotton, Bd. 1826)

2. Reader

Wie alles begann, 1994 (Bastei) [enthält die »ersten 8 Krimi-Abenteuer des weltberühmten G-man«]

Ich – gegen alle, 1994 (Bastei) [enthält »8 frühe Krimi-Abenteuer des weltberühmten G-man«]

3. Taschenbücher

Rotes Licht für einen Teufel, 1963 (Bastei) [das erste Taschenbuchabenteuer des weltbrühmten G-man]

Mordnacht in Manhattan, 1963 (Bastei)

Ich und der 20-Dollar-Mörder, 1963 (Bastei)

Der Feind im Dunkeln, 1963 (Bastei)

Der Tod im Fernseh-Studio, 1963 (Bastei)

Atomstadt in der Unterwelt, 1966 (Bastei)

Die längste Nacht hat keinen Morgen, 1969 (Bastei)

Todesgrüße von der Liebesfarm, 1974 (Bastei)

Der Mann, der mich kaufen wollte, 1980 (Bastei)

Die Jackpot-Königin, 1984 (Bastei)

Meine Gangsterbraut, 1986 (Bastei)

Nur das nackte Leben, 1988 (Bastei)

Tunnel-Terror, 1989 (Bastei)

Zieh dich aus, Baby, 1990 (Bastei)

4. Filmtaschenbücher

Schüsse aus dem Geigenkasten, 1965 (Bastei) [das erste Taschenbuch zum ersten Cotton-Film]

Todesschüsse am Broadway, 1969 (Bastei) [das achte und letzte »Taschenbuch zum neuesten Cotton-Farbfilm«]

Edmund Crispin

Geboren 1921 als Robert Bruce Montgomery. Sprachstudium in Oxford. Hauptberuflich Komponist, vor allem von Filmmusik. Nebenher aber nicht nur Autor, sondern auch Rezensent von Kriminalliteratur. Crispin starb 1978.

Prof.-Gervase-Fen-Bibliographie

1. Romane

The Case of the Gilded Fly, 1944 (Mord vor der Premiere. Heyne)

Holy Disorders, 1945 (Seht das Motiv und nicht die Tat. Goldmann)

The Moving Toyshop, 1946 (Der wandernde Spielzeugladen. Haffmans)

Swan Song, 1947 (Schwanengesang. Ullstein)

Love Lies Bleeding, 1948 (Mit Geheimtinte. Ullstein)

Buried for Pleasure, 1948 (Begräbnis am Donnerstag. Ullstein)

Frequent Hearses, 1950 (...Vorm Tor der Leichenwagen. Ullstein)

The Long Divorce, 1951 (Anonyme Briefe. Ullstein)

The Glimpses of the Moon, 1977 (Der Mond bricht durch die Wolken. Goldmann)

2. Erzählbände

Beware of the Trains, 1953 (Morde – Zug um Zug. Goldmann)

Fen Country, 1979

Amanda Cross

Geboren am 13. Januar 1926 in East Orange/New Jersey als Carolyn Gold. Heiratete 1945

James Heilbrun. Studium am Wellesley College, Massachusetts. 1972 Anglistik-Professorin an der Clumbia University, New York. Literarhistorikerin, die unter ihrem Realnamen Carolyn Heilbrun mehrere fachwissenschaftliche Werke und Biographien verfaßt hat. Seit 1964 schreibt sie Krimis unter dem Pseudonym Amanda Cross und lebt in New York.

Kate-Fansler-Bibliographie
1. Romane
In the Last Analysis, 1964 (Gefährliche Praxis. Eichborn)
The James Joyce Murder, 1967 (In besten Kreisen. Eichborn)
Poetic Justice, 1970 (Eine feine Gesellschaft. Eichborn)
The Theban Mysteries, 1971 (Schule für höhere Töchter. Eichborn)
The Question of Max, 1976 (Tödliches Erbe. Eichborn)
Death in a Tenured Position, 1981 (Die Tote von Havard. Eichborn)
Sweet Death, Kind Death, 1984 (Süßer Tod. Eichborn)
No Word from Winifred, 1986 (Albertas Schatten. Eichborn)
A Trap for Fools, 1989 (Der Sturz aus dem Fenster. Eichborn)
The Players Come Again, 1990 (Verschwörung der Frauen. Eichborn)
An Imperfect Spy, 1995 (Spionin in eigener Sache. Eichborn)

2. Erzählungen
Tania's No Where, 1987 (Tania's Nirgendwo. In: J. van de Wetering (Hrsg.). Ferne Gefahren. Goldmann)
Once Upon a Time, 1987 (Es war einmal. In: Marie Smith (Hrsg.). Die Lady ist ein Detektiv. Fischer)
Arrie and Jasper, 1987
The Disappearance of Great-Aunt Flavia, 1989
Murder Without a Text, 1991
Who Shot Mrs. Byron Boyd?, 1993

Colin Dexter
Geboren 1930 in Stamford/Lincolnshire. Studium der Klassischen Philologie in Cambridge. Anschließend Griechisch- und Lateinlehrer, danach Dozent in Oxford. Von 1966 bis zu seiner Pensionierung Mitglied des »University Examination Board«. Mehrfach mit dem »Gold«-und »Silver Dagger«-Award der Crime Writers Association ausgezeichnet.

Chief-Inspector-E.-Morse-Bibliographie
1. Romane
Last Bus to Woodstock, 1975 (Der letzte Bus nach Woodstock. Rowohlt)
Last Seen Wearing, 1976 (...wurde sie zuletzt gesehen. Rowohlt)
The Silent World of Nicholas Quinn, 1977 (Die schweigende Welt des Nicholas Quinn. Rowohlt)
Service of All the Dead, 1979 (Eine Messe für all die Toten. Rowohlt)
The Dead of Jericho, 1981 (Die Toten von Jericho. Rowohlt)
The Riddle of the Third Mile, 1983 (Das Rätsel der dritten Meile. Rowohlt)
The Secret of Annexe 3, 1986 (Hüte dich vor Maskeraden. Rowohlt)
The Wench is Dead, 1989 (Mord am Oxford-Kanal. Rowohlt)
The Jewel that was Ours, 1991 (Tod für Don Juan. Rowohlt)
The Way through the Woods, 1992 (Finstere Gründe. Rowohlt)
The Daughters of Cain, 1994 (Die Leiche am Fluß. Rowohlt)

2. Erzählungen
Morse's Greatest Mystery, 1993 [Sammlung] (Ihr Fall, Inspektor Morse. Rowohlt)
The Inside Story, 1993
Neighbourhood Watch, 1993

S.S. van Dine
Geboren 1888 in Charlottesville/Virginia als Willard Huntington Wright. Studium in Havard, München und Paris. Kunstkritiker bei der *Los Angeles Times,* danach Herausgeber des Magazins *The Smart Set.* Durch eine längere Krankheit und die dadurch bedingte Bettlägerigkeit – Spaß an der Lektüre von Krimis und Lust, eigene zu schreiben (genau wie deren Regeln). So kam Philo Vance auf die Lesewelt, zusammen mit S.S. van Dine. Willard Huntington Wright starb 1939.

Philo-Vance-Bibliographie
The Benson Murder Case, 1926 (Mordakte Benson. Heyne)
The Canary Murder Case, 1927 (Mordakte Kanarienvogel, Heyne)

The Greene Murder Case, 1928 (Der Mordfall Greene. DuMont)

The Bishop Murder Case, 1929 (Der Mordfall Bischof. DuMont)

The Scarab Murder Case, 1930 (Mordakte Skarabäus. Heyne)

The Kennel Murder Case, 1933 (Mordakte Scotchterrier. Heyne)

The Dragon Murder Case, 1933 (Mordakte Drachensee. Heyne)

The Casino Murder Case, 1934 (Mordakte Casino. Heyne)

The Garden Murder Case, 1935 (Mordakte Swift. Heyne)

The Kidnap Murder Case, 1936

The Gracie Allen Murder Case, 1938

The Winter Murder Case, 1939

Sir Arthur Conan Doyle

Geboren 1859 Edinburgh. Besuch der von Jesuiten geführten Public School in Stonyhurst/Lancashire. Medizinstudium in Edinburgh.1879 erste literarische Arbeiten. Reisen als Schiffsarzt. 1882 erste eigene Praxis in Southsea. 1885 Promotion zum Dr. med. und Eheschließung. 1887: Erster Auftritt von Sherlock Holmes und Dr. Watson. 1891: Beendigung der Medizinerlaufbahn zugunsten der literarischen. Mitarbeit beim *Strand-Magazine.* 1893: Besuch des Reichenbach-Falls (»Killed Holmes«). 1900: Als Freiwilliger im Burenkrieg. Mehrere Publikationen über den Krieg. 1901: Sherlock Holmes' literarische Rückkehr (freilich nur rückdatiert – *The Hound of the Baskervilles*). 1902: Edward VII. schlägt Arthur Conan Doyle zum Ritter. 1903: Sherlock is back (*The Empty House*). 1905: Sir Arthur versucht, die Jack-the-Ripper-Morde aufzuklären. Nach dem 1. Weltkrieg widmet sich Doyle mehr und mehr dem Spiritismus. 1927: Die letzte Sherlock-Holmes-Geschichte erscheint im *Strand-Magazine* (*Shoscombe Old Place*). 1930: Sir Arthur Conan Doyle stirbt in seinem Landhaus bei Crowborough/Sussex.

Sherlock-Holmes-&-Dr.-Watson-Bibliographie
1. Romane
A Study in Scarlet, 1887 (Eine Studie in Scharlachrot. Haffmans)

The Sign of Four, 1893 (Das Zeichen der Vier. Haffmans)

The Hound of the Baskervilles, 1902 (Der Hund der Baskervilles. Haffmans)

The Valley of Fear, 1914 (Das Tal der Angst. Haffmans)

2. Erzählbände
The Adventures of Sherlock Holmes, 1892 (Die Abenteuer des Sherlock Holmes. Haffmans)

The Memoirs of Sherlock Holmes, 1894 (Die Memoiren des Sherlock Holmes. Haffmans)

The Return of Sherlock Holmes, 1905 (Die Rückkehr des Sherlock Holmes. Haffmans)

His Last Bow, 1917 (Seine Abschiedsvorstellung. Haffmans)

The Case-Book of Sherlock Holmes, 1927 (Sherlock Holmes' Buch der Fälle. Haffmans)

Friedrich Dürrenmatt

Geboren 1921 in Konolfingen/Bern. Pfarrerssohn. Nach dem Abitur Studium in Zürich und Bern. Fächer: Literatur, Philosophie, Naturwissenschaften. Zeichner und Schriftsteller. Als Essayist, Erzähler und Dramatiker gleichermassen genial. Sapienti sat. – Berührungsängste vor dem sogenannten Trivialen hat er nie gehegt: Seine *Physiker,* in der Idee einem Jules-Verne-Roman folgend, sind, was immer sie noch sind, ein groteskes Kriminalstück. Kriminalistische Stoffe hat Dürrenmatt überhaupt geschätzt – z.B. in der *Ehe des Herrn Mississippi* oder in der *Panne.* In den frühen fünfziger Jahren schrieb er zudem drei (fast) richtige Krimis. Außer den beiden Bärlach-Romanen noch den (mit Rühmann und Fröbe ziemlich penetrant, wenn auch nach einem von Dürrenmatt persönlich ersonnenen Drehbuch vor-verfilmten) Roman *Das Versprechen.* Friedrich Dürrenmatt ist am 14. Dezember 1990 gestorben.

Kommissär-Bärlach-Bibliographie
Der Richter und sein Henker, 1950/51 (Erstdruck) [E.A.: 1952, Benzinger / Tb: 1961, Rowohlt]

Der Verdacht, 1952 (Erstdruck) [E.A.: 1953, Benzinger / Tb: 1961, Rowohlt]

Loren D. Estleman

Geboren am 15. September 1952 in Ann Arbor/Michigan. Studium an der Eastern Michigan University 1974 abgeschlossen. Anschließend Journalist, u.a. Polizeireporter. 1976 sein erster

Kriminalroman: *The Oklahoma Punk.* 1980 erschien Amos Walker erstmals auf der Bildfläche von Detroit. Daneben hat Estleman noch zwei Sherlock-Holmes-Romane geschrieben (*Sherlock Holmes vs. Jekyll and Hyde* und *Sherlock Holmes vs. Dracula*), eine Serie um den Profi-Killer Peter Macklin, mehrere Western-Romane und ein Sachbuch über den Western. Daß seine Amos-Walker-Bücher in der Tradition von Hammett und Chandler stehen, findet Estleman vollkommen angebracht: »Chandler sagte mal, es sei nichts falsch an einem Burschen, der mit geliehenem Benzin fahre, solange er nur weiterkomme als der Kerl, von dem er es geliehen habe. Und so weit will ich kommen.«

Amos-Walker-Bibliographie
1. Romane
Motor City Blue, 1980 (Detroit Blues. Ullstein)
Angel Eyes, 1981 (Der Tod in Detroit. Ullstein)
The Midnight Man, 1982 (Mitternacht in Detroit. Ullstein)
The Glass Highway, 1983 (Die Straßen von Detroit. Ullstein)
Sugartown, 1984 (Frühling in Detroit. Ullstein)
Every Brilliant Eye, 1986 (Das Sterben in Detroit. Ullstein)
Lady Yesterday, 1987 (Lady Detroit. Ullstein)
Downriver, 1988 (Detroit River. Ullstein)

2. Erzählungen
General Murders, 1987 [Sammelband] (Zehn für Detroit. Ullstein)
I'm In The Book, 1986 (Ich steh' im Telefonbuch. In: *Heyne Krimi Jahresband* 1987)
Bodygard Shoot Second, 1987 (Blei für den Bodygard. In: *.38 Special,* Bd. 5. Ullstein)
The Crooked Way, 1988 (Verschlungene Pfade. In: Ed Gorman (Hrsg.). Du schießt mir noch mein Herz kaputt. Bastei)

Nicolas Freeling
Geboren 1927 in London, aufgewachsen in Frankreich. Studium in Dublin. Längerer Aufenthalt in Holland. Vor Beginn seiner schriftstellerischen Laufbahn: Hotelfach. Koch in Amsterdam. Dort: Drei Wochen im Gefängnis und – Inspiration für die Gestalt seines Inspektor van der Valk, der für zehn Jahre, von 1962 bis 1972, zur Zentralfigur seiner Krimis wurde. Nach van der Valks Tod (*A Long Silence*) übernahm dessen Witwe Arlette, bis Nicolas Freeling in Henri Castang einen neuen Ermittler gefunden hatte. Einige Romane (z.B.: *A Dressing of Diamond* oder *The Dresden Green*) verzichten auch ganz auf einen Serien-Detektiv. Nicolas Freeling lebt heute im Elsaß.

Inspektor-van-der-Valk-Bibliographie
Death in Amsterdam, 1962 [amerik. Titel: *Love in Amsterdam*] (Liebe in Amsterdam. Rowohlt)
Gun Before Butter, 1963 (Van der Valk und der Schnüffler. Rowohlt)
Because of the Cats, 1963 (Van der Valk und die Katzen. Rowohlt)
Double Barrel, 1965 (Die volle Ladung. Ullstein)
Criminal Conversation, 1965 (Van der Valk und der tote Maler. Rowohlt)
The King of the Rainy Country, 1966 (Bluthund. Ullstein)
Strike Out Where Not Applicable, 1967 (Stumpfe Gewalt. Ullstein)
Tsing-Boum, 1969 (Tsching Bumm! Ullstein)
Over the High Side, 1971 (Auch Iren irren irgendwann. Ullstein)
A Long Silence, 1972 (Van der Valk muß schweigen. Ullstein)
The Widow, 1979 (Inspektor van der Valks Witwe. Ullstein)

R(ichard) Austin Freeman
Geboren 1862 in London. Medizinstudium. Anschließend für sieben Jahre als Arzt in Afrika. Um die Jahrhundertwende erste Crime-Stories (im Teamwork mit seinem Medizinerkollegen J.J. Pitcairn): *The Adventures of Romney Pringle.* 1907: Erster Auftritt Dr. Thorndykes (*The Red Thumbmark*). R. Austin Freeman starb 1943.

Dr.-John-Evelyn-Thorndyke-Bibliographie
1. Romane
The Red Thumbmark, 1907 (Der rote Daumenabdruck. Heyne)
The Eye of Osiris, 1911
The Mystery of 31, New Inn, 1912
A Silent Witness, 1914 (Ein stummer Zeuge. Avalun)
Helen Vardon's Confession, 1922
The Cat's Eye, 1923
The Mystery of Angelina Frood, 1924
The Shadow of the Wolf, 1925 (Schatten der Tiefe, Avalun)

222

The D'Arblay Mystery, 1926 (Der Tote im Teich. Heyne)
A Certain Dr. Thorndyke, 1927
As a Thief in the Night, 1928 (Wie ein Dieb in der Nacht. Avalun)
Mr. Pottermack's Oversight, 1930
Pontifex, Son and Thorndyke, 1931
When Rogues Fall Out, 1932
Dr. Thorndyke Intervenes, 1933
For the Defence: Dr. Thorndyke, 1934
The Penrose Mystery, 1936 (Das Geheimnis der Juwelen. Heyne)
Felo De Se?, 1937
The Stoneware Monkey, 1938 (Der steinerne Affe. Heyne)
Mr. Polton Explains, 1940
The Jacob Street Mystery, 1942

2. Erzählbände
John Thorndyke's Cases, 1909
The Great Portrait Mystery, 1918
The Singing Bone, 1923
Dr. Thorndyke's Case-book, 1923
The Puzzle Lock, 1925
The Magic Casket, 1927

Uwe Friesel
Geboren 1939 in Braunschweig. Studium der Germanistik und Anglistik. Tätigkeit als Hörspiellektor in Hamburg. Daneben freier Schriftsteller. Romane (*Sonnenflecke*), Essays, Anthologien, Hörspiele. Und Krimis.

Guido-Blankenhorn-Bibliographie
1. Romane
Sein erster freier Fall, 1983 (Heyne)
Spiegel Verkehrt, 1984 (Heyne)
Das gelbe Gift, 1988 (Heyne)

2. Erzählband
Lauenburg Connection, 1983 (Heyne)

Frances Fyfield
Geboren 1948 in Derbyshire/England als Frances Hegarty. Jurastudium. Arbeitete seit Mitte der siebziger Jahre als Anwältin und Strafrechtlerin in London und begann dann zu schreiben. Erst als Frances Fyfield, neuerdings mit psychologisch noch raffinierteren Plots unter ihrem richtigen Namen (während Ruth Rendell das umgekehrt macht: Krimis unter eigenem Namen, Hintergründigeres unter dem Pseudonym Barbara Vine).

Helen-West-Bibliographie
A Question of Guilt, 1988 (Dieses kleine, tödliche Messer. dtv)
Shadows on the Mirror, 1989 (Schatten im Spiegel. dtv)
Trial by Fire, 1990 (Feuerfüchse. dtv)
Deep Sleep, 1991 (Tiefer Schlaf. Hoffmann und Campe)
Shadow Play, 1993 (Nachtangst. Hoffmann und Campe)
A Clear Conscience, 1994 (Ein reines Gewissen. Hoffmann und Campe)
Perfectly Pure and Good, 1994
Without Consent, 1996 (Gegen ihren Willen. Hoffmann und Campe)

Erle Stanley Gardner
geboren 1889 in Malden/Massachusetts. Aufgewachsen in Kalifornien, wo er auch Jura studierte und 1911 seine Laufbahn als Gerichtsanwalt begann, die er – mit einer kurzen Unterbrechung zwischen 1918 und 1921 – bis ins hohe Alter fortsetzte, seit den zwanziger Jahren ergänzt durch nächtliches Schreiben von Kriminalprosa. Anfangs unter diversen Pseudonymen für Magazine wie *Black Mask.* 1933 trat erstmals Perry Mason zum Kreuzverhör an. Sechs Jahre später begann Gardner unter dem Pseudonym A. A. Fair seine Serie um das Detektiv-Doppel Bertha Cool und Donald Lam (sie: sechzigjährig, schwergewichtig, geldgierig; er: gescheiterter Jurist, cleverer Schnüffler). Und zwischen 1937 und 1949 agierte auch noch Gardners dritter juristischer Kriminalist, der District Attorney Doug Selby. 1948 gründete Erle Stanley Gardner den »Court of Last Resort«, eine Hilfsorganisation zur Verhinderung bzw. Wiedergutmachung von Justizirrtümern. 1952 wurde Gardner, nicht zuletzt wegen dieses »Court«, zum Ehrenbürger von Texas ernannt. Er starb am 13. März 1971.

Perry-Mason-Bibliographie
1. Romane
The Case of the Velvet Claws, 1933 (Perry Mason und der Engel mit den Krallen. Ullstein)
The Case of the Sulky Girl, 1933 (Ärger wegen Francis. Ullstein)

The Case of the Howling Dog, 1934 (Der heulende Hund. Scherz)

The Case of the Lucky Legs, 1934 (Die schönsten Beine von Clover-Dale. Scherz)

The Case of the Curious Bride, 1935 (Die seltsame Braut. Scherz)

The Case of the Counterfeit Eye, 1935 (Perry Mason und die toten Augen. Ullstein)

The Case of the Caretaker's Car, 1935 (Die Pfotenspur. Scherz)

The Case of the Stuttering Bishop, 1936 (Perry Mason und der stotternde Bischof. Ullstein)

The Case of the Sleepwalker's Niece, 1936 (Schlafwandlers Nichte. Scherz)

The Case of the Dangerous Dowager, 1937 (Perry Mason und die gefährliche Witwe. Ullstein)

The Case of the Lame Canary, 1937 (Das Geheimnis des Kanarienvogels. Scherz)

The Case of the Shoplifter's Shoe, 1938 (Seidenstrümpfe und Juwelen. Ullstein)

The Case of the Substitute Face, 1938 (Das vertauschte Gesicht. Scherz)

The Case of the Perjured Parrot, 1939 (Der vertauschte Casanova. Scherz)

The Case of the Rolling Bones, 1939 (Die falschen Würfel. Scherz)

The Case of the Silent Partner, 1940 (Perry Mason und der stille Teilhaber. Ullstein)

The Case of the Baited Hook, 1940 (Der goldene Köder. Scherz)

The Case of the Turning Tide, 1941 (Das Rätsel der tanzenden Jacht. Ullstein)

The Case of the Haunted Husband, 1941 (Der Mann im Smoking. Scherz)

The Case of the Empty Tin, 1941 (Schuß nach Mitternacht. Scherz)

The Case of the Drowning Duck, 1942 (Die ertrunkene Ente. Ullstein)

The Case of the Careless Kitten, 1942 (Katzen haben scharfe Krallen. Scherz)

The Case of the Smoking Chimney, 1943 (Das Rätsel der rauchenden Lampe. Ullstein)

The Case of the Drowsy Mosquito, 1943 (Perry Mason und die müde Mücke. Ullstein)

The Case of the Buried Clock, 1943 (Perry Mason und die vergrabene Uhr. Ullstein)

The Case of the Black Eyed Blonde, 1944 (Was wußte Diana? Ullstein)

The Case of the Crooked Candle, 1944 (Perry Mason und die krumme Kerze. Ullstein)

The Case of the Gold-Digger's Purse, 1945 (Perry Mason und die sterbenden Fische. Ullstein)

The Case of the Half-Wakened Wife, 1945 (Perry Mason und der Mord auf der Luxusjacht. Ullstein)

The Case of the Borrowed Brunette, 1946 (Perry Mason und die Doppelgängerin in Schwarz. Ullstein)

The Case of the Backward Mule, 1946 (Das Rätsel der ertrunkenen Uhr. Ullstein)

The Case of the Fan-Dancer's Horse, 1947 (Perry Mason und die Fächertänzerin. Ullstein)

The Case of the Lazy Lover, 1947 (Perry Mason und der lustlose Liebhaber. Ullstein)

The Case of the Lonely Heiress, 1948 (Perry Mason und die einsame Erbin, Ullstein)

The Case of the Vagabond Virgin, 1948 (Perry Mason und die Unschuld vom Lande. Ullstein)

The Case of the Dubious Bridegroom, 1949 (Perry Mason und die Leiche am Fluß. Ullstein)

The Case of the Cautious Coquette, 1949 (Die schwarze Limousine. Scherz)

The Case of the Negligent Nymph, 1950 (Die seltsame Nixe. Scherz)

The Case of the One-Eyed Witness, 1950 (Perry Mason und die einäugige Zeugin. Ullstein)

The Case of the Musical Cow, 1950 (Das Rätsel der sprechenden Glocken. Ullstein)

The Case of the Angry Mourner, 1951 (Perry Mason und der Tote im Rollstuhl. Ullstein)

The Case of the Fiery Fingers, 1951 (Perry Mason und die feurigen Finger. Ullstein)

The Case of the Mouth-Eaten Mink, 1952 (Motten im Netz. Ullstein)

The Case of the Grinning Gorilla, 1952 (Perry Mason und der grinsende Gorilla. Ullstein)

The Case of the Green-Eyed Sister, 1953 (Perry Mason und das Mädchen mit den grünen Augen. Ullstein)

The Case of the Hesitant Hostess, 1953 (Perry Mason und die bestochenen Zeugen. Ullstein)

The Case of the Runaway Corpse, 1954 (Wohin fuhr der Tote? Scherz)

The Case of the Restless Redhead, 1954 (Gleiche Kaliber. Ullstein)

The Case of the Fugitive Nurse, 1954 (Perry Mason und die verschwundene Schwester. Ullstein)

The Case of the Sun Bather's Diary, 1955 (Das Mädchen vom Golfplatz. Scherz)

The Case of the Nervous Accomplice, 1955 (Der nervöse Komplice. Ullstein)

The Case of the Glamorous Ghost, 1955 (Perry Mason und der Tote im Park. Ullstein)
The Case of the Gilded Lily, 1956 (Der Blutsauger. Scherz)
The Case of the Demure Defendant, 1956 (Perry Mason und das Geständnis im Dunkel. Ullstein)
The Case of the Terrified Typist, 1956 (Perry Mason und der Mord ohne Leiche. Ullstein)
The Case of the Daring Decoy, 1957 (Perry Mason und die Falle. Ullstein)
The Case of the Lucky Looser, 1957 (Perry Mason und der lachende Verlierer. Ullstein)
The Case of the Screaming Woman, 1957 (Perry Mason und die Katze mit dem Goldfisch. Ullstein)
The Case of the Foot-Loose Doll, 1958 (Per Anhalter in den Tod. Ullstein)
The Case of the Long-Legged Models, 1958 (Perry Mason und die schweigende Braut. Ullstein)
The Case of the Calendar Girl, 1958 (Perry Mason und die blauen Flecken. Ullstein)
The Case of the Mythical Monkeys, 1959 (Perry Mason und die Affen aus Seide. Ullstein)
The Case of the Fabulous Fake, 1959 (Perry Mason und der blonde Bluff. Ullstein)
The Case of the Deadly Toy, 1959 (Perry Mason und das tödliche Spielzeug. Ullstein)
The Case of the Waylaid Wolf, 1959 (Perry Mason und der letzte Scheck. Ullstein)
The Case of the Singing Skirt, 1959 (Perry Mason und die vertauschten Waffen. Ullstein)
The Case of the Duplicate Daughter, 1960 (Perry Mason und die doppelte Tochter. Ullstein)
The Case of the Shapely Shadow, 1960 (Perry Mason und die liebliche Lady. Ullstein)
The Case of the Spurious Spinster, 1961 (Perry Mason und der Schatz im Schuhkarton. Ullstein)
The Case of the Bigamous Spouse, 1961 (Perry Mason und die Leiche im Laub. Ullstein)
The Case of the Reluctant Model, 1962 (Perry Mason und das ambulante Aktmodell. Ullstein)
The Case of the Ice-Cold Hands, 1962 (Perry Mason und die eiskalten Hände. Ullstein)
The Case of the Blonde Bonanza, 1962 (Perry Mason und die vollschlanke Nixe. Ullstein)
The Case of the Amorous Aunt, 1963 (Perry Mason und die amouröse Tante. Ullstein)
The Case of the Mischievous Doll, 1963 (Perry Mason und das Mädchen mit der Narbe. Ullstein)
The Case of the Stepdaughter's Secret, 1963 (Perry Mason und die rote Kaffeedose. Ullstein)

The Case of the Daring Divorcee, 1964 (Perry Mason und der Scheidungsgrund. Ullstein)
The Case of the Phantom Fortune, 1964 (Perry Mason und die alten Zeitungen. Ullstein)
The Case of the Horrified Heirs, 1964 (Perry Mason und die fünfzig Päckchen. Ullstein)
The Case of the Troubled Trustee, 1965 (Zu treuen Händen. Scherz)
The Case of the Beautiful Beggar, 1965 (Perry Mason und der letzte Brief. Ullstein)
The Case of the Worried Waitress, 1966 (Perry Mason und die blinde Trödlerin. Ullstein)
The Case of the Queenly Contestant, 1967 (Perry Mason und der wunde Punkt. Ullstein)
The Case of the Careless Cupid, 1968 (Perry Mason und das fliegende Gift. Ullstein)
The Case of the Fenced-In-Woman, 1972 (Perry Mason und das halbierte Haus. Ullstein)
The Case of the Postponed Murder, 1973 (Perry Mason und der tote Skipper. Ullstein)

2. Erzählungen
(gesammelt in: Nägel mit Köpfen. Ullstein)
The Case of the Crimson Kiss, 1939
The Case of the Irate Witness, 1946
The Case of the Crying Swallow, 1949

Elizabeth George
Geboren 1949 in Warren/Ohio. Anglistik-Studium. Längere Zeit Englisch-Lehrerin. Dozentin für »Creative Writing«. Lebt in Huntington Beach/Kalifornien und pflegt dort ihr Faible für alles Britische.

Thomas-Lynley-&-Barbara-Havers-Bibliographie
1. Romane
A Great Deliverance, 1988 (Gott schütze dieses Haus. Goldmann)
Payment in Blood, 1989 (Keiner werfe den ersten Stein. Goldmann)
Well-schooled in Murder, 1990 (Auf Ehre und Gewissen. Goldmann)
A Suitable Vengeance, 1991 (Mein ist die Rache. Goldmann)
For the Sake of Elena, 1992 (Denn bitter ist der Tod. Goldmann)
Missing Joseph, 1993 (Denn keiner ist ohne Schuld. Blanvalet)
Playing for the Ashes, 1994 (Asche zu Asche. Blanvalet)
In the Presence of the Enemy, 1995 (Im Angesicht

des Feindes. Blanvalet)
Deception on His Mind, 1997 (Denn sie betrügt man nicht. Blanvalet)

2. Erzählung
The Evidence Exposed, 1990

Doris Gercke

Geboren 1937 in Greifswald. Kam 1949 nach Hamburg. Verwaltungslehre. Dann: Hausfrau und Mutter. Büroangestellte. Begabtenabitur und (abgeschlossenes) Jura-Studium. Dann erschien Bella Block. Inzwischen gibt es aber auch Non-Bellas von Doris Gercke – z.B. ihren Westostpassagen-Roman *Kein fremder Land* (1993).

Bella-Block-Bibliographie
Weinschröter, du mußt hängen, 1988 (Goldmann)
Nachsaison, 1988 (Goldmann)
Moskau meine Liebe, 1989 (Goldmann)
Der Krieg, der Tod, die Pest, 1990 (Goldmann)
Die Insel, 1990 (Goldmann)
Kinderkorn, 1991 (Goldmann)
Ein Fall mit Liebe, 1994 (Goldmann)
Auf Leben und Tod, 1995 (Hoffmann und Campe)
Dschingis Khans Tochter, 1996 (Hoffmann und Campe)

Anthony Gilbert

Geboren 1899 als Lucie Beatrice Malleson. Sie publizierte auch noch unter zwei anderen Pseudonymen: Frühzeitig als J. Kilmeny Keith, dann als Anne Meredith (22 Romane). Doch ihre wesentlichen Bücher schrieb sie als Anthony Gilbert – durchweg Krimis mit wechselnden Serien-Detektiven. Ihr erster Held war Scott Egerton, ein Member of Parliament und kriminalistischer Pedant. Ihr erfolgreichster Ermittler aber war Arthur Crook, der 1936 seinen ersten Auftritt hatte. Anthony Gilbert starb 1973.

Arthur-Crook-Bibliographie
1. Romane
Murder by Experts, 1936
The Man Who Wasn't There, 1937
Murder Has No Tongue, 1937
Treason In My Breast, 1938
The Clock in the Hat Box, 1939
The Bell of Death, 1939
Dear Dad Woman, 1940
The Vanishing Corpse, 1941

The Woman in Red, 1941
Something Nasty in the Woodshed, 1942
The Case of the Tee-Cosy's Aunt, 1942
The Mouse Who Wouldn't Play Ball, 1943 (Immer wenn es dunkel wird. Goldmann)
A Spy for Mr. Crook, 1944
He Came By Night, 1944
The Scarlet Button, 1944
The Black Stage, 1945 (Schwarze Bühne. Ariadne)
Don't Open the Door, 1945
The Spinster's Secret, 1946 (Das Geheimnis der alten Jungfer. Ariadne)
Death in the Wrong Room, 1947
Die in the Dark, 1947
Lift up the Lid, 1948
Death Knocks Three Times, 1949 (Das Teegespräch. Goldmann)
Murder Comes Home, 1950
A Nice Cup of Tea, 1950
Lady Killer, 1951
Miss Pinnegar Disappears, 1952
Footsteps Behind Me, 1953 (Schritte hinter ihm. Aufwärts)
Snake in the Grass, 1954 (Schlange am Busen. Goldmann)
A Question of Murder, 1955
And Death Came Too, 1956
Riddle of a Lady, 1956
Give Death a Name, 1957
Death Against the Clock, 1958
Death Takes a Wife, 1959
Third Crime Lucky, 1959 (Vorspiel zu einem Mord. Goldmann)
Out for the Kill, 1960
She Shall Die, 1961 (Sie soll sterben. Kiepenheuer & Witsch)
Uncertain Death, 1961 (War es ein Mord? Ullstein)
No Dust in the Attic, 1962 (Draußen wartet der Tod. Ullstein)
Ring for a Noose, 1963 (In der Schlinge. Kiepenheuer & Witsch)
The Fingerprint, 1964 (Der Fingerabdruck. Kiepenheuer & Witsch)
Knock, Knock Who's There?, 1964 (Schrecklich, das mit Madge. Ullstein)
Passenger to Nowhere, 1965 (Gespenst mit rosa Hut. Ullstein)
The Looking Glass Murder, 1966 (Verliebt, verlobt, vergiftet. Ullstein)

The Visitor, 1967 (Opfer Nr. 27. Ullstein)
Night Encounter, 1968 (Begegnung in der Nacht. Goldmann)
Missing From Her Home, 1969 (Als vermißt gemeldet. Goldmann)
Death Wears a Mask, 1970 (Tot am Kanal. Goldmann)
Tenant for the Tomb, 1971 (Picknick auf dem Friedhof. Ullstein)
Murder's a Waiting Game, 1972 (Fisch an der Kette. Ullstein)
A Nice Little Killing, 1974 (Fette Beute. Ariadne)

2. Erzählungen
The Black Hat, 1942
You Can't Hang Twice, 1946
Once is Once Too Many, 1955
A Nice Little Mare Called Murder, 1964

Friedrich Glauser

Geboren 1896 in Wien. Mutter Österreicherin, Vater Schweizer. Schulbesuch in Wien, dann Landerziehungsheim Glarisegg und für drei weitere Jahre Collège de Genève: Relegation dort und »Kantonale Matura« in Zürich. Ein Semester lang Chemiestudium in Zürich. Begegnung mit den Dadaisten. Der Vater sperrt ihm den Monatswechsel. Morphium. Bedingt dadurch: Diebstähle, Rezeptfälschungen. Der Vater, Professor für Französisch an der Handelsakademie Mannheim, läßt den 21jährigen Sohn entmündigen (§ 370 SBGB: »Liederlicher und ausschweifender Lebenswandel«). Zwangseinweisung in die Heilanstalt Münsingen (Diagnose: »Dementia praecox«). In den Schweizer Polizeiakten wird Glauser fortan als »gemeingefährlicher Geisteskranker« geführt. 1919: Flucht nach Ascona. Beziehung zur Tänzerin Mary Wigman. Glauser schreibt Gedichte, auto-biographisch grundierte Kurzprosa (gesammelt im Band: *Morphium*). Mehrere Selbstmordversuche. Irrenanstalt und Entlassung auf Bewährung. 1921: Fremdenlegion. Chronische Lungenkrankheit, einsetzende Herzerkrankung. 1923: Entlassung aus der Fremdenlegion wegen Malaria. Jobs in Paris (Tellerwäscher), in Belgien (Kohlengrube). Schließlich Krankenpfleger: Wegen Morphiummißbrauch Abschiebung in die Schweiz. Zwangseinweisung in die Heilanstalt. Arbeit an seinem Roman *Gourrama*. Thema: Fremdenlegion. Ausbildung zum Gärtner als Therapie. Depression nach Ablehnung des Roman-Skripts. Beziehung zur Krankenpflegerin Berthe Bendel (»Penelope«), die deshalb in Münsingen ihren Job verliert. Arbeit für mehrere Schweizer Zeitungen. Teufelskreis: Entzug, Rückfall, Zwangseinweisung. Fünf Selbstmordversuche. 1932: Plan für den ersten Kriminalroman in der Manier der Genre-Klassiker, vor allem von Edgar Wallace. Titel: *Der Tee der drei alten Damen* (Glauser: »Spotten Sie nicht über Kriminalromane! Sie sind heutzutage das einzige Mittel, vernünftige Ideen zu popularisieren.«). Das Skript wird abgelehnt und erscheint erst 1939, posthum, als Fortsetzungsroman in der *Zürcher Illustrierten.* 1934: Detektiv-Stories. Erste Profilierung von Wachtmeister Studer. 1935: Der erste Wachtmeister-Studer-Roman. Ursprünglicher Titel: *Schlumpf Erwin Mord.* Der Roman erscheint 1936 als Vorabdruck in der *Zürcher Illustrierten.* Unmittelbar anschließend: zwei weitere Studer-Romane. 1936: Glauser wird nach vierjährigem Aufenthalt aus der Anstalt entlassen. Freiwillige Entziehungskur. Zusammen mit Berthe Bendel nach Frankreich. Während einer Bahnreise nach Genua geht das Skript des letzten Studer-Romans *Der Chinese* verloren. Glauser rekonstruiert das Buch aus dem Gedächtnis. Notwendig dazu: Morphium. In Nervi bei Genua: Heiratsplan. Einen Tag vor der Eheschließung mit Berthe: Glausers Zusammenbruch – Gehirnschlag. Koma. Friedrich Glauser stirbt am 8. Dezember 1938.

Wachtmeister-Studer-Bibliographie
1. Romane
Wachtmeister Studer, 1936 (Erstdruck) [E.A.: 1936, Morgarten / Tb: 1989, Arche]
Die Fieberkurve, 1937 (Erstdruck) [E.A.: 1938, Morgarten (u.d.T.: *Wachtmeister Studers neuer Fall*) / Tb: 1989, Arche]
Matto regiert, 1936 (Jean Christophe) [Tb: 1989, Arche]
Krock & Co., 1937 (Erstdruck) [E.A.: 1941, Morgarten / Tb: 1989, Arche]
Der Chinese, 1938 (Erstdruck) [E.A.: 1939, Morgarten / Tb: 1989, Arche]

2. Erzählband
Wachtmeister Studers erste Fälle, 1986 [1925-1938 entstanden] (Arche)

Sue Grafton

Geboren 1940 in Louisville/Kentucky als Tochter des Kriminalschriftstellers C.W. Grafton (*The Rat Began to Gnaw the Rope*). Lebt seit 1962 in Kalifornien. Drehbücher fürs Fernsehen. Zwei frühe Romane: *Keziah Dane* (1968) und *The Lolly Madonna War* (1969). Danach begann buchstäblich die Zeit von Kinsey Millhone.

Kinsey-Millhone-Bibliographie
1. Romane
›A‹ *is for Alibi*, 1982 (A wie Alibi. Ullstein)
›B‹ *is for Burglar*, 1985 (B wie Bruch. Ullstein)
›C‹ *is for Corpse*, 1986 (C wie Callahan. Ullstein)
›D‹ *is for Deadbeat*, 1987 (D wie Drohung. Ullstein)
›E‹ *is for Evidence*, 1988 (E wie Eigennutz. Ullstein)
›F‹ *is for Fugitive*, 1989 (Sie kannte ihn flüchtig. Fischer)
›G‹ *is for Gumshoe*, 1990 (G wie Galgenfrist. Fischer)
›H‹ *is for Homicide*, 1991 (H wie Haß. Fischer)
›I‹ *is for Innocent*, 1992 (I wie Intrige. Fischer)
›J‹ *is for Judgement*, 1993 (Stille Wasser. Goldmann)
›K‹ *is for Killer*, 1994 (Frau in der Nacht. Goldmann)
›L‹ *is for Lawless*, 1995 (Letzte Ehre. Goldmann)
›M‹ *is for Malice*, 1996 (Goldgrube. Bertelsmann)

2. Erzählband
Kinsey and Me, 1991 (Detektivin, Anfang 30, sucht Aufträge. Fischer)

Martha Grimes

Ihr Geburtsdatum hält Martha Grimes geheim. Ihr Geburtsort ist Pittsburgh/Pennsylvania. Sie studierte an der University of Maryland, war Dozentin für »Creative Writing« und lebt abwechselnd in Washington D.C. und Santa Fe/New Mexico. Weit weg von Old England. Aber Richard Jury hat ja, umgekehrt, auch – mit »Fremden Federn« – einen Fall in Baltimore/USA gelöst.

Inspektor-Jury-Bibliographie
The Man With a Load of Mischief, 1981 (Inspektor Jury schläft außer Haus. Rowohlt)
The Old Fox Deceiv'd, 1982 (Inspektor Jury spielt Domino. Rowohlt)

The Anodyne Necklace, 1983 (Inspektor Jury sucht den Kennington-Smaragd. Rowohlt)
Jerusalem Inn, 1984 (Inspektor Jury bricht das Eis. Rowohlt)
The Dirty Dug, 1984 (Inspektor Jury küßt die Muse. Rowohlt)
The Deer Leap, 1985 (Inspektor Jury spielt Katz und Maus. Rowohlt)
Help the Poor Strugglers, 1985 (Inspektor Jury lichtet den Nebel. Rowohlt)
I Am the Only Running Footman, 1986 (Inspektor Jury steht im Regen. Rowohlt)
The Five Bells and Bladebone, 1987 (Inspektor Jury besucht alte Damen. Rowohlt)
The Old Silent, 1989 (Inspektor Jury geht übers Moor. Rowohlt)
The Old Contemptibles, 1991 (Inspektor Jury gerät unter Verdacht. Rowohlt)
The Horse You Came in On, 1993 (Fremde Federn. Goldmann)
Rainbow's End, 1995 (Blinder Eifer. Goldmann)

Robert van Gulik

Geboren 1910 in Zutphen/Niederlande. Studium (Jura und Orientalistik) in Leiden und Utrecht. Promotion 1935. Diplomatischer Dienst, bis 1942 mit Aufgaben in Fernost. Nach dem 2. Weltkrieg Tätigkeit in den niederländischen Vertretungen in Amerika, Syrien, Malaysia. 1965 Botschafter in Japan. Zahlreiche Übersetzungen aus dem Chinesischen, Studien über chinesische Malerei, Literatur und Geschichte. 1949 erschien sein erstes »Richter Di«-Buch – die kommentierte Übersetzung eines chinesischen Textes aus dem 18. Jahrhundert. Danach folgten seine sozusagen eigenen Di-Romane und -Erzählungen. Ein einziger seiner Krimis, *Der geschenkte Tag*, kommt ohne Di aus und spielt in Amsterdam. Robert van Gulik starb 1967.

Richter-Di-Bibliographie
1. Romane
Dee Goong An, 1949 [translated by Robert van Gulik] (Merkwürdige Kriminalfälle des Richter Di. Fischer)
The Chinese Maze Murders, 1956 (Mord im Labyrinth. Diogenes)
The Chinese Bell Murders, 1958 (Wunder in Pu-yang? Diogenes)

The Chinese Gold Murders, 1959 (Geisterspuk in Peng-lai. Diogenes)

The Chinese Lake Murders, 1960 (Der See von Han-yuan. Diogenes)

The Chinese Nail Murders, 1961 (Nagelprobe in Pei-tscho. Diogenes)

The Red Pavillon, 1961 (Tod im Roten Pavillon. Diogenes)

The Haunted Monastery, 1961 (Nächtlicher Spuk im Mönchskloster. Diogenes)

The Lacquer Screen, 1962 (Der Wandschirm aus rotem Lack. Diogenes)

The Emperor's Pearl, 1962 (Die Perle des Kaisers. Diogenes)

The Willow Pattern, 1965 (Mord nach Muster. Diogenes)

The Phantom of the Temple, 1966 (Das Phantom im Tempel. Diogenes)

Murder in Canton, 1966 (Mord in Kanton. Diogenes)

Necklace and Calabash, 1967 (Halskette und Kalebasse. Diogenes)

Poets and Murder, 1968 (Poeten und Mörder. Diogenes)

2. Erzählbände
The Monkey and the Tiger, 1965 (Der Affe und der Tiger. Diogenes)

Judge Dee at Work, 1967 (Richter Di bei der Arbeit. Diogenes)

Gisbert Haefs
Geboren 1950 in Wachtendonk am Niederrhein. Anglistik-Studium. Arbeit als Musiker und Entertainer. Literarischer Multi-Mann: Übersetzer (z.B. Kipling, Sir Arthur Conan Doyle), Romancier (*Hannibal*), SF- und Krimi-Autor. Dabei u.a. der Non-Matzbach *Die Schattenschneise.* Gisbert Haefs lebt in Bad Godesberg.

Baltasar-Matzbach-Bibliographie
1. Romane
Mord am Millionenhügel, 1981 (Goldmann)
Und oben sitzt ein Rabe, 1983 (Goldmann. Überarbeitete Fassung: Haffmans, 1988)
Das Doppelgrab in der Provence, 1984 (Goldmann. Überarbeitete Fassung: Haffmans, 1988)
Mörder und Marder, 1985 (Goldmann. Überarbeitete Fassung: Haffmans, 1988)
Matzbachs Nabel, 1993 (Goldmann)
Kein Freibier für Matzbach, 1996 (Goldmann)

2. Erzählbände
Das Triumvirat, 1987 (Goldmann)
Auf der Grenze, 1996 (Goldmann)

Dashiell Hammett
Geboren 1894 in St. Mary's County/Maryland. Aufgewachsen in Baltimore. Als Detektiv in der Agentur Pinkertons. Während des 1. Weltkriegs an Tuberkulose erkrankt. Jahrelange Krankenhausaufenthalte. 1922: Erste Crime-Stories für *Black Mask.* 1929: Der erste von fünf Romanen – *Red Harvest.* Nach 1933: Erste Alkoholprobleme. 1951: fünfmonatige Gefängnisstrafe, wegen verweigerter Denunziation von Bürgerrechts-Kämpfern. Fast alle später (posthum dann vor allem von Lilian Hellman) publizierten Hammett-Stories sind in den dreißiger Jahren entstanden. Dashiell Hammett starb 1961 an Lungenkrebs.

Nick-Charles-Bibliographie
The Thin Man, 1934 (Der dünne Mann. Diogenes)
After the Thin Man, Part I, 1986 [verfaßt 1934/1935] (Dünner Mann – Zweiter Fall. In: *.38 Special.* Bd. 1 u. 2. Ullstein)

Sam-Spade-Bilbiographie
1. Roman
The Maltese Falcon, 1930 (Der Malteser Falke. Diogenes)

2. Erzählband
The Adventures of Sam Spade, 1944 (Ein Mann namens Spade. Goldmann)

Cyril Hare
Geboren 1900 in Mickleham/England. Schulbesuch in Rugby. Jura-Studium in Oxford. Barrister und später Richter. Der erste seiner neun Detektivromane erschien 1937: *Tenant for Death.* Sein siebenter – *An English Murder* – ist der einzige, in dem weder Mallett noch Pettigrew mitmachen. Cyril Hare, mit bürgerlichem Namen: Alfred Alexander Gordon Clark, starb 1958.

Pettigrew-&-Inspector-Mallet-Bibliographie
1. Romane
Tenant for Death, 1937 [Mallett] (Ruhige Wohnung mit eigener Leiche. Rowohlt)
Death is No Sportsman, 1938 [Mallett] (Der Tod

ist nicht fair. Diogenes)
Suicide Excepted, 1939 [Mallett] (Selbstmord ausgeschlossen. Diogenes)
Tragedy at Law, 1942 [P & M] (Tragödie im Gerichtssaal. Diogenes)
With a Bare Bodkin, 1946 [P & M] (Mit einer Nadel bloß. Diogenes)
When the Wind Blows, 1949 [Pettigrew] (Solo für Lucy. Diogenes)
That Yew Tree's Shade, 1954 [Pettigrew] (Erschlagen bei den Eiben. Goldmann)
He Should Have Died Hereafter, 1958 [P & M] (Er hätte später sterben sollen. Goldmann)

2. Erzählband
Best Detective Stories of Cyril Hare (Hrsg. v. Michael Gilbert), 1959 [P & M] (Mörderglück. Diogenes)

Tony Hillerman
Geboren 1925 in Sacred Heart/Oklahoma. Arbeit als Journalist und Dozent.

Lt.-Leaphorn-&-Off.-Jim-Chee-Bibliographie
1. Romane
The Blessing Way, 1970 [Leaphorn] (Wolf ohne Fährte. Rowohlt)
Dance Hall of the Dead, 1973 [Leaphorn] (Schüsse aus der Steinzeit. Rowohlt)
Listening Woman, 1978 [Leaphorn] (Das Labyrinth der Geister. Rowohlt)
People of Darkness, 1980 [Chee] (Tod der Maulwürfe. Goldmann)
The Dark Wind, 1982 [Chee] (Der Wind des Bösen. Rowohlt)
The Ghostway, 1984 [Chee] (Das Tabu der Totengeister. Rowohlt)
Skinwalkers, 1987 [L & C] (Die Nacht der Skinwalkers. Rowohlt)
A Thief of Time, 1988 [L & C] (Wer die Vergangenheit stiehlt. Rowohlt)
Talking God, 1989 [L & C] (Die sprechende Maske. Weitbrecht)
Coyote Waits, 1990 [L & C] (Der Kojote wartet. Goldmann)
Sacred Clowns, 1993 [L & C] (Geisterjäger. Goldmann)
The Fallen Man, 1996 [L & C]

2. Erzählungen
The Whitch, Yazzie and the Nine of Clubs, 1981 [Chee]

Chee's Whitch, 1986 [Chee] (Ein Fall von Hexerei. In: *.38 Special*, Bd. 3. Ullstein)

Chester Himes
Geboren 1909 in Jefferson City/Missouri. Geriet früh mit dem Gesetz in Konflikt, schaffte aber den Ausstieg aus der Kriminalität. Journalist in Cleveland/Ohio. 1945 erschien sein erster sozialkritischer (und buchstäblicher) »Roman Noir« – *If He Hollers, Let Him Go* (Flieh, wenn du kannst, Bastei, 1991). Himes, auch Verfasser von Essays und Kurzgeschichten, ging 1953 aus Protest gegen die Praktiken der amerikanischen Rassendiskriminierung nach Europa und lebte in Frankreich. Außer seiner Serie um die beiden schwarzen Detectives aus Harlem hat Chester Himes, seinerseits Schwarzer, noch wei-tere New-York-Kriminalromane geschrieben, z.B. *Run Man Run* (Lauf, Nigger lauf), erschienen 1966. Chester Himes starb 1984 in Spanien.

Coffin-Ed-&-Grave-Digger-Bibliographie
The Crazy Kill, 1959 (Fenstersturz in Harlem. Ullstein)
The Real Cool Killers, 1959 (Heiße Nacht für kühle Killer. Rowohlt)
The Five-Cornered Square, 1959 (Die Geldmacher von Harlem. Rowohlt)
All Shot Up, 1960 (Harlem dreht durch. Rowohlt)
The Big Gold Dream, 1960 (Der Traum vom großen Geld. Rowohlt)
Cotton Comes to Harlem, 1965 (Schwarzes Geld für weiße Gauner. Rowohlt)
The Heat's On, 1966 (Heroin für Harlem. Rowohlt)
Blind Man With a Pistol, 1969 (Blind, mit einer Pistole. Rowohlt)

Sir Alfred Hitchcock (Hrsg.)
Geboren am 13. August 1899 in Leystone/Essex. Gestorben am 29. April 1980 in Los Angeles/Kalifornien. Im Kino der Meister des Suspense, vielleicht: der Meister überhaupt. Auf literarischem Gebiet dagegen nur (wenngleich vielfältiger) Pate. Der hübscheste Verweis darauf in Truffauts Hitchcock-Buch: Frage – »Wie sind Sie auf Daphne du Mauriers Kurzgeschichte *The Birds* gekommen?« Antwort – »Ich habe sie in einem dieser Sammelbände, *Alfred Hitchcock presents...*, gelesen.« In den *Three Investi-*

gators spielt Hitchcock obendrein noch selber mit, und zwar ausgiebiger als bei den Kurzauftritten in seinen Filmen. Als Ideengeber und Ghostwriter fungierte bei diesem sorgsam geplanten Projekt des Random House Verlags der Krimi-Autor Robert Arthur (1909-1969), der Herausgeber von *Mike Shayne's Mystery Magazine*. Nach Arthurs Tod übernahm ein Autoren-Team die Weiterführung der Reihe. Alfred Hitchcock aber stellte seine Zwischenfragen längere Zeit auch noch aus dem Reich der Toten. Inzwischen sind *Die drei ???* eine rein deutsche Sache geworden. Noch immer der alten »Random House«-Idee verpflichtet, noch immer mit den drei amerikanischen Junior-Detektiven, aber ohne die finalen Meetings im Büro des Altmeisters Hitch und verfaßt von einer Autorin, deren Namen glatt für zwei reichen würden: Brigitte-Johanna Henkel-Waidhofer. Seit 1997 ist der ???-Serientäter André Marx.

Die-drei-???-Bibliographie
Alfred Hitchcock and the Three Investigators in ... (Alfred Hitchcock, Die drei ??? und ...)
The Mystery of the Stuttering Parrot, 1964 (... der stotternde Papagei. Franckh)
The Secret of Terror Castle, 1964 (... das Gespensterschloß. Franckh)
The Mystery of the Green Ghost, 1965 (... der grüne Geist. Franckh)
The Mystery of the Whispering Mummy, 1965 (... die flüsternde Mumie. Franckh)
The Mystery of the Vanishing Treasure, 1966 (... der verschwundene Schatz. Franckh)
The Secret of Skeleton Island, 1966 (... die Geisterinsel. Franckh)
The Mystery of the Fiery Eye, 1967 (... der Fluch des Rubins. Franckh)
The Mystery of the Silver Spider, 1967 (... die silberne Spinne. Franckh)
The Mystery of the Screaming Clock, 1968 (... der seltsame Wecker. Franckh)
The Mystery of the Moaning Cave, 1968 [William Arden] (... der Teufelsberg. Franckh)
The Mystery of the Talking Skull, 1969 (... der sprechende Totenkopf. Franckh)
The Mystery of the Laughing Shadow, 1969 (... der lachende Schatten. Franckh)
The Secret of the Crooked Cat, 1970 [William Arden] (... die schwarze Katze. Franckh)

The Mystery of the Coughing Dragon, 1970 [Nick West] (... der unheimliche Drachen. Franckh)
The Mystery of the Nervous Lion, 1971 [Nick West] (... der rasende Löwe. Franckh)
The Mystery of the Flaming Footprints, 1971 [M.V. Carey] (... die flammende Spur. Franckh)
The Mystery of the Singing Serpent, 1972 [M.V. Carey] (... die singende Schlange. Franckh)
The Mystery of the Shrinking House, 1972 [William Arden] (... die rätselhaften Bilder. Franckh)
The Secret of the Phantom Lake, 1973 [William Arden] (... der Phantomsee. Franckh)
The Mystery of the Monster Mountain, 1973 [M.V. Carey] (... das Bergmonster. Franckh)
The Mystery of the Dead Man's Riddle, 1974 [William Arden] (... die gefährliche Erbschaft. Franckh)
The Secret of the Haunted Mirror, 1974 [M.V. Carey] (... der Zauberspiegel. Franckh)
The Mystery of the Invisible Dog, 1975 [M.V. Carey] (... der Karpatenhund. Franckh)
The Mystery of the Dancing Devil, 1975 [William Arden] (... der tanzende Teufel. Franckh)
The Mystery of Death Trap Mine, 1976 [M.V. Carey] (... die Silbermine. Franckh)
The Mystery of the Headless Horse, 1977 [William Arden] (... das Aztekenschwert. Franckh)
The Mystery of the Magic Circle, 1978 [M.V. Carey] (... der magische Kreis. Franckh)
The Mystery of the Deadly Double, 1978 [William Arden] (... der Doppelgänger. Franckh)
The Mystery of the Sinister Scarecrow, 1979 [M.V. Carey] (... der Ameisenmensch. Franckh)
The Mystery of Shark Reef, 1979 [William Arden] (... das Riff der Haie. Franckh)
The Mystery of the Blazing Cliff, 1981 [M.V. Carey] (... die bedrohte Ranch. Franckh)
The Mystery of the Scar-Faced Beggar, 1981 [M.V. Carey] (... das Narbengesicht. Franckh)
The Mystery of the Purple Pirat, 1982 [William Arden] (... der Rote Pirat. Franckh)
The Mystery of the Wandering Cave Man, 1982 [M.V. Carey] (... der Höhlenmensch. Franckh)
The Mystery of the Missing Mermaid, 1983 [M.V. Carey] (... der heimliche Hehler. Franckh)
The Mystery of the Kidnapped Whale, 1983 [Marc Brandel] (... der Super-Wal. Franckh)
The Mystery of the Two-Toed Pigeon, 1984 [M.V. Carey] (... die Perlenvögel. Franckh)
The Mystery of the Smashing Glass, 1984 [Wil-

liam Arden] (... der Automarder. Franckh)
The Mystery of the Trail of Terror, 1984 [M.V. Carey] (... der unsichtbare Gegner. Franckh)
The Mystery of the Dancing Dinosaur, 1985 [Rose Estes] (... das Volk der Winde. Franckh)
The Mystery of Rogues' Reunion, 1985 [Marc Brandel] (... der gestohlene Preis. Franckh)
The Case of the Weeping Coffin, 1985 [M. & H.W. Stine] (... der weinende Sarg. Franckh)
The Mystery of the Creep-Show-Crooks, 1985 [M.V. Carey] (... der höllische Werwolf. Franckh)
The Mystery of Wrecker's Rock, 1986 [William Arden] (... das Gold der Wikinger. Franckh)
The Mystery of the Cranky Collector, 1987 [M.V. Carey] (... der schrullige Millionär. Franckh)
Hot Wheels, 1989 [William Arden] (... die Automafia. Franckh)
Funny Business, 1989 [William McCay] (... die Comic-Diebe. Franckh)
An Ear for Danger, 1989 [Marc Brandel] (... der riskante Ritt. Franckh)
Thriller Diller, 1989 [M. & H.W. Stine] (... der verschwundene Filmstar. Franckh)
Rough Stuff, 1989 [G.H. Stone] (... die gefährlichen Fässer. Franckh)
Murder to Go, 1989 [M. & H.W. Stine] (... der giftige Gockel. Franckh)
Reel Trouble, 1989 [G.H. Stone] (... die Musikpiraten. Franckh)
Fatal Error, 1990 [G.H. Stone] (Angriff der Computer-Viren. Franckh)
Long Shot, 1990 [M. & H.W. Stine] (Der gekaufte Spieler. Franckh)
Foul Play, 1990 [Peter Lerangis] (Gefahr im Verzug. Franckh)
Tatort Zirkus, 1993 (Franckh)
Der verrückte Maler, 1993 (Franckh)
Giftiges Wasser, 1994 (Franckh)
Die Rache des Tigers, 1994 (Franckh)
Dopingmixer, 1994 (Franckh)
Spuk im Hotel, 1994 (Franckh)
Die Geisterstadt, 1995 (Franckh)
Fußball-Gangster, 1995 (Franckh)
Diamantenschmuggel, 1995 (Franckh)
Schattenmänner, 1995 (Franckh)
Der Schatz im Bergsee, 1996 (Franckh)
Schüsse aus dem Dunkel, 1996 (Franckh)
Dreckiger Deal, 1996 (Franckh)
Die verschwundene Seglerin, 1996 (Franckh)
Späte Rache, 1996 (Franckh)
Das Geheimnis der drei Särge, 1996 (Franckh)
Das brennende Schwert, 1997 [André Marx] (Franckh)
Poltergeist, 1997 [André Marx] (Franckh)
Die Spur des Raben, 1997 [André Marx] (Franckh)

Felix Huby

Geboren 1938 als Eberhard Hungerbühler. Journalist und freier Schriftsteller. Schrieb Kinderkrimis (*Felix & Co*), TV-Serien (*Oh Gott, Herr Pfarrer*), Kriminalhörspiele und viele Bienzle-Sachen. Felix Huby lebt in Schwaben.

Hauptkommissar-Bienzle-Bibliographie
1. Romane
Der Atomkrieg in Weihersbronn, 1977 (Rowohlt)
Tod im Tauerntunnel, 1977 (Rowohlt)
Ach, wie gut, daß niemand weiß..., 1978 (Rowohlt)
Sein letzter Wille, 1979 (Rowohlt)
Schade, daß er tot ist, 1982 (Rowohlt)
Bienzle stochert im Nebel, 1983 (Rowohlt)
Bienzle und die schöne Lau, 1985 (Rowohlt)
Bienzles Mann im Untergrund, 1986 (Rowohlt)
Bienzle und das Narrenspiel, 1988 (Rowohlt)
Gute Nacht, Bienzle, 1991 (Rowohlt)
Bienzle und der Biedermann, 1994 (Rowohlt)

2. Erzählband
Bienzle und der Sündenbock, 1990 (Rowohlt)

Michael Innes

Geboren 1906 in Edinburgh als John Innes Mackintosh Stewart. Studium der Englischen Literatur in Oxford (B.A. 1929). Dozent in Leeds, in Adelaide/Australien, in Belfast und von 1949 bis zu seiner Emeritierung in Oxford. Unter seinem zivilen Namen einer der herausragenden Literaturwissenschaftler Großbritanniens – und unter seinem Pseudonym einer der elementaren Vertreter des intellektuell hintergründigen Detektivromans. Michael Innes starb 1994.

Sir-John-Appleby-Bibliographie
1. Romane
Death at the President's Lodging, 1936 (Zuviel Licht im Dunkel. DuMont)
Hamlet, Revenge!, 1937 (Hamlets Rache. Ullstein)
Lament for a Maker, 1938

232

Stop Press, 1939
There Came Both Mist and Snow, 1940
The Secret Vanguard, 1940
Appleby on Ararat, 1941
The Daffodil Affair, 1942 (Der Fall Maiglöckchen.
Piper)
The Weight of the Evidence, 1943 (Die Last des
Beweises. Piper)
Appleby's End, 1945
What Happened at Hazelwood, 1946
A Night of Errors, 1947
The Journeying Boy, 1949
Operation Pax, 1951 (Unternehmen Pax. Scherz)
A Private View, 1952
Appleby Plays Chicken, 1956 (Hasenjagd. Ullstein)
The Long Farewell, 1958
Hare Sitting Up, 1959
Silence Observed, 1961 (Seltsame Parallelen.
Gebr. Weiss)
A Connoisseur's Case, 1962 (Gefährliche Rück-
kehr. Goldmann)
Money From Holme, 1964
The Bloody Wood, 1966
Appleby at Allington, 1968 (Der Letzte der
Allingtons. Goldmann)
A Family Affair, 1969
Death at the Chase, 1970
An Akward Lie, 1971
The Open House, 1972
Appleby's Answer, 1973
Appleby's Other Story, 1974
The Mysterious Commission, 1974 (Bilde Künst-
ler, morde nicht. dtv)
The Gay Phoenix, 1976
Honeybath's Haven, 1977 (Ein sicherer Hafen.
dtv)
The Ampersand Papers, 1978
Lord Mullion's Secret, 1981 (Lord Mullions Ge-
heimnis. Piper)
Sheiks and Adders, 1982 (Scheichs und Schlan-
gen. Piper)
Appleby and Honeybath, 1983 (Appleby und
Honeybath. Piper)
Carson's Conspiracy, 1984
Appleby and the Ospreys, 1986

2. Erzählbände
Appleby Talking, 1954
Appleby Talks Again, 1956
The Appleby File, 1975

Lady P(hyllis) D(orothy) James

Geboren 1920 in Oxford. Heiratete einen Arzt,
hieß ganz bürgerlich Mrs. White und war in der
Verwaltung eines Krankenhauses tätig, später
in der Kriminalabteilung des britischen Innenmi-
nisteriums. Nach dem Tod ihres Mannes begann
sie zu schreiben, und wie. Lebt heute abwechselnd in London und in ihrem Cottage in Suffolk,
sofern sie nicht grad im Oberhaus benötigt
wird. Denn P. D. James ist die ranghöchste Kri-
miautorin der Gegenwart, seit sie von Queen
Elizabeth II. in den Adelsstand erhoben, zur Ba-
roness James of Holland Park ernannt und als
Lady Phyllis ins House of Lords befördert wurde.

Adam-Dalgliesh-Bibliographie
1. Romane
Cover Her Face, 1962 [hier noch: Dalgleish]
(Ein Spiel zuviel. Rowohlt)
A Mind to Murder, 1963 (Eine Seele von Mörder.
Rowohlt)
Unnatural Causes, 1967 (Ein unverhofftes Ge-
ständnis. Rowohlt)
Shroud for a Nightingale, 1971 (Tod im weißen
Häubchen. Rowohlt)
An Unsuitable Job for a Woman, 1972 (Ein
reizender Job für eine Frau. Rowohlt)
The Black Tower, 1975 (Der schwarze Turm.
Rowohlt)
Death of an Expert Witness, 1977 (Tod eines
Sachverständigen. Rowohlt)
A Taste for Death, 1986 (Der Beigeschmack des
Todes. Knaur)
Devices and Desires, 1989 (Vorsatz und Begierde.
Knaur)
Original Sin, 1994 (Wer sein Haus auf Sünden
baut. Droemer Knaur)

2. Erzählung
Great-Aunt Allie's Fly-papers, 1979 (Großtante
Allies Fliegenfänger. In: Muller/Pronzini (Hrsg.),
Mörderische Frauen. Heyne)

Cordelia-Gray-Bibliographie
An Unsuitable Job for a Woman (s. o.)
The Skull Beneath the Skin, 1982 (Ende einer
Karriere. Knaur)

Erich Kästner

Geboren 1899 in Dresden. Lehrer. Im 1. Weltkrieg Soldat. Danach Bankangestellter, Redak-

teur. Germanistik-Studium. 1925 Promotion. Existenz als freier Schriftsteller: Debut als Lyriker 1928 – *Herz auf Taille*. Ein Jahr später erscheinen *Emil und die Detektive*. 1933: Publikationsverbot in Deutschland, seine Bücher werden öffentlich verbrannt. Während der NS-Zeit wird Kästner zweimal verhaftet. Bis 1942 kann er seine Bücher in der Schweiz veröffentlichen, danach uneingeschränktes Schreibverbot. Nach Kriegsende Feuilletonredakteur in München, Kabarettist (*Die kleine Freiheit*), Herausgeber der Jugendzeitschrift *Pinguin*, Präsident des deutschen PEN-Zentrums (West). Büchner-Preis 1957. 1960: »Hans-Christian-Andersen-Medaille« für Jugendliteratur. Pointiert ironischer Lyriker (*Gesang zwischen den Stühlen*), präzis kritischer Romancier (*Fabian*) und trotz bisweilen etwas anbiedernder (»eisern!«) Kindersprachlichkeit (»kolossal«) ein geliebter Jugendbuchautor (»famos«). Erich Kästner starb am 29. Juli 1974 in München.

Emil-Tischbein-Bibliographie
Emil und die Detektive. Ein Roman für Kinder, 1929 (Williams)
Emil und die drei Zwillinge. Die zweite Geschichte von Emil und den Detektiven, 1935 (Atrium)

Stuart Kaminsky
Geboren 1934 als Stuart Melvin Kaminsky. Filmhistoriker und Professor. Direktor des Filmkonservatoriums der staatlichen Universität Florida. Schreibt außer den filmhistorischen »Toby Peters«-Krimis noch eine Detektiv-Serie um den Moskauer Polizeiinspektor Rostnikov (als Rußland noch sowjetisch war...).

Toby-Peters-Bibliographie
1. Romane
Bullet For a Star, 1977 (Mord im Studio. Heyne)
Murder On the Yellow Brick Road, 1977 (Hinter Hollywoods Kulissen. Heyne)
You Bet Your Life, 1978 (Nichts geht mehr. Heyne)
The Howard Hughes Affair, 1979 (Die Howard Hughes-Affäre. Heyne)
Catch a Falling Clown, 1981 (Die Tränen des Clowns. Heyne)
High Midnight, 1981 (12 Uhr Nachts. Heyne)
He Done Her Wrong, 1983 (Aus meinem Leben. Heyne)

The Fala Factor, 1984 (Der Fala-Faktor. Heyne)
Down For the Count, 1985 (Ausgezählt. Heyne)
Never Cross a Vampire, 1986 (Vorsicht vor dem Vampir. Heyne)
The Man Who Shot Lewis Vance, 1986 (Wer erschoß Lewis Vance? Heyne)
Think Fast, Mr. Peters, 1987 (Der Doppelgänger. Heyne)
Buried Caesars, 1989 (Mein Freund Dash. Heyne)
Poor Butterfly, 1990 (Galavorstellung. Heyne)
The Melting Clock, 1991 (Rasputins Rache. Heyne)

2. Erzählung
Busted Blossoms, 1986 (Nahaufnahme. In: *Heyne Krimi Jahresband* 1987)

Dan Kavanagh
Geboren am 19. Januar 1946 im County Sligo/Eire. Widmete seine Reifungszeit dem Schulschwänzen, der Fleischeslust und Bagatelldiebstählen, verließ das Elternhaus mit 17 oder 19 (da sind sich die Biographen nicht einig), um als Matrose auf einem liberianischen Tanker anzuheuern. Ein ähnlich pittoresker Lebenslauf führt ihn derzeit nach North Islington/London. Aber so genau muß man das alles gar nicht wissen, weil Dan Kavanagh und dessen Held Duffy eine Erfindung des Schriftstellers Julian Barnes sind, der 1946 in Leicester geboren wurde, in Oxford Jura und Romanistik studierte und so schöne Bücher schrieb wie *Eine Geschichte der Welt in 10 1/2 Kapiteln, Flauberts Papagei* oder *Das Stachelschwein.*

Duffy-Bibliographie
Duffy, 1980 (Duffy. Haffmans/Heyne)
Fiddle City, 1981 (Schieber City. Haffmans/Heyne)
Putting the Boot In, 1985 (Abblocken. Haffmans/Heyne)
Going to the Dogs, 1987 (Vor die Hunde gehen. Haffmans/Heyne)

H(enry) R(eymond) F(itzwalter) Keating
Geboren 1926 in St. Leonards-on-Sea/Sussex. Rundfunktechniker bei der BBC. Eintritt in die Army am letzten Tag des 2. Weltkriegs. Nach dem Ausscheiden Studium der Modernen Literatur am Trinity College in Dublin. Journalist, zunächst in Wiltshire, dann in der Fleet Street

für den *Daily Telegraph* und *The Times*. Nach den ersten Erfolgen mit seinen Krimis – freier Schriftsteller.

Inspector-Ghote-Bibliographie
1. Romane
The Perfect Murder, 1964
Inspector Ghote's Good Crusade, 1966
Inspector Ghote Caught in Meshes, 1967
Inspector Ghote Hunts the Peacock, 1968 (Der Pfau muß Federn lassen. Rowohlt)
Inspector Ghote Plays a Joker, 1969
Inspector Ghote Breaks an Egg, 1970 (Finger weg von heiligen Kühen. Rowohlt)
Inspector Ghote Goes by Train, 1971 (Inspector Ghote reist 1. Klasse. Rowohlt)
Inspector Ghote Trusts the Heart, 1972 (Geben Sie's auf, Inspector Ghote! Rowohlt)
Bats Fly Up for Inspector Ghote, 1974 (Inspector Ghote sucht die undichte Stelle. Rowohlt)
Filmi, Filmi, Inspector Ghote, 1976 (Inspector Ghote geht zum Film. Rowohlt)
Inspector Ghote Draws a Line, 1979 (Inspector Ghote unter falscher Flagge. Rowohlt)
Go West, Inspector Ghote, 1981 (Inspector Ghote und der Guru in L.A. Rowohlt)
The Sheriff of Bombay, 1984
Under a Monsoon Cloud, 1986
The Body in the Billiard Room, 1987
Dead on Time, 1988
The Iciest Sin, 1990
Cheating Death, 1992
Doing Wrong, 1994

2. Erzählungen
Inspector Ghote, His Life and Crimes, 1989 [Sammlung]
Murder Again on the Orient Express, 1989
Inspector Ghote and Some Others, 1991 [Sammlung]
Death Hath Also This, 1990
Softly, Softly, Catchee Monkey, 1990
Shaky, 1991

Harry Kemelman

Geboren 1908 in Boston/Massachusetts. Literatur-Studium in Boston und Havard. Zunächst Lehrer, später, bis zu seiner Emeritierung, Professor am State College in Boston. Harry Kemelman ist im Dezember 1996 gestorben.

Rabbi-David-Small-Bibliographie
Friday the Rabbi Slept Late, 1964 (Am Freitag schlief der Rabbi lang. Rowohlt)
Saturday the Rabbi Went Hungry, 1966 (Am Samstag aß der Rabbi nichts. Rowohlt)
Sunday the Rabbi Stayed Home, 1969 (Am Sonntag blieb der Rabbi weg. Rowohlt)
Monday the Rabbi Took Off, 1972 (Am Montag flog der Rabbi ab. Rowohlt)
Tuesday the Rabbi Saw Red, 1973 (Am Dienstag sah der Rabbi rot. Rowohlt)
Wednesday the Rabbi Got Wet, 1976 (Am Mittwoch wird der Rabbi naß. Rowohlt)
Thursday the Rabbi Walked Out, 1978 (Der Rabbi schoß am Donnerstag. Rowohlt)
Someday the Rabbi Will Leave, 1985 (Eines Tages geht der Rabbi. Rowohlt)
One Fine Day the Rabbi Bought a Cross, 1987 (Ein Kreuz für den Rabbi. Rowohlt)
The Day the Rabbi Resigned, 1992 (Ein neuer Job für den Rabbi. Rowohlt)
That Day the Rabbi Left Town, 1996 (Als der Rabbi die Stadt verließ. Rowohlt)

Ronald A(rbuthnott) Knox

Geboren 1888 in Kibworth/Leicestershire als Sohn und Enkel anglikanischer Bischöfe. Theologiestudium in Oxford. Ordination als anglikanischer Geistlicher. Im Jahr 1917 Konversion zum Katholizismus, zwei Jahre später Priesterweihe. Studentenpfarrer in Oxford. Monsignore. Schrieb theologische Werke, lieferte eine neue Bibelübersetzung, verfaßte aber auch die Zehn Gebote des Detektivromans und beteiligte sich an den Sammelromanen des »Detection Club«. Monsignore Ronald A. Knox starb 1957.

Miles-Bredon-Bibliographie
1. Romane
The Three Taps, 1927 (Die drei Gashähne. Rowohlt)
The Footsteps at the Lock, 1928 (Fußspuren an der Schleuse. Herder)
The Body in the Silo, 1933 (Der Tote im Silo. Herder)
Still Dead, 1934
Double Cross Purposes, 1937

2. Erzählung
Solved by Inspection, 1931

William Krasner

Geboren 1917 in St. Louis/Missouri – der »grossen Stadt am Fluß«. War Schuhverkäufer und bewies, daß man deshalb nicht als Pantoffelheld und Sitcom-Figur enden muß, sondern auch Journalist werden kann. Und Krimi-Autor. William Krasner lebt in Pennsylvania.

Captain-Birge-Bibliographie
Walk the Dark Street, 1949 (Auf dunklen Strassen. Rowohlt)
The Stag Party, 1957 (Blackout! Rowohlt)
Death of a Minor Poet, 1984 (Tod eines Bohémien. Rowohlt)
Resort to Murder, 1985 (Die letzte Tat des Mr. Goodman. Rowohlt)
Death, the Dancer, 1990 (Opfer einer Razzia. Rowohlt)

Kurt Lanthaler

Geboren 1960 in Bozen/Südtirol. Lebt als Schriftsteller, Filmarbeiter (was immer das ist) und Mitglied der Rockgruppe »Bethlehem Revival Band« in Berlin und Eppan.

Tschonnie-Tschenett-Bibliographie
Der Tote im Fels, 1993 (Haymon)
Grobes Foul, 1993 (Haymon)
Herzsprung, 1995 (Haymon)

Emma Lathen

»Emma Lathen« ist das (erste) gemeinsame Pseudonym des amerikanischen Autorinnen-Duos Mary J. Latsis (geboren vermutlich 1927) und Martha Hennissart (geboren vermutlich 1929). Beide halten Angaben zur Person notorisch unter Verschluß. Gewiß ist nur: Mary J. Latsis ist von Beruf Anwältin, Martha Hennissart Volkswirtin. Die Autorinnen haben neben den Thatcher-Romanen noch eine zweite Serie laufen, diesmal unter dem gemeinsamen Pseudonym R. B. Dominic. Darin geht es um den demokratischen Kongreß-Abgeordneten Benton Safford.

John-P.-Thatcher-Bibliographie
Banking on Death, 1961 (Freitag, der dreizehnte. Goldmann)
A Place for Murder, 1963 (Das Mädchen auf dem Zwölfender. Ullstein)
Accounting for Murder, 1964 (Mord – und die Kasse stimmt. Ullstein)
Murder Makes the Wheels Go Round, 1966 (Der goldene Leichenwagen. Ullstein)
Death Shall Overcome, 1966 (Gift für die Börse. Ullstein)
Murder Against the Grain, 1967 (Nicht ein Körnchen Wahrheit. Ullstein)
A Stitch in Time, 1968 (Operation geglückt, Patient tot. Goldmann)
Come to Dust, 1968 (Und dann verschwand er mit dem Geld. Ullstein)
When in Greece, 1969 (Drei Drachmen für seinen Kopf. Ullstein)
Murder to Go, 1969 (Tote Kunden meckern nicht. Ullstein)
Pick Up Sticks, 1970 (Stirb schöner im Grünen. Ullstein)
Ashes to Ashes, 1971 (Dollars für den Kardinal. Ullstein)
The Longer the Thread, 1971 (Ein Toter im Chefsessel. Ullstein)
Murder Without Icing, 1972 (Mord auf der Strafbank. Ullstein)
Sweet and Low, 1974 (Süße, leise Todesweise. Ullstein)
By Hook or By Crook, 1975 (Kette und Schuß. Ullstein)
Double, Double, Oil and Trouble, 1978 (Für Öl ist keine Tour zu krumm. Ullstein)
Going for the Gold, 1981
Green Grow the Dollars, 1982
Something in the Air, 1988
East is East, 1991
Right on the Money, 1993

Gaston Leroux

Geboren 1868 in Paris. Jurastudium. Dann Journalist. Zwischenzeitlich, durch Erbschaft, Millionär und Weltreisender, dann, durch Spielleidenschaft, wieder Journalist. Nach 1907 langsam wieder reich: Das *Geheimnis des gelben Zimmers* war erschienen. Die Rouletabille-Saga schrieb Leroux noch lange fort. Sein heute bekanntestes Buch (gewiß nicht sein bestes) ist trotzdem *Das Phantom der Oper.* Gaston Leroux starb 1927 in seiner Villa bei Nizza.

Rouletabille-Bibliographie
Le mystère de la chambre jaune, 1907 (Das Geheimnis des gelben Zimmers. Diogenes)

Le parfum de la dame au noir, 1908 (Das Parfum der Dame in Schwarz. Singer)
Rouletabille chez le Tsar, 1913 (Nataschas Geheimnis. Kronen)
Le château noir, 1916 (Das schwarze Schloß. Heyne)
Les étranges noces de Rouletabille, 1916 (Die dunklen Nächte des Rouletabille. Heyne)
Rouletabille chez Krupp, 1920
Le Crime de Rouletabille, 1922
Rouletabille chez les bohémiens, 1923

Astrid Lindgren

Geboren am 14. November 1907 in Näs bei Vimmerby/Småland als Astrid Anna Emilia Ericsson. Vater Landwirt. 1926 nach Stockholm als Sekretärin in einer Anwaltskanzlei. 1931 Heirat. 1944: Erzählungen für Kinder. Ihr erstes Manuskript wird vom Verlag als unbrauchbar zurückgeschickt. Es ist *Pippi Langstrumpf.* 1945: *Pippi Langstrumpf* macht sich, von einem anderen Verlag aus, auf den Weg zum Welterfolg. Ein Jahr später gewinnt Kalle Blomquist den ersten Preis in einem Jugendbuchwettbewerb. Inzwischen ist ein anderer Jugendbuchpreis nach Astrid Lindgren benannt. Und viele Schulen in aller Welt. Und alles vollkommen zu Recht.

Kalle-Blomquist-Bibliographie
Mästerdetektiven Blomkvist, 1946 (Meisterdetektiv Blomquist. Oetinger)
Mästerdetektiven Blomkvist lever farligt, 1951 (Kalle Blomquist lebt gefährlich. Oetinger)
Kalle Blomkvist och Rasmus, 1953 (Kalle Blomquist, Eva-Lotte und Rasmus. Oetinger)

Nancy Livingston

Geboren in Stockton-on-Tees/England. Gibt von ihrer Biographie nur preis, sie sei an »Miss Wilkinson's Academy for Gentlewomen« zu einer ebensolchen erzogen worden.

G.-D.-H.-Pringle-Bibliographie
The Trouble at Aquitaine, 1985 (Pringle in Trouble. Rowohlt)
Fatality at Bath & Wells, 1986 (Ihr Auftritt, Mr. Pringle. Rowohlt)
Incident at Parga, 1987 (Leiche in Sicht, Mr. Pringle. Rowohlt)
Death in Close-Up, 1989 (Der Tod macht den letzten Schnitt. Rowohlt)

Mayhem in Parva, 1990 (Pringle vermißt eine Leiche. Rowohlt)

Peter Lovesey

Geboren 1936 in Whitton/England. Anglistik-Studium an der Universität Reading. Lehrer in der Erwachsenenbildung. Seit 1970 bekannt als Autor – vorwiegend historischer – Krimis. Seither freier Schriftsteller. Lebt in Surrey.

Sergeant-Cribb-Bibliographie
Wobble to Death, 1970 (Der Tod hat lange Beine. Knaur)
The Detective Wore Silk Drawers, 1971 (Ring frei für Sergeant Cribb. Knaur)
Abracadaver, 1972 (Abrakadaver. Knaur)
Mad Hatter's Holiday, 1973 (Der Urlaub eines Übergeschnappten. Aufbau)
Invitation to a Dynamite Party, 1974 (Eine Bombeneinladung. Knaur)
A Case of Spirits, 1975 (Tod eines Mediums. Knaur)
Swing, Swing Together, 1976 (Flußpartie zum Galgen. Knaur)
Waxwork, 1978

John Lutz

Geboren 1939 in Dallas/Texas. War wie sein Held Alo(ysius) Nudger mal Polizist. Beiden macht der Magen zu schaffen, woraus der Autor für seinen Helden ein Leid-Motiv schnitzte. Nicht alle Lutz-Romane sind Nudger-Romane. John Lutz lebt in Missouri.

Alo-Nudger-Bibliographie
Nightlines, 1984 (Nachtanschluß. Haffmans/Heyne)
The Right to Sing the Blues, 1986 (New Orleans Blues. Heyne)
Ride the Lightning, 1987 (Todesstrafe. Heyne)
Time Exposure, 1987 (Das letzte Foto. Heyne)
Diamond Eyes, 1990 (Tödliche Steine. Heyne)
Thicker Than Blood, 1993 (Familienbande. Haffmans/Heyne)

John D. MacDonald

Geboren 1916 in Sharon/Pennsylvania. Studium an der Syracus University und in Havard. 1940: Eintritt in die US-Army, die er als ranghoher Offizier 1946 verließ. Danach Schriftsteller: Krimis für »Pulp«-Magazine, Kurzgeschichten für *Esquire*. 1949 Umzug nach Florida – genau wie Travis McGee. Hier entstanden über fünfzig Kriminalromane, knapp die Hälfte davon mit dem Besitzer der »Busted Flush«. John D. MacDonald starb 1986.

Travis-McGee-Bibliographie
Nigthmare in Pink, 1964 (Alptraum in Rosarot. Heyne)
The Quick Red Fox, 1964 (Rote Lady, Schwarz auf Weiß. Heyne)
The Deep Blue Good-bye, 1964 (Tausend blaue Tränen. Heyne)
A Purple Place for Dying, 1964 (Tod in der Sonne. Heyne)
Bright Orange for the Shroud, 1965 (Giftgrün für Vivian. Heyne)
A Deadly Shade of Gold, 1965 (Gold wirft blutige Schatten. Heyne)
Darker Than Amber, 1966 (Dunkler als Bernstein. Heyne)
One Fearful Yellow Eye, 1966 (Die gelben Augen. Heyne)
The Girl in the Plain Brown Wrapper, 1968 (Das Mädchen im braunen Paket. Heyne)
Pale Grey for Guilt, 1968 (Grau auf weißer Weste. Heyne)
Dress Her in Indigo, 1969 (Der Hippie im Indigo-Dress. Heyne)
The Long Lavender Look, 1970 (Die Frau im Silbersarg. Heyne)
A Tan and Sandy Silence, 1971 (Das blutrote Schweigen. Heyne)
The Turquoise Lament, 1973 (Mord in Türkis. Heyne)
The Scarlet Ruse, 1973 (Der Trick ist schmutzig-grau. Heyne)
The Dreadful Lemon Sky, 1974 (Der Tod wirft gelbe Schatten. Heyne)
The Empty Copper Sea, 1978 (Der dunkelschwarze Betrug. Heyne)
The Green Ripper, 1979 (Der grüne Tod. Heyne)
Free Fall in Crimson, 1981 (Mord in Karmesinrot. Heyne)
Cinnamom Skin,1982 (Zimtbraune Haut. Heyne)
The Lonely Silver Rain, 1984 (Gefangen im Silberregen. Heyne)

Ross Macdonald
Geboren 1915 in Los Gatos/Kalifornien als Kenneth Millar. Vater Journalist. Nach der Trennung der Eltern – aufgewachsen in Kanada. Ständig wechselnde Aufenthalte bei Verwandten oder in Internaten: Eine Jugend »in 50 verschiedenen Zimmern«. Erste Kriminalstories schon während der Highschool-Zeit veröffentlicht. Studium in Ontario. Zwischenzeitlich, 1936, Europaaufenthalt (mehrere Monate auch in Nazi-Deutschland). 1938: Studienabschluß (B.A.) und Heirat mit der gleichfalls angehenden (kanadischen) Kriminalautorin Margaret Sturm (1915-1994), die als Margaret Millar eine beträchtliche Karriere machte. Auch deshalb das Pseudonym ihres Gatten, der seine ersten vier Romane noch als Kenneth Millar publiziert hatte. Ross Macdonald, anfangs noch Lehrer, promovierte in Anglistik und schrieb 1943 seinen ersten Roman *The Dark Tunnel* (Thema: NS-Spione an einer US-Universität). Im gleichen (Kriegs-)Jahr: Eintritt in die US-Navy. Nach Kriegsende: Wohnsitz in Santa Barbara/Kalifornien, wo Margaret Millar und Ross Macdonald bis zuletzt lebten und arbeiteten: Sie an ihren abgefeimten Psycho-Studien aus der unheilen Alltagswelt, er vorwiegend am Lew-Archer-Zyklus. Ross Macdonald ist 1983 gestorben.

Lew-Archer-Bibliographie
1. Romane
The Moving Target, 1949 (Reiche sterben auch nicht anders. Rowohlt)
The Drowning Pool, 1950 (Unter Wasser stirbt man nicht! Diogenes)
The Way Some People Die, 1951 (Tote ertrinken nicht. Rowohlt)
The Ivory Grin, 1952 (Ein Grinsen aus Elfenbein. Diogenes)
Find a Victim, 1954 (Anderer Leute Leichen. Rowohlt)
The Barbarous Coast, 1956 (Die Küste der Barbaren. Diogenes)
The Doomsters, 1958 (Sanftes Unheil. Diogenes)
The Galton Case, 1959 (Der Fall Galton. Diogenes)
The Wycherly Woman, 1961 (Die wahre Mrs. Wycherly. Scherz)
The Zebra-striped Hearse, 1962 (Camping im Leichenwagen. Rowohlt)
The Chill, 1963 (Gänsehaut. Diogenes)
The Far Side of the Dollar, 1965 (Die Kehrseite des Dollars. Diogenes)
Black Money, 1966 (Geld zahlt nicht alles. Scherz)

The Instant Enemy, 1968 (Durchgebrannt. Diogenes)

The Goodbye Look, 1969 (Geld kostet zuviel. Diogenes)

The Underground Man, 1971 (Der Untergrundmann. Diogenes)

Sleeping Beauty, 1973 (Dornröschen war ein schönes Kind... . Diogenes)

The Blue Hammer, 1976 (Der blaue Hammer. Diogenes)

2. Erzählbände
The Name is Archer, 1955 (Der Drahtzieher. Diogenes / Einer lügt immer. Diogenes)

Charlotte MacLeod

Geboren 1922 in Kanada, aufgewachsen in Massachusetts/USA. Studium am Art Institute in Boston. Tätigkeit zunächst als Bibliothekarin, dann als Werbetexterin. Schreibt neben ihrer Balaclava-Serie noch eine Krimi-Reihe um die Amateurdetektivin Sarah Kelling (und deren Familie) aus Boston. Und, unter dem Pseudonym Alisa Craig, zwei in Kanada angesiedelte Serien: die eine um den Polizisten (»Mountie«) Madoc Rhys, die andere um die Mitglieder des »Grub and Stake Gardening and Roving Club«.

Prof.-Peter-Shandy-Bibliographie
1. Romane
Rest You Merry, 1978 (»Schlaf in himmlischer Ruh'«. DuMont)

The Luck Runs Out, 1979 (»... freu dich des Lebens«. DuMont)

Wrack and Rune, 1982 (»Über Stock und Runenstein«. DuMont)

Something the Cat Dragged In, 1983 (»Der Kater läßt das Mausen nicht«. DuMont)

The Curse of the Giant Hogweed, 1985

The Corpse in Oozak's Pond, 1986 (»Stille Teiche gründen tief«. DuMont)

Vane Pursuit, 1989 (Wenn der Wetterhahn kräht. DuMont)

An Owl Too Many, 1991 (Eine Eule kommt selten allein... DuMont)

Something in the Water, 1994

2. Erzählungen
Grab Bag, 1987

Counterfeit Christmas, 1991 (Blüten zur Weihnachtszeit. In: Charlotte MacLeod (Hrsg.). Mord unterm Mistelzweig. Knaur)

Léo Malet

Geboren 1909 in Montpellier. Arbeitete dort als Bankangestellter. Ging frühzeitig nach Paris. Lyriker und Chansonnier dort im Kreis der Surrealisten. Zwischen 1936 und 1961 sieben Lyrikbände. Seit Beginn der vierziger Jahre Krimis – unter diversen Pseudonymen (überwiegend als Frank Harding) und auch im eigenen Namen. Nestor Burma trat 1943 zum ersten Mal an die Öffentlichkeit, die »neuen Geheimnisse von Paris« untersuchte er dann seit 1954. Léo Malet starb 1996 in Paris.

Nestor-Burma-Bibliographie
1. Romane
120, Rue de la Gare, 1943 (120, Rue de la Gare. Elster)

Nestor Burma contre C.Q.F.D., 1945 (Nestor Burma in der Klemme. Elster)

L'Homme au Sang bleu, 1945 (Blüten, Koks und blaues Blut. Elster)

Nestor Burma et le Monstre, 1946 (Tödliche Pralinen. Elster)

Le Cinquième Procédé, 1947 (Das 5. Verfahren. Elster)

Coliques de Plomb, 1948

Les Paletots Sans Manches, 1949 (Ein Toter hat kein Konto. Elster)

Le Soleil naît derrière le Louvre, 1954 [1er arr.] (Bilder bluten nicht. Elster)

Des kilomètres de linceuls, 1955 [2e arr.] (Stoff für viele Leichen. Elster)

L'Ours et la Culotte, 1955 [3e arr.] (Marais-Fieber. Elster)

Le sapin pousse dans les caves, 1955 [6e arr.] (Die Nächte von Saint Germain. Elster)

Les rats de Montsouris, 1955 [14e arr.] (Die Ratten im Mäuseberg. Elster)

M'as-tu vu en cadavre?, 1955 [10e arr.] (Wie steht mir der Tod? Elster)

Corrida aux Champs-Elysées, 1956 [8e arr.] (Corrida auf den Champs-Elysées. Elster)

Pas de bavards à la Muette, 1956 [16e arr.] (Das stille Gold der alten Dame. Elster)

Brouillard au Pont de Tolbiac, 1956 [13e arr.] (Die Brücke im Nebel. Elster)

Les eaux troubles de Javel, 1957 [15e arr.] (Ein Clochard mit schlechten Karten. Elster)

Boulevard ... Ossements, 1957 [9e arr.] (Stress um Strapse. Elster)

Casse-pipe à la Nation, 1957 [12e arr.] (Kein Ticket für den Tod. Elster)
Mic-mac moche au Boul›Mich‹, 1957 [5e arr.] (Bambule am Boul ›Mich‹. Elster)
Du Rébecca rue des Rosiers, 1958 [4e arr.] (Spur ins Ghetto. Elster)
L'envahissant cadavre de la plaine Monceau, 1959 [17e arr.] (Wer einmal auf dem Friedhof liegt. Elster)
Nestor Burma en Direct, 1967 (Bei Rotlicht Mord. Elster)
Nestor Burma revient au barcail, 1967 (Wenn Tote schwarze Füße tragen. Elster)
Drôle d'épreuve pour Nestor Burma, 1968 (Im Schatten von Montmartre. Elster)
Un croque-mort nommé Nestor Burma, 1969 (Der parfümierte Todeshauch. Elster)
Nestor Burma dans l'ile, 1971 (Tote reden kurze Sätze. Elster)
Nestor Burma court la poupée, 1971 (Blutbad in Bologne. Elster)

2. Erzählband
Gros Plan du Macchabée, 1949 (Applaus für eine Leiche. Elster)

Carlo Manzoni
Geboren am 28. März 1902 in Gragnano/Garda (lt. *Lexikon der Weltliteratur*), geboren 1909 in Mailand (lt. dtv). So einer muß Humorist werden. Studium der Medizin, dann Architektur. Zeichner und Maler des Futurismus. Seit 1936 Schriftsteller: Satirisch, komisch, grotesk (*Signor Veneranda*). Während der sechziger Jahre kam er mit seinen Kriminal-Farcen um Chico Pipa & Gregorio Scarta international groß heraus. Carlo Manzoni starb 1975.

Chico-Pipa-&-Gregorio-Scarta-Bibliographie
Ti spacco il muso, Bimba, 1959 (Der Finger im Revolverlauf. dtv)
Io, quella la faccio a fette, 1960 (Blut ist kein Nagellack. dtv)
Un colpo in testa, e sei più bella, Angelo, 1961 (Ein Schlag auf den Schädel und du bist eine Schönheit. dtv)
Che pioggia di sberle, Bambola!, 1961 (Jetzt regnet's Ohrfeigen. dtv)
Ti faccio un occhio nero e un occhio blu, 1962 (Kein Whisky unter Wasser. dtv)
Ti svito le tonsille, Piccola!, 1962 (Der Hund trug keine Socken. dtv)
Un calcio di rigor sul tuo bel muso, 1963 (Der tiefgekühlte Mittelstürmer. dtv)
Con un Bacio ti brucio, 1965 (Das MG im Dekolleté. dtv)

Dame Ngaio Marsh
Geboren 1895 in Christchurch/Neuseeland als Edith Ngaio Marsh. War zunächst Schauspielerin und auch Stückeschreiberin. Kam 1928 nach England und schrieb 1934 ihren ersten Krimi – wie in allen folgenden mit Roderick Alleyn in der Hauptrolle. Kurz darauf ging sie zurück nach Neuseeland, lebte aber nach dem Ende des 2. Weltkriegs wieder überwiegend in England, wo sie von Queen Elizabeth II. in den Ritterstand (»Dame«) erhoben wurde. Ngaio Marsh starb 1982.

Roderick-Alleyn-Bibliographie
1. Romane
A Man Lay Dead, 1934 (Das Todesspiel. Goldmann)
Enter a Murderer, 1935 (Ein Schuß im Theater. Goldmann)
The Nursing-home Murder, 1935 (Mord in der Klinik. Goldmann)
Death in Ecstasy, 1936 (Tod in Ekstase. Goldmann)
Vintage Murder, 1937 (Der Champagner-Mord. Goldmann)
Artists in Crime, 1938 (Mord im Atelier. Goldmann)
Death in a White Tie, 1938 (Der Tod im Frack. Goldmann)
Overture to Death, 1939 (Ouvertüre zum Tod. Goldmann)
Death at the Bar, 1940 (Tod im Pub. Goldmann)
Death of a Peer, 1940 (Tod im Lift. Goldmann)
Death and the Dancing Footman, 1941 (Der Tod und der tanzende Diener. Goldmann)
Colour Scheme, 1943 (Bei Gefahr rot. Goldmann)
Died in the Wool, 1945
Final Curtain, 1947 (Letzter Applaus. Goldmann)
A Wreath for Rivera, 1949 (Mylord mordet nicht. Goldmann)
Opening Night, 1951 (Donnerstag Premiere. Scherz)
Spinsters in Jeopardy, 1953 (Die Burg der schwarzen Engel. Scherz)

Scales of Justice, 1955 (Stumme Zeugen. Scherz)
Death of a Fool, 1956 (Der Tod des Narren. Goldmann)
Singing in the Shrouds, 1958 (Der Hyazinthen-Mörder. Goldmann)
False Scent, 1959 (Miß Bellamys großer Tag. Scherz)
Hand in Glove, 1962 (Fällt er in den Graben, fällt er in den Sumpf. Goldmann)
Dead Water, 1963 (Hinter den toten Wassern. Goldmann)
Killer Dolphin, 1966 (Der Handschuh. Goldmann)
Clutch of Constables, 1968 (Der Tod auf dem Fluß. Goldmann)
When in Rome, 1970 (Sterben inbegriffen. Scherz)
Tied up in Tinsel, 1972 (Der Tod eines Schneemanns. Scherz)
Black as He's Painted, 1974 (Schwarz wie die Nacht. Scherz)
Last Ditch, 1977 (Feines Ohr für falsche Töne. Scherz)
Grave Mistake, 1978 (Zwischen Sarg und Grube. Scherz)
Photo-Finish, 1980 (Applaus bis zum bitteren Ende. Scherz)
Light Thickens, 1982 (Mord vor vollem Haus. Goldmann)

2. Erzählband
The Collected Short Story Fiction of Ngaio Marsh, 1989

Lia Matera
Geboren 1952 in Vancouver/Kanada. Hat Jura studiert, eine Zeitschrift für Verfassungsrecht herausgegeben und an der Stanford University Rechtswissenschaften gelehrt. Lebt zur Zeit mit ihrem Sohn als freie Krimi-Autorin in Santa Cruz/Kalifornien.

Willa-Jansson-Bibliographie
Where Lawyers Fear to Tread, 1987 (Studentenfutter. Rotbuch)
A Radical Departure, 1988 (Facelifting. Haffmans/Heyne)
Prior Convictions, 1991 (Altlasten. Haffmans/Heyne)

Laura-di-Palma-Bibliographie
The Smart Money, 1988 (Am Rande des Gesetzes. Heyne)
The Good Fight, 1990 (Der aufrechte Gang. Heyne)

Hard Bargain, 1992 (Harte Bandagen. Haffmans/Heyne)

Ed McBain
Geboren 1926 in New York als Salvatore A. Lombino. Sohn italienischer Einwanderer. Aufgewachsen in New York. Während der letzten Kriegsjahre bei der US-Navy. Anschließend Studium am Hunter-College in New York und Lehrer an einer Berufsschule: Seinen ersten Erfolgsroman, *The Blackboard Jungle* (1954), angesiedelt im Schulmilieu, schrieb er unter dem Pseudonym Evan Hunter (heute sein offizieller Name). Als Evan Hunter brachte er noch eine ganze Reihe Bestseller zuwege, darunter *Second Ending* (1957), *Strangers When We Meet* (1958) und *A Matter of Conviction* (1960): Alle drei schon dadurch geadelt, daß sie von Arno Schmidt ins Deutsche übersetzt wurden. Unter Pseudonymen wie Richard Marsten, Hunt Collins, Curt Cannon hat Evan Hunter dann Krimis veröffentlicht. Doch den goldenen Griff tat er 1956 als Ed McBain – in seiner Dauerserie um das »87. Revier«.

Steve-Carella-&-Co-Bibliographie
1. Romane
Cop Hater, 1956 (Polizisten leben gefährlich. Ullstein)
The Mugger, 1956 (Clifford dankt Ihnen. Ullstein)
The Pusher, 1956 (Weißer Schnee für Fixer. Ullstein)
The Con Man, 1957 (Späte Mädchen sterben früher. Ullstein)
Vanishin Ladies, 1957 (Versteckspiel mit Damen. Ullstein)
Killer's Choice, 1957 (Die zehn Gesichter der Annie Boone. Ullstein)
Killer's Pay-Off, 1958 (Killer's Lohn. Ullstein)
Killer's Wedge, 1958 (Die lästige Witwe. Ullstein)
Lady Killer, 1958 (Nackt ist die beste Maske. Ullstein)
'Til Death, 1959 (Bis daß der Tod euch scheidet. Ullstein)
King's Ransom, 1959 (Kings Lösegeld. Ullstein)
Give the Boys a Great Big Hand, 1960 (Eine grosse Hand zum Gruß. Ullstein)
The Heckler, 1960 (April, April. Ullstein)
See Them Die, 1960 (Heißer Sonntagmorgen. Ullstein)

Lady, Lady, I Did It, 1961 (Ich war's, ich war's. Ullstein)

Like Love, 1962 (Selbstmord kommt vor dem Fall. Ullstein)

Ten Plus One, 1963 (Neun im Fadenkreuz. Ullstein)

Ax, 1964 (Die Axt. Ullstein)

He Who Hesitates, 1965 (Das Unschuldslamm. Ullstein)

Doll, 1965 (Puppe. Ullstein)

Eighty Million Eyes, 1966 (Vor 80 Millionen Augen. Ullstein)

Fuzz, 1968 (Die Greifer. Ullstein)

Shotgun, 1969 (Schrot und Horn. Ullstein)

Jigsaw, 1970 (Schnapp-Schuß. Ullstein)

Hail, Hail, the Gang's All Here!, 1971 (Nackt aus dem Fenster. Ullstein)

Sadie When She Died, 1972 (Sadie im letzten Moment. Ullstein)

Let's Hear It for the Deaf Man, 1972 (Totes Ohr am Telefon. Ullstein)

Hail to the Chief, 1973 (Fahr langsam übers Massengrab. Ullstein)

Bread, 1974 (Alles für Geld. Ullstein)

Blood Relatives, 1975 (Die Blutschwestern. Ullstein)

So Long As You Both Shall Live, 1976 (So lang ihr zwei noch lebt. Ullstein)

Long Time No See, 1977 (Lange nicht gesehen. Ullstein)

Calypso, 1979 (Schüsse im Regen. Ullstein)

Ghosts, 1980 (Mordgespenster. Ullstein)

Heat, 1981 (Hitze. Knaur)

Ice, 1983 (Kalt bis ans Herz. Knaur)

Lightning, 1984 (Der Blitz schlägt zweimal zu. Knaur)

Eight Black Horses, 1985 (Acht schwarze Pferde. Ullstein)

Poison, 1987 (Reines Gift. Ullstein)

Tricks, 1987 (Ausgetrickst. Ullstein)

Lullaby, 1988 (Stirb, Kindchen, stirb. Ullstein)

Vespers, 1990 (Priester, Tod und Teufel. Ullstein)

Widows, 1991 (Schwarze Witwen. Ullstein)

Kiss, 1992 (Todeskuß. Ullstein)

Mischief, 1994 (Graffiti. Bastei)

Romance, 1995 (Romanze. Bastei)

2. Erzählungen

The Empty Hours, 1962 [*3 Stories:* 1. *The Empty Hours.* 2. *Storm.* 3. *J*] (1. Zwischen Tag und Tod.

2. Keine Schonzeit für Skihasen. 3. Der Feiertagsmörder. *Ullstein Kriminalmagazin,* Nr. 3 u. 25)

Gregory Mcdonald

Geboren am 15. Februar 1937 in Shrewsbury/Massachusetts. Studium in Havard. 1964 sein erster Roman *Running Scared* (Thema: Selbstmord). Nach Abschluß des Studiums Journalist beim *Boston Globe.* 1974 sein erster Fletch-Roman, der genau wie der folgende den »Edgar-Allan-Poe-Preis« gewinnt. Danach: Ausstieg aus dem journalistischen Brotberuf, volle Konzentration aufs Romaneschreiben für Leser, die schon »mit 18 Jahren 21.000 Stunden vor dem Fernseher gesessen« haben. Gregory Mcdonald lebt in Lincoln/Massachusetts.

Fletch-Bibliographie

Fletch, 1974 (Fletch. Ullstein)

Confess, Fletch, 1976 (Gestehen Sie, Fletch! Ullstein)

Fletch's Fortune, 1978 (Vermögen bringt Ärger. Ullstein)

Fletch and the Widow Bradley, 1981 (Fletch und die Witwe. Ullstein)

Fletch's Moxie, 1983 (Fletch und Moxie. Ullstein)

Fletch and the Man Who, 1983 (Fletch und der Präsidentschaftskandidat. Ullstein)

Carioca Fletch, 1984 (Fletch in Brasilien. Ullstein)

Fletch Won, 1985 (Fletch siegt. Ullstein)

Fletch Too, 1986 (Safari für Fletch. Ullstein)

Son of Fletch, 1994

Fletch Reflected, 1995

James Melville

Geboren 1933 als Peter Martin. Studium der Philosophie, anschließend diplomatischer Dienst. Zehn Jahre als britischer Kulturattaché in Japan. Unter dem Pseudonym Hampton Charles hat James Melville auch mehrere Bände der englischen Thriller-Serie um die regenschirmbewehrte Heroine Miss Seeton verfaßt. James Melville lebt in Norwich/England.

Superintendent-Otani-Bibliographie

1. Romane

The Wages of Zen, 1979 (Lohn des Zen. Ullstein)

The Chrysanthemum Chain, 1980 (Die Chrysanthemen-Kette. Ullstein)

A Sort of Samurai, 1981 (Ein alter Samurai. Ullstein)

The Ninth Netsuke, 1982 (Der neunte Netsuko. Ullstein)

Sayonara, Sweet Amaryllis, 1983 (Sayonara für eine Sängerin. Ullstein)

Death of a Daimyo, 1984 (Tod eines Daimyo. Ullstein)

The Death Ceremony, 1985 (Die Todeszeremonie. Ullstein)

Go Gently, Gaijin, 1986 (Vorsicht, Fremder. Ullstein)

The Imperial Way, 1986 (Chrysantheme und Schwert. Ullstein)

Kimono for a Corpse, 1987 (Kimono für eine Leiche. Ullstein)

The Reluctant Ronin, 1988 (Ein Ronin spielt nicht mit. Ullstein)

A Haiku for Hanae, 1989 (Ein Haiku für Hanae. Ullstein)

The Bogus Buddha, 1990 (Der falsche Buddha. Ullstein)

The Body Wore Brocade, 1992 (Der getarnte Phönix. Ullstein)

2. Erzählungen
Santa-san Solves It, 1988
Otani Has a Haircut, 1990

Marcia Muller

Geboren 1944 in Detroit. Dort auch aufgewachsen. Journalistik-Studium an der Universität von Michigan, 1971 mit dem M.A.-Degree abgeschlossen. Danach als freiberufliche Journalistin nach San Francisco. 1977 erschien ihr erster Roman mit Sharon McCone, an deren kriminalistischen, sozialen und erotischen Erfahrungszuwächsen Marcia Muller weiterhin kraftvoll (und mit selbstironischer Betroffenheit) arbeitet. Das Kompliment ihrer Kollegin Sue Grafton, sie sei die »Founding Mother« der modernen literarischen Privatdetektivin, gibt Marcia Muller zwar ein bißchen weiter an P. D. James und deren Cordelia Gray, aber es geht schon in Ordnung, schließlich hat Cordelia ihren »unsuitable job for a woman« nur zwei Romane lang ausüben dürfen, während sich Sharon allmählich schon zwanzig Jahre (und entsprechend viele Erfahrungsberichte) lang entwickeln kann. Ein Kuriosum: Ihren sechsten Fall löste Sharon McCone gemeinsam mit Bill Pronzinis »namenlosem« Detektiv, und das *Double* war denn auch ein Co-Op-Krimi von Marcia Muller und Bill

Pronzini, die außerdem zehn Story-Anthologien zusammen edierten und 1992 ganz heirateten.

Außer Sharon McCone unterhält Marcia Muller noch zwei weitere Detektivinnen: die mexikanisch-amerikanische Kunstexpertin Elena Liverez und Joanna Stark, die eigentlich als Sicherheitsbeauftragte in einem Museum arbeitet.

Sharon-McCone-Bibliographie
1. Romane
Edwin of the Iron Shoes, 1977 (Das Geheimnis von Edwin Eisenschuh. Scherz)

Ask the Cards a Question, 1982 (Frag die Karten. Goldmann)

The Cheshire Cat's Eye, 1983 (Tödliches Farbenspiel. Scherz)

Games to Keep the Dark Away, 1984 (Das Geheimnis des toten Fischers. Goldmann)

Leave a Message for Willie, 1984

Double, 1984 [gemeinsam mit Bill Pronzini]

There's Nothing to Be Afraid of, 1985 (Nette Nachbarn. Goldmann)

Eye of the Storm, 1988 (Im Auge des Orkans. Scherz)

The Shape of Dread, 1989 (Mord ohne Leiche. Fischer)

There's Something in a Sunday, 1989 (Dieser Sonntag hat's in sich. Fischer)

Trophies and Dead Things, 1990 (Tote Pracht. Fischer)

Where Echoes Live, 1991 (Niemandsland. Fischer)

Pennies On a Dead Woman's Eyes, 1992 (Letzte Instanz. Fischer)

Wolf in the Shadows, 1993 (Wölfe und Kojoten. Fischer)

Till the Butchers Cut Him Down, 1994 (Feinde kann man sich nicht aussuchen. Fischer)

A Wild and Lonely Place, 1995 (Ein wilder und einsamer Ort. Fischer)

The Broken Promise Land, 1996

2. Erzählungen
Deceptions, 1987 (Irrtümer. In: *.38 Special,* Bd. 7. Ullstein)

The McCone Files, 1995 [Sammlung]

Magdalen Nabb

Geboren 1947 in Church/Lancashire. Seit 1975 lebt und arbeitet sie als Journalistin in Florenz. Gemeinsam mit Paolo Vagheggi schrieb sie, außerhalb ihrer Guarnaccia-Serie, den Thriller *The Prosecutor* (1986).

Maresciallo-Guarnaccia-Bibliographie
Death of an Englishman, 1981 (Tod eines Engländers. Diogenes)
Death of a Dutchman, 1982 (Tod eines Holländers. Diogenes)
Death in Springtime, 1983 (Tod im Frühling. Diogenes)
Death in Autumn, 1985 (Tod im Herbst. Diogenes)
The Marshal and the Murderer, 1987 (Tod in Florenz. Diogenes)
The Marshal and the Madwoman, 1988 (Tod einer Verrückten. Diogenes)
The Marshal's Own Case, 1990 (Tod einer Queen. Diogenes)
The Marshal Makes His Report, 1991 (Tod im Palazzo. Diogenes)
The Marshal at the Villa Torrini, 1993
The Monster of Florence, 1996 (Das Ungeheuer von Florenz. Diogenes)

Thomas O'Kiep

Geboren 1946 in Balleyjosullivan/Connemara, Rep. of Ireland. Studierte Literatur, Philosophie und Irische Politik am Trinity College in Dublin. Anschließend publizistische Tätigkeiten: Glossen für die *Irish Times*, Theaterkritiken für den *Dublin General*. 1972 sein erster Krimi, *The ›Swan‹-Avengers*, in dem Stephen Blakesley einstweilen nur eine Nebenrolle als phantasierender Germanistik-Student spielt, der dem mörderischen Komplott mehr zufällig auf die Spur kommt. In den acht folgenden Romanen und elf Stories radelt sich der rothaarige Detektiv dann aber stets ins Zentrum der Ereignisse. Thomas O'Kiep wohnt in Howth bei Dublin und hat (für das Druid-Theatre in Galway) die Komödien Shakespeares und mehrere Dramen A.A. Milnes ins Gälische übertragen.

Stephen-Blakesley-Bibliographie
1. Romane
The ›Swan‹-Avengers, 1972 (Hotel der Rächer. Trellis)
Last Stop Glasnevin, 1974 (Letzter Halt Zentralfriedhof. Trellis)
Policeman's Bicycle, 1976 (Die Polizei steht auf dem Schlauch. Trellis)

To Hell or Tullamore, 1978 (Die Hölle heißt Irland. Trellis)
The Short-sighted Publican, 1980 (Der Wirt, der von nichts wußte. Trellis)
The Deal in the Dáil, 1983 (»Ich rufe Sie zur Ordnung...«. Trellis)
The Hard Knife, 1986 (Bis daß der Tod euch schneidet. Trellis)
Unchristian Brothers, 1989 (Ein Abt auf Abwegen. Trellis)
Blakesley's Archives, 1992 (Die Leichenkartei. Trellis)

2. Erzählband
Fool's Day, 1996 (April, April. Edition die horen)

Sara Paretsky

Geboren 1947 in Kansas. Von 1977 bis 1985 war sie Marketing-Managerin bei einer Versicherungsgesellschaft in Chicago. Dort, in Chicago, ist auch weiterhin ihr Wohnsitz.

V.-I.-Warshawski-Bibliographie
1. Romane
Indemnity Only, 1982 (Schadenersatz. Piper)
Deadlock, 1984 (Deadlock. Piper)
Killing Orders, 1985 (Fromme Wünsche. Piper)
Bitter Medicine, 1987 (Tödliche Therapie. Piper)
Blood Shot, 1988 (Blood Shot. Piper)
Burn Marks, 1990 (Brandstifter. Piper)
Guardian Angel, 1992 (Einer für alle. Piper)
Tunnel Vision, 1994 (Engel im Schacht. Piper)

2. Erzählungen
The Takamoku Joseki, 1983
Three-Dot Po, 1984 (...Po. In: Marie Smith (Hrsg.). Die Lady ist ein Detektiv. Fischer)
At the Old Swimming-hole, 1986
Skin Deep, 1986
The Case of the Pietro Andromache, 1988
The Maltese Cat, 1990
Settled Score, 1991
Windy City Blues, 1996 [Neun Erzählungen] (Windy City Blues. Piper)

Robert B. Parker

Geboren am 17. September 1932 in Springfield/Massachusetts. Literaturstudium. Promotion mit einer Arbeit über die Kriminalromane von Hammett, Chandler und Ross Macdonald, was ihn schließlich auch dazu inspirierte, Chandlers *Poodle Springs*-Story zu vollenden (Einsame

Klasse) und eine Fortsetzung von Chandlers Roman *The Big Sleep* zu schreiben. Nach Abschluß des Studiums: Tätigkeiten als Werbetexter, Redakteur, Privatdozent. 1977: Professor für englische und amerikanische Literatur an der Universität Boston. Vier Jahre zuvor hatte Spenser am gleichen Ort seine Ermittlungen aufgenommen. Robert B. Parker lebt, seit er 1979 von seinem Hochschulamt zurücktrat, als freier Schriftsteller in Cambridge/Massachusetts, einem Vorort von Boston.

Spenser-Bibliographie

The Godwulf Manuscript, 1973 (Spenser und das gestohlene Manuskript. Ullstein)
God Save the Child, 1974 (Kevins Weg ins andere Leben. Ullstein)
Mortal Stakes, 1975 (Endspiel gegen den Tod. Ullstein)
Promised Land, 1976 (Leichte Beute für Profis. Ullstein)
The Judas Goat, 1978 (Kopfpreis für neun Mörder. Ullstein)
Looking for Rachel Wallace, 1980 (Bodyguard für eine Bombe. Ullstein)
Early Autumn, 1981 (Finale im Herbst. Ullstein)
A Savage Place, 1981 (Licht auf Dunkelmänner. Ullstein)
Ceremony, 1982 (Einen Dollar für die Unschuld. Ullstein)
The Widening Gyre, 1983 (Spenser und der Kandidat. Ullstein)
Valediction, 1984 (Spensers Abschied. Ullstein)
A Catskill Eagle, 1985 (Spenser auf der Flucht. Ullstein)
Taming a Sea-Horse, 1986 (Wer zähmt April Kyle? Ullstein)
Pale Kings and Princes, 1987 (Bleiche Schatten im Schnee. Ullstein)
Crimson Joy, 1988 (Tödliches Rot. Ullstein)
Playmates, 1989 (Spießgesellen. Ullstein)
Pastime, 1991 (Keine Schonzeit für Spenser. Goldmann)
Double Deuce, 1992
Paper Doll, 1993 (Schmusepuppe. Goldmann)
Walking Shadow, 1994 (Die unsichtbaren Killer. Rowohlt)
Thin Air, 1995 (Brutale Wahrheit. Rowohlt)
All Our Yesterdays, 1995
Chance, 1996 (Letzte Chance in Las Vegas. Rowohlt)

Iain Pears

Geboren 1955 in England. Kunststudium. Journalistische Tätigkeit für Reuters Presseagentur. Mitarbeiter diverser Kunstzeitschriften. Verfasser mehrerer kunsthistorischer Fachbücher. Begann sein Wissen über die Praktiken auf dem internationalen, vorwiegend italienischen, Kunstmarkt seit 1990 nutzbringend in Gestalt von Kunstraubkrimis zu verwerten. Nach längeren Aufenthalten in Rom, Paris und den USA lebt Iain Pears heute in Oxford.

Taddeo-Bottando-Bibliographie

The Raffael-Affair, 1990 (Der Raffael-Coup. Piper)
The Titian Committee, 1991 (Das Tizian-Komitee. Piper)
The Bernini-Bust, 1992 (Die Bernini-Büste. Piper)
The Last Judgement, 1993 (Der Tod des Sokrates. Piper)

Anne Perry

Geboren 1938 in London als Juliet Hulme. 1948 mit ihren Eltern nach Neuseeland gezogen. 1953 Ausbruch einer Tuberkulose-Erkrankung, mehrere Monate im Krankenhaus isoliert. Kurz darauf: Scheidung der Eltern; Plan, daß Juliet zu einer Tante nach Südafrika ziehen soll. Sie möchte in Begleitung ihrer Freundin gehen, deren Mutter lehnt dies ab. 1954: Juliet Hulme und ihre Freundin Pauline Parker erschlagen Paulines Mutter im Park von Christchurch. Juliet Hulme verbüßt eine fünfjährige Gefängnisstrafe. 1959 geht sie nach Kalifornien und dann zurück nach England. In den siebziger Jahren: Erfolge mit ihren viktorianischen Kriminalromanen. Im Anschluß an die Thomas-Pitt-Serie: Beginn einer neuen, gleichfalls viktorianischen Reihe um den Ex-Inspector William Monk und dessen Partnerin Hester Latterly.

Inspector-Thomas-Pitt-Bibliographie

The Cater Street Hangman, 1979 (Der Würger von der Cater Street. DuMont)
Callander Square, 1980 (Callander Square. DuMont)
Paragon Walk, 1981 (Paragon Walk. DuMont)
Resurrection Row, 1981 (Die roten Stiefeletten. Heyne)
Rutland Place, 1983 (Rutland Place. DuMont)
Bluegate Fields, 1984 (Ein Mann aus bestem Haus. Heyne)

Death in the Devil's Acre, 1985 (Tod in Devil's Acre. DuMont)

Cardington Crescent, 1987 (Frühstück nach Mitternacht. Heyne)

Silence in Hanover Close, 1988 (Die Frau in Kirschrot. Heyne)

Bethlehem Road, 1990 (Die dunkelgraue Pelerine. Heyne)

Highgate Rise, 1991 (Schwarze Spitzen. Heyne)

Belgrave Square, 1991 (Belgrave Square. Heyne)

Farriers' Lane, 1993 (Der weiße Seidenschal. Heyne)

The Hyde Park Headsman, 1994 (Mord im Hyde Park. Heyne)

Traitor's Gate, 1995 (Der blaue Paletot. Heyne)

Pentecost Alley, 1996 (Das Mädchen aus der Pentecost Alley. Heyne)

Aphworth Hall, 1997

Ellis Peters

Geboren 1913 in Horsehay/Shropshire als Edith Pargeter. Sie machte eine Ausbildung zur Chemie-Assistentin, begann aber schon 1938 mit dem Schreiben von Krimis. Zunächst benutzte sie dazu zwei maskuline Pseudonyme: Jolyon Carr und John Redfern. Zwei Stories erschienen dann, Anfang der fünfziger Jahre, unter ihrem wirklichen Namen; danach legte sie sich das Pseudonym Ellis Peters zu, unter dem sie in den fünfziger und sechziger Jahren die Serie um den Polizisten George Felse und dessen Sohn Dominic verfaßte. 1977 hatte sie dann die goldene Idee – Bruder Cadfael erschien. Ellis Peters starb am 14. Oktober 1995 in Shropshire.

Bruder-Cadfael-Bibliographie
1. Romane
A Morbid Taste of Bones, 1977 (Im Namen der Heiligen. Heyne)

One Corpse Too Many, 1979 (Ein Leichnam zuviel. Heyne)

Monk's Hood, 1980 (Das Mönchskraut. Heyne)

Saint Peter's Fair, 1981 (Der Aufstand auf dem Jahrmarkt. Heyne)

The Leper of Saint Giles, 1981 (Der Hochzeitsmord. Heyne)

The Virgin in the Ice, 1982 (Die Jungfrau im Eis. Heyne)

The Sanctuary Sparrow, 1983 (Zuflucht im Kloster. Heyne)

The Devil's Novice, 1983 (Des Teufels Novize. Heyne)

Dead Man's Ransom, 1984 (Lösegeld für einen Toten. Heyne)

The Pilgrim of Hate, 1984 (Pilger des Hasses. Heyne)

An Excellent Mystery, 1985 (Ein ganz besonderer Fall. Heyne)

The Raven in the Foregate, 1986 (Mörderische Weihnacht. Heyne)

The Rose Rent, 1986 (Der Rosenmord. Heyne)

The Hermit of Eyton Forest, 1987 (Der geheimnisvolle Eremit. Heyne)

The Confession of Brother Haluin, 1988 (Bruder Cadfael und das fremde Mädchen. Heyne)

The Heretic's Apprentice, 1989 (Bruder Cadfael und der Ketzerlehrling. Heyne)

The Potter's Field, 1989 (Bruder Cadfael und das Geheimnis der schönen Toten. Heyne)

The Summer of the Danes, 1991 (Bruder Cadfael und die schwarze Keltin. Heyne)

The Holy Thief, 1992

Brother Cadfael's Penance, 1994

2. Erzählband
A Rare Benedectine, 1988 (Das Licht auf der Strasse nach Woodstock. [drei Erzählungen] Heyne)

3. Cadfaelführer
Robin Whiteman: *The Cadfael Companion,* 1991 [Einleitung von Ellis Peters] (Die Welt des Bruder Cadfael. Heyne)

Edgar Allan Poe

Geboren 1809 in Boston/Massachusetts. Eltern Schauspieler. Die Mutter starb 1811. Der Junge wurde im Hause des Kaufmanns John Allan in Richmond/Virginia erzogen. 1815 in Begleitung Allans nach England. Fünf Jahre lang Schulbesuch in England und Schottland. 1820 Rückkehr nach Richmond. Studium an der University of Virginia. Trinkerei und Spielschulden. Offenbarung, daß Edgar kein Erbe John Allans. Zerwürfnis. 1827: Poe geht nach Boston. Versuche als Journalist gescheitert. Eintritt in die US-Army. 1830: Militärakademie West Point/New York. Scheitern. 1831: Nach Baltimore/Maryland zu seiner Tante. Freier Schriftsteller: Lyrik, kurze Prosa. 1835: Redakteur beim *Southern Literary Messenger* in Richmond.

Heirat mit seiner Cousine Virginia Clemm. 1837: Plan einer Literaturzeitschrift in New York. Dort erscheint sein erstes Prosa-Buch: *The Narratives of Arthur Gordon Pym*. Leben in Armut. Umzug nach Philadelphia/Pennsylvania. 1839: *Tales of Grotesque and Arabesque* (Honorar: 20 Freiexemplare). Mitarbeit an *Burton's Gentleman's Magazine* (späterer Name: *Graham's Magazine*). Dort auch Redakteur. Dort auch: *The Murders in the Rue Morgue*, 1841 – die erste Geschichte mit C. Auguste Dupin. 1847: Virginias Tod (Tuberkulose). Poe's finanzieller und gesundheitlicher Zustand: desolat (Alkoholismus). Edgar Allan Poe starb am 7. Oktober 1849 in Baltimore.

C.-Auguste-Dupin-Bibliographie
The Murders in the Rue Morgue, 1841 (Die Morde in der Rue Morgue. Walter)
The Mystery of Marie Rogêt, 1842 (Das Geheimnis um Marie Rogêt. Walter)
The Purloined Letter, 1845 (Der stibitzte Brief. Walter)

Joyce Porter
Geboren 1924 in Marple/Cheshire. Studium an der London University. 1944 ging sie zur Royal Air Force – als erster weiblicher Offizier. Zwei Jahre lang war sie nach dem Krieg in Deutschland und Österreich stationiert. 1963 quittierte sie den Militärdienst und begann mit dem Schreiben von schrägen Kriminal- bzw. Agentenromanen mit jeweils beträchtlich unfähigen Serienhelden. Neben Wilf Dover sind das Eddie Brown, der unqualifizierte, außerdem feige Spion, und The Honorable Constance Morrison-Burke (»Hon Con«), eine gewaltige, gewaltig unverehelichte Dame der ersten Gesellschaft. Joyce Porter starb 1990.

Chief-Inspector-Dover-Bibliographie
1. Romane
Dover One, 1964 (Der Fall mit der kühlen Rothaarigen. Rowohlt)
Dover Two, 1965
Dover Three, 1965 (Hochachtungsvoll, Ihr Mörder. Rowohlt)
Dover and the Unkindest Cut of All, 1967 (Skalpell und Spitzendeckchen. Rowohlt)
Dover Goes to Pott, 1968 (Scotland Yard besticht man nicht. Rowohlt)

Dover Strikes Again, 1970 (Dover schlägt zu. Rowohlt)
It's Murder with Dover, 1973 (Wieder mal ein Mord für Dover. Rowohlt)
Dover and the Claret Tappers, 1976 (Kein Lösegeld für Dover. Rowohlt)
Dead Easy for Dover, 1978 (Ein Findelkind für Dover. Rowohlt)
Dover Beats the Band, 1980 (Ein Trostpreis·für Dover. Rowohlt)

2. Erzählungen
Dover Pulls a Rabbit, 1969
Dover Tangles with High Finance, 1970
Dover and the Dark Lady, 1972
Dover Does Some Spadework, 1976
Dover Goes to School, 1978
Dover Without Perks, 1978 (Chief Inspector Dover außer Atem. In: *Ellery Queen's Kriminal Magazin*, Nr. 86. Heyne)
Dover and the Smallest Room, 1979 (Der Detektivinspektor und das Örtchen. In: *Ellery Queen's Kriminal Magazin*, Nr. 71. Heyne)
Sweating It Out with Dover, 1980 (Dover schwitzt die Sache aus. In: *Ellery Queen's Kriminal Magazin*, Nr. 75. Heyne)
Dover Weighs the Evidence, 1982
Dover Sees the Trees, 1982
A Souvenir for Dover, 1985

Melville D(avisson) Post
Geboren 1871 in Romines Mills/West Virginia. Jurastudium an der University of West Virginia. Anwalt, dann Kriminalschriftsteller. Außer seinem Uncle Abner brachte Post in den zwanziger Jahren noch eine Reihe weiterer Zentralfiguren heraus. Am bekanntesten: Randolph Mason, der gerissene, im Interesse seiner Klienten vor keiner Gesetzeslücke zurückschreckende Rechtsanwalt. Ist es ein Zufall, daß drei Jahre nach dem Tod des »Randolph Mason«-Autors ein Anwalt mit ähnlichen Grundwerten aufkreuzte, der – Perry Mason hieß? Merkwürdig. Zumal ja auch Uncle Abner in Gestalt von Faulkners Uncle Gavin einen hohen Nachfolger fand. Melville D. Post, der Prophet, starb 1930.

Onkel-Abner-Bibliographie
The Doomdorf Mystery, 1914 [Erzählung] (Der Fall Doomdorf. In: Mike Ashley (Hrsg.). Von Rittern, Hexen und anderem Gelichter. Bastei)

Uncle Abner, Master of Mysteries, 1918 [Erzähl-band] (Onkel Abner, der Meisterdetektiv. Heyne)
The Methods of Uncle Abner, 1973 [Sammlung vormals nur separat publizierter Erzählungen]

Ellery Queen

»Ellery Queen« ist, wie im Portrait-Text erwähnt, das Pseudonym des Autorenpaars Manfred Lee (1905-1971) und Frederic Dannay (1905-1982). Manfred Lee hieß mit wirklichem Namen Manford Lepowski, er stammte aus New York und hat auch in New York studiert. Sein Cousin Frederic Dannay hieß eigentlich Daniel Nathan. Er kam aus Brooklyn und war in der Werbebranche tätig, bevor er anfing, Krimis zu schreiben. In den Jahren 1932 und 1933 schrieben Dannay und Lee darüber hinaus vier Romane unter dem gemeinsamen Pseudonym Barnaby Ross: Der Detektiv in diesen Bänden ist ein klassischer Bühnenschauspieler namens Drury Lane, ein Exzentriker mit beträchtlicher Verwandlungs-kunst auch außerhalb des Theaters, der seinen Mimenberuf wegen zunehmender Taubheit aufgeben mußte. In den sechziger Jahren, als Dannay/Lee das Krimi-Schreiben weitgehend delegiert hatten, benutzten andere Autoren ihrer »Firma« auch dies Barnaby-Ross-Pseudonym. Ähnlich wie im Falle »Ellery Queen«. Die Sache scheint insgesamt so zu stehen: Die meisten zwischen 1929 und 1958 erschienenen »Ellery Queen«-Texte stammen von Dannay und Lee. In der Regel tritt Ellery Queen darin auch als Detektiv auf, üblicherweise zusammen mit seinem Vater, Insp. Richard Queen. Ellery Queen ist auch die Zentralfigur in fünf Romanen und drei Geschichten, die zwischen 1940 und 1942 von anderen Autoren geschrieben wurden, doch unter dem Verfassernamen »Ellery Queen« erschienen. Von 1963 bis 1971 erschien eine zweite »Ellery Queen«-Staffel, die Dannay ohne Lee, aber zusammen mit anderen Partnern schrieb. Und von 1962 an gab es eine dritte, von Lee verantwortete »Ellery Queen«-Serie, an der er jedoch selber nicht mitschrieb: Diese 28 Bände wurden ausschließlich von Fremdarbeitern gebaut. Im übrigen: Daß die allerersten neun »Ellery Queen«-Krimis einem – bereits an den Titeln ablesbaren – System gehorchen, ist den deutschen Übersetzern bzw. deren Verlegern weiträumig entgangen. Sie bekommen keinen Länderpunkt.

Ellery-Queen-Bibliographie
1. Romane (authentischer Kanon)
The Roman Hat Mystery, 1929 (Der mysteriöse Zylinder. DuMont)
The French Powder Mystery, 1930 (Das Geheimnis des Lippenstifts. Scherz)
The Dutch Shoe Mystery, 1931 (Mörder im Hospital. Signum)
The Greek Coffin Mystery, 1932 (Der Sarg des Griechen. DuMont)
The Egyptian Cross Mystery, 1932 (Das ägyptische Kreuz. Ullstein)
The American Gun Mystery, 1933 (Der verschwundene Revolver. Signum)
The Siamese Twin Mystery, 1933 (Das Rätsel der Siamesischen Zwillinge. Ullstein)
The Chinese Orange Mystery, 1934 (Das Rätsel der chinesischen Mandarinen. Ullstein)
The Spanish Cape Mystery, 1935 (Frauen um John Marco. Ullstein)
Halfway House, 1936 (Auf halbem Weg. Heyne)
The Door Between, 1937 (Die trennende Tür. Scherz)
The Devil to Pay, 1938 (Des Teufels Rechnung. Scherz)
The Four of Hearts, 1938 (Das goldene Hufeisen. Ullstein)
The Dragon's Teeth, 1939 (Die Drachenzähne. Scherz)
Calamity Town, 1942 (Schatten über Wrightsville. Scherz)
There Was an Old Woman, 1943 (Das Mordduell. Scherz)
The Murderer Is a Fox, 1945 (Der Mörder ist ein Fuchs. Scherz)
Ten Day's Wonder, 1948 (Der zehnte Tag. Scherz)
Cat of Many Tails, 1949 (Die indische Seidenschnur. Ullstein)
Double, Double, 1950 (Der Kreis schließt sich. Ullstein)
The Origin of Evil, 1951 (Vom Teufel gehetzt. Scherz)
The King Is Dead, 1952 (Detektive entführt. Scherz)
The Scarlet Letters, 1953 (Zwei blutige Buchstaben. Scherz)
The Glass Village, 1954 [ohne E. Q. als Detektiv] (Das rächende Dorf. Ullstein)
Inspector Queen's Own Case, 1956 [nur R. Q. als Detektiv] (Inspektor Queen greift ein. Scherz)

248

The Finishing Stroke, 1958 (Der dreizehnte Gast. Scherz)

2. Romane
(späterer Kanon: Frederic Dannay & Partner)
The Player on the Other Side, 1963 [mit Theodore Sturgeon] (Der Gegenspieler. Heyne)
And on the Eighth Day, 1964 [mit Avram Davidson] (Mord im Paradies. Ullstein)
The Fourth Side of the Triangle, 1965 [mit Avram Davidson] (Des Dreiecks vierte Seite. Ullstein)
A Study in Terror, 1966 [mit ?] (Sherlock Holmes und Jack the Ripper. Eine Studie des Schreckens. DuMont)
Face to Face, 1967 [mit ?] (Nur eine Frage der Lesart. Ullstein)
The House of Brass, 1968 [mit Avram Davidson] (Bonze in Bronze. Ullstein)
Cop Out, 1969 [mit ?/ohne E.Q. als Detektiv] (Bulle raus. Ullstein)
The Last Woman in His Life, 1970 [mit ?] (Die letzte Frau seines Lebens. Ullstein)
A Fine and Private Place, 1971 [mit ?] (Mord im neunten Monat. Ullstein)

3. Erzählbände
The Adventures of Ellery Queen, 1934
The New Adventures of Ellery Queen, 1940
The Case Book of Ellery Queen, 1945
Calendar of Crime, 1952 (Die verräterische Flasche. Humanitas)
Q.B.I.: Queen's Bureau of Investigation, 1955
Queen's Full, 1965 (Mortissimo. Ullstein)
Q.E.D., 1968

Ellery Queen's Prime Crimes, 1983 (Morde nach Art des Hauses. Scherz / Konjunktur für Mörder. Scherz / Adieu, mein Liebling. Scherz)
The Best of Ellery Queen, 1985

4. Romane und Erzählungen, die 1940-1942 im offiziellen Namen Ellery Queen's erschienen
a) Romane
The Last Man Club, 1940
Ellery Queen, Master Detective, 1941
The Penthouse Mystery, 1941 (Leichen sind schweres Gepäck. Ullstein)
The Perfect Crime, 1942 (Flieg, Kugel, Flieg. Ullstein)
The Murdered Millionaire, 1942

b) Erzählungen
Here is a Mystery, 1940
The Man Who Wanted to be Murdered, 1940
The Scorpion's Thumb, 1940

5. Romane der von M. Lee verantworteten Serie
(Autor ist angegeben, soweit bekannt)
Death Spins the Platter, 1962 [Richard Deming] (Riskante Show. Ullstein)
Murder with a Past, 1963 [Talmage Powell] (Dame mit dunklen Punkten. Ullstein)
Wife or Death, 1963 [Richard Deming] (Geflüster im Dunkel. Ullstein)
Kill as Directed, 1963 (Hausarzt in der Hölle. Ullstein)
The Golden Goose, 1964 (Eine Flasche Bourbon. Heyne)
Blow Hot, Blow Cold, 1964 (Die Gartenparty. Heyne)
The Last Score, 1964 (Das Gold von Acapulco. Ullstein)
The Four Johns, 1964 [John Holbrook Vance] (Die vier Johns. Heyne)
Beware the Young Stranger, 1965 [Talmage Powell] (Ein Dorn im Auge. Ullstein)
The Copper Frame, 1965 [Richard Deming] (Geheimnummer 7. Ullstein)
The Killer Touch, 1965 (Menschenhai. Ullstein)
A Room to Die In, 1965 [John Holbrook Vance] (Mit drei Beinen im Grab. Ullstein)
The Madman Theory, 1966 [John Holbrook Vance] (Einer fällt aus. Ullstein)
Losers, Weepers, 1966 [Richard Deming] (Feuer unter den Füßen. Ullstein)
The Devil's Cook, 1966 (Im eigenen Saft. Ullstein)
Why So Dead?, 1966 [Richard Deming] (Warum so tot? Ullstein)
Who Spies, Who Kills?, 1966 [Talmage Powell] (Wer spioniert, der mordet auch. Ullstein)
Where is Bianca?, 1966 (Wo steckt Bianca? Ullstein)
Shot the Scene, 1966 [Richard Deming] (Halten Sie 200 000 Dollar bereit. Ullstein)
Which Way to Die?, 1967 [Richard Deming] (Kommt ein Mörder geflogen... Ullstein)
How Goes the Murder, 1967 [Richard Deming] (Wie steht's mit Mord? Ullstein)
What's in the Dark?, 1968 [Richard Deming] (Mord verdirbt das Büroklima. Ullstein)
Guess Who's Coming to Kill You, 1968 (Nudeln

aus Tokio. Ullstein)
Kiss and Kill, 1969 (Feigenblatt Kaliber 32. Ullstein)
The Campus Murders, 1969 (Inferno ist überfällig. Ullstein)
The Black Hearts Murder, 1970 [Richard Deming] (Mordfall schwarze Herzen. Ullstein)
The Blue Movie Murder, 1972 [Edward D. Hoch] (Mordfall Saubere Leinwand. Ullstein)

Ruth Rendell

Geboren 1930 in London. Arbeitete als Journalistin, bevor sie im Jahr 1964 Reginald Wexford begegnete. Sie schreibt außerdem noch unter dem Namen Barbara Vine. Und als Ruth Rendell auch noch Non-Wexfords.

Chief-Inspector-Reginald-Wexford-Bibliographie
1. Romane
From Doon with Death, 1964 (Alles Liebe vom Tod. Rowohlt)
A New Lease of Death, 1967 (Mord ist ein schweres Erbe. Rowohlt)
Wolf to the Slaughter, 1967 (Schweiß der Angst. Ullstein)
The Best Man to Die, 1969 (Mord am Polterabend. Rowohlt)
A Guilty Thing Surprised, 1970 (Der Liebe böser Engel. Rowohlt)
No More Dying Then, 1971 (Schuld verjährt nicht. Rowohlt)
Murder Being Once Done, 1972 (Die Tote im falschen Grab. Rowohlt)
Some Lie and Some Die, 1973 (Phantom in Rot. Rowohlt)
Shake Hands for Ever, 1975 (Der Kuß der Schlange. Rowohlt)
A Sleeping Life, 1978 (Leben mit doppeltem Boden. Rowohlt)
Put On By Cunning, 1981 (Durch Gewalt und List. Ullstein)
The Speaker of Mandarin, 1983 (Durch das Tor zum himmlischen Frieden. Rowohlt)
An Unkindness of Ravens, 1985 (Die Grausamkeit der Raben. Rowohlt)
The Veiled One, 1988 (Die Verschleierte. Wunderlich)
Kissing the Gunner's Daughter, 1991 (Eine entwaffnende Frau. Blanvalet)
Simisola, 1994 (Die Besucherin. Blanvalet)

2. Erzählungen
Means of Evil, 1979 [Sammlung] (Die Wege des Bösen. Rowohlt)
The Copper Peacock, 1991
Mouse in the Corner, 1991

Dorothy L(eigh) Sayers

Geboren 1893 als Tochter eines Pfarrers in Oxford. Studium am Somerville College in Oxford (Fremdsprachen) und Abschluß als M.A.. Arbeitete in London in einer Werbeagentur. Im Jahr 1923 kam Lord Peter zu seinem ersten Fall und Dorothy Sayers zu Ruhm. Ihr zweiter Held ist der Weinreisende Montague Egg, der allerdings nur in kurzen Stories auftritt. In Kooperation mit Robert Eustace schrieb D. Sayers ihren einzigen «Non Wimsey»-Roman: *The Documents of the Case* (1930). Nach Abschluß der Wimsey-Serie, 1937, gab sie die Kriminalität auf und widmete sich vermeintlich schwergewichtigerer Literatur, schrieb religiöse Werke, übersetzte Dante. Dorothy Sayers starb 1957.

Lord-Peter-Wimsey-Bibliographie
1. Romane
Whose Body?, 1923 (Ein Toter zu wenig. Rowohlt)
Clouds of Witness, 1926 (Diskrete Zeugen. Rowohlt)
Unnatural Death, 1927 (Keines natürlichen Todes. Rowohlt)
The Unpleasantness at the Bellona Club, 1928 (Ärger im Bellona-Club. Rowohlt)
Strong Poison, 1929 (Starkes Gift. Rowohlt)
The Five Red Herrings, 1931 (Fünf falsche Fährten. Rowohlt)
Have His Carcase, 1932 (Zur fraglichen Stunde. Rowohlt)
Murder Must Advertise, 1933 (Mord braucht Reklame. Rowohlt)
The Nine Tailors, 1934 (Der Glocken Schlag. Rowohlt)
Gaudy Night, 1935 (Aufruhr in Oxford. Rowohlt)
Busman's Honeymoon, 1937 (Hochzeit kommt vor dem Fall. Rowohlt)

2. Erzählbände
Lord Peter Views the Body, 1928 (Der Mann mit den Kupferfingern. Rowohlt)
Hangman's Holiday, 1933 (Das Bild im Spiegel. Rowohlt)

In the Teeth of Evidence, 1939 [erweit. Ausg.: 1972] (Figaros Eingebung. Rowohlt)

Giorgio Scerbanenco

Geboren 1911 in Kiew. Vater Russe, Mutter Italienerin. Die Mutter floh beim Ausbruch der russischen Revolution mit dem Kind nach Rom. Der Vater blieb in Rußland verschollen. Scerbanenco wuchs in Armut auf. War Briefträger, Handelsvertreter, Polizist. Schließlich Schriftsteller, der mit seinen karg und lakonisch erzählten Stories und seinen – vorwiegend in und um Mailand angesiedelten – bitteren Kriminalromanen in Italien hohes Ansehen erreichte, doch auch außerhalb des Landes zu wirken begann. Noch kurz vor seinem frühen Tod erhielt er in Paris den »Grand Prix de la Littérature Policière«. Giorgio Scerbanenco starb 1969.

Dottore-Duca-Lamberti-Bibliographie
Venere privata, 1966 (Leichte Mädchen sterben schwerer. Scherz)
Traditori di tutti, 1966 (Tod den Verschwörern. Piper)
Il ragazzi del massacro, 1968 (Mord stand nicht im Stundenplan. Scherz)
I milanesi ammazzano al sabato, 1969 (In Mailand mordet man samstags. Rowohlt)

Viola Schatten

Geboren 1953 unter einem Namen, den sie bislang wirksam hinter ihrem Pseudonym verbirgt. Studierte Philosophie und Psychologie in München und Paris. Heiratete laut offizieller Kurzbiographie 1981 einen Frankfurter Politiker. Lebte und schrieb seit 1987 in einem Sanatorium in der Schweiz. Weil der Verlag diese Hinweise seit dem *Mittwoch*-Roman vom Präsens ins Imperfekt verlagerte, darf man annehmen, daß es ihr wieder besser geht.

Ruth-Maria-von-Kadell-Bibliographie
Schweinereien passieren montags, 1990 (Fischer)
Dienstag war die Nacht zu kurz, 1991 (Fischer)
Mittwoch war der Spaß vorbei, 1992 (Fischer)
Donnerstag war's beinah aus, 1993 (Fischer)
Kluge Kinder sterben freitags, 1994 (Fischer)

Manfred Schmidt

Geboren 1913 in Bad Harzburg. Aufgewachsen in Bremen. Dort Abitur und ein Jahr lang Kunstgewerbeschule. Anfang der dreißiger Jahre: Berlin. Wunsch: Film. Wirklichkeit: Karikaturist bei Ullstein. Dann doch Film: bei der Deutschen Zeichentrickfilm GmbH. 1941: Zeichenbuch – *Lachendes Feldgrau*. 1942: infolge Denuntiation – Frontsoldat. Nach dem Krieg Zeichner bei Erich Kästners Jugendzeitschrift *Pinguin*. Ende der vierziger Jahre: München. Arbeit für die Illustrierte *Quick:* Erst sieben Jahre lang *Nick Knatterton,* später spitzige Reisereportagen, charaktervoll illustriert (z.B. *Mit Frau Meier in die Wüste*).

Nick-Knatterton-Bibliographie
Nick Knatterton. Die aufregendsten Abenteuer des berühmten Meisterdetektivs, 1971 [zweibändige Gedenkausgabe] (Stalling)

Georges Simenon

Geboren 1903 in Lüttich. War Bäckerlehrling, Buchhändler, Journalist. Schrieb 1920 seinen ersten Roman. 1923 ging er nach Paris, wo er unter mehreren Pseudonymen publizierte, darunter auch – Georges Sim. Seinen Kommissar Maigret (er-)fand er 1929 in Holland, der erste Maigret-Roman war *Pietr-le-Letton*. Mitte der dreißiger Jahre legte Simenon eine längere Maigret-Pause ein. 1945 ging er in die USA, wo er zehn Jahre lebte. Danach: Rückkehr nach Europa, in die französische Schweiz. Bis 1972 entstanden regelmäßig Maigret-Romane, doch ebenso regelmäßige »Non-Maigrets«. Anschließend: Erinnerungen. Georges Simenon starb 1989.

Jules-Maigret-Bibliographie
1. Romane
Pietr-le-Letton, 1929 (Maigret und die Zwillinge. Kiepenheuer & Witsch, Nr. 35. Diogenes: Maigret und Pietr der Lette)
Le charretier de la »Providence«, 1931 (Maigret und der Treidler der »Providence«. Diogenes. Heyne: Maigret tappt im Dunkeln)
Le chien jaune, 1931 (Maigret und der gelbe Hund. Kiepenheuer & Witsch, Nr. 27)
Le pendu de Saint-Pholien, 1931 (Maigret und der Gehängte von Saint-Pholien. Diogenes. Heyne: Maigret unter den Anarchisten)
M. Gallet décédé, 1931 (Maigret und der tote Herr Gallet. Kiepenheuer & Witsch, Nr. 55. Diogenes: Maigret und der verstorbene Monsieur Gallet)

Un crime en Hollande, 1931 (Maigret in Holland. Kiepenheuer & Witsch, Nr. 39. Diogenes: Maigret und das Verbrechen in Holland)

La danseuse du Gai-Moulin, 1931 (Maigret und der Spion. Kiepenheuer & Witsch, Nr. 63)

La nuit du carrefour, 1931 (Maigret und der Mann von Welt. Kiepenheuer & Witsch, Nr. 89. Heyne: Maigrets Nacht an der Kreuzung)

Au rendéz-vous des Terre-neuvas, 1931 (Maigret am Treffen der Neufundlandfahrer. Diogenes.

La tête d'un homme (L'homme de ea tour Eiffel), 1931 (Maigret riskiert seine Stellung. Kiepenheuer & Witsch, Nr. 22. Diogenes: Maigret kämpft um den Kopf eines Mannes) Heyne: Maigret und das Verbrechen an Bord)

Le port des brumes, 1931 (Maigret und der geheimnisvolle Kapitän. Diogenes)

Le relais d'Alsace, 1931

L'affaire Saint-fiacre, 1932 (Maigret und das Geheimnis im Schloß. Kiepenheuer & Witsch, Nr. 24. Diogenes: Maigret und die Affäre Saint Fiacre)

La guinguette à deux sous, 1932 (Maigret und die Groschenschenke. Kiepenheuer & Witsch, Nr. 9)

L'ombre chinoise, 1932 (Maigret und der Schatten am Fenster. Kiepenheuer & Witsch, Nr. 29. Diogenes: Maigret und das Schattenspiel)

Chez les Flamands, 1932 (Maigret bei den Flamen. Kiepenheuer & Witsch, Nr. 79)

Le fou de Bergerac, 1932 (Maigret und der Verrückte. Kiepenheuer & Witsch, Nr. 67. Diogenes: Maigret und der Verrückte von Bergerac)

»Liberty Bar«, 1932 (Maigret in der Liberty Bar. Kiepenheuer & Witsch, Nr. 51)

Les fiançailles de Mr. Hire, 1933

Les gens d'en face, 1933

L'Écluse No.1, 1933 (Maigret in Nöten. Kiepenheuer & Witsch, Nr. 45)

Maigret, 1934 (Maigret und sein Neffe. Kiepenheuer & Witsch, Nr. 43)

Félicie est là, 1941 (Maigret und das Dienstmädchen. Diogenes)

La maison de juge, 1942 (Maigret im Haus des Richters. Diogenes)

Les caves du Majestic, 1942 (Maigret im Luxushotel. Kiepenheuer & Witsch, Nr. 59. Diogenes: Maigret und die Keller der Majestic)

Cécile est morte, 1942 (Maigret verliert eine Verehrerin. Heyne)

Signé Picpus, 1944 (Maigret verschenkt seine Pfeife. Kiepenheuer & Witsch, Nr. 49. Diogenes: Maigret Contra Picpus)

L'inspecteur cadavre, 1944 (Maigret und sein Rivale. Kiepenheuer & Witsch, Nr. 57)

Maigret à New York, 1947 (Maigret in New York. Kiepenheuer & Witsch, Nr. 12)

Maigret se fâche, 1947 (Maigret regt sich auf. Diogenes)

Le commissaire Maigret et l'inspecteur malchanceux, 1947

Les vacances de Maigret, 1947 (Maigret nimmt Urlaub. Kiepenheuer & Witsch, Nr. 17. Diogenes: Maigret macht Ferien)

Maigret et son mort, 1948 (Maigret und sein Toter. Kiepenheuer & Witsch, Nr. 2)

Maigret chez le Coroner, 1949 (Maigret in Arizona. Kiepenheuer & Witsch, Nr. 16. Diogenes: Maigret beim Coroner)

Maigret et la vieille dame, 1949 (Maigret und die alte Dame. Kiepenheuer & Witsch, Nr. 3)

La première enquête de Maigret, 1949 (Maigrets erste Untersuchung. Kiepenheuer & Witsch, Nr. 64)

Mon ami Maigret, 1949 (Mein Freund Maigret. Kiepenheuer & Witsch, Nr. 10)

L'amie de Madame Maigret, 1950 (Frau Maigret als Detektiv. Kiepenheuer & Witsch, Nr. 5. Diogenes: Madame Maigrets Freundin)

Les petits cochons sans queues, 1950

Les mémoires de Maigret, 1950 (Maigrets Memoiren. Kiepenheuer & Witsch, Nr. 73)

Un noël de Maigret, 1951 (Maigret und der Weihnachtsmann. Kiepenheuer & Witsch, Nr. 65)

Maigret et la grande perche, 1951 (Maigret und die Bohnenstange. Kiepenheuer & Witsch, Nr. 15)

Maigret au »Picratt's«, 1951 (Maigret und die Tänzerin Arlette. Kiepenheuer & Witsch, Nr. 4. Diogenes: Maigret, die Tänzerin und die Gräfin)

Maigret en meublé, 1951 (Maigret als möblierter Herr. Kiepenheuer & Witsch, Nr. 9)

Le revolver de Maigret, 1952 (Maigret und sein Revolver. Kiepenheuer & Witsch, Nr. 14)

Maigret, Lognon et les gangsters, 1952 (Maigret und die Gangster. Kiepenheuer & Witsch, Nr. 6. Diogenes: Maigret, Lognon und die Gangster)

Maigret et l'homme du banc, 1952 (Maigret und der Mann auf der Bank. Kiepenheuer & Witsch, Nr. 1)

Maigret à l'école, 1953 (Maigret und die schrecklichen Kinder. Kiepenheuer & Witsch, Nr. 7)

Maigret se trompe, 1953 (Hier irrt Maigret. Kiepenheuer & Witsch, Nr. 8)

Maigret a peur, 1953 (Maigret hat Angst. Kiepenheuer & Witsch, Nr. 18)

Maigret chez le ministre, 1954 (Maigret und der Minister. Kiepenheuer & Witsch, Nr. 11)

Maigret et la jeune morte, 1954 (Maigret und die Unbekannte. Kiepenheuer & Witsch, Nr. 21. Diogenes: Maigret und die junge Tote)

Maigret tend un piège, 1955 (Maigret stellt eine Falle. Kiepenheuer & Witsch, Nr. 25)

Maigret et le corpse sans tête, 1955 (Maigret und der Kopflose. Kiepenheuer & Witsch, Nr. 13. Diogenes: Maigret und die kopflose Leiche)

Un échec de Maigret, 1956 (Maigret erlebt eine Niederlage. Kiepenheuer & Witsch, Nr. 20)

Maigret s'amuse, 1957 (Maigret als Zuschauer. Kiepenheuer & Witsch, Nr. 23. Diogenes: Maigret amüsiert sich)

Maigret voyage, 1958 (Maigret auf Reisen. Kiepenheuer & Witsch, Nr. 33)

Les scrupules de Maigret, 1958 (Maigret hat Skrupel. Kiepenheuer & Witsch, Nr. 31)

Une confidence de Maigret, 1959 (Maigret und der Fall Josset. Kiepenheuer & Witsch, Nr. 41. Diogenes: Maigrets Geständnis)

Maigret et les témoins récalcitrants, 1959 (Maigret und die widerspenstigen Zeugen. Kiepenheuer & Witsch, Nr. 37)

Maigret aux assises, 1960 (Maigret vor dem Schwurgericht. Kiepenheuer & Witsch, Nr. 47)

Maigret et les vieillards, 1960 (Maigret und die alten Leute. Kiepenheuer & Witsch, Nr. 53)

Maigret et le voleur paresseux, 1961 (Maigret und der faule Dieb. Kiepenheuer & Witsch, Nr. 61)

Maigret et les braves gens, 1962 (Maigret und die braven Leute. Kiepenheuer & Witsch, Nr. 69)

Maigret et le client du samedi, 1962 (Maigret und sein Sonnabend-Besucher. Kiepenheuer & Witsch, Nr. 71. Diogenes: Maigret und Samstagsklient)

Maigret et l'inspecteur malgracieux, 1962 (Maigret und Inspektor Lognon. Kiepenheuer & Witsch, Nr. 90)

La colère de Maigret, 1963 (Maigret ist wütend. Kiepenheuer & Witsch, Nr. 77. Diogenes: Maigret gerät in Wut)

Maigret et le clochard, 1963 (Maigret und der Clochard. Kiepenheuer & Witsch, Nr. 81)

Maigret et le fantôme, 1964 (Maigret und das Phantom. Kiepenheuer & Witsch, Nr. 87. Diogenes: Maigret und das Gespenst)

Maigret se défend, 1964 (Maigret verteidigt sich. Diogenes)

La patience de Maigret, 1965 (Maigret läßt sich Zeit. Diogenes. Heyne: Maigret hat Geduld)

Le voleur de Maigret, 1965 (Maigret und der Dieb. Heyne. Diogenes: Maigret in Künstlerkreisen)

Maigret et l'affaire Nahour, 1967 (Maigret und der Fall Nahour. Diogenes)

Maigret hésite, 1968 (Maigret zögert. Diogenes)

Maigret à Vichy, 1968 (Maigret in Kur. Diogenes)

L'ami d'enfance de Maigret, 1968 (Maigret und sein Jugendfreund. Diogenes)

Maigret et le tueur, 1969 (Maigret und der Messerstecher. Diogenes. Heyne: Maigret und der Mörder)

Maigret et le marchand de vin, 1970 (Maigret und der Weinhändler. Diogenes)

La folle de Maigret, 1970 (Maigret und die verrückte Witwe. Diogenes. Heyne: Maigret und die Spinnerin)

Maigret et l'homme tout seul, 1971 (Maigret und der einsame Mann. Diogenes)

Maigret et l'indicateur, 1971 (Maigret und der Spitzel. Diogenes)

Maigret et Monsieur Charles, 1972 (Maigret und Monsieur Charles. Diogenes)

2. Kurzromane und Erzählungen

Les nouvelles enquêtes de Maigret, 1938 (Sechs neue Fälle für Maigret. Diogenes)

Stan, le tueur, 1944 (Maigret und der Pole. Heyne)

Le client le plus obstiné du monde, 1944 (Der hartnäckigste Gast der Welt. Heyne)

On ne tue pas les pauvres types, 1947 (Arme Leute tötet man nicht. Heyne)

Les enquêtes du commissaire Maigret, 2 Volumes, 1966

Maj Sjöwall / Per Wahlöö

Maj Sjöwall wurde 1935 in Stockholm geboren. War Verlagslektorin, Layout-Zeichnerin, hatte mehrere Gedichtbände geschrieben und war Journalistin, als sie 1962 Per Wahlöö kennenlernte, mit dem sie, anfangs, einige Bände aus Ed McBains »87. Revier«-Serie ins Schwedische übersetzte. Per Wahlöö, geboren 1926 in Lund, hatte Geschichte studiert, als Journalist gearbeitet (Korrespondent im Franco-Spanien) und eine Reihe von Kriminalromanen verfaßt – z.B. *Mord im 31. Stock.* Maj Sjöwall und Per Wahlöö heirateten, zogen nach Malmö und begannen mit den Recherchen für ihren »Martin Beck«-Zyklus, dessen erster Band *Die Tote im Götakanal* 1965 erschien, dessen zehnter und letzter Roman *Die Terroristen* 1975 herauskam – unmittelbar nach dem Krebstod Per Wahlöös. Maj Sjöwall hat dann, nach weiteren zehn Jahren, erstmals wieder einen Kriminalroman verfaßt: Gemeinsam mit dem holländischen Kollegen Thomas Ross – *Eine Frau wie Greta Garbo.*

Martin-Beck-Bibliographie
Roseanna, 1965 (Die Tote im Götakanal. Rowohlt)
Mannen som gick upp i rök, 1966 (Der Mann, der sich in Luft auflöste. Rowohlt)
Mannen på balkongen, 1967 (Der Mann auf dem Balkon. Rowohlt)
Den skrattande polisen, 1967 (Endstation für neun. Rowohlt)
Brandbilen som försvann, 1969 (Alarm in Sköldgatan. Rowohlt)
»Polis, polis, potatismos!«, 1970 (Und die Großen läßt man laufen. Rowohlt)
Den vedervärdige mann från Säffle, 1971 (Das Ekel aus Säffle. Rowohlt)
Det slutna rummet, 1972 (Verschlossen und verriegelt. Rowohlt)
Polismördaren, 1974 (Der Polizistenmörder. Rowohlt)
Terroristerna, 1975 (Die Terroristen. Rowohlt)

Julie Smith
Geboren 1944. Die ehemalige Reporterin des *Times Picayune* in New Orleans und des *San Francisco Chronicle* lebt heute als Journalistin und Schriftstellerin in Santa Barbara/Kalifornien. Ihr Roman *New Orleans Mourning* wurde 1991 in den USA als bester Kriminalroman des Jahres mit dem »Edgar Allan Poe Award« ausgezeichnet.

Rebecca-Schwartz-Bibliographie
Death Turns a Trick, 1982 (Ich bin doch keine Superfrau. Fischer)

The Sourdough Wars, 1984 (Die Sauerteigmafia. Fischer)
Tourist Trap, 1986 (Touristenfalle. Fischer)
Dead in the Water, 1991 (Stumm wie ein Fisch. Fischer)
Other People's Skeletons, 1993 (Hellseher & Co. Fischer)

Mickey Spillane
Geboren 1918 in Brooklyn/New York als Frank Morrison Spillane. Im 2. Weltkrieg Jagdflieger. Begann mit dem Schreiben von Short Stories für »Pulp«-Magazine. 1947: Mike Hammer taucht auf. Später kamen noch andere Serientäter hinzu – z.B. 1964 der Ex-Cop Regan, 1972 Dog Kelly, 1962 The Deep; 1964 auch der Agent Tiger Mann. Spillane, der law-and-order-man, hat kurzzeitig für das FBI gearbeitet, seinen Mike Hammer im Kino verkörpert, ist im Zirkus Barnum als Artist aufgetreten, Mitglied bei den »Zeugen Jehovas« und in allem, was er schreibt, berechenbar. Mickey Spillane lebt in New York.

Mike-Hammer-Bibliographie
I, the Jury, 1947 (Ich, der Richter. Heyne)
Vengeance Is Mine, 1950 (Die Rache ist mein. Heyne)
My Gun Is Quick, 1950 (Das Wespennest. Heyne)
The Big Kill, 1951 (Die schwarzen Nächte von Manhattan. Heyne)
One Lonely Night, 1951 (Menschenjagd in Manhattan. Heyne)
Kiss Me, Deadly, 1952 (Rhapsodie in Blei. Heyne)
The Girl Hunters, 1962 (Die Mädchenjäger. Ullstein)
The Snake, 1964 (Die Schlange. Ullstein)
The Twisted Thing, 1966 [verfaßt 1947] (Das Unding. Ullstein)
The Body Lovers, 1967 (Geliebte Leiche. Ullstein)
Survival ... Zero!, 1970 (Flucht ist sinnlos. Ullstein)
The Killing Man, 1989 (Ich, der Rächer. Heyne)

Rex Stout
Geboren 1886 in Noblesville/Indiana, aufgewachsen in Kansas. War in unterschiedlichsten Berufen tätig, bis er zu Geld kam und nach Eu-

254

ropa reisen konnte. In Paris: Beginn der literarischen Laufbahn, Ende der zwanziger Jahre. 1934 erschien das erste »Nero Wolfe«-Buch, dem dann im Lauf der Jahrzehnte noch 32 weitere folgten (und 41 Geschichten) – allesamt erzählt von Archie Goodwin. Sieben weitere Romane Stouts und einige Erzählungen sind Non-Wolfes, meist allerdings bringen sie Detektive, die (wie Insp. Fergus Cramer) auch in der Wolfe-Reihe vorkommen. Auf immerhin drei Bände Stout bringt es ein Privatdetektiv mit dem (im Vergleich zu Nero Wolfe) aparten Namen Fox: Tecumseh Fox. Rex Stout starb 1975.

Nero-Wolfe-Bibliographie

1. Romane

Fer-de-Lance, 1934 (Die Lanzenschlange. Heyne)
The League of Frightened Men, 1935 (Die Liga der furchtsamen Männer. Heyne)
The Rubber Band, 1936 (Die Gummibande. Heyne)
The Red Box, 1937 (Die rote Schatulle. Heyne)
Too Many Cooks, 1938 (Zu viele Köche. Goldmann)
Some Buried Caesar, 1939 (Der rote Bulle. Goldmann)
Over My Dead Body, 1940 (Nur über meine Leiche. Heyne)
Where There's a Will, 1940 (Kennzeichen Wilde Rose. Ullstein)
The Silent Speaker, 1946 (Mord im Waldorf-Astoria. Heyne)
Too Many Women, 1947 (Zu viele Frauen. Heyne)
And Be a Villain, 1948 (Aufruhr im Studio. Heyne)
The Second Confession, 1949 (Das zweite Geständnis. Goldmann)
In the Best Families, 1950 (Sogar in den besten Familien. Heyne)
Murder By the Book, 1951 (Orchideen für sechzehn Mädchen. Goldmann)
Prisoner's Base, 1952 (Gast im 3. Stock. Ullstein)
The Golden Spiders, 1953 (Die goldenen Spinnen. Goldmann)
The Black Mountain, 1954 (Nero Wolfe in Montenegro. Scherz)
Before Midnight, 1955 (Vor Mitternacht. Goldmann)
Might as Well Be Dead, 1956 (P.H. antwortet nicht. Goldmann)

If Death Ever Slept, 1957 (Der Schein trügt. Goldmann)
Champagne for One, 1958 (Die Champagnerparty. Goldmann)
Plot it Yourself, 1959 (Das Plagiat. Goldmann)
Too Many Clients, 1960 (Zu viele Klienten. Goldmann)
The Final Deduction, 1961 (Erstens kommt es anders... Ullstein)
Gambit, 1962 (Gambit. Goldmann)
The Mother Hunt, 1963 (Das große Fragezeichen. Ullstein)
A Right to Die, 1964 (Wenn Licht ins Dunkel fällt. Goldmann)
The Doorbell Rang, 1965 (Per Adresse Mörder X. Goldmann)
Death of a Doxy, 1966 (Leiche im besten Verhältnis. Ullstein)
The Father Hunt, 1968 (Die Sünden der Väter. Piper)
Death of a Dude, 1970 (Blutige Blaubeeren. Scherz)
Please Pass the Guilt, 1973 (Jedermanns Bombe. Ullstein)
A Family Affair, 1973 (Tödliche Zigarren. Ullstein)

2. Erzählbände

Black Orchids, 1942 (Schwarze Orchideen. Ullstein)
Not Quite Dead Enough, 1942 (Die explosive Ananas. Ullstein)
Trouble in Triplicate, 1949 (Blei ist ungesund. Heyne)
Three Doors to Death, 1950 (Der Fluch der bösen Tat. Piper)
Curtains for Three, 1951
Triple Jeopardy, 1952
Three Men Out, 1954 (Abendmahl mit Nero Wolfe. Piper)
Three Witnesses, 1956
Three for the Chair, 1957
And Four to Go, 1958
Three At Wolfe's Door, 1960 (Gift à la Carte. Goldmann)
Homicide Trinity, 1962
Trio for Blunt Instruments, 1964 (Morde jetzt – zahle später. Goldmann)
Death Times Three, 1985
Justice Ends at Home, 1977

Die Erzählungen deutscher Verlage bringen oft andere Zusammenstellungen der Stories. Hier eine Auswahl:
Die gläserne Falle. Bastei
Heikle Gäste. Scherz
Tod eines Dämons. Ullstein
Tod in zwei Raten. Scherz
Verworrene Fäden. Scherz
Verwünschte Geschichten. Scherz
Wenn ein Mann mordet. Kaiser
Ein Zeuge verstummt. Xenos

Paco Ignacio Taibo II

Geboren 1949 im spanischen Gijon. Lebt und schreibt in Mexiko. Bekannt durch seinen »melancholischen Detektiv« Héctor Belascoarán Shayne, mit dem es (wie beim Kollegen Van der Valk) »Kein gutes Ende« nahm, der aber nach Leserprotesten (wie Kollege Sherlock H.) wiederauferstand – *Comeback für einen Toten.* In der Phase dazwischen versuchte sich der Kriminalschriftsteller José Daniel Fierro (wie einst Kollege Dr. Watson) mit Hilfe erlesener »Methoden« als eigenständiger Detektiv. Was in Mexiko ein ziemlich »bizarres Leben« bedeutete.

José-Daniel-Fierro-Bibliographie
La vida misma, 1987 (Das bizarre Leben. Rowohlt)

Phoebe Atwood Taylor

Geboren 1909 in Boston/Massachusetts. Studium am Barnard College. B.A.: 1930. Ein Jahr später: Krimi-Debut mit dem ersten Band ihrer »Cape Cod«-Serie um den »Hayseed Sherlock« Asey Mayo. Schon diese Serie würde Ph. A. Taylors Komik-Talent hinreichend belegen. Doch 1937 drehte sie dann voll auf, als sie unter dem Pseudonym Alice Tilton mit ihrer zweiten Krimi-Reihe, den haarsträubenden Verwicklungserlebnissen des Lehrers und Sensationsserienautors Leonidas Witherall begann. 1938 schrieb sie unter dem Namen Freeman Dana noch einen weiteren Krimi: *Murder at the New York World's Fair.* Phoebe Atwood Taylor starb 1976.

Leonidas-Witherall-Bibliographie
Beginning with a Bash, 1937
The Cut Direct, 1938 (Wie ein Stich durchs Herz. DuMont)
Cold Steal, 1939

The Left Leg, 1940 (Mit dem linken Fuß. DuMont)
The Hollow Chest, 1941 (Die leere Kiste. DuMont)
File for Record, 1943
Dead Ernest, 1944
The Iron Clew, 1947

Josephine Tey

Geboren 1897 in Inverness/Scotland als Elizabeth Mackintosh. Studium und Arbeit als Lehrerin. Dann begann sie zu schreiben – zunächst Gedichte und Kurzgeschichten, alles zunächst unter dem maskulinen Pseudonym Gordon Daviot. Als Gordon Daviot schrieb sie 1929 den ersten »Grant«-Krimi (*The Man in the Queue*), außerdem zwei historische Romane und drei historische Dramen (u.a. *Richard of Bordeaux*). Ein weiteres Pseudonym – Craigie Howe – benutzte sie für ihre Gegenwartskomödie *Cornelia.* Seit 1936 verfaßte sie ihre Krimis dann als Josephine Tey (unter ihrem Realnamen hat sie nie etwas publiziert). Zwei dieser Romane kommen ohne Alan Grant aus: *Miss Pym Disposes* (worin ihre Studien-Erfahrungen im Inverness-College verwertet werden) und der Landwirtschafts-Krimi *Brat Farrar.* Ihr letztes Buch, *The Singing Sands,* erschien posthum. Josephine Tey starb 1952 an Krebs.

Inspector-Alan-Grant-Bibliographie
The Man in the Queue, 1929 (Der Mann in der Schlange. Heyne)
A Shilling for Candles, 1936 (Klippen des Todes. Heyne)
The Franchise Affair, 1948 (Die verfolgte Unschuld. DuMont)
To Love and Be Wise, 1950 (Wie ein Hauch im Wind. DuMont)
The Daughter of Time, 1951 (Alibi für einen König. Rio)
The Singing Sands, 1952 (Der singende Sand. DuMont)

Leslie Thomas

Geboren 1931 in Newport/Monmouthshire. Erfolgsautor auf nicht-kriminellem Gebiet, z.B. mit dem Roman *The Virgin Soldiers* (1966). In Deutschland aber hauptsächlich als Chronist des letzten Detektivs »Dangerous« Davies bekannt.

Dangerous-Davies-Bibliographie
1. Romane
Dangerous Davies. The Last Detective, 1976 (Dangerous Davies, der letzte Detektiv. DuMont)
Dangerous in Love, 1987 (Dangerous Davies... Bis über beide Ohren. DuMont)
Dangerous by Moonlight, 1994 (Auf eigene Faust. DuMont)

2. Erzählung
Dangerous Davies Is on the Trail as the Mayor's Watch Disappears, 1995 (Weihnachtsgeschenk für Dangerous Davies. In: Der Mord als schöne Kunst betrachtet. DuMont)

M(eirion) J(ames) Trow

M.J. Trow wurde 1950 als James Meirion Trow in Ferndale im walisischen Rhondda Valley geboren und behauptet von sich, er sei der einzige Waliser, der weder singen noch Rugby spielen könne. Der Geschichtslehrer lebt in Ryde auf der Isle of Wight.

Inspector-Lestrade-Bibliographie
The Adventures of Inspector Lestrade, 1985 (Lestrade und die Struwwelpeter-Morde. Rowohlt)
Brigade. Further Adventures of Inspector Lestrade, 1986 (Lestrade und der Tasmanische Wolf. Rowohlt)
Lestrade and the Hallowed House, 1987 (Lestrade und der Sarg von Sherlock Holmes. Rowohlt)
Lestrade and the Leviathan, 1987 (Lestrade und die Reize der Mata Hari. Rowohlt)
Lestrade and the Brother of Death, 1988 (Lestrade und das Einmaleins des Todes. Rowohlt)
Lestrade and the Ripper, 1988 (Lestrade und Jack the Ripper. Rowohlt)
Lestrade and the Deadly Game, 1990 (Lestrade und die Spiele des Todes. Rowohlt)
Lestrade and the Guardian Angel, 1990 (Lestrade und das Rätsel des Skarabäus. Rowohlt)
Lestrade and the Gift of the Prince, 1991 (Lestrade und der Schloßgeist von Balmoral. Rowohlt)

Mark Twain

Geboren 1835 in Florida/Missouri als Samuel Langhorn Clemens. Sehr amerikanisches Leben – als Drucker, Mississippi-Lotse (daher das Pseudonym), Journalist, Schriftsteller, Europa-Reisender (Heidelberg etc.). Ein Klassiker der US-Literatur. Auf kriminalistischem Gebiet durchaus beschlagen: Schon 1883 beschrieb er einen Mordfall, der anhand von Fingerabdrücken aufgeklärt wird (*A Thumb-Print and What Came of It*). In seinem Nachlaß fand sich (fast wie bei Dickens und dessen *Edwin Drood*) ein unvollendeter Kriminalroman – *Simon Wheeler, Detective.* Darin wird der große Pinkerton belästert. Doch auch den noch größeren Sherlock Holmes hat er nicht verschont (*A Doublebarrelled Detective Story,* 1902). Andererseits mußte selbst sein Huckleberry Finn als Tom Sawyers Dr. Watson herhalten. So geht's, wenn man Mythen parodieren will: Es geht nicht. Denn die Mythen sind stärker. Mark Twain starb 1910 in Redding/Connecticut.

Tom-Sawyer-Bibliographie
The Adventures of Tom Sawyer, 1876 (Tom Sawyers Abenteuer. Ensslin & Laiblin)
The Adventures of Huckleberry Finn, 1884 (Huckleberry Finn. Ensslin & Laiblin)
Tom Sawyer Abroad, 1894 (Die Reise im Ballon. In: Tom Sawyers neue Abenteuer. Ensslin & Laiblin)
Tom Sawyer, Detective, 1896 (Tom Sawyer als Detektiv. In: Tom Sawyers neue Abenteuer. Ensslin & Laiblin)

Arthur W(illiam) Upfield

Geboren 1888 in Gosport/Hampshire. Wurde 19-jährig von seiner Familie nach Australien deportiert (»Taugenichts«). Dort: Koch, Schafhirt, Farmarbeiter. Zwischendurch als früher Backpacker kreuz und quer durch den Kontinent. Während des 1. Weltkriegs englischer Soldat. Anschließend Rückkehr nach Australien: Goldsucher und (einstweilen noch realer) Fallensteller. 1926: Sein erster Krimi (*The House of Cain*), noch ohne Bony, der erst vom nächsten Buch an, dann aber unermüdlich bis zum Ende, 29 Romane (und 37 Jahre) lang die Fallstricke entzerrt. Oder selber eine Falle stellt. Arthur W. Upfield starb 1964.

Inspector-Napoleon-Bonaparte-Bibliographie
1. Romane
The Barrakee Mystery, 1929 (Bony und der Bumerang. Goldmann)
The Sands of Windee, 1931 (Ein glücklicher Zufall. Goldmann)
Wings Above the Diamantina, 1936 (Das rote

Flugzeug. Goldmann)

Winds of Evil, 1937 (Bony stellt eine Falle. Goldmann)

Mr. Jelly's Business, 1937 (Mr. Jellys Geheimnis. Goldmann)

The Bone is Pointed, 1938 (Todeszauber. Goldmann)

The Mystery of Swordfish Reef, 1939 (Der Kopf im Netz. Goldmann)

Bushranger of the Skies, 1940 (Bony und die Todesotter. Goldmann)

Death of a Swagman, 1946 (Bony wird verhaftet. Goldmann)

Devil's Steps, 1946 (Der Pfad des Teufels. Goldmann)

An Author Bites the Dust, 1948 (Die Leute von nebenan. Goldmann)

The Mountains Have a Secret, 1948 (Tödlicher Kult. Goldmann)

The Widows of Broome, 1951 (Die Witwen von Broome. Goldmann)

The New Shoe, 1952 (Der neue Schuh. Goldmann)

Venom House, 1953 (Die Giftvilla. Goldmann)

Murder Must Wait, 1953 (Viermal bei Neumond. Goldmann)

Death of a Lake, 1954 (Der sterbende See. Goldmann)

Sinister Stones, 1954 (Der schwarze Brunnen. Goldmann)

The Battling Prophet, 1956 (Der streitbare Prophet. Goldmann)

Man of Two Tribes, 1956 (Höhle des Schweigens. Goldmann)

Bony Buys a Woman, 1957 (Bony kauft eine Frau. Goldmann)

The Bachelors of Broken Hill, 1958 (Die Junggesellen von Broken Hill. Goldmann)

Bony and the Mouse, 1959 (Bony und die Maus. Goldmann)

Bony and the Black Virgin, 1959 (Bony und die schwarze Jungfrau. Goldmann)

Bony and the Kelly Gang, 1960 (Fremde sind unerwünscht. Goldmann)

Bony and the White Savage, 1961 (Bony und die weiße Wilde. Goldmann)

The Will of the Tribe, 1962 (Wer war der zweite Mann? Goldmann)

Madman's Bend, 1963 (Bony übernimmt den Fall. Goldmann)

The Lake Frome Monster, 1966 [vollendet von J.L. Price und Dorothy Strange] (Gefahr für Bony. Goldmann)

2. Erzählung
Wisp of Wool and Disc of Silver, 1979

M(anuel) Vázquez Montalbán

Geboren 1939 in Barcelona. Lyriker, Essayist, Romancier, Journalist, Nörgler und Genießer. Exzessiver Esser, Trinker (und Zigarrenraucher) – genau wie Pepe Carvalho und dessen köchelnder Gehilfe Biscuter (»Biscuter, du hast den Gipfel der ›Nouvelle Cuisine‹ erreicht«). Was so weit ging, daß Montalbán ein veritables Pepe-Carvalho-Buch allein mit kulinarischen Spezialitäten füllen konnte (*Die Leidenschaft des Schnüfflers*).

Pepe-Carvalho-Bibliographie
1. Romane
Yo maté a Kennedy, 1972 (Ich tötete Kennedy. Rowohlt)

Tatuaje, 1976 (Carvalho und die tätowierte Leiche. Rowohlt)

La Soledad del manager, 1977 (Carvalho und der tote Manager. Rowohlt)

Los mares del sur, 1979 (Tahiti liegt bei Barcelona. Rowohlt)

Asesinato enel Comité Central, 1981 (Carvalho und der Mord im Zentralkomitee. Rowohlt)

Los pájarosde Bangkok, 1983 (Die Vögel von Bangkok. Rowohlt)

La rosa de Alejandria, 1984 (Die Rose von Alexandria. Rowohlt)

El Balneario, 1986 (Manche gehen baden. Rowohlt)

El delantero centro fue asesinado al atardecer, 1988 (Schuß aus dem Hinterhalt. Rowohlt)

Sabotaje olímpico, 1993 (Krieg um Olympia. Rowohlt)

2. Erzählungen
Historias de fantasmas, 1986 (Der fliegende Spanier. Rowohlt)

Tres historias de amor, 1987 (Lauras Asche. Rowohlt)

Historias de politica ficcion, 1987 (Zur Wahrheit durch Mord. Rowohlt)

Historias de padres e hijos, 1987 (Zweikampf. Rowohlt)

Asesinato en Prado de Rey y otras historias sórdidas, 1987 (Das Zeichen des Zorro. Rowohlt)

3. Rezepte
Las recetas de Carvalho, 1989 (Die Leidenschaft des Schnüfflers. Kochen mit Carvalho. Rowohlt)

Edgar Wallace

Geboren am 1. April 1875 in Greenwich als unehelicher Sohn der Schauspielerin Polly Richards. Taufname: Richard Horatio Edgar Wallace. Im Alter von neun Tagen adoptiert von George Freeman, einem Lastenträger vom Fischmarkt Billingsgate. Aufgewachsen als Dick Freeman. Zeitungsjunge. Druckerlehrling. Mit 18 Jahren Eintritt ins »Royal West Regiment«. 1896: Abkommandierung nach Südafrika. Während des Burenkriegs gelegentliche Reportagen für »Reuters«. 1899: Abschied vom Militär. Südafrika-Korrespondent der *Daily Mail.* 1900: Rückkehr nach England. 1905: Erster Krimi – *The Four Just Men* (Die vier Gerechten). Bald eine immense, fast fabrikmäßige Reißer-Produktion. Weil Wallace, buchstäblich, mit dem Schreiben nicht nachkam, benutzte er ein Diktaphon. Riesenhafte Honorare. Riesenhafte Ausgaben: Luxuswohnung in London, Herrenhaus auf dem Lande, Weltreisen, vor allem – Pferdewetten. 1931: Parlamentskandidatur für die Liberalen (knapp gescheitert). Im selben Jahr: Hollywood. Drehbuch für: *King Kong.* 1932: Hals- und Lungenentzündung und: Tod in Hollywood. Überführung des Leichnams mit einem Schiff der Britischen Marine nach Southhampton. Beisetzung auf einem Dorffriedhof in der Nähe seines Landsitzes. Nachlaß: 140 000 Pfund Schulden (aber längst vielfach kompensiert durch Einnahmen aus Tantiemen, allein schon von Kinsky & Co).

Mr.-J.-G.-Reeder-Bibliographie
1. Romane
Room Thirteen, 1924 (Zimmer 13. Goldmann)
Terror Keep, 1927 (John Flack. Goldmann)

2. Erzählbände
The Mind of Mr. J.G. Reeder, 1925 (Der sechste Sinn des Mr. Reeder. Goldmann)
Red Aces, 1929 (Mr. Reeder weiß Bescheid. Goldmann)
The Guv'nor and Other Stories, 1932

Marjorie Weinman Sharmat

Hat mit ihren US-Compatriotinnen und kriminologischen Schwestern Martha Grimes und den zwei »Emma Lathen«-Ladies gemeinsam, daß sie ihr Geburtsdatum lieber für sich behält. Soviel immerhin läßt sie durch ihren deutschen Verlag ausrichten, daß sie ihre ersten Detektiv-Geschichten »mit acht Jahren« schrieb, und zwar für eine Zeitschrift, die sie selber herausgab. Aus eigenem Zutun ergänzt der Verlag, Majorie zähle heute »zu den bekanntesten amerikanischen Kinderbuchautorinnen«. Dann wollen wir's mal alles glauben.

Nick-Nase-Bibliographie
Nate the Great Goes Undercover, 1974 (Nick Nase stellt eine Falle. Otto Maier)
Nate the Great and the Lost List, 1975 (Nick Nase und der verschwundene Zettel. Otto Maier)
Nate the Great and the Phony Clue, 1977 (Nick Nase auf der falschen Fährte. Otto Maier)
Nate the Great and the Sticky Case, 1978 (Nick Nase auf der Saurierspur. Otto Maier)
Nate the Great and the Snowy Trail, 1982 (Nick Nase und die Spur im Schnee. Otto Maier)
Nate the Great and the Fishy Prize, 1985 (Nick Nase und der große Preis. Otto Maier)
Nate the Great Goes Down in the Dumps, 1989 (Nick Nase steigt auf einen Berg. Otto Maier)
Nate the Great and the Halloween-Hunt, 1989 (Nick Nase und die Geister. Otto Maier)

Friedhelm Werremeier

Geboren am 30. Januar 1930 in Witten/Ruhr. Studium an der Akademie für Publizistik in Aachen. Volontariat bei der *Neuen Ruhr Zeitung.* 1955 bis 1970: Redakteur und Reporter bei Zeitungen und Zeitschriften in Düsseldorf, Köln, Hamburg. Seitdem freier Schriftsteller. Schrieb, bevor er Paul Trimmel begegnete, kriminalistische Sachbücher, etwa über den Kindermörder Jürgen Bartsch (1968). Auch später immer einmal wieder solche Non-Fiction: Über den Strafverteidiger Bossi, den hannoverschen Massenmörder Haarmann. Daneben: Arbeiten fürs Fernsehen. Vor allem aber ist Friedhelm Werremeier der Trimmelmann (der alle Rowohlt-Frühfälle des hamburgischen Hauptkommissars für die Heyne-Neuauflage gründlich bis rabiat überarbeitete, um Paul Trimmel weniger rabiat zu machen). Inzwischen ist Trimmel, wie sein Autor meldet, »pensioniert, aber nach wie vor virulent und detektivisch tätig«. Und bald, so steht in Aussicht, werden wir letzte Dinge über den Kommissar erfahren, denn Friedhelm Werremeier, gleichfalls nach wie vor detektivisch tätig, arbeitet derzeit an seinem »ultimativen« Trimmel-Roman *Trimmels ganzes Leben*.

Hauptkommissar-Paul-Trimmel-Bibliographie
1. Romane
Ich verkaufe mich exklusiv, 1968 [Pseud.: Jakob Wittenbourg] (Rowohlt. Heyne 1983)
Taxi nach Leipzig, 1970 [Pseud.: Jakob Wittenbourg] (Rowohlt. Heyne 1983)
Der Richter in Weiß, 1971 (Rowohlt. Heyne 1982)
Ohne Landeerlaubnis, 1971 (Rowohlt. Heyne 1982)
Ein EKG für Trimmel, 1972 (Rowohlt. Heyne 1984)
Platzverweis für Trimmel, 1972 (Rowohlt. Heyne 1985)
Trimmel macht ein Faß auf, 1973 (Rowohlt. Heyne 1984)
Trimmel und der Tulpendieb, 1974 (Rowohlt. Heyne 1985)
Hände hoch, Herr Trimmel, 1976 (Rowohlt. Heyne 1984)
Trimmel hält ein Plädoyer, 1976 (Rowohlt. Heyne 1983)
Trimmel und Isolde, 1980 (Rowohlt. Heyne 1983)
Trimmel und das Finanzamt, 1982 (Heyne)

2. Erzählbände
Treff mit Trimmel, 1974 (Rowohlt. Heyne 1985)
Trimmel hat Angst vor dem Mond, 1977 (Rowohlt. Heyne 1984)

Janwillem van de Wetering

Geboren 1931 in Rotterdam. Nach dem Abitur sechs Jahre als kaufmännischer Angestellter in Kapstadt. Selbstmordversuch. Philosophiestudium in London. 1958: Kioto/Japan – für anderthalb Jahre in einem ZEN-Kloster. Anschliessend: Weltenbummler (Kolumbien, Peru, Australien). 1966: Rückkehr in die Niederlande. Übernahme eines kleinen Textilgeschäftes in Amsterdam. Nebenher: Ersatzweise Ableistung der Wehrpflicht im polizeilichen Streifendienst, insgesamt neun Jahre lang. Neben-nebenher: Erste Schreibversuche. 1974: Beginn seiner Kri-

mi-Serie mit Grijpstra u.d.a. (Anlaß gab seine Simenon-Lektüre, aber auch die »Richter Di«-Geschichten Robert van Guliks waren wichtig für ihn: Über seinen Landsmann van Gulik hat er eine Werkbiographie geschrieben). Heute lebt Janwillem van de Wetering auf einem Landsitz bei Surry/Maine in den USA. (Nächster Nachbar: Stephen King).

Grijpstra-de-Gier-Commissaris-Bibliographie
1. Romane
Outsider in Amsterdam, 1975 (Outsider in Amsterdam. Rowohlt)
Buitelkruid, 1975 (Eine Tote gibt Auskunft. Rowohlt)
The Corpse on the Dike, 1976 (Der Tote am Deich. Rowohlt)
Death of a Hawker, 1977 (Tod eines Straßenhändlers. Rowohlt)
The Japanese Corpse, 1977 (Ticket nach Tokio. Rowohlt)
The Blond Baboon, 1978 (Der blonde Affe. Rowohlt)
The Mind Murders, 1981 (Ketchup, Karate und die Folgen. Rowohlt)
De vlinderjager, 1982 (Der Schmetterlingsjäger. Rowohlt)
Streetbird, 1983 (Der Commissaris fährt zur Kur. Rowohlt)
De ratelrat, 1984 (Rattenfang. Rowohlt)
De zaak ijsbreker, 1985 (Der Feind aus alten Tagen. Rowohlt)
De Gier im Zwielicht, 1993 [Orig.titel] (Rowohlt)
The Angel With Hollow Eyes, 1995 (Straßenkrieger. Rowohlt)

2. Erzählungen
De Kat van brigadier de Gier / En vrouw van Zeven voet, 1983 (Die Katze von Brigadier de Gier. Rowohlt)

Charles Willeford

Geboren 1919 in Little Rock/Arkansas als Charles Ray III. Willeford. Wurde mit acht Jahren Vollwaise, mit 14 Jahren trampte er durch das Amerika der großen Depression, und mit 16 Jahren ging er (mit gefälschter Altersangabe) zur US-Army, wo er es bis zum hochdekorierten Panzerkommandanten im 2. Weltkrieg brachte. Kunstsammler, Literaturkritiker beim *Miami Herald*, Literaturprofessor an der Uni-

versity of Miami und Literaturproduzent, bis
sein Tod 1988 den Abschluß des Hoke-Moseley-
Zyklus verhinderte.

Hoke-Moseley-Bibliographie
Miami Blues, 1984 (Miami Blues. Rowohlt)
New Hope For the Dead, 1986 (Auch die Toten
dürfen hoffen. Rowohlt)
Sideswipe, 1987 (Seitenhieb. Rowohlt)
The Way We Die Now, 1988 (Bis uns der Tod
verbindet. Rowohlt)

Stefan Wolf
Geboren 1938 im Harz. Vater Zahnarzt. Nach
dem Abitur fast Jurastudium. Statt dessen Zei-
tungsvolontär. Journalist. Anschließend Lektor
in einem bekannten Verlag – »hauptverantwort-
liche« Beschäftigung »mit einem baumwollnen
Serienhelden« (vergl. dort). Auch selber Heft-
chenromane verfaßt (200 Stück), dazu ca. »1.200
Kurzgeschichten für Illustrierte, 30 Drehbücher zu Fernsehfilmen, 150 Taschenbuch-
krimis, einige Hörspiele und zwei Dutzend Illu-
strierten-Romane« (Verlags-Info Pelikan) – alles
unter »ca. 50 Pseudonymen«. Seit 1979 schreibt
er an der »TKKG«-Kinder-Krimi-Reihe. Stefan
Wolf lebt in Garmisch-Partenkirchen.

TKKG-Bibliographie
(Sämtliche Bände sind bei Pelikan erschienen
und durchnumeriert)
Die Jagd nach den Millionendieben, 1979
Der blinde Hellseher, 1979
Das leere Grab im Moor, 1979
Das Paket mit dem Totenkopf, 1979
Das Phantom auf dem Feuerstuhl, 1979
Angst in der 9a, 1980
Rätsel um die alte Villa, 1980
Auf der Spur der Vogeljäger, 1980
Abenteuer im Ferienlager, 1980
Alarm im Zirkus Sarani, 1980
Die Falschmünzer vom Mäuseweg, 1980
Nachts, wenn der Feuerteufel kommt, 1981
Die Bettelmönche aus Atlantis, 1981
Der Schlangenmensch, 1981
UFOS in Bad Finkenstein, 1981
X 7 antwortet nicht, 1981
Die Doppelgängerin, 1981
Hexenjagd in Lerchenbach, 1982
Der Schatz in der Drachenhöhle, 1982
Das Geheimnis der chinesischen Vase, 1982

Die Rache des Bombenlegers, 1982
In den Klauen des Tigers, 1982
Kampf der Spione, 1982
Gefährliche Diamanten, 1983
Die Stunde der schwarzen Maske, 1983
Das Geiseldrama, 1983
Banditen im Palast-Hotel, 1983
Verrat im Höllental, 1984
Hundediebe kennen keine Gnade, 1984
Die Mafia kommt zur Geisterstunde, 1984
Entführung in der Mondscheingasse, 1984
Die weiße Schmuggler-Jacht, 1985
Gefangen in der Schreckenskammer, 1985
Anschlag auf den Silberpfeil, 1985
Um Mitternacht am schwarzen Fluß, 1986
Unternehmen Grüne Hölle, 1986
Hotel in Flammen, 1986
Todesfracht im Jaguar, 1986
Bestien in der Finsternis, 1986
Bombe an Bord, 1987
Spion auf der Flucht, 1987
Gangster auf der Gartenparty, 1987
Überfall im Hafen, 1987
Todesgruß vom Gelben Drachen, 1988
Der Mörder aus dem Schauerwald, 1988
Jagt das rote Geister-Auto, 1988
Der Teufel vom Waiga-See, 1988
Im Schatten des Dämons, 1988
Schwarze Pest aus Indien, 1989
Sklaven für Wutawia, 1989
Achtung: Die »Monsters« kommen, 1989
Wer hat Tims Mutter entführt? 1989
Stimme aus der Unterwelt, 1989
Herr der Schlangeninsel, 1990
Im Schattenreich des Dr. Mubase, 1990
Lösegeld am Henkersberg, 1990
Die Goldgräber-Bande, 1990
Der erpreßte Erpresser, 1990
Heißer Draht nach Paradiso, 1991
Ein Toter braucht Hilfe, 1991
Weißes Gift im Nachtexpreß, 1991
Horror-Trip im Luxusauto, 1991
Spuk aus dem Jenseits, 1991
Hilfe! Gaby in Gefahr!, 1992
Dynamit im Kofferraum, 1992
Freiheit für gequälte Tiere, 1992
Die Schatzsucher-Mafia schlägt zu, 1992
Kampf um das Zauberschwert »Drachenauge«,
1993
Der böse Geist vom Waisenhaus, 1993

Feind aus der Vergangenheit, 1994
Schmuggler reisen unerkannt, 1994
Die Haie vom Lotus-Garten, 1995
Hilflos in eisiger Nacht, 1996
Opfer fliegen 1. Klasse, 1996
Angst auf der Autobahn, 1996

Detlef Wolff

Geboren 1934 in Thale/Harz. Studium der Publizistik, später Germanistik. Tätigkeit als Zeitungsredakteur in Bremen, wo er nach wie vor lebt, seinem Helden Katenkamp aber untreu zu werden scheint. Zumindest legte er knapp zwölf Jahre nach dessen Debut einen Non-Katenkamp mit verdächtigem Titel vor: *Zwölf Jahre zuviel*. Schon 1986 hatte Wolff einmal in fremdem Revier gewildert – *Was sagen wir der Witwe?*

Gernot-Katenkamp-Bibliographie
Die ungeliebte Leiche, 1978 (Rowohlt)
Auch Geld hinterläßt Spuren, 1979 (Rowohlt)
Katenkamp sammelt halbe Wahrheiten, 1980 (Rowohlt)
Ein blondes Risiko, 1980 (Rowohlt)
Katenkamp, dein Freund und Helfer, 1981 (Rowohlt)
Damenopfer, 1982 (Rowohlt)
Katenkamp und der tote Briefträger, 1982 (Rowohlt)
Katenkamp in Kenia, 1983 (Rowohlt)
Katenkamp und die große Schweinerei, 1984 (Rowohlt)
Der Richter und sein Fixer, 1985 (Rowohlt)
Sterben auf eigene Rechnung, 1987 (Rowohlt)

Sara Woods

Geboren 1922 in Yorkshire als Sara Hutton. Bankangestellte, danach Arbeit in einer Anwalts-kanzlei. 1946 Ehe mit Anthony Bowen-Judd. 1957: Auswanderung des Paares nach Halifax/Kanada. 1962 erschien Sara Woods erster Krimi – *Bloody Instructions*, mit Antony Maitland. Sie schrieb noch unter drei weiteren Pseudonymen (je zwei Krimis), aber ihr eigentlicher Held war und blieb Mr. Maitland. Sara Woods starb 1985.

Antony-Maitland-Bibliographie
1. Romane
Bloody Instructions, 1962 (Die Verhandlung ist eröffnet. Goldmann)

Malice Domestic, 1962 (Angst vor der Wahrheit. Goldmann)
The Taste of Fears, 1963
Error of the Moon, 1963
Trusted Like the Fox, 1964 (Das tödliche Hobby. Goldmann)
This Little Measure, 1964 (Gift aus Indien. Goldmann)
The Windy Side of the Law, 1965 (Nicht umdrehen, Mister. Goldmann)
Though I Know She Lies, 1965 (Ich weiß, daß sie lügt. Goldmann)
Enter Certain Murderers, 1966 (Der Mann auf dem Rücksitz. Goldmann)
Let's Choose Executors, 1966 (Mord nach Prozeßbeginn. Goldmann)
The Case is Altered, 1967 (Das Blatt hat sich gewendet. Goldmann)
And Shame the Devil, 1967 (Die Zeugen widersprechen sich. Goldmann)
Knives Have Edges, 1968 (Messer haben scharfe Klingen. Goldmann)
Past Praying For, 1968 (Aus und vorbei. Goldmann)
Tarry and be Hanged, 1969 (Alibi-GmbH. Goldmann)
An Improbable Fiction, 1970 (Ein Mörder für Millionen. Goldmann)
Serpent's Tooth, 1971 (Mildernde Umstände. Goldmann)
The Knavish Crows, 1971 (Tanz der Krähen. Goldmann)
They Love Not Poison, 1972 (Das Gerücht. Goldmann)
Yet She Must Die, 1973 (Doch sterben muß sie. Goldmann)
Enter the Corpse, 1973 (Der alte Sünder. Goldmann)
Done to Death, 1974 (Mehr Disteln als Gras. Goldmann)
A Show of Violence, 1975 (Der Mörder ist mein Freund. Goldmann)
My Life Is Done, 1976
The Law's Delay, 1977 (Des Gesetzes langer Arm. Goldmann)
A Thief or Two, 1977 (Ein Dieb oder zwei. Goldmann)
Exit Murderer, 1978 (Der Mörder tritt ab. Goldmann)
This Fatal Writ, 1979 (Verrat mit Mord garniert. Goldmann)

Proceed to Judgment, 1979 (Kommt nun zum Spruch. Goldmann)

They Stay for Death, 1980 (Das Haus zum sanften Mord. Goldmann)

Weep for Her, 1980 (Ihre Tränen waren Tod. Goldmann)

Cry Guilty, 1981 (Lady im Kreuzverhör. Goldmann)

Dearest Enemy, 1981 (Liebster Feind. Goldmann)

Enter a Gentlewoman, 1982 (Auftritt einer Dame. Goldmann)

Villains by Necessity, 1982 (Der schwarze Aktenkoffer. Goldmann)

Most Grievous Murder, 1982 (Attentat auf Antony. Goldmann)

Call Back Yesterday, 1983 (Ruf das Gestern zurück. Goldmann)

The Lie Direct, 1983 (Eine glatte Lüge. Goldmann)

Where Should He Die?, 1983

The Bloody Book of Law, 1984 (Wer Antony eine Grube gräbt. Goldmann)

Murder's Out Of Tune, 1984 (Wer zuletzt schießt. Goldmann)

Defy the Devil, 1984

An Obscure Grave, 1985 (Ein kleines, kleines Grab. Goldmann)

Away With Them To Prison, 1985 (Die Wahrheit und nichts als die Wahrheit. Goldmann)

Put Out the Light, 1985

Most Deadly Hate, 1986 (Weine nicht, kleine Jennifer. Goldmann)

Nor Live so Long, 1986

Naked Villainy, 1987

2. Erzählung

Every Tale Condems Me, 1985 (Zugbekanntschaften. In: George Hardinge (Hrsg.). Das perfekte Alibi. Goldmann)

DIE AUTOREN DER DETEKTIV-PORTRAITS

Ekkehard Böhm (eb). Geboren am 26. August 1941 in Hirschberg im Riesengebirge (Schlesien). Nach der Flucht 1945 erst Flens-, dann Hamburg. Studium in Hamburg: Geschichte, Literatur, Politik. 1971: Promotion. Volontariat bei der *Welt.* Dort auch Feuilleton-Redakteur. Seit 1976 bei der *Hannoverschen Allgemeinen Zeitung:* stellvertretender Feuilleton-Chef und Leiter der Wochenendbeilage *Der siebente Tag,* wo die *Galerie der Detektive* erschien und der *Boulevard der Detektive* erscheint.
Portrait-Nummern: 75, 123.

Tobias Gohlis (tg). Geboren am 14. Dezember 1950 in Leipzig. Aufgewachsen in verschiedenen BRD-Städten. Geisteswissenschaftliches Studium in Berlin/West. Lebenspraxis als Musikalienhändler, Drucker und Forsthistoriker. Seit 1987 freier Journalist (u.a. *Die Zeit, Süddeutsche Zeitung, Hannoversche Allgemeine*) und Schriftsteller in Hamburg.
Portrait-Nummern: 16, 19, 29, 51, 114.

Uta Gote (ug). Geboren 1941 in Gleiwitz/Oberschlesien. 1945 Flucht in den Westen. Studium in Hamburg: Germanistik und Geschichte. Volontariat bei der *Welt.* Dort auch Redakteurin. Anschließend bis Mitte der neunziger Jahre: Feuilleton-Redakteurin bei der *Hannoverschen Allgemeinen.*
Portrait-Nummern: 73, 76, 91, 121.

Heiko Postma (hp). Geboren am 26. Juli 1946 in Wesermünde. Studium in Hannover: Germanistik, Philosophie, Wissenschaft von der Politik. 1975: Promotion. Niedersächsischer Schuldienst. Publizist: Mitarbeit bei mehreren Zeitungen (u.a. der *Hannoverschen Allgemeinen*), Zeitschriften und Rundfunkanstalten. Autorenportraits. Biographien. Übersetzungen. Redakteur der *horen.*
Portrait-Nummern: 1-12, 14-15, 17-18, 20-27, 30-35, 37-38, 40-41, 43, 45-50, 52-58, 60, 62-65, 67, 71, 74, 77-79, 81-82, 84, 86-90, 93-97, 100-101, 103-109, 112-113, 115-117, 122, Epilog.

Reinhard Urschel (ru). Geboren am 22. August 1952 in Ludwigshafen. Abitur in Oggersheim. Studium in Mannheim: Germanistik und Politische Wissenschaften. Mitarbeit bei der »Forschungsgruppe Wahlen«. Als Journalist bei der *Rheinpfalz,* beim *Hamburger Abendblatt,* der *Zeit,* schließlich der *Hannoverschen Allgemeinen.* Dort von 1979 an Redakteur für Innenpolitik. Seit 1990 im Bonner Büro der *Hannoverschen Allgemeinen.*
Portrait-Nummern: 39, 66, 110-111.

Rainer Wagner (rw). Geboren am 2. April 1948 in Bamberg. Nach dem Abitur Volontariat an der Deutschen Journalistenschule in München. Feuilleton-Redakteur bei der *Jungen Stimme* in Stuttgart. Studium der Germanistik, Musik- und Theaterwissenschaft in Erlangen. 1978 als Musikredakteur zur *Hannoverschen Allgemeinen.* Seit 1989 dort Ressortleiter Feuilleton. Kulinarik-Kolumne *Tafelspitzen.*
Portrait-Nummern: 13, 28, 36, 42, 44, 59, 61, 68-70, 72, 80, 83, 85, 92, 98-99, 102, 118-120.

Hela Woernle. Geboren am 7. Juni 1968 in Tübingen. Bis 1997 Studium an der Fachhochschule Kunst und Design Hannover: Grafik-Design. Illustriert derzeit für die *Hannoversche Allgemeine* den *Boulevard der Detektive.*
Bilder: Unpag. Seite 2, Seite 18, 24, 30, 39, 50, 59, 68, 69, 79, 82, 90, 97, 102, 112, 119, 122, 131, 138, 139, 145, 156, 167, 177, 185, 192, 200.

Und so könnte es weitergehen – – –
Eins-zwei-drei: 123 weitere Spürnasen auf dem

Boulevard der Detektive

1. Mario Aldara	von Paolo Levi	37. Falco	von Lindsay Davis
2. Owen Archer	von Candace M. Robb	38. George &	
		Dominic Felse	von Ellis Peters
3. Elijah Bailey	von Isaac Asimov	39. Syd Fish	von Susan Geason
4. Temple Barr	von Carol N. Douglas	40. Sophie Fitt	von Imogen Parker
5. Sergeant Beef	von Leo Bruce	41. Jack Flippo	von Doug J. Swanson
6. Henri Bencolin	von John D. Carr	42. Dr. Reggie Fortune	von H.C. Bailey
7. Julie Blake	von Sally Chapman	43. Inspector French	von F.W. Crofts
8. Bo Bradley	von Abigail Padget	44. Kinky Friedman	von Kinky Friedman
9. Dave Brandstetter	von Joseph Hansen		
10. Brenner	von Wolf Haas	45. Gonzo	von Karr & Wehner
11. Clio Browne	von Dolores Komo	46. Lindsay Gordon	von Val McDermit
12. Commissario		47. Serge Gorodish &	
Brunetti	von Donna Leon	Nina	von Delacorta
13. Burke	von Andrew Vacchs		
		48. Superint.	
14. Slim Callaghan	von Peter Cheyney	Hannasyde	von Georgette Heyer
15. Max Carrados	von Ernest Bramah	49. Johnny Havock	von John Jakes
16. Cassella	von Larry Beinhart	50. Stuart Haydon	von David L. Lindsay
17. Henri Castang	von Nicolas Freeling	51. Superint. Hazzlerig	von Michael Gilbert
18. Perry Clifton	von Wolfgang Ecke	52. Gilmore Henry	von C.W. Grafton
19. Insp. Cockrill	von Christianna Brand	53. Neil Hockaday	von Thomas Adcock
20. Insp. Columbo	von	54. Matthew Hope	von Ed McBain
	William Harrington (u.a.)	55. Sam Hunter	von L.A. Morse
21. Bertha Cool &			
Donald Lam	von A.A. Fair	56. Insp. Ironsides	von Victor Gunn
22. William Crane	von Jonathan Latimer		
23. Joshua Croft	von Walter Satterthwait	57. Jesse James	von Meg O'Brian
24. Alex Cross	von James Patterson	58. Sir John &	
25. John Cuddy	von	Athelstan	von Paul Harding
	Jeremiah F. Healy III.	59. Johnson-Johnson	von Dorothy Dunnett
26. Sergeant Cuff	von Wilkie Collins		
27. Dr. Czissar	von Eric Ambler	60. Allison Katz	von Joy Magezis
		61. Schwester	
28. Vic Daniel	von David M. Pierce	Sarah Keate	von Mignon G. Eberhart
29. Jason Dark	von Jason Dark	62. Sarah Kelling &	
30. Alex Delaware	von Jonathan Kellerman	Dr. Max Bittersohn	von Charlotte McLeod
31. Kate Dellafield	von Katherin V. Forrest	63. Superint. Kincaid	von Deborah Crombie
32. Gregor Demarkian	von Jane Haddam	64. Deborah Knott	von Margaret Maron
33. John Denson	von Richard Hoyt	65. Pater Bob Koessler	von William X. Kienzle
34. Auguste Didier	von Amy Myers	66. Koko & Qwill	von Lilian J. Braun
35. Peter Duluth	von Patrick Quentin	67. Asbjörn Kråg	von Sven Elvestad
36. Montague Egg	von Dorothy Sayers	68. Monsieur Lecoq	von Emile Gaboriau

69. Kommissar Lindow von Jürgen Alberts
70. Darina Lisle von Janet Laurence
71. Jacob Lomax von Michael Allegretto

72. Claire Malloy von Joan Hess
73. Anna Marx von Christine Grän
74. Asey Mayo von
Phoebe Atwood Taylor
75. Stoner McTavish von Sarah Dreher
76. Big Mike von Garrison Allen
77. Britt Montero von Edna Buchanan
78. Mr. Mozart von Brian Barstable
79. Charlie Muffin von Brian Freemantle

80. Nebraska von William J. Reynolds
81. Detektiv Nobody von Robert Kraft
82. Rita Noonan von Michael Hendricks

83. Gideon Oliver von Aaron Elkins

84. Charles Paris von Simon Brett
85. Pascoe & Dalziel von Reginald Hill
86. Insp. Achille Peroni von Timothy Holme
87. Jimmy Pibble von Peter Dickinson
88. Anne Pigeon von Nevada Barr
89. Paul Pine von Howard Browne

90. Deb Ralston von Lee Martin
91. Gwenn Rammadge von Lilian O'Donnel
92. Max Reinartz von Hen Hermanns
93. Toni Romano von Juan Madrid
94. Insp. Rostnikow von Stuart Kaminsky
95. Maggie Ryan von P.M. Carlson

96. Kommissar
Schneider von Helge Schneider
97. Miss Seeton von Heron Carvic
98. Hector Shayne von
Paco Ignacio Taibo II
99. Sidney Silchester von Henry F. Heard
100. Capt. José da Silva von Robert L. Fish
101. Miss Maud Silver von Patricia Wentworth

102. Kommissar
Simosch von Tom Wittgen
103. Matty Sinclair von Tony Fenelly
104. Smith & Wetzon von Annette Meyers
105. Michael Spraggue von Linda Barnes
106. Gavin Stevens von William Faulkner
107. Kathryne
Swinnbrooke von Celia L. Grace

108. J.M. Tanner von Stephen Greenleaf
109. Insp. Tibbet von Patricia Moyes
110. Mitch Tobin von Tucker Coe
111. Mike Tucker von Dean A. Koontz

112. George Varney von Erich Loest
113. Varg Veum von Gunnar Staalesen

114. Jos Welling von Ina Bouman
115. Whistler von R.W. Campbell
116. Francesca Wilson von Janet Neel
117. Holly Winter von Susan Conant
118. Winterhalter von Uta Maria Heim
119. Miss Hildegarde
Withers von Stuart Palmer
120. Hanna Wolfe von Sara Dunant
121. Joachim Wrozek von Horst Bieber

122. Kommissar X von Bert F. Island (u.a.)

123. Aurelio Zen von Michael Dibdin

Und immer weiter – – –
Im Zeichen der magischen Zahl: nochmal 123 Schnüffler im

MAGAZIN DER DETEKTIVE

1. Ammon	von Conny Lens	35. J. Callahan Garrity	von
2. Annie & Agatha	von Carolyn G. Hart		Kathy Hogan Trochek
3. Jacob Ash	von Arthur Lyons	36. Superint. Gideon	von John Creasey
4. Dr. David Audley	von Antony Price	37. Antony Gillingham	von A.A. Milne
		38. Joe Goodey	von Charles Alverson
5. Mario Balzic	von K.C. Constantine	39. Patrick Grant	von Margaret Yorke
6. Goldie Bear	von	40. Bernhard Gunther	von Philip Kerr
	Diane Mott Davidson		
7. Vitus H. Benedikt	von Peter Schrenk	41. Leo Haggerty	von
8. Christine Bennett	von Lee Harris		Benjamin W. Schutz
9. Simeon de Beverly	von Domini Highsmith	42. M. Hanaud	von A.E.W. Mason
10. Verity Birdwood	von Jennifer Rowe	43. Ellie Haskell	von Dorothy Cannell
11. Robin Bishop	von Geoffrey Homes	44. Tamara Hayle	von
12. Insp. Borniche	von Roger Borniche		Valerie Wilson Westley
13. Dame		45. Nate Heller	von M.A. Collins
Beatrice Bradley	von Gladys Mitchell	46. Kellner Henry	von Isaac Asimov
14. Kate Brennigan	von Val McDermit	47. Piet Hieronymus	von Henning Boetius
15. Insp. Bucket	von Charles Dickens	48. Nick Hilton	von Christian Wallner
16. Martin Buell	von Margaret Scherf	49. Ros Howard	von Susan Kenney
17. Butler & Graf	von O'Sullivan /	50. Hubbert & Lil	von Gallagher Gray
	Rösler		
		51. Bonnie Indermill	von Carole Berry
18. Mary Carner	von Zelda Popkin		
19. Pierre Chambrun	von Hugh Pentecost	52. Jane Jeffry	von Jill Churchill
20. Charlie Chan	von Earl Derr Biggers	53. Teresa Jung	von Christa Jekoff
21. Philip Collin	von Frank Heller	54. Insp. Jurnet	von S.T. Haymon
22. Kat Colorado	von Karen Kijewski		
23. Brady Coyne	von William G. Tapply	55. Dan Kearney	von Joe Gores
24. Prof.		56. Peter Keller	von Sam Jaun
Thea Crawford	von Jessica Mann	57. Helen Keremos	von Eva Zaremba
25. Joe Cullen	von Jerry Oyster	58. Jacqueline Kirby	von Elizabeth Peters
		59. Kathy Kolla	von Barry Maitland
26. Whit Ely	von James A. Howard	60. Adolf Kottan	von Helmut Zenker
27. Euro-Ermittler	von Michael Molsner	61. Tromp Kramer	von James McClure
28. Homer Evans	von Elliot Paul		
		62. Rudolf	
29. Chief Insp. Feiffer	von William Marshall	Langensiepen	von Jürgen W. Lodemann
30. Insp. Finch	von June Thompson	63. Lauren Laurano	von Sandra Scoppettone
31. Kommissar		64. Insp. Lintott	von Jean Stubbs
Fleestedt	von Willi Voss		
32. Jessica Fletcher	von James Anderson	65. Marti MacAlister	von Eleanor Taylor Bland
33. Francis	von Akif Pirincci	66. Jupp Malkowski	von Peter Hebel
34. Beate Fuchs	von Gabriele Wolff	67. Dan Mallett	von Frank Parrish

68. Wanda Mallory	von Valery Frankel
69. Malone	von J.W. Rider
70. Philip Maloney	von Roger Graf
71. Cat Marsala	von Barbara D'Amato
72. Insp. Marteneau	von Maurice Procter
73. Sir Henry Merrivale	von Carter Dickson
74. Milo	von Ellery Queen
75. Jonas Moerck	von Poul Oerum
76. William Monk & Hester Latterly	von Anne Perry
77. Mrs. Murphy	von Rita Mae Brown
78. »Nameless«	von Bill Pronzini
79. Sara Nelson	von Susan Wolfe
80. Pam Nilsen	von Barbara Wilson
81. O.P. Nilsson	von Vic Suneson
82. Olga Sinzig	von Karin Burschik
83. Monsieur Pampelmousse	von Michael Bond
84. Tina Paris	von L. Chase / J.St. George
85. Phil Parker	von Norbert Klugmann
86. Parker Pine & Harley Quin	von Agatha Christie
87. Evan Pinkerton	von David Frome
88. Miss Pinkerton	von Mary R. Rinehart
89. Insp. Poole	von Henry Wade
90. Georgina Powers	von Denise Banks
91. Nicky Rachmaninoff	von Robert Westbrook
92. Ezekiel Rawlins	von Walter Mosley
93. Caitlin Reece	von Lauren W. Douglas
94. Savannah Reid	von S.A. McKevett
95. Thomas Ritter	von Gerhard Baumrucker
96. Dave Robicheaux	von James L. Burke
97. Superint. George Rogers	von Jonathan Ross

98. Dottore Santamaria	von Fruttero & Lucentini
99. Peter C. Sargeant II.	von Edgar Box
100. Agathon Sax	von N.O. Franzen
101. Catherine Sayler	von Linda Grant
102. Harry Schreiner	von Jon Michelet
103. Matthew Scudder	von Lawrence Block
104. Selb	von Bernhard Schlink
105. Distr. Att. Doug Selby	von Erle St. Gardner
106. John Shaft	von Ernest Tidyman
107. Roger Shallot	von Michael Clynes
108. Mike Shayne	von Brett Halliday
109. Roger Sheringham	von Anthony Berkeley
110. Kate Shugak	von Dana Stabenow
111. Jane da Silva	von Katharine K. Beck
112. Beate Stein	von Sabine Deitmer
113. Cassie Swan	von Susan Moody
114. Inspector Thornhill	von Andrew Taylor
115. Devlin Tracey	von Warren Murphy
116. Mark Treasure	von David Williams
117. Dagobert Trostler	von Balduin Groller
118. Emma Victor	von Mary Wings
119. Al Wheeler	von Carter Brown
120. Johannah Wilder	von Agnes Bushell
121. Caleb Williams	von William Godwin
122. Moses Wine	von Roger L. Simon
123. Dr. David Wintringham	von Josephine Bell

Anmerkung der Herausgeber. Genau wie in der *Galerie* sind auch auf dem *Boulevard* und im *Magazin der Detektive* die Auswahlkriterien strikt willkürlich. Und die Entscheidungen keineswegs endgültig. Außerdem bleibt für begabte Newcomer immer ein Platz reserviert. Warten Sie's nur ab.

Heiko Postma & Rainer Wagner

Anstelle eines Nachworts
Der Fragebogen

Der allgemeine Frankfurter Fragebogen, den der Schriftsteller Marcel Proust in seinem Leben gleich zweimal ausfüllte, wurde jetzt endlich auch dem klügsten Kopf unter allen Detektiven von einem Vertrauten vorgelegt.

Was ist für Sie das größte Unglück?
Daß die Zeiten der großen Fälle vorüber sind.

Wo möchten Sie leben?
221 B Baker Street.

Was ist für Sie das vollkommene irdische Glück?
Ein bezaubernder Vormittag am Schauplatz eines Verbrechens.

Welche Fehler entschuldigen Sie am ehesten?
Fehlschlüsse Lestrades.

Ihre liebsten Romanhelden?
C. Auguste Dupin. Jonathan Wild.

Ihre Lieblingsgestalt in der Geschichte?
Der blinde deutsche Mechaniker von Herder.

Ihre Lieblingsheldinnen in der Wirklichkeit?
Irene Adler. Mrs. Hudson.

Ihre Lieblingsheldinnen in der Dichtung?
Bathseba. La belle dame sans merci.

Ihr Lieblingsmaler?
Sidney Paget. Dorr Steele.

Ihr Lieblingskomponist?
Sarasate.

Welche Eigenschaften schätzen Sie bei einem Mann am meisten?
Präzision und Konzentration der Gedanken.

Welche Eigenschaften schätzen Sie bei einer Frau am meisten?
Nun, Watson, das schöne Geschlecht fällt in Ihr Fach.

Ihre Lieblingstugend?
Mystifikation.

Ihre Lieblingsbeschäftigung?
Dreipfeifenprobleme.

Wer oder was hätten Sie sein mögen?
Emile Jean Horace Vernet.

Ihr Hauptcharakterzug?
Das, Watson, können Sie besser beurteilen.

Was schätzen Sie bei Ihren Freunden am meisten?
Ihre liebevolle Hochschätzung meiner Person.

Ihr größter Fehler?
Flüstern Sie mir nur »Norbury« ins Ohr...

Ihr Traum vom Glück?
Bienenzüchten in meinem Cottage in den South Downs.

Was wäre für Sie das größte Unglück?
Die Rückkehr des Professor Moriarty.

Was möchten Sie sein?

Consulting Detective.

Ihre Lieblingsfarbe?
True blue.

Ihre Lieblingsblume?
Moosrosen – wie wunderbar doch so eine Rose ist.

Ihr Lieblingsvogel?
Der Sturmvogel des Verbrechens.

Ihr Lieblingsschriftsteller?
Der Verfasser des Werks »Practical Handbook of Bee Culture, with Some Observations upon the Segregation of the Queen«.

Ihr Lieblingslyriker?
Thomas Griffith Wainwright.

Ihre Helden der Wirklichkeit?
Die Baker Street Irregulars.

Ihre Heldinnen der Geschichte?
Victoria Regina.

Ihre Lieblingsnamen?
Mycroft. Victor. John. Irene.

Was verabscheuen Sie am meisten?
Ich hasse es, wenn man meine Sachen anfaßt, Watson. Sie wissen genau, daß ich das hasse.

Welche geschichtlichen Gestalten verachten Sie am meisten?
Wilhelm Gottsreich Sigismund von Ormstein, Großherzog von Kassel-Falstein und erblicher König von Böhmen.

Welche militärischen Leistungen bewundern Sie am meisten?

Die Zerschlagung der »Mission von Bork«.

Welche Reform bewundern Sie am meisten?
Die Einführung des Maßsystems von Bertillon in die Kriminalistik.

Welche natürliche Gabe möchten Sie besitzen?
Geigespielen.

Wie möchten Sie sterben?
Ich glaube fast, Watson, daß ich auf meine alte Methode der Selbstvergiftung mittels Tabak zurückgreifen muß.

Ihre gegenwärtige Geistesverfassung?
Nun, Watson, es sieht so aus, als seien schlechte Zeiten angebrochen.

Ihr Motto?
Omne ignotum pro magnifico.

Die ultimative Galerie-Hitliste

Nach langjähriger, ebenso sensibler wie sorgsam subjektiver Durchmusterung des internationalen Detektiv-Aufgebots ist es der *Galerie*-Jury ein Bedürfnis, die folgenden Anerkennungs-Preise zu verleihen.

Den lebensgroßen
»Hund der Baskervilles«
für den durchtriebensten klassischen Detektivroman erhalten –

In Gold: Edmund Crispin, Der wandernde Spielzeugladen
In Silber: Josephine Tey, Die verfolgte Unschuld
In Bronze: Michael Innes, Appleby's End

Den hand(kanten)polierten
»Malteser Falken«
für den schockierendsten »hard boiled«-Krimi erhalten –

In Gold: Raymond Chandler, Der große Schlaf
In Silber: Jerome Charyn, Isaacs Geheimnis
In Bronze: Mickey Spillane, Ich – der Richter

Den glimmenden
»Jakob-Studer-Brissago«
für den charakterstärksten deutschen Regio-Revier-Reißer erhalten –

In Gold: Friedhelm Werremeier, Platzverweis für Trimmel
In Silber: Felix Huby, Bienzle und das Narrenspiel
In Bronze: Pieke Biermann, Potsdamer Ableben

Den neugefaßten
»Monddiamanten«
für den farbechtesten Historien-Krimi erhalten –

In Gold: M. J. Trow, Lestrade und Jack the Ripper
In Silber: Peter Lovesey, Ring frei für Sergeant Cribb
In Bronze: Anne Perry, Callander Square

Die männerfeste
»Miss-Marple-Medaille«
für den emanzipiertesten Frauen-Krimi erhalten –

IN GOLD: Sara Paretsky, Tödliche Therapie
IN SILBER: Doris Gercke, Moskau meine Liebe
IN BRONZE: Linda Barnes, Carlotta fängt Schlangen

Den aboriginalen
»Inspector-Boney-Bumerang«
für den schillerndsten Ethno-Krimi erhalten –

IN GOLD: Tony Hillerman, Das Tabu der Totengeister
IN SILBER: Chester Himes, Harlem dreht durch
IN BRONZE: Jakob Arjouni, Happy Birthday Türke!

Den programmierten
»Einspruch-Euer-Ehren-Automaten«
für den paragraphensichersten Juristen-Krimi erhalten –

IN GOLD: Cyril Hare, Tragödie im Gerichtssaal
IN SILBER: Fred Breinersdorfer, Noch Zweifel, Herr Verteidiger?
IN BRONZE: Sara Woods, Die Verhandlung ist eröffnet

Die unauffällige
»Nick-Knatterton-Maske«
für die markanteste Krimi-Persiflage erhalten –

IN GOLD: Douglas Adams, Dirk Gently's holistische Detektei
IN SILBER: Carlo Manzoni, Der tiefgekühlte Mittelstürmer
IN BRONZE: Lawrence Block, Der Dieb, der gern Kipling zitierte

Den abgestaubten
»Großmumrich«
für den pfiffigsten Kinder-Krimi erhalten –

IN GOLD: Mark Twain, Tom Sawyer als Detektiv
IN SILBER: Erich Kästner, Emil und die Detektive
IN BRONZE: Alfred Hitchcock (Hrsg.), Die drei ??? und der grüne Geist

SONDERPREISE

Mit der
»Goldenen Genesis«
für die eindringlichste Krimi-Eröffnung werden ausgezeichnet –

1.

»– Blut! Daran ist nicht zu zweifeln!«
(Astrid Lindgren, Meisterdetektiv Blomquist)

2.

»Die Leiche ohne Hände lag auf dem Boden eines kleinen Dinghis, das
gerade noch in Sichtweite der Küste von Suffolk dahintrieb.«
(P.D. James, Ein unverhofftes Geständnis)

3.

»Frederick J. Frenger Jr., ein gutgelaunter Psychopath aus
Kalifornien, bat die Stewardeß in der ersten Klasse um ein weiteres
Glas Champagner und Schreibzeug.«
(Charles Willeford, Miami Blues)

Mit der
»Schwärzlichen Apokalypse«
für den endgültigsten Krimi-Schluß werden ausgezeichnet –

1.

»›Es gibt keine Gerechtigkeit auf dieser Erde‹, sagte er und rülpste.«
(Joyce Porter, Kein Lösegeld für Dover)

2.

»Dann brachte sie ihm seine Pantoffeln und kochte ihm starken Kaffee.«
(Georges Simenon, Maigrets erste Untersuchung)

3.

»›Ende‹, sagte Katenkamp mechanisch und legte auf.«
(Detlef Wolff, Katenkamp sammelt halbe Wahrheiten)

PERSONENREGISTER

ORTSREGISTER

Agentur für Beweissicherung

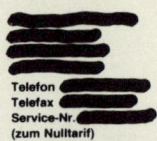

Verlag Revonnah
Lilienstraße 10

30167 Hannover

Telefon
Telefax
Service-Nr.
(zum Nulltarif)

Bankverbindungen:

BLZ
Konto-Nr.

BLZ
Konto-Nr.

Amtsgericht
HRB
Geschäfts

25. August 1997

Ihr Telefonanruf zu Werbezwecken vom 22.08.1997 um 13.40 Uhr

Sehr geehrte Damen und Herren,

mit Bezug auf den o.a. Telefonanruf Ihrer Frau Preusse (phonetisch) möchten wir Sie darauf hinweisen, daß Gerichte Grundsatzentscheidungen gefällt haben, wonach Werbung per Telefax wie auch Telefon- und Telexwerbung grundsätzlich unzulässig sind. Eine Telefonwerbung zur Aufnahme eines erstmaligen geschäftlichen Kontaktes stellt nach der Rechtssprechung eine unzulässige Belästigung dar.

Ihr unaufgeforderter Anruf vom **22.08.1997** ist uns gegenüber ein Verstoß nach § 823 und § 826 BGB, da diese Form der Werbung als belästigend und im geschäftlichen Verkehr nicht hinnehmbar angesehen wird. Wir untersagen hiermit ausdrücklich jede weitere Werbung hinsichtlich unseres Unternehmens gemäß §§ 826, 1004 BGB. Gleichzeitig fordern wir Sie auf, unsere durch Ihr Fehlverhalten entstandenen nachfolgenden Kosten auszugleichen:

1 Std. Vorgangsbearbeitung á DM 120,00	DM	120,00
Bürokostenpauschale, Telefon, Porto,		
Telefax	DM	10,00
	DM	130,00
15 % Mehrwertsteuer	DM	19,50
	DM	**149,50**

Die Rechnung ist sofort nach Erhalt ohne Abzug, jedoch spätestens bis zum **04.09.1997** auf eines unserer Konten zu zahlen. Darüberhinaus haben wir Anspruch auf Unterzeichnung der beigefügten Unterlassungserklärung. Unabhängig davon behalten wir uns vor, bei Fristverstreichung unseren Rechtsanwalt mit der zivilrechtlichen Interessenvertretung zu beauftragen.

Mit freundlichen Grüßen

Geschäftsleitung

Mitglied BDD · BID · WAD ·
ÖDV · ABI · VSW-NW

Ermittlungen bei
Arbeitgeberangelegenheiten
Aufenthaltsangelegenheiten
Aufspüren von Abhörgeräten
Außendienstkontrolle
Bedrohung
Beleidigung
Begleitschutz
Betrug
Bewerberüberprüfung
Computerkriminalität
Diebstahl
Ehe- und Zivilstreitigkeiten
Gebrauchsmustervergehen
Markenpiraterie
Mietstreitigkeiten
Patentverletzungen
Personalüberprüfungen
Preisüberwachung
Referenzüberprüfungen
Registersachen
Schwarzarbeit
Sittlichkeitsdelikten
Überwachung von Personen
und Objekten
Unterhaltsangelegenheiten
Unterschlagung
Untreue
Urheberrecht
Vaterschaftssachen
Verleumdung
Verkehrssachen
Versicherungskriminalität
Werksspionage
Wettbewerbsverstößen
Wirtschaftsdelikten
Zeugensuche

Bitte Rückseite beachten

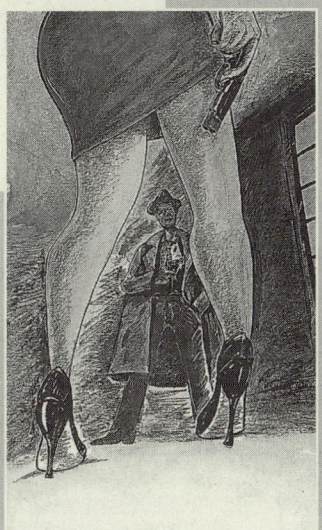
IN LETZTER MINUTE

erreichte uns der Brief zu Ihrer linken. Der Zusammenhang: *Unsere* Frau Preuße hatte die Detektei A*** angerufen und sich erkundigt, ob Interesse bestünde an der Portraitsammlung ihrer fiktiven Kollegen. Wenige Tage nach diesem 3-Minuten-Gespräch fanden wir nebenstehend abgedrucktes Schreiben in unserem Briefkasten. Wir dachten, das dürften wir Ihnen nicht vorenthalten; einmal mehr der Beweis, daß das Leben skurriler sein kann – wenn jemand es will.

P.S. Bitte lassen Sie sich nicht irritieren: Die richtige Hausnummer hat die Detektei nicht herausgefunden.

Die Redaktion

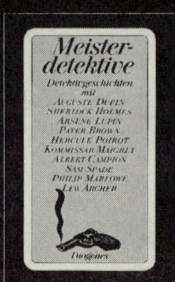

WALTER SATTERTHWAIT
Eskapaden

Sommer 1921: Arthur Conan Doyle und sein Freund, der berühmteste Entfesslungskünstler aller Zeiten, Harry Houdini sind Gäste einer Wochenendparty und Séance auf Schloß Maplewhite in Devon. Houdini ist wild entschlossen, den spiritischen Unfug als solchen zu entlarven. Doch dann wird es plötzlich gespenstisch ernst. Auf Houdini wird ein Mordanschlag verübt, und der Graf von Axminster, Herr von Maplewhite, wird tot aufgefunden. In einem von innen verschlossenen Raum.

»Satterthwait kann absolut hervorragend schreiben: historisch genau und doch modern.«
Claude Chabrol

DAVID M. PIERCE
Schreib mal wieder

Dieser Vic-Daniel-Krimi bleibt keine Antwort schuldig, nein, er verrät alles: was ein Über-zwei-Meter-Detektiv anzieht, ißt, trinkt, was er liebt, was er morgens, übers kalte Porzellan gebeugt, denkt. Und: Wie gießt man einen ganzen Liter Bier in einen Halbliterkrug?

»Eines der komischsten Bücher, die das Genre zu bieten hat.« Buchkultur

KARR & WEHNER
Hühnerherbst

Der dritte Medienkrimi der Gonzo-Ruhrpott-Tetralogie nach *Geierfrühling* und *Rattensommer*. Gonzo Gonschorek – auf der Suche nach der ultimativen TV-Story – wandelt einmal mehr auf dem schmalen Grad zwischen Wahrheit und künstlerischer Freiheit.

»Die Erwartungen an den neuen Roman waren hoch. Gleich vorweg: Gonzo-Fans werden nicht enttäuscht.« Regula Venske, Tagesspiegel

KINKY FRIEDMAN
Greenwich-Village-Trilogie: Lone Star/Greenwich Killing Time/Wenn die Katze weg ist...

Greenwich Village in Manhattan ist Kinkys bevorzugtes Revier. Hier löst er mit Hilfe seiner Katze, größerer Mengen Espresso, Jameson Whiskey und Zigarren und nicht zuletzt mit viel texanisch-jüdischer Lebensweisheit noch die aberwitzigsten Fälle.

»Lieber Kinky! Ich habe alle Deine Bücher gelesen. Mehr, bitte. Ich brauch dringend was zu lachen.«
Bill Clinton, Weißes Haus

CONNY LENS
Blutspur

Neuer Einsatz für die unerschrockenen Schwestern Dorit und Lila Ammon. Diesmal spucken sie schwerkriminellen, internationalen Organhändlern in Indien in die Suppe.

»Conny Lens benutzt schamlos all unsere kleinen Träume vom großen, leicht verdienten Geld, bedient nebenbei noch Häme und Rachegelüste, ist amüsant und abgebrüht genug für eine nette kleine Gemeinheit. Es ist die Leichtigkeit, die so fasziniert. Das können nicht viele deutsche Schriftsteller.«
Rosemarie Altenhofer, Hessischer Rundfunk

STEPHEN GREENLEAF
Kreuz des Südens

In Charleston, in den Südstaaten, treibt der »Bund des stolzen Südens« sein rassistisches Unwesen und verurteilt aufgeklärtere Zeitgenossen wegen »Agitation für Antiweiße und antichristliche Kräfte« je nach Belieben zum Tode. Seth Hartman, Rechtsanwalt, Spezialgebiet Rassendiskriminierung, ist ein solcher Todeskandidat. Der bittet seinen Freund John Marshall Tanner in San Francisco um Hilfe.

»Ein Krimi mit Tiefgang. Man wünscht Marsh Tanner noch viele weitere Einsätze.«
Wolfgang Rumpf, Radio Bremen

HUGH LAURIE
Der Waffenhändler

Sein Name ist Lang. Er ist Ex-Geheimdienstmann mit Nord-Irland-Erfahrung. Er liebt es, nachts mit 180 Sachen auf seiner Kawasaki durch Londons Innenstadt zu rasen, und er haßt es, wenn man versucht, ihm den Arm zu brechen. Er weiß, wie man lautlos Menschen killt, tut dies aber nur ungern und schon gar nicht für Geld...

»Was sich zweifellos nach einer typischen Agenten-Schmonzette anhört, präsentiert sich – obwohl perfekt gebaut – in Wirklichkeit als Parodie des Genres. Bei Laurie sind die Männer so hart, die Frauen so schön und die Sprüche so cool, daß man einfach drüber lachen muß.« Holger Krebs, GIG/Münster

Schuld und Sühne
Rowohlts *Galerie der Detektive*

Lieutenant Hoke Moseley: Miami-Bulle durch und durch, mit Biß und Gebiß. Geschieden. Zwei Töchter (ein halbes Monatsgehalt Unterhaltsgeld). Rauhe Schale, ruppiger Ton. Zum Glück ist Detective Ellita Sanchez ein ziemlich harter Brocken… 43169/DM 9,90/öS 72,-/sFr 9,90

Chief Inspector Morse, Freund von Glenfiddich, Liebhaber von Housman, Vorgesetzter von Sgt. Lewis: sie sind die Quellen seiner Inspiration. Der brillante Intellekt fügt schließlich (nach Umwegen) alle Teile des letalen Puzzle zusammen. 43278/DM 14.90/öS 109,-/sFr 14,-

Der zehnbändige Zyklus um den Stockholmer Polizisten Martin Beck und seine Kollegen revolutionierte den modernen Kriminalroman. Sjöwall/Wahlöös Themen waren die ihrer Gesellschaft: Verrohung, Gewalt, Einsamkeit, Angst vor sozialem Abstieg.

Kassette: 43177/DM 49,90/öS 364,-/sFr 46,-

Der Commissaris und seine Kollegen Grijpstra und de Gier zählen zu den eigenwilligsten Protagonisten der Detektiv-Szene: eine wundervolle Mischung aus praktiziertem Buddhismus und 08/15-Polizeiarbeit: unaufgeregt & entspannt. 43184/DM 12,90/öS 72,-/sFr 9,90

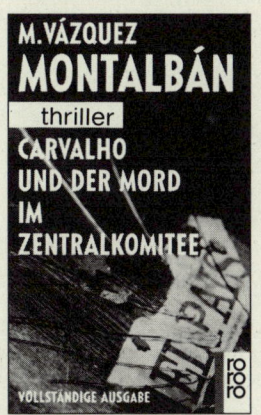

Pepe Carvalho: Katalane und Gourmet aus Leidenschaft. Die Küche Madrids ist ihm ein Greuel. Verfeuert gerne ausgelesene Romane seiner üppigen Bibliothek im Kamin. Erotisch recht engagiert – und ein zäher Detektiv. 43116DM 9,90/öS 72,-/sFr 9,90

Die Deutsche Bibliothek – CIP–Einheitsaufnahme

Galerie der Detektive : 123 Portraits von Sherlock Holmes bis Nero Wolfe /
mit einer Bibliogr. hrsg. von Heiko Postma und Rainer Wagner.
Linolschnitte von Hela Woernle. - Orig.-Ausg., 1. Aufl. - Hannover : Revonnah-Verl., 1997
ISBN 3-927715-50-6

ORIGINALAUSGABE

1. AUFLAGE OKTOBER 1997

REVONNAH VERLAG HANNOVER
TANYA HARKENTHAL ARNE DREWS
LILIENSTRASSE 21 . 30167 HANNOVER

123 NUMERIERTE EXEMPLARE MIT EINEM ORIGINAL
LINOLDRUCK VON HELA WOERNLE WURDEN GEBUNDEN

REDAKTION. ARNE DREWS
SATZ. REVONNAH VERLAG HANNOVER
GESETZT IN DER CENTURY OLD STYLE
GESTALTUNG. ARNE FERDINAND KOPF
UMSCHLAGGESTALTUNG. ARNE FERDINAND KOPF UNTER
VERWENDUNG EINER ZEICHNUNG VON HELA WOERNLE

DANK AN MICHAEL LABACH . CHRISTOPHER LANGEN . BRIGITTE POSTMA
UTA PREUSSE . JENS RUNKEHL . HENNING SCHÜNEMANN
TORSTEN SIEVER . FRANK STRECKER UND VEIT WOERNLE
UND BESONDERS AN MATTHIAS GÖKE

FÜR IHRE UNTERSTÜTZUNG BEI DER
ERSTELLUNG DER BIBLIOGRAPHIE DANKEN WIR DEN VERLAGEN
BASTEI-LÜBBE . BREITSCHOPF . EICHBORN . ELSTER . ERIKA KLOPP
FISCHER TASCHENBUCH . WILHELM HEYNE . KOSMOS KRIMI CLUB BEI FRANCKH-KOSMOS
OTTO MAIER (RAVENSBURG) . PELIKAN . ROWOHLT . SCHERZ
UND BESONDERS DEM TRELLIS VERLAG (LIMMER/RICKLINGEN)
EIN GANZ HERZLICHER EXTRA-DANK AN FRIEDHELM WERREMEIER

GESAMTHERSTELLUNG . OFFIZIN KOECHERT HANNOVER
GEDRUCKT AUF SÄUREFREIEM UND ALTERUNGSBESTÄNDIGEM PAPIER

BITTE BEACHTEN SIE AUCH DIE VORHERGEHENDEN SEITEN

ISBN 3.927715.50.6 — 34 DM